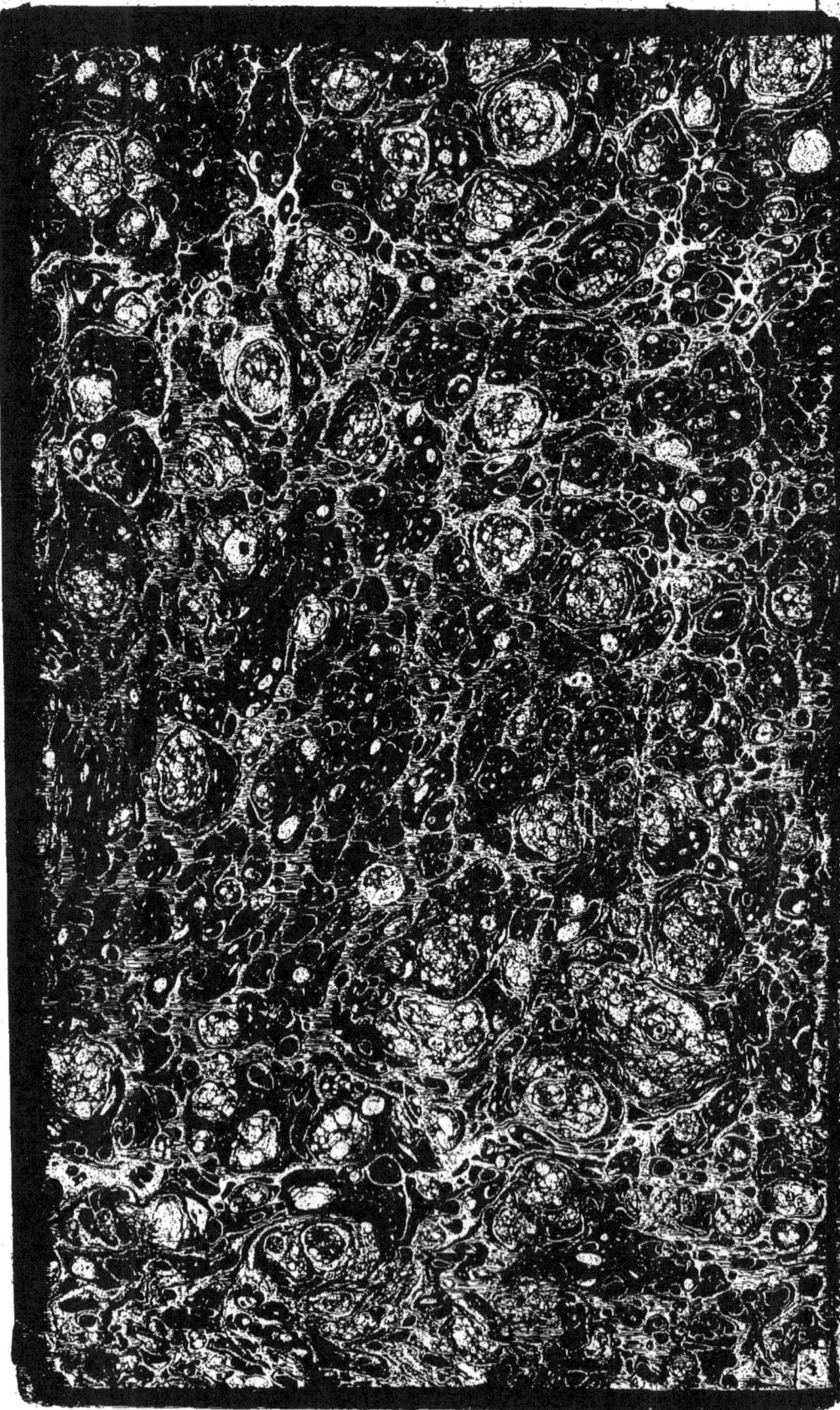

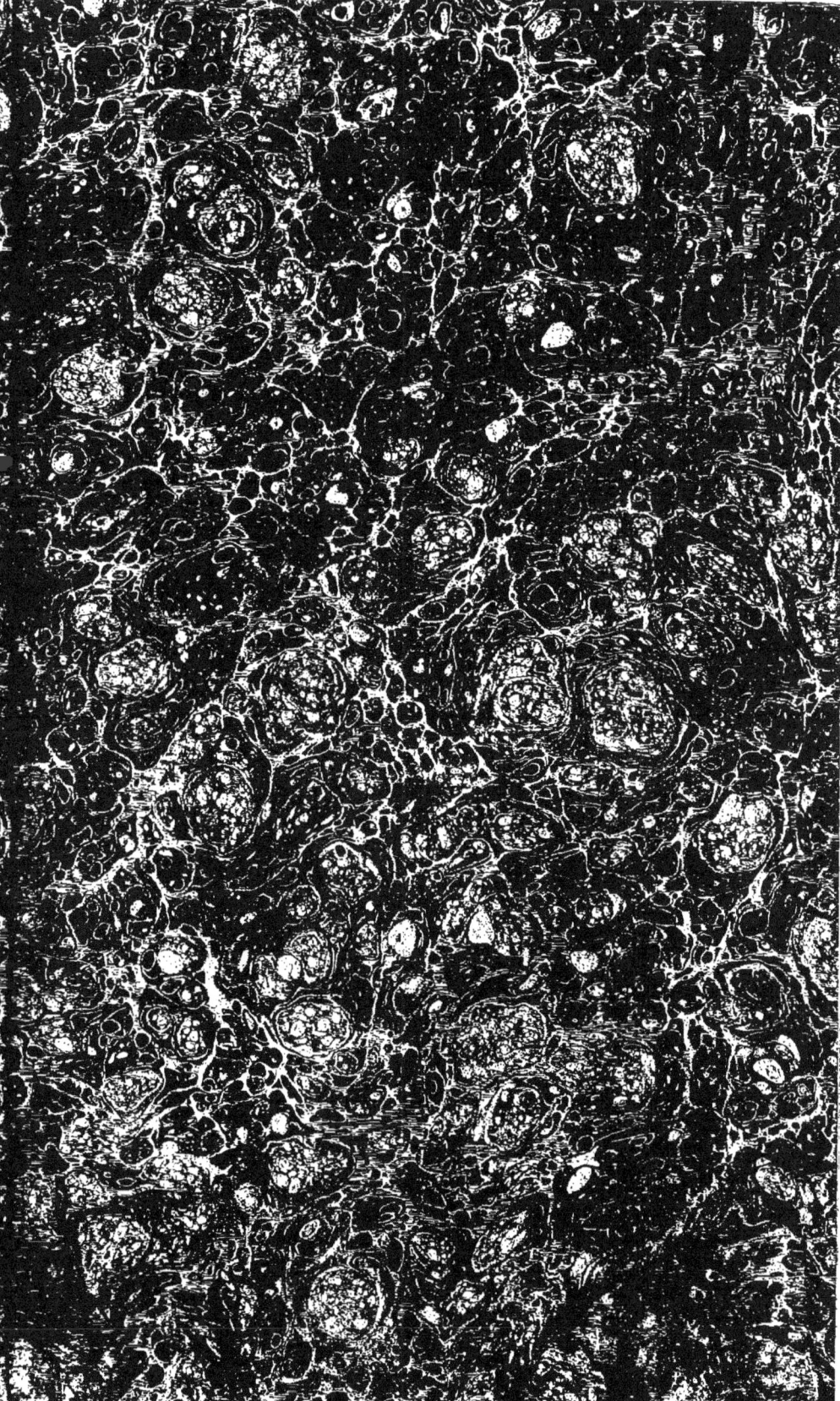

1291. 9ber
H.

VOYAGE

AUX RÉGIONS ÉQUINOXIALES

DU

NOUVEAU CONTINENT.

DE L'IMPRIMERIE DE J. SMITH.

VOYAGE

AUX RÉGIONS ÉQUINOXIALES

DU

NOUVEAU CONTINENT,

FAIT EN 1799, 1800, 1801, 1802, 1803 ET 1804,

Par AL. DE HUMBOLDT et A. BONPLAND;

RÉDIGÉ

Par ALEXANDRE DE HUMBOLDT;

AVEC UN ATLAS GÉOGRAPHIQUE ET PHYSIQUE.

TOME HUITIÈME.

A PARIS,

Chez N. MAZE, Libraire, rue Git-le-Cœur, n° 4.

1822.

VOYAGE

AUX RÉGIONS ÉQUINOXIALES

DU

NOUVEAU CONTINENT.

LIVRE VIII.

SUITE DU

CHAPITRE XXIII.

Au-dessous de la *Glorieta*, suivent, sur le territoire portugais, le fort de San Josef de Maravitanos, les villages de Joam Baptista de Mabbe, San Marcellino (près de l'embouchure du Guaisia, ou Uexié dont nous avons souvent parlé plus haut), Nossa Senhora da Guya, Boa-vista près du Rio Içanna, San Felipe, San Joaquin de Coanne au confluent [1] du fameux Rio Guape, Calderon, San Miguel de Iparanna avec un

---

[1] *Voyez* Tom. VII, p. 385.

fortin, San Francisco de las Caculbaes, et enfin la forteresse de San Gabriel de Cachoeiras. J'entre tout exprès dans ce détail géographique, pour montrer combien le gouvernement portugais a formé d'établissemens, même dans cette partie reculée du Brésil. Il y a onze villages sur une étendue de 25 lieues; jusqu'à l'embouchure du Rio Negro, j'en connois encore 19, outre les six villes de Thomare, Moreira (près du Rio Demenene ou Uaraca, où habitoient anciennement les Indiens Guayannas), Barcellos[1], San Miguel del Rio Branco, près de la rivière du même nom qui a joué un rôle si important dans les fictions sur le Dorado, Moura et Villa do Rio Negro. Les rives de ce seul affluent de l'Amazone sont par conséquent dix fois plus peuplées que toutes les rives réunies du Haut et du Bas-Orénoque, du Cassiquiare, de l'Atabapo et du Rio Negro espagnol. Ce contraste ne tient guère à la différente fertilité du sol ou à la facilité plus grande de la navigation qu'offre le Rio Negro, en conservant une même direction du nord-ouest au sud-est. Il est l'effet des institutions politiques. Sous le régime colonial des Portugais,

[1] Au confluent du Rio Buhybuhy. La ville étoit placée jadis 40 lieues plus haut, circonstance qui a causé beaucoup de confusion dans les cartes modernes.

CHAPITRE XXIII.

les Indiens dépendent à la fois de chefs militaires et civils et des religieux du Mont-Carmel. C'est un gouvernement mixte dans lequel le pouvoir séculier se conserve indépendant. Les moines de l'Observance, qui sont les missionnaires de l'Orénoque, réunissent, au contraire, tous les pouvoirs dans une seule main. L'un et l'autre de ces gouvernemens sont vexatoires, sous plusieurs rapports; mais la perte de la liberté est du moins compensée par un peu plus d'aisance et de civilisation dans les colonies portugaises.

Parmi les affluens que reçoit le Rio Negro de la partie du nord, il y en a trois qui doivent fixer plus particulièrement notre attention, parce qu'ils exercent, à cause de leurs embranchemens, de leurs portages et de la position de leurs sources, une influence marquante sur le problême si souvent débattu de l'origine de l'Orénoque. Les plus méridionaux de ces affluens sont le Rio Branco [1], que l'on a cru

---

[1] Comme les noms Rio Branco et Rio Parime signifient, en portugais et en caribe, *rivière à eaux blanches* et *grande eau*, il est tout naturel qu'appliqués à différens affluens à la fois, ils aient causé beaucoup d'erreurs en géographie. Le grand Rio Branco ou Parime, dont il est souvent question dans cet ouvrage, est celui qui se forme de l'Urariquera et du Tacutu, et qui débouche, entre Carvoeyro et la Villa de

long-temps sortir, conjointement avec l'Orénoque, du lac Parime, et le Rio Padaviri qui communique par un portage avec le Mavaca, et par conséquent avec le Haut-Orénoque, à l'est de la mission de l'Esmeralda. Nous aurons occasion de parler du Rio Branco et du Padaviri, lorsque nous serons arrivés dans cette mission; il suffit ici de nous arrêter au troisième affluent du Rio Negro, le Cababuri, dont les embranchemens avec le Cassiquiare sont éga-

Moura, dans le Rio Negro. C'est le Quecuene des indigènes : il forme, à son confluent avec le Rio Negro, un delta très-étroit entre le tronc principal et l'Amayauhau qui est un petit bras plus occidental. Les anciennes cartes de D'Anville, de La Cruz et de Caulin élargissent ce delta d'une manière fabuleuse, et présentent toutes les rivières qui débouchent dans le Rio Negro, sur une distance de 40 lieues, entre l'ancienne mission de Dari et Carvoeyro, comme des bras du Rio Branco. C'est ainsi que le Daraha, le Padaviri et l'Uaraca, qui sont des affluens indépendans les uns des autres, ont reçu les noms de 4.e, 3.e ou 2e *bras*; c'est ainsi que l'on a distingué quelquefois le grand Rio Parime ou Quecuene d'un autre Rio Branco, qui est le Padaviri, parce qu'on le place entre la Villa de Thomare et Lamalongo. D'Anville nomme *Rio Branco* presque toutes les rivières qui ont des eaux blanches, *aguas brancas*. Pour se convaincre de l'extrême confusion qui règne encore dans la géographie du Rio Negro, il suffit de comparer les noms des affluens et des missions sur les cartes *également détaillées* de La Cruz, Caulin, Faden et Arrowsmith, avec les noms correspondans sur les cartes *du dépôt hydrographique de Rio Janeiro*.

lement importans, sous le rapport de l'hydrographie et sous celui du commerce de la salsepareille.

Les hautes montagnes de la Parime qui bordent la rive septentrionale de l'Orénoque dans son cours supérieur, au-dessus de l'Esmeralda, envoient un chaînon vers le sud, dont le Cerro de Unturan forme une cime principale. Ce pays montueux, de peu d'étendue, mais riche en productions végétales, surtout en lianes *Mavacure* employées dans la fabrication du poison *Curare*, en amandiers (*Juvias* ou Bertholletia excelsa), en *Puchery* aromatiques et en cacao sauvages, forme un point de partage entre les eaux qui vont à l'Orénoque, au Cassiquiare et au Rio Negro. Les affluens du nord ou de l'Orénoque sont le Mavaca et le Daracapo, ceux de l'ouest ou du Cassiquiare sont l'Idapa et le Pacimoni[1], ceux du sud ou du Rio Negro sont le Padaviri et le Cababuri[2]. Ce dernier, près de sa source, se divise en

---

[1] Pasimona, même Baximonari des cartes.

[2] Cavaboris, Cababuris, Cabury, Cauhabury, même Catabuhu des cartes. Il paroît que le Baria, qui forme un canal naturel de dérivation, est quelquefois à sec dans les étés très-chauds. (*Corogr. bras.*, Tom. II, p. 354.) La partie supérieure du Cababuri s'appela Maturaca (Metarucao); le bras qui va au Pacimoni porte le nom d'Iminara (Umariuani, Umarynauhy Umanivari), et puis le nom de Baria.

deux bras, dont le plus occidental est connu sous le nom de Baria [1]. Les Indiens de la mission de San Francisco Solano nous ont donné les notions les plus détaillées sur son cours. Il offre l'exemple très-rare d'un embranchement par lequel un affluent inférieur ne reçoit pas les eaux de l'affluent supérieur, mais au contraire lui envoie une partie de ses eaux dans une direction opposée à la direction du récipient principal. J'ai réuni, sur une même planche de mon Atlas, plusieurs exemples de ces ramifications à contre-courant, de ces mouvemens apparens à contre-pente, de ces bifurcations de rivières dont la connoissance intéresse les ingénieurs hydrographes. Cette planche leur rappellera qu'il ne faut pas regarder comme chimérique tout ce qui dévie du type que nous nous sommes formés d'après des observations recueillies dans une partie trop limitée du globe.

Le Cababuri débouche dans le Rio Negro, près de la mission de Nossa Senhora das Caldas; mais les rivières Ya et Dimity [2], qui sont

---

[1] Les eaux du Baria, qui est un bras du Cababuri, courent vers l'ouest, et se mêlent successivement à celles du Pacimoni, du Cassiquiare et du Rio Negro. Comme ce dernier fleuve se dirige vers l'est, les eaux du Baria, après un circuit de 110 lieues, parviennent à l'embouchure du Cababuri.

[2] Bimitti ou Cunimiti.

des affluens supérieurs, ont aussi des communications avec le Cababuri; de sorte que, depuis le fortin de San Gabriel de Cachoeiras[1] jusqu'à San Antonio de Castanheira, les Indiens des possessions portugaises peuvent s'introduire, par le Baria et le Pacimoni, dans le territoire des missions espagnoles. Si j'emploie le mot de territoire, c'est d'après l'usage des religieux de l'Observance. On ne sait pas trop sur quoi se fonde le droit de propriété dans des pays inhabités, dont on ignore les limites naturelles, et qu'on n'a pas tenté de soumettre à la culture. Les habitans des missions portugaises affirment que leur territoire s'étend jusqu'à tous les points où ils peuvent arriver en canot par une rivière dont l'embouchure est dans les possessions portugaises. Mais l'occupation est un fait qui ne constitue pas toujours un droit de propriété; et, d'après ce que nous avons exposé sur les embranchemens multipliés des fleuves, il pourroit être également dangereux pour les cours de Madrid et de Lisbonne de sanctionner cet axiome étrange de la jurisprudence des missions.

---

[1] Il y a une suite non interrompue de petites cataractes depuis San Gabriel jusqu'à San Bernardo. La plus considérable est près du premier de ces endroits; elle s'appelle Cachoeira de Crocobi ou Corosuvi.

Le but principal des incursions par le Rio Cababuri est la récolte de la Salsepareille et des graines aromatiques du Laurier Puchery (*Laurus Pichurim*). On cherche ces productions précieuses jusqu'à deux journées de l'Esmeralda, au bord d'un lac qui est au nord du Cerro Unturan, en passant par des portages du Pacimoni à l'Idapa, et de l'Idapa au Mavaca, voisin du lac du même nom. La salsepareille de ces contrées est célèbre au Grand-Parà, à l'Angostura, à Cumana, à Nueva Barcelona et en d'autres parties de la Terre-Ferme, sous le nom de *Zarza del Rio Negro*. C'est la plus active de toutes celles que l'on connoisse; on la préfère de beaucoup à la *Zarza* de la province de Caracas et des montagnes de Merida. Elle est séchée avec beaucoup de soin, et on l'expose tout exprès à la fumée, afin qu'elle soit plus noire. Cette liane végète abondamment sur les pentes humides des montagnes d'Unturan et d'Achivaquery. M. de Candolle [1] a raison de soupçonner que des espèces diverses de Smilax sont recueillies sous le nom de Salsepareille. Nous en avons trouvé douze nouvelles espèces, parmi lesquelles le Smilax siphilitica du Cassiquiare et le S. officinalis de la

---

[1] *Propr. medic.*, p. 292.

CHAPITRE XXIII.

Rivière de la Madeleine [1] sont le plus recherchés à cause de leurs propriétés diurétiques. Comme, parmi les blancs et les castes mixtes, les maladies siphilitiques sont aussi communes que bénignes dans ces contrées, la quantité de Salsepareille employée dans les colonies espagnoles, pour l'usage de la médecine domestique, est très-considérable. Nous voyons, par les ouvrages de Clusius, qu'au commencement de la *Conquista*, l'Europe tiroit ce médicament bienfaisant des côtes mexicaines d'Honduras [2] et du port de Guyaquil. Aujourd'hui, le commerce de la *zarza* est plus actif dans les ports qui ont des communications intérieures avec l'Orénoque, le Rio Negro et l'Amazone.

Les essais faits dans plusieurs jardins botaniques d'Europe prouvent que le Smilax glauca de Virginie, que l'on prétend être le S. Sarsaparilla de Linné, peut être cultivé en plein air partout où la température moyenne des hivers s'élève au-dessus de 6° à 7° du thermomètre centigrade [3]; mais les espèces dont les vertus sont les plus actives appartiennent exclusive-

---

[1] *Voyez* nos *Nov. Gen.*, Tom. I, p. 271.

[2] A la Vera-Cruz, on exporte encore annuellement près de 5000 quintaux. *Voyez* mon *Essai polit.*, Tom II, p. 442.

[3] Hiver, à Londres et à Paris, 4°, 2 et 3°, 7; à Montpellier, 7°, 7; à Rome, 7°, 7; dans la partie du Mexique et de la Terre-

ment à la zone torride, et exigent un degré de chaleur bien supérieur. On ne conçoit pas, en lisant les ouvrages de Clusius, pourquoi, dans nos *Matières médicales*, on regarde obstinément, comme le type le plus ancien des espèces officinales du genre Smilax, une plante des États-Unis.

Nous trouvâmes entre les mains des Indiens du Rio Negro quelques-unes de ces *pierres vertes* connues sous le nom de *pierres des Amazones*, parce que les indigènes prétendent, d'après une ancienne tradition, qu'elles viennent du pays «des *femmes sans maris* (*Cougnantainsecouima* ou (*femmes vivant seules*) *Aikeambenano* [1]).» A San Carlos et dans les villages voisins on nous a nommé les sources de l'Orénoque qui se trouvent à l'est de l'Esmeralda; dans les missions de Carony et à l'Angostura, les sources

---

Ferme, où nous avons vu végéter les epèces de Salsepareille les plus actives (celles que fournit le commerce des colonies espagnoles et portugaises) 20° à 26° cent. Les racines d'une autre famille de Monocotylédonées (de quelques Cypéracées) jouissent aussi de propriétés diaphorétiques et résolutives. Le Carex arenaria, le C. hirta, etc., fournissent la *Salsepareille d'Allemagne* des pharmacies. D'après Clusius, l'Europe a reçu la première Salsepareille du Jucatan et de l'île de la Punà, vis-à-vis Guayaquil.

[1] Ce mot est de la langue tamanaque : ce sont les *Sole Donne* des missionnaires italiens.

du Rio Branco, comme le lieu qui offre le gisement naturel des pierres vertes. Ces indications confirment le rapport d'un vieux soldat de la garnison de Cayenne, cité par M. de La Condamine, et d'après lequel ces substances minérales sont tirées du *pays des femmes*, à l'ouest des rapides de l'Oyapoc. Les Indiens qui habitent le fort des Topayos sur l'Amazone, 5° à l'est de l'embouchure du Rio Negro, en possédoient autrefois un assez grand nombre. Les avoient-ils reçues du Nord, c'est-à-dire du pays que désignent les Indiens du Rio Negro, et qui s'étend des montagnes de Cayenne vers les sources de l'Essequebo, du Carony, de l'Orénoque, du Parime et du Rio Trombetas[1], ou ces pierres sont-elles venues du sud, par le Rio Topayos qui descend du vaste plateau des Campos Parecis? La superstition attache une grande importance à ces subtances minérales : on les porte comme amulettes au col, parce qu'elles garantissent, selon la croyance populaire, des maux de nerfs, des fièvres et de la piqûre des serpens venimeux. Aussi ont-elles été, depuis des siècles, un objet de commerce parmi les indigènes, au nord et au sud de l'Orénoque. Les Caribes, qu'on peut considérer comme les Boukhares du Nouveau-

[1] Entre les 57° et 67° de long. et les 0° et 5° de lat. boréale.

Monde, les ont fait connoître sur les côtes de la Guyane; et, les mêmes pierres semblables à la monnoie qui circule, ayant passé successivement de nation à nation dans des directions opposées, il se peut que leur quantité n'augmente pas, et qu'on ignore leur gisement plutôt qu'on ne le cache. Au milieu de l'Europe éclairée, à l'occasion d'une vive contestation sur le quinquina indigène, on a proposé gravement, il y a peu d'années, les pierres vertes de l'Orénoque comme un puissant fébrifuge : d'après cet appel à la crédulité des Européens, on ne s'étonnera pas d'apprendre que les colons espagnols partagent la prédilection des Indiens pour ces amulettes, et qu'on les vend à des prix très-considérables [1]. Le plus souvent on leur donne la forme des cylindres persépolitains perforés longitudinalement [2], et chargés d'inscriptions et de figures. Mais ce ne sont pas les Indiens d'aujourd'hui, ces indigènes de l'Orénoque et de l'Amazone que nous voyons au dernier degré d'abrutissement, qui ont percé des substances si dures en leur donnant des formes d'animaux et de fruits. De tels ouvrages, de même que les

---

[1] Le prix d'un cylindre de 2 pouces de long est de 12 à 15 piastres.

[2] *Dorow, über die Assyrische Keilschrift*, 1820, p. 4.

émeraudes, percées et sculptées, que l'on trouve dans les Cordillères de la Nouvelle-Grenade et de Quito, annoncent une culture antérieure. Aujourd'hui les habitans de ces contrées, surtout ceux de la région chaude, connoissent si peu la possibilité de tailler des pierres dures (l'émeraude, le jade, le feldspath compacte et le cristal de roche), qu'ils ont imaginé que la *pierre verte* est naturellement ramollie en sortant de la terre, et qu'elle s'endurcit après avoir été façonnée à la main.

Il résulte de ce que ce que nous venons de développer que la pierre des Amazones n'a pas son gisement naturel dans la vallée même de la rivière des Amazones, et que, loin de tirer son nom de cette rivière, elle l'a pris, de même que celle-ci, d'un peuple de femmes belliqueuses, que le père Acuña et Oviedo, dans sa lettre au cardinal Bembo, comparent aux Amazones de l'ancien monde. Ce que l'on voit dans nos cabinets sous la fausse dénomination de pierre des Amazones, *Amazonenstein*, n'est ni du jade ni du feldspath compacte, mais un feldspath commun vert-pomme qui vient de l'Oural et du lac Onega en Russie, et que je n'ai jamais vu dans les montagnes granitiques de la Guyane. Quelquefois aussi on confond avec la pierre si rare et si dure des Amazones le néphrite à hache, *Beilstein* [1] de Werner, qui est beaucoup moins tenace. La substance que j'ai obtenue de la main des Indiens appartient au *Saussurite* [2], au vrai jade qui se rapproche oryctognostiquement du feldspath compacte, et qui forme une des parties constituantes du *Verde de Corsica* ou du Gabbro [3]. Il prend un beau poli et passe du vert-pomme au vert-émeraude; il est translucide sur les bords, extrêmement tenace et sonore, à tel point que, taillé anciennement par les indigènes en lames très-minces, perforé au centre et suspendu à un fil, il donne un son presque métallique, si on le frappe avec un autre corps [4]

---

[1] Punamustein, Jade axinien. Les haches de pierre trouvées en Amérique, par exemple au Mexique, ne sont pas de *Beilstein*, mais de feldspath compacte.

[2] Jade de Saussure d'après le système de Brongniart; Jade tenace et Feldspath compacte tenace de Haüy; quelques variétés de Variolithe de Werner.

[3] Euphotide de Haüy ou Schillerfels de Raumer. (*Voyez* le Mémoire classique de M. Léopold de Buch, *über den Gabbro* dans les *Mém. de la Société d'Hist. nat. de Berlin,* pour 1810, Tom. IV, p. 134.)

[4] M. Brongniart, à qui j'ai montré de ces lames, lors de mon retour en Europe, a très-bien comparé ces Jades de la Parime aux pierres sonores que les Chinois emploient dans leurs instrumens de musique nommés King. *Traité de Min.*, Tom. I, p. 265.

dur. Cette observation ajoute aux rapports que l'on trouve, malgré la différence de cassure et de pesanteur spécifique, entre le Saussurite et la base pétrosiliceuse du *Porphyrschiefer* qui est la Phonolite (*klingstein*). J'ai déjà fait observer dans un autre endroit que, comme il est très-rare de trouver en Amérique le néphrite, le jade et le feldspath compacte en place, on a lieu de s'étonner de cette quantité de haches que l'on découvre presque partout où l'on creuse la terre depuis les bords de l'Ohio jusqu'au Chili. Nous n'avons vu dans les montagnes du Haut-Orénoque ou de la Parime que des granites grenus renfermant un peu d'amphibole, des granites passant aux gneiss et des amphiboles schisteuses. La nature auroit-elle répété, à l'est de l'Esmeralda, entre les sources du Carony, de l'Essequebo, de l'Orénoque et du Rio Branco, la formation de transition de Tucutunemo [1] reposant sur du mica-schiste? La pierre des Amazones seroit-elle due à des roches d'Euphotide qui forment le dernier membre de la série des roches primitives?

Chez les peuples des deux mondes, nous trouvons, au premier degré d'une civilisation

[1] *Voyez* Tom. VI, p. 28, et mes *Rech. sur les monumens amér.*, Tom. II, p. 147.

naissante, une prédilection particulière pour certaines pierres, non seulement pour celles qui peuvent être utiles à l'homme, par leur dureté, comme instrumens tranchans [1], mais, aussi pour des substances minérales qu'à cause de leur couleur et de leur forme naturelle, l'homme croit être en rapport avec des fonctions organiques, et même avec les penchans de l'ame. Ce culte antique des pierres, ces vertus bienfaisantes attribuées au jade et à l'hématite sont propres aux sauvages de l'Amérique comme à ces habitans des forêts de la Thrace que les vénérables institutions d'Orphée et l'origine des mystères nous défendent de considérer comme sauvages. Le genre humain, plus près de son berceau, se croit autocthone; il se sent comme enchaîné à la terre et aux substances qu'elle renferme dans son sein. Les forces de la nature, plus encore celles qui détruisent que celles qui conservent, sont les premiers objets de son culte. Ce n'est pas uniquement dans les tempêtes, dans le bruit qui précède le tremblement de terre, dans le feu que nourrissent les volcans que ces forces se manifestent : la roche inanimée, les pierres par leur éclat et leur dureté, les montagnes

---

[1] La pierre lydienne, le Kieselschiefer, le Jade axinien, l'Obsidienne, etc.

CHAPITRE XXIII. 17

par leurs masses et leur isolement, agissent sur les ames neuves avec une puissance que nous ne concevons plus dans l'état d'une civilisation avancée. Ce culte de pierres une fois établi se conserve près de l'exercice d'autres cultes plus modernes; et ce qui étoit d'abord l'objet d'un hommage religieux, devient l'objet d'une confiance superstitieuse. Des pierres divines se transforment en amulettes qui préservent de tous les maux de l'ame et du corps. Quoique cinq cents lieues de distance séparent les rives de l'Amazone et de l'Orénoque du plateau mexicain; quoique l'histoire ne rapporte aucun fait qui lie les peuples sauvages de la Guyane aux peuples civilisés d'Anahuac, le moine Bernard de Sahagun trouva, au commencement de la conquête, conservées à Cholula, comme reliques, des *pierres vertes* qui avoient appartenu à Quetzalcohualt [1]. Ce personnage mystérieux est le Budha des Mexicains : il parut du temps des Toltèques, fonda les premières congrégations religieuses, et établit un gouvernement semblable à celui de Meroé et du Japon.

L'histoire du jade ou des pierres vertes de la Guyane est intimement liée à celle de ces

[1] *Rech. sur les monumens*, Tom. II, p. 587.
Relat. histor. Tom. 8.

femmes belliqueuses que les voyageurs du seizième siècle ont nommées les Amazones du Nouveau-Monde. M. de La Condamine a rapporté beaucoup de témoignages en faveur de cette tradition. On m'a souvent demandé à Paris, depuis mon retour de l'Orénoque et de la rivière des Amazones, si je partageois l'opinion de ce savant, ou si je croyois, comme plusieurs de ses contemporains, qu'il n'avoit entrepris la défense des *Cougnantainsecouima*, de ces femmes indépendantes qui recevoient les hommes dans leur société pendant le seul mois d'avril, que pour captiver, dans une séance publique de l'Académie, la bienveillance d'un auditoire un peu avide de choses nouvelles. C'est ici le lieu de m'énoncer avec franchise sur une tradition qui a une physionomie si romanesque : j'y suis engagé d'autant plus que M. de La Condamine affirme que les Amazones du Rio Cayame [1] ont traversé

---

[1] *Fray Pedro Simon*, p. 480. *La Condamine, Voyage à l'Amazone*, p. 101, 113 et 140. *Cayley, Life of sir Walter Ralegh*, Tom. I, p. 169. *Gili*, Tom. I, p. 145-154. Orellana, arrivant au Maragnon par le Rio Coca et le Napo, combattit les Amazones, à ce qu'il paroît, entre l'embouchure du Rio Negro et celle du Xingu. M. de La Condamine prétend qu'elles ont passé, au dix-septième siècle, le Maragnon entre Tefe et l'embouchure du Rio Puruz, près du Cano Cuchivara qui est un bras occidental du Puruz. Ces femmes venoient alors des rives

CHAPITRE XXIII. 19

le Maragnon pour s'établir sur le Rio Negro. Le goût du merveilleux et le désir d'orner les descriptions du Nouveau-Continent de quelques traits tirés de l'antiquité classique,

du Rio Cayame ou Cayambe, par conséquent du pays inconnu qui s'étend, au sud du Maragnon, entre l'Ucayale et le Madeira. Ralegh les place aussi au sud du Maragnon, mais dans la province des Topayos et sur la rivière du même nom. Il les dit « riches en vaisselle d'or qu'elles avoient acquise en échange contre ces fameuses pierres vertes ou *piedras hijadas* » (Ralegh veut dire sans doute *piedras del higado,* pierres qui guérissent les maladies du foie.) Il est assez remarquable que, 148 ans plus tard, M. de La Condamine trouva encore « en plus grand nombre que partout ailleurs, chez les Indiens qui habitent l'embouchure du Rio Topayos, ces pierres vertes (*pierres divines*) qui ne diffèrent ni en couleur ni en dureté du jade oriental. Les Indiens disoient qu'ils avoient hérité de leurs pères ces pierres qui guérissent de la colique néphrétique et de l'épilepsie, et que ceux-ci les avoient eues des *femmes sans mari.* » Voilà ce qui regarde les Amazones au sud du Maragnon; au nord de ce fleuve, on les place (selon différentes traditions recueillies à Cayenne, au Grand-Parà et sur l'Orénoque), 1.° à l'ouest des grands rapides de l'Oyapoc, au-delà des Indiens Amicouanes (à longues oreilles, Orejones et Orellados); 2.° à l'ouest des sources du Rio Irijo ou Arijo qui débouche dans l'Amazone, un peu au sud du Rio Araguary; 3.° près des sources du Cuchivero, qui se jette dans l'Orénoque entre Cabruta et Alta Gracia. Les deux premières indications conduisent à peu près vis-à-vis de la région que dans la vallée du Bas-Maragnon l'on a dit être habitée par les Amazones. La ressemblance entre les noms de Cuchivaro (affluent de Maragnon, près duquel les Amazones passèrent le grand fleuve, et de Cuchivero (affluent de l'Orénoque) n'est pas accidentelle) ont sans doute contribué à donner une grande importance aux premiers récits d'Orellana. En lisant les ouvrages de Vespucci, de Ferdinand Colomb, de Geraldini, d'Oviedo et de Pierre Martyr d'Anghieri, on reconnoît cette tendance des écrivains du seizième siècle à trouver, chez des peuples nouvellement découverts, tout ce que les Grecs nous ont appris sur le premier âge du monde et sur les mœurs des barbares Scythes et Africains. Conduits par ces voyageurs dans un autre hémisphère, nous croyons parcourir les temps passés ; car les hordes de l'Amérique, dans leur simplicité primitive, offrent à l'Europe « une espèce d'antiquité dont nous sommes presque contemporains. » Ce qui n'étoit alors qu'un ornement de style et un plaisir de l'esprit est devenu de nos jours le sujet de graves discussions. Dans un mémoire publié à la Louisiane, on a expliqué toute la fable grecque, sans en exclure les Amazones, par la connoissance des localités du lac de Nicaragua et de quelques autres sites américains !

Si Oviedo, en adressant ses lettres au

d'après le père Gili. Ce missionnaire paroît croire que les Aikeam-benano, qui descendent des Amazones du Maragnon, ont donné à leur nouvelle demeure la dénomination de l'ancienne. Je doute de ce fait et de toute cette généalogie.

cardinal Bembo, croyoit devoir flatter les goûts d'un homme si familier avec l'étude de l'antiquité, le navigateur Sir Walter Ralegh avoit un but moins poétique [1]. Il vouloit fixer l'attention de la reine Elisabeth sur le grand *Empire de la Guyane* dont il proposoit la conquête à son gouvernement. Il donna la description du lever de ce *roi doré* (*el dorado* [2]) auquel ses chambellans, armés de longues sarbacanes, souffloient tous les matins de la poudre d'or sur le corps, après l'avoir couvert d'huiles aromatiques : mais rien ne devoit frapper davantage l'imagination de la reine Elisabeth que la république belliqueuse des femmes sans mari qui résistoient aux héros castillans. J'indique les motifs qui ont porté à l'exagération les écrivains qui ont donné le plus de réputation aux Amazones de l'Amérique ; mais ces motifs, je le pense, ne suffisent pas pour rejeter entièrement une tradition répandue chez divers peuples qui n'ont aucune communication entre eux.

[1] C'est l'opinion de M. Southey. (*Hist. of Brasil*, Tom. I, p. 608 et 653.) *Voyez* aussi *Cayley's Life of Ralegh*, Tom. I, p. 163, 198 et 226.

[2] Le mot *dorado* n'est pas celui d'un pays ; il signifie simplement le *doré*, *el rey dorado*.

Les témoignages recueillis par M. de La Condamine sont très-remarquables; il les a publiés dans le plus grand détail, et j'aime à ajouter que, si ce voyageur a passé en France et en Angleterre pour l'homme dont la curiosité étoit le plus constamment active, il est considéré à Quito, dans le pays qu'il a décrit, comme l'homme le plus sincère et le plus véridique. Trente ans après M. de La Condamine, un astronome portugais qui a parcouru l'Amazone et les affluens qui s'y jettent du côté du nord, M. Ribeiro, a confirmé sur les lieux tout ce que le savant François avoit avancé. Il a trouvé ces mêmes traditions parmi les Indiens; il les a recueillies avec d'autant plus d'impartialité qu'il ne croit pas lui-même aux Amazones comme ayant formé une peuplade séparée. Ne sachant aucune des langues qu'on parle à l'Orénoque et au Rio Negro, je n'ai pu rien apprendre de certain sur ces traditions populaires des *femmes sans mari* et sur l'origine des *pierres vertes* qu'on y croit intimement liée. Je rappellerai cependant un témoignage moderne qui ne laisse pas d'avoir quelque poids, celui du père Gili. « En demandant, dit ce missionnaire instruit, à un Indien Quaqua quelles nations habitoient le

Rio Cuchivero, il me nomma les Achirigotos, les Pajuros et les Aikeam-benanos [1]. Sachant bien la langue tamanaque, je compris de suite le sens de ce dernier mot, qui est un mot composé, et qui signifie *femmes vivant seules*. L'Indien confirma mon observation, et raconta que les Aikeam-benanos étoient une réunion de femmes qui fabriquent de longues sarbacanes et d'autres instrumens de guerre. Elles n'admettent dans leur société qu'une seule fois par an les hommes de la nation voisine des Vokearos, qu'elles renvoient avec des cadeaux de sarbacanes. Tous les enfans mâles, qui naissent dans cette horde de femmes, sont tués en bas-âge. » Cette histoire est comme calquée sur les traditions qui circulent parmi les Indiens du Maragnon et parmi les Caribes; cependant l'Indien Quaqua, dont parle le père Gili, ignoroit le castillan; il n'avoit jamais eu de communication avec des hommes blancs, et ne savoit certainement pas qu'au sud de l'Orénoque, il existe un autre fleuve qu'on appelle le fleuve des Aikeam-benanos ou des Amazones.

Que faut-il conclure de ce récit de l'ancien missionnaire de l'Encaramada? non qu'il y a

---

[1] En italien, *Acchirecotti*, *Pajuri*, et *Aicheam-benano*.

des Amazones sur les rives du Cuchivero, mais que, dans différentes parties de l'Amérique, des femmes, lasses de l'état d'esclavage dans lequel elles sont tenues par les hommes, se sont réunies, comme les nègres fugitifs, dans un *palenque;* que le désir de conserver leur indépendance les a rendues guerrières; qu'elles ont reçu de quelque horde voisine et amie des visites, peut-être un peu moins méthodiquement que ne le dit la tradition. Il suffit que cette société de femmes ait acquis quelque force dans une des parties de la Guyane pour que des évènemens très-simples, qui ont pu se répéter en différens lieux, aient été dépeints d'une manière uniforme et exagérée. C'est le propre des traditions; et si l'émeute extraordinaire d'esclaves dont j'ai parlé plus haut [1] avoit eu lieu non près des côtes de Venezuela, mais au milieu du continent, un peuple crédule auroit vu dans chaque *palenque* de nègres marrons la cour du roi Miguel, son conseil d'état et l'évêque nègre de Buria. Les Caribes de la Terre-Ferme communiquoient avec ceux des îles, et c'est par cette voie sans doute que les traditions du Maragnon et de l'Orénoque se sont propagées vers le nord. Avant la navi-

[1] Tom. V, p. 308.

gation d'Orellana, Christophe Colomb croyoit déjà avoir trouvé des Amazones dans les Antilles. On racontoit à ce grand homme que la petite île Madanino (Montserrate) étoit habitée par des femmes guerrières qui vivoient, la majeure partie de l'année, éloignées du commerce des hommes [1]. D'autres fois aussi les *conquistadores* prirent pour des républiques d'Amazones des femmes qui défendoient leurs cabanes [2] dans l'absence de leurs maris, et, ce qui est une erreur moins excusable, ces congrégations religieuses, ces couvens [3] de vierges mexicaines qui, loin de recevoir dans aucune saison de l'année des hommes dans leur société, vivoient selon la règle austère de Quetzalcohuatl. Telle étoit la disposition des esprits, que, dans cette longue série de voyageurs qui se pressoient dans leurs découvertes et dans le récit des merveilles du Nouveau-Monde, chacun vouloit avoir vu ce que ses prédécesseurs avoient annoncé.

Nous passâmes trois nuits à San Carlos del Rio Negro. Je compte les nuits, car j'en veillai

---

[1] *Petr.-Martyr*, p. 17. *Hakluyt's Collect.* (*Lond.*, 1812), p. 384. *Grynæus*, p. 69.

[2] *Fray Pedro Simon*, Not. 6, cap. 26.

[3] Un de ces couvens étoit près de Cozumel sur une île. (*Grynæus*, p. 500.)

la majeure partie, dans l'espoir de saisir le moment du passage d'une étoile par le méridien. Pour n'avoir aucun reproche à me faire, je tenois toujours les instrumens disposés pour l'observation. Je ne pus pas même obtenir de doubles hauteurs pour conclure la latitude par la méthode de Douwes. Quel contraste entre deux parties d'une même zone, entre le ciel de Cumana, où l'air est constamment pur comme en Perse et en Arabie, et ce ciel du Rio Negro voilé comme celui des îles Feroe, sans soleil, sans lune et sans étoiles. La peine que j'éprouvai en quittant le fortin de San Carlos fut d'autant plus vive que je ne pouvois espérer alors d'obtenir, tout près de ce lieu, une bonne observation de latitude [1]. J'ai trouvé l'inclinaison de l'aiguille aimantée, à San Carlos, de 22°,60 div. cent. La force magnétique étoit exprimée par 216 oscillations en 10′ de temps. Comme les parallèles magnétiques se relèvent à l'ouest, et que j'ai retrouvé, sur le dos des Cordillères, entre Santa-Fe de Bogota et Po-

---

[1] Cinq hauteurs du soleil prises le 8 mai (les seules que j'aie pu obtenir) m'ont donné, d'après le garde-temps, pour la longitude de San Carlos, 69° 58′ 39″. L'erreur de la carte de La Cruz et de celles qui l'ont copiée étoit donc de près de 2°. On déplaçoit toute cette partie de l'Amérique vers l'est. (*Voyez mes Observ. astr.*, Vol. I, p. 238.)

payan, les mêmes inclinaisons observées dans le Haut-Orénoque et le Rio Negro, ces observations sont devenues d'une grande importance pour la théorie des *lignes d'égale intensité* ou *lignes isodynamiques* [1]. Le nombre des oscillations est le même à Javita et à Quito, et cependant l'inclinaison magnétique est, dans le premier de ces deux endroits, 26°,40; dans le second, 14°,85. La force sous l'équateur magnétique (au Pérou) étant exprimée par l'unité, on trouve l'intensité des forces, à Cumana = 1,1779; à Carichana = 1,1575; à Javita = 1,0675; à San Carlos = 1,0480. Tel est le décroissement des forces du nord au sud, sur 8° de latitude, entre les 66° ½ et 69° de longitude à l'ouest de Paris. J'énonce tout exprès la différence des méridiens; car, en soumettant mes *observations isodynamiques* [2] à de nouvelles recherches, un géomètre profondément versé dans l'étude du magnétisme terrestre, M. Hansteen, a découvert que l'intensité des forces varie sur un même parallèle magnétique, d'après des lois très-constantes, et que la connoissance de ces lois fait disparoître une grande partie des

---

[1] *Voyez* le grand ouvrage de M. Hansteen, qui a paru en Norwège, sous le titre *Ueber den Magnetismus der Erde,* 1819, p. 14 et 66-77.

[2] *Journal de Physique*, Tom. LIX, p. 287.

anomalies que ce phénomène sembloit présenter. Il est certain, en général, comme je l'ai conclu de l'ensemble de mes observations, que l'intensité des forces augmente de l'équateur magnétique au pôle [1]; mais la rapidité de cet accroissement paroît varier sous différens méridiens. Lorsque deux endroits ont la même inclinaison, la force est la plus grande à l'ouest du méridien qui traverse le centre de l'Amérique méridionale; elle diminue sur le même parallèle à l'est, vers l'Europe. Dans l'hémisphère austral, elle semble atteindre son *minimum* sur les côtes orientales de l'Afrique; puis elle augmente de nouveau, sur un même parallèle magnétique, jusque vers la Nouvelle-Hollande. J'ai trouvé l'intensité des forces, à Mexico, presque aussi grande qu'à Paris, et cependant la différence des inclinaisons est de plus de 31° cent. [2] Mon aiguille, qui oscilloit sous l'équateur magnétique (au Pérou) 211 fois, n'auroit oscillé, sous le même équateur, dans le méridien des îles Philippines, au plus que 202 ou 203 fois. Cette différence frap-

[1] Depuis le point où l'équateur magnétique traverse le Pérou jusqu'à Paris = 1 : 1,3703. (*Obs. astr.*, Tom. I, p. LXXV. *Mémoires d'Arcueil*, Tom. I, p. 21.)

[2] *Mexico* (lat. 19° 25' 45", long. 101° 25' 30"). Incl. 46,85. Intensité des forces 242. *Paris* (lat. 48° 50' 15", long. 0° 0'). Incl., en 1798, de 77°,62. Intensité 245.

CHAPITRE XXIII. 29

pante résulte de la comparaison de mes observations d'intensité faites à Sainte-Croix de Ténériffe avec celles que M. de Rossel[1] y a recueillies sept années auparavant.

Les observations magnétiques faites sur les bords du Rio Negro sont, de toutes celles que nous connoissons dans l'intérieur d'un grand continent, les plus rapprochées de l'équateur magnétique. Elles ont servi par conséquent à déterminer[2] la position de cet équateur que j'ai traversé plus à l'ouest sur la crête des Andes, entre Micuipampa et Caxamarca, par les 7° degrés de latitude australe. Le parallèle magnétique de San Carlos (celui de 22°, 60 cent.) passe par Popayan et dans la Mer du Sud par un point (à 3° 12′ de lat. bor. et 89° 36′

[1] Mon aiguille oscilloit, à Ténériffe, 238 fois; celle de M. de Rossel 288 fois. La première auroit donc fait, à Brest, en la réduisant aux observations de M. de Rossel, 245 oscillations. C'est exactement le nombre qu'elle a donné à Paris, et ce nombre confirme l'exactitude de la comparaison. (*Hansteen*, p. 70 et 72.)

[2] M. Hansteen trouve, d'après mes observations, l'équateur magnétique dans la longitude de San Carlos del Rio Negro (69° 58′ à l'ouest de Paris), par les 9° ½ de lat. austr. M. Orlet, dans un intéressant travail présenté récemment à l'Académie des sciences, fait passer la ligne sans inclinaison par 7° 44′ de lat. austr. M. Biot donne à San Carlos 10° 13′ 14″ de latitude magnétique.

de long. oc.) où j'ai eu le bonheur de pouvoir observer par un temps très-calme[1].

Le 10 mai. Notre pirogue avoit été chargée pendant la nuit : nous nous embarquâmes un peu avant le lever du soleil pour remonter le Rio Negro jusqu'à l'embouchure du Cassiquiare, et pour nous livrer à des recherches sur le véritable cours de cette rivière qui unit l'Orénoque à l'Amazone. La matinée étoit belle; mais, à mesure que la chaleur augmentoit, le ciel commençoit à se voiler. L'air est tellement saturé d'eau dans ces forêts, que les vapeurs vésiculaires deviennent visibles par le moindre accroissement de l'évaporation à la surface de la terre. Comme la brise ne se fait jamais sentir, les couches humides ne sont point remplacées et renouvelées par un air plus sec. Cet aspect d'un ciel couvert nous attristoit chaque jour davantage. M. Bonpland perdoit, par l'excès de l'humidité, les plantes qu'il avoit recueillies : de mon côté, je craignois de retrouver dans la vallée du Cassiquiare les brumes du Rio Negro. Depuis un demi-siècle, personne dans ces missions ne doutoit plus de la communication qui

---

[1] Popayan (lat. 2° 26′ 17″ bor. ; long. 78° 59′). Incl. 23°,05 cent. Mer du Sud (le point désigné dans le texte). Incl. 22°,80 cent. Mais le parallèle *isodynamique* de San Carlos, c'est-à-dire la ligne d'égale intensité passe au sud de ces deux endroits.

existe entre deux grands systèmes de rivières; le but important de notre navigation se réduisoit donc à fixer, par des observations astronomiques, le cours du Cassiquiare, surtout le point de son entrée dans le Rio Negro, et celui de la bifurcation de l'Orénoque. Sans la vue du soleil et des étoiles, ce but étoit manqué, et nous nous étions exposés inutilement à des privations longues et pénibles. Nos compagnons de voyage auroient voulu retourner par le chemin le plus court, celui du Pimichin et des petites rivières; mais M. Bonpland préféroit, comme moi, de persister dans le plan du voyage que nous nous étions tracé en franchissant les Grandes Cataractes. Nous avions déjà fait en canot, depuis San Fernando de Apure à San Carlos (sur le Rio Apure, l'Orénoque, l'Atabapo, le Temi, le Tuamini et le Rio Negro), 180 lieues. En rentrant dans l'Orénoque par le Cassiquiare, nous devions encore naviguer, de San Carlos à l'Angostura, 20 lieues. Dans ce chemin, nous avions à lutter pendant dix jours contre les courans; tout le reste devoit se faire en descendant l'Orénoque. Il auroit été blâmable de nous laisser décourager par la crainte d'un ciel obscur et par les *mosquitos* du Cassiquiare. Notre pilote indien, qui avoit été récemment à Mandavaca, nous promettoit le soleil et « ces grandes étoiles qui *mangent* les nuages, » dès que nous serions sortis des *eaux noires* du Guaviare. Nous exécutâmes donc notre premier projet de retourner à San Fernando de Atabapo par le Cassiquiare ; et, heureusement pour nos recherches, la prédiction de l'Indien ne se trouva point en défaut. Les *eaux blanches* nous amenèrent peu à peu un ciel plus serein, des étoiles, des mosquitos et des crocodiles.

Nous passâmes entre les îles Zaruma et Mini ou Mibita, couvertes d'une épaisse végétation ; et, après avoir remonté les rapides de la *Piedra de Uinumane*, nous entrâmes, à 8 milles de distance du fortin de San Carlos, dans le Rio Cassiquiare. La *Piedra*, ou le rocher granitique qui forme la petite cataracte, attira notre attention par le grand nombre de filons de quarz qui la traversent. Ces filons avoient plusieurs pouces de large, et prouvoient par leurs masses qu'ils étoient d'ancienneté et de formation très-différentes. Je vis distinctement que, partout où ils se croisoient, les filons renfermant du mica et du schörl noir *traversoient* et *jetoient hors de leur direction* ceux qui ne contenoient que du quarz blanc et du feldspath. D'après la théorie de Werner, les filons noirs étoient par conséquent d'une formation plus récente que les filons blancs. Elève de l'école de Freiberg, je devois m'arrêter avec quelque satisfaction au rocher d'Uinumane pour observer, près de l'équateur, des phénomènes que j'avois vus si souvent dans les montagnes de ma patrie. La théorie, qui considère les filons comme des fentes remplies de diverses substances *par le haut*, me sourit aujourd'hui, je l'avoue, un peu moins qu'elle ne le fit alors; mais ces modes d'intersection et de *rejet*, observés dans les veines pierreuses et métalliques, n'en méritent pas moins l'attention des voyageurs comme un des phénomènes de géologie les plus généraux et les plus constans. A l'est de Javita, tout le long du Cassiquiare, et surtout dans les montagnes de Duida, le nombre des filons augmente dans le granite. Ces filons sont remplis de *druses*, et leur fréquence semble indiquer que le granite de ces contrées n'est pas d'une formation très-ancienne.

Nous trouvâmes quelques Lichens sur le rocher Uinumane, vis-à-vis l'île Chamanare, au bord des rapides; et, comme le Cassiquiare, près de son embouchure, tourne brusquement de l'est au sud-ouest, nous y vîmes pour la première fois ce bras majestueux de l'Orénoque dans toute sa largeur. Il ressemble assez, par l'aspect général du paysage, au Rio Negro. Comme dans le bassin de celui-ci, les arbres de la forêt avancent jusqu'au rivage et y forment un taillis épais; mais le Cassiquiare a les eaux blanches, et change plus souvent de direction. Près des rapides d'Uinumane, sa largeur surpasse presque celle du Rio Negro, et, jusqu'au-dessus de Vasiva, je l'ai trouvée partout de 250 à 280 toises. Avant de passer l'île de Garigave, nous aperçûmes, au nord-est, presque à l'horizon, une colline à sommet hémisphérique. C'est la forme qui, sous toutes les zones, caractérise les montagnes de granite. Comme sans cesse on est entouré de vastes plaines, les rochers et les collines isolés fixent l'intérêt du voyageur. Des montagnes continues ne se trouvent que plus à l'est, vers les sources du Pacimoni, du Siapa et du Mavaca. Arrivés au sud du Raudal de Caravine, nous aperçûmes que le Cassiquiare, par la sinuosité de son cours, se rapproche de nouveau de San Carlos. Il n'y a du fortin à la mission de San Francisco Solano, où nous couchâmes, que deux lieues et demie par le chemin de terre : on en compte 7 à 8 par la rivière. Je passai une partie de la nuit en plein air dans la vaine attente des étoiles. L'air étoit brumeux, malgré les *aguas blancas* qui devoient nous conduire sous un ciel constamment étoilé.

La mission de San Francisco Solano, située sur la rive gauche du Cassiquiare, a été ainsi nommée en l'honneur d'un des chefs de l'*expédition des limites*, Don Joseph Solano, dont nous avons eu occasion de parler plusieurs fois dans cet ouvrage. Cet officier instruit n'a jamais dépassé le village de San Fernando de Atabapo; il n'a vu ni les eaux du Rio Negro et du Cassiquiare, ni celles de l'Orénoque à l'est de l'embouchure du Guaviare. C'est par une erreur, fondée sur l'ignorance de la langue espagnole, que des géographes ont cru trouver dans la célèbre carte de La Cruz Olmedilla la trace d'une route de 400 lieues de long, par laquelle on prétend que Don Joseph Solano est parvenu aux sources de l'Orénoque, au lac Parime ou *mer Blanche*, aux rives du Cababury et de l'Uteta. La mission de San Francisco a été fondée, comme la plupart des établissemens chrétiens au sud des Grandes-Cataractes de l'Orénoque, non par les moines, mais par l'autorité militaire. Lors de l'*expédition des limites*, des villages furent construits à mesure qu'un *subteniente* ou un caporal avançoit avec sa troupe. Une partie des indigènes, pour conserver leur indépendance, se retirèrent sans combattre; d'autres, dont on avoit gagné les chefs les plus puissans [1], s'agrégèrent aux missions. Là où il n'y avoit pas d'église, on se contentoit d'élever une grande croix de bois rouge, et de construire à côté de la croix une *casa fuerte*, c'est-à-dire une maison dont les parois étoient formées de grosses poutres appuyées horizontalement les unes sur les autres. Cette maison avoit deux étages; dans le haut étoient placés deux pierriers ou canons de petit calibre; au rez-de-chaussée vivoient deux soldats servis par une famille indienne. Ceux des indigènes avec lesquels on étoit en paix établissoient leurs cultures autour de la *casa fuerte*. Les soldats les réunissoient au son du cor ou d'un *botuto* de terre cuite, lorsqu'on redoutoit l'attaque de quelque ennemi. C'est ainsi qu'étoient les prétendus dix-neuf établissemens chrétiens fondés par Don Antonio Santos dans le chemin de l'Esmeralda à l'Everato. Des postes militaires, qu n'avoient aucune influence sur la civilisation des indigènes, figuroient, sur les cartes et dans les ouvrages des missionnaires, comme des villages (*pueblos*) et des

[1] Dans le Cassiquiare, c'étoient le capitaine Mara, chef des Maisanas, et Imù, chef d'une branche des Marepizanas.

redicciones apostolicas [1]. La prépondérance militaire s'est soutenue, sur les rives de l'Orénoque, jusqu'en 1785 où a commencé le régime des religieux de Saint-François. Le peu de missions fondées ou plutôt rétablies depuis cette époque sont dues aux pères de l'Observance; car aujourd'hui les soldats répartis dans les missions sont dépendans des missionnaires, ou du moins censés l'être, d'après les prétentions de la hiérarchie ecclésiastique.

Les Indiens que nous trouvâmes à San Francisco Solano étoient de deux nations : des Pacimonales et des Cheruvichahenas. Comme les derniers descendent d'une tribu considérable fixée sur le Rio Tomo, près des Manivas du Haut-Guainia, je tâchai de tirer d'eux quelques notions sur le cours supérieur et les sources du Rio Negro; mais l'interprète que j'employois ne pouvoit leur faire comprendre le sens de mes questions. Ils répétèrent seulement jusqu'à satiété que les sources du Rio Negro et de l'Inirida étoient rapprochées « comme deux doigts de la main. » Dans une de ces cabanes des Pacimonales, nous fîmes l'acquisition de deux beaux et grands oiseaux,

---

[1] *Voyez* la *Corografia del Padre*, *Caulin*, p. 77, et la *carte des missions de l'Orénoque*, par *Surville*, 1778.

58 LIVRE VIII.

d'un Toucan (*Piapoco*¹), voisin du Ramphastos, erythrorynchos, et de l'*Ana*, espèce d'Ara, de 17 pouces de long, ayant tout le corps couleur de pourpre comme le P. Macao. Nous avions déjà dans notre pirogue sept perroquets, deux coqs de roche (Pipra), un Motmot, deux Guans ou *Pavas de monte*, deux Manaviris (Cercoleptes ou Viverra caudivolvula) et huit singes; savoir deux Atèles ², deux Titis ³ une Viudita ⁴, deux Douroucoulis ou singes nocturnes ⁵ et le Cacajao à courte queue ⁶. Aussi le père Zea se plaignoit-il tout bas de voir augmenter journellement cette ménagerie ambulante. Le Toucan a les mœurs et l'intelligence du corbeau, c'est un animal courageux et facile à apprivoiser. Son bec, long et fort, lui sert à se défendre de loin. Il se rend le maître de la maison, vole tout ce qu'il peut

---

¹ *Kiapoco* ou *Aviapoco*.

² *Marimonda* des Grandes-Cataractes, Simia Belzebuth, Brisson.

³ Simia sciurea, le Saïmiri de Buffon. (*Voyez* mon *Rec. d'Observ. de Zoologie*, Tom. I, p. 327, 334, 353 et 357.)

⁴ Simia lugens. (*L. c.*, p. 319.)

⁵ Cusicusi ou Simia trivirgata. (*L. c.*, p. 307 et 358.) C'est l'Aotus d'Illiger.

⁶ Simia melanocephala, *Mono feo*. (*L. c.*, p. 317.) Ces trois dernières espèces sont nouvelles.

CHAPITRE XXIII.

atteindre, aime à se baigner souvent et à pêcher au bord de la rivière. L'individu que nous avions acheté étoit très-jeune; cependant il se plaisoit, pendant toute la navigation, à harceler les Cusicusis ou singes de nuit qui sont tristes et colères. Je n'ai pas vu que le Toucan soit forcé, par la structure de son bec, comme on le rapporte dans quelques ouvrages d'histoire naturelle, d'avaler sa nourriture en la jetant en l'air. Il la relève, il est vrai, assez difficilement de terre; mais, l'ayant une fois saisie de la pointe de son énorme bec, il n'a qu'à le relever, en jetant la tête en arrière, et à le tenir perpendiculairement aussi long-temps qu'il avale. L'oiseau fait des gestes extraordinaires lorsqu'il s'apprête à boire. Les moines disent qu'il fait le signe de la croix sur l'eau, et cette croyance populaire a valu au Toucan, de la part des créoles, le nom bizarre de *Diostedè* (Dieu te le rende).

La plupart de nos animaux étoient renfermés dans de petites cages d'osier, d'autres parcouroient librement toutes les parties de notre pirogue. A l'approche de la pluie, les Aras poussoient des cris épouvantables, le Toucan voulut gagner le rivage pour pêcher, les petits singes Titis cherchoient le père Zea pour s'abriter dans les manches un peu larges de son habit de Saint-François. Ces scènes se répétoient souvent et nous faisoient oublier le tourment des *mosquitos*. De nuit, au bivouac, on plaçoit au centre un caisson fait en cuir (*petaca*), renfermant nos provisions, puis les instrumens et les cages des animaux; tout à l'entour étoient suspendus nos hamacs, et plus loin ceux des Indiens. Le cercle extérieur étoit formé par les feux qu'on allume pour se garantir des Jaguars de la forêt. Telle étoit la disposition de notre bivouac sur les rives du Cassiquiare. Les Indiens nous parlèrent souvent d'un petit animal nocturne, à nez alongé, qui surprend les jeunes perroquets dans leur nid, et se sert des mains pour manger à la manière des singes et des Manaviris ou Kinkajous. Ils l'appeloient *Guachi* : c'est sans doute un Coati, peut-être le Viverra nasua, que j'ai eu occasion de voir sauvage au Mexique, mais non dans la partie de l'Amérique méridionale que j'ai parcourue. Les missionnaires défendent gravement aux indigènes de manger la chair du *Guachi*, à laquelle, d'après des idées superstitieuses très-répandues, ils attribuent ces mêmes qualités stimulantes que les Orientaux recherchent dans les Scinques [1], et les Américains dans la chair des Caymans.

[1] Lacerta scincus, L.

CHAPITRE XXIII.

Le 11 mai. Nous partîmes assez tard de la mission de San Francisco Solano pour ne faire qu'une petite journée. La couche uniforme de vapeurs commençoit à se partager en nuages à contours distincts. Il y avoit un peu de vent d'est dans les hautes régions de l'air. A ces signes nous reconnûmes un changement prochain de temps, et nous ne voulûmes pas nous éloigner de l'embouchure du Cassiquiare, dans l'espoir d'observer, pendant la nuit suivante, le passage de quelque étoile par le méridien. Nous découvrîmes au sud le *Caño* Daquiapo, au nord le Guachaparu, et, quelques milles plus loin, les rapides de Cananivacari. La vitesse du courant étant de 6,3 pieds par seconde, nous eûmes à lutter contre des vagues qui formoient un clapotis assez fort dans le *Raudal*. Nous mîmes pied à terre, et M. Bonpland découvrit, à quelques pas du rivage, un *Almendron* [1], ou magnifique tronc de Bertholletia excelsa. Les Indiens nous assuroient qu'on ignoroit, à San Francisco Solano, à Vasiva et à l'Esmeralda, l'existence de ce précieux végétal sur les rives du Cassiquiare. Ils ne croyoient pas que l'arbre, qui avoit plus de 60 pieds de haut, eût été semé accidentellement par quelque voyageur. On sait,

[1] Juvita.

par les expériences faites à San Carlos, combien il est rare qu'on réussisse à faire germer le Bertholletia, à cause de son péricarpe ligneux et de l'huile si facile à rancir que renferme son amande. Peut-être ce tronc annonçoit-il l'existence de quelque forêt de Bertholletia, dans l'intérieur des terres à l'est et au nord-est. Nous savons du moins avec certitude que ce bel arbre est sauvage sur le parallèle de 3° dans les Cerros de Guanaya. Les plantes qui vivent en société ont rarement des limites tranchées, et il arrive qu'avant de parvenir à un *Palmar* ou à un *Pinal*[1], on trouve des palmiers ou des pins isolés. C'est comme des colons qui se sont avancés au milieu d'un pays peuplé de végétaux différens.

A quatre milles de distance des rapides de Cunanivacari, s'élèvent, au milieu des plaines, des rochers qui ont les formes les plus bizarres. On voit d'abord un mur étroit de 80 pieds de haut et coupé à pic; puis, à l'extrémité méridionale de ce mur, paroissent deux tourelles, dont les assises de granite sont à peu près horizontales. L'agroupement des rochers de Guanari est tellement symétrique, qu'on les prendroit pour les ruines d'un ancien édifice. Sont-ce les restes

[1] Deux mots de la langue castillanne qui, selon une forme latine, désignent des forêts de palmiers (*palmetum*) et de pins (*pinetum*).

d'îlots au milieu d'une mer intérieure qui couvroit les terrains entièrement unis entre la Sierra Parime et les monts Parecis [1], ou ces murailles de rochers et ces tourelles de granite ont-elles été soulevées par les forces élastiques qui agissent encore dans l'intérieur de notre planète? Il est permis de rêver un peu sur l'origine des montagnes, lorsqu'on a vu [2] la disposition des volcans mexicains et des cimes de trachytes sur une crevasse prolongée, lorsque, dans les Andes de l'Amérique méridionale, on a trouvé alignées dans un même chaînon les roches primitives et volcaniques, et qu'on se rappelle de cette île de 3 milles de circonférence et d'une hauteur extraordinaire, qui est sortie

---

[1] Sierra de la Parime ou du Haut-Orénoque; Sierra (ou Campos) dos Parecis faisant partie des montagnes de Matto-Grosso et formant le revers septentrional de la Sierra de Chiquitos. Je nomme ici les deux chaînes de montagnes dirigées de l'est à l'ouest qui bordent les plaines ou bassins du Cassiquiare, du Rio Negro et de l'Amazone, entre les 3° 30′ de lat. bor. et les 14° de lat. austr.

[2] *Voyez* Tom. IV, p. 48, et mon *Essai polit. sur la Nouvelle-Espagne*, Tom. I, p. 45, 253. Langsdorf, *Travels*, Tom. II, p. 30, 242, et surtout les faits nouveaux exposés par M. Léopold de Buch, dans deux mémoires célèbres *sur les cratères de soulèvement* et les étonnantes révolutions qu'a subies l'île de Lancerote depuis 1730 jusqu'en 1736. Les Russes appellent la nouvelle île, près d'Unalashka Gromofsin, *enfant du tonnerre*.

de nos jours, près d'Unalashka, du fond de l'Océan.

Les rives du Cassiquiare sont embellies par le palmier *Chiriva* à feuilles pennées et argentées en dessous. Le reste de la forêt n'offre que des arbres à grandes feuilles coriaces, lustrées et non dentelées. Cette physionomie particulière [1] de la végétation du Guainia, du Tuamini et du Cassiquiare est due à la prépondérance qu'acquièrent, dans les régions équatoriales, les familles des Guttifères, des Sapotilliers et des Laurinées. Comme la sérénité du ciel nous promettoit une belle nuit, nous résolûmes d'établir notre bivouac, dès les 5 heures du soir, près de la *Piedra de Culimacari*, rocher granitique et isolé comme tous ceux que je viens de décrire entre l'Atabapo et le Cassiquiare. Le relèvement des sinuosités de la rivière nous faisoit connoître que ce rocher est à peu près dans le parallèle de la mission de San Francisco Solano. Dans ces pays déserts où l'homme n'a laissé jusqu'ici que des traces fugitives de son existence, j'ai tâché constamment d'observer près de l'embouchure d'une rivière ou au pied d'un rocher reconnoissable par sa forme. Il n'y

[1] Cette physionomie ne nous a bien frappés, dans la vaste forêt de la Guyane espagnole, qu'entre 2° et 3° de latitude boréale.

a que ces points, immuables par leur nature, qui peuvent servir de base aux cartes géographiques. J'obtins, dans la nuit du 10 au 11 mai, une bonne observation[1] de latitude par α de la Croix australe; la longitude fut déterminée, mais avec moins de précision, chronométriquement, par les deux belles étoiles qui brillent dans les pieds du Centaure. Cette observation nous a fait connoître à la fois, et avec une précision suffisante pour les usages de la géographie, les positions de la bouche du Rio Pacimoni, du fortin de San Carlos et de la jonction du Cassiquiare avec le Rio Negro. Le rocher de Culimacari est très-exactement par les 2° 0′ 42″ de latitude, et probablement par les 69° 33′ 50″ de longitude. J'ai développé, dans deux mémoires rédigés en espagnol, et adressés, l'un au capitaine général de Caracas, l'autre au ministre secrétaire d'état, M. d'Urquijo, ce que ces déterminations astronomiques offroient d'intéressant relativement à la connoissance des limites des colonies portugaises. Du temps de l'expédition de Solano, on

---

[1] Toutes les hauteurs partielles ne s'écartent pour la latitude que de 6″ à 10″ de la moyenne. *Voyez mes Obs. astr.*, Tom. I, p. 239. Une faute de chiffres dans mon journal a rendu la longitude incertaine à 44″ en temps, ou $\frac{1}{6}$ de degré près : mais les angles horaires pris à San Carlos étant exacts à 3″ ou 4″ près, nous avons conclu la longitude de Culimacari de celle de Fortin de San Carlos.

plaçoit la jonction du Cassiquiare et du Rio Negro à un demi-degré au nord [1] de l'équateur; et, quoique la commission des limttes ne soit jamais parvenue à un résultat définitif, on a toujours regardé, dans les missions, l'équateur comme une limite provisoirement reconnue. Or il résulte de mes observations que San Carlos del Rio Negro [2], ou, comme on dit fastueuse-

---

[1] La véritable latitude de cette jonction me paroît peu différer de 2° 2′. Sa longitude est de 70° 0′.

[2] M. Faden, dans sa carte de l'Amérique méridionale, plaçoit aussi San Carlos par 0° 54′ de lat.; et M. Arrowsmith, non dans l'édition de 1811, mais dans la première édition de 1804, faisoit passer l'équateur (comme La Cruz) de 1° trop au nord, par l'embouchure de l'Uteta ou Xié. Il ne faut point être surpris que les cartes du Brésil, construites récemment au Dépôt hydrographique de Rio Janeiro, indiquent San Carlos à peu près dans sa véritable position. Il est dit tout exprès, dans un avertissement joint à la carte du Rio Negro de Jose Joaquim Victorio da Costa, Jose Simoens de Carvalho et Manoel de Gama Lobo, que tout ce qui a rapport à la Guyane espagnole est pris de la carte du *Voyage de Depons* qui a été tracée par M. Poirson, d'après mes observations faites sur les lieux. (*Voyez* mes *Obs. astr.*, Tom. I, p. 238.) Les Portugais avoient d'ailleurs, comme je l'ai développé Tom. VII, p. 445, l'habitude d'étendre leurs frontières vers le nord, et peut-être des observations faites aux forts de San Gabriel das Cachoeiras et de San Jose da Maribitannas avoient-elles éclairé les astronomes portugais, avant mon voyage, sur la vraie position de San Carlos. La carte de Requena, tracée en 1783 et fondée sur des matériaux portugais, lui assigne 2° 17′. Elle pèche même de 24′ vers le nord. Les 235 points dont j'ai fixé la position astro-

CHAPITRE XXIII.

ment ici, la forteresse de la frontière, loin d'être placé par 0° 20′ de latitude, comme l'affirme le père Caulin, ou par les 0° 53′, comme le veulent La Cruz et Surville (qui sont les géographes officiels de la *Real Expedicion de limites*), se trouve par 1° 53′ 42″. L'équateur ne passe donc pas au nord du fortin portugais de San Jose da Marabitannas, comme le marquent[1] toutes les cartes jusqu'à ce jour, excepté la nouvelle édition de la carte de M. Arrowsmith, mais 25 lieues plus au sud, entre San Felipe et l'embouchure du Rio Guape. La carte manuscrite de M. Requena, que je possède, prouve que les astronomes portugais avoient reconnu ce fait dès l'année 1785, par conséquent 35 ans avant qu'on ait commencé à l'indiquer sur nos cartes en Europe.

Comme c'étoit une opinion anciennement reçue dans la Capitainerie générale de Caracas,

---

nomique par mes propres observations, dans l'intérieur des terres, ont été calculés et publiés pour la première fois par M. Oltmanns, en 1808 (par conséquent un an avant la publication de mon *Recueil d'Observations astronomiques*), dans un mémoire qui a pour titre *Conspectus long. et lat. per decursum annorum 1799-1804, in plaga œquinoctiali astronomice observatarum.*

[1] D'Anville seul auroit-il *deviné*, en 1750, que l'équateur passe par le confluent du Rio *Uaupe*? Ce géographe l'indique effectivement près d'une rivière à laquelle il donne le nom bizarre de *Rio Cachiquiari de Baupes*; mais il place l'embou-

que l'habile ingénieur Don Gabriel Clavero avoit construit le fortin de San Carlos del Rio Negro sous la ligne équinoxiale même, et comme près de cette ligne les latitudes observées péchoient, selon M. de La Condamine [1] par excès vers le sud, j'étois préparé à trouver l'équateur un degré au nord de San Carlos, par conséquent sur les bords du Temi et du Tuamini. Les observations faites à la mission de San Baltasar (le passage de trois étoiles par le méridien) m'avoient déjà fait entrevoir la fausseté de cette hypothèse; mais ce n'est que par la latitude de Piedra Culimacari, que j'ai appris à connoître la véritable position des frontières. L'île de San Josè, dans le Rio

---

chure du véritable Cassiquiare par 1° 20′ de lat. austr., donc de 3° 22′ trop au sud. Tels doivent être les effets d'un tâtonnement qui ne s'appuyoit sur aucune observation astronomique à cent lieues à la ronde.

[1] « On m'assura, en arrivant au Parà, dit M. de La Condamine, que j'étois précisément sous la ligne; cependant j'y trouvai la lat. austr. de 1° 28′. Cette même latitude d'un endroit où personne n'avoit observé, se trouve indiquée par Laet, mais aucun géographe postérieur n'avoit suivi cette indication. » (*Voyage à l'Amazone*, p. 179.). Le père Samuel Fritz, muni d'un demi-cercle de bois de 3 pouces de rayon, avoit assez bien reconnu la latitude du Parà, quoiqu'il place en général la rivière des Amazones là où elle s'étend à l'est de l'embouchure du Rio Negro, trop au sud. (*Lettres édifiantes*, éd. de 1717, Tom. XII, p. 212.)

Negro, considérée jusqu'à ce jour comme limite entre les possessions espagnoles et portugaises, est au moins par 1° 58′ de latitude boréale ; et si la commission d'Ituriaga et de Solano étoit parvenue au but de ses longues négociations, si l'équateur eût été définitivement reconnu par la cour de Lisbonne pour la frontière entre les deux états, six villages portugais et le fortin même de San José, placés au nord du Rio Guape, appartiendroient aujourd'hui à la couronne d'Espagne [1]. Ce que l'on auroit acquis alors, grâce à quelques observations astronomiques précises, est plus important que ce que l'on possède aujourd'hui ; mais il faut espérer que deux peuples qui ont jeté les premiers germes de la civilisation sur une immense étendue de l'Amérique méridionale à l'est des Andes, ne renouvelleront pas des querelles de limites sur un terrain de 33 lieues de largeur, et sur la possession d'un fleuve dont la navigation doit être libre comme celle de l'Orénoque et de l'Amazone [2].

[1] Les missions de San Miguel, Santa Ana, San Felipe, Nossa Senhora da Cuia, San Joam Baptista de Mabbe, San Marcellino et le fort de San José da Marabitannas.

[2] J'avois développé ces mêmes idées dans un mémoire

Le 12 mai. Satisfaits de nos observations, nous quittâmes le rocher de Culimacari à une heure et demie de la nuit. Le tourment des *mosquitos*,

adressé, en 1800, au chevalier Don Mariano Luis de Urquijo. Quoique la cour fût alors dans la jouissance d'un pouvoir illimité, il m'étoit permis de m'énoncer avec franchise vis-à-vis d'un ministre qui s'est montré constamment animé d'un noble désir de connoître le véritable état des colonies. Voici les réflexions placées à la fin de mon mémoire sur les limites : « Parece que un monarca que tiene tan dilatadas y vastas colonias, no necesita aumentarlas con un corto terreno en las margenes del Rio Negro; pero es preciso considerar que lo que se ha perdido, vale mas que las cuatro misiones de Tomo, Maroa, Davipe y San Carlos. Seria util tambien que se atendiese a sostener los limites al Este, porque al presente los Indios de las misiones Portuguesas (sin ser vistos de la fortaleza de San Carlos), suben por los rios Cababury, Baria, Pacimoni y Idapa hasta Mavaca y la Esmeralda, mas de 60 leguas detras de los establecimientos Espanoles, buscando en el territorio Espanol la preciosa Zarza que es un ramo de comercio del Grand Pará. Aunque no hay probabilidad que, por las circunstancias politicas actuales, V. E. pueda atender a estos asuntos, parece siempre util que el gobierno esté puntualmente instruido sobre la verdadera situacion de sus limites. Lo que seria lo mas digno de ser obtenido bajo el reynado del Rey Carlos IV, por el medio de mutuas concesiones, seria una libertad entera y reciproca de comercio en estos magestuosos rios, el Orinoco, el Cassiquiare, el Rio Negro y el Maranon. Nada seria mas propio para fomentar la prosperidad de unos paises tan atrasados en el cultivo de las tierras, para sosegar el ardor con el cual los Americanos piden el ejercicio de sus derechos naturales y para disminuir la antipatia que existe desgraciadamente entre dos naciones limitaneas. »

auquel nous étions exposés de nouveau, augmentoit à mesure que nous nous éloignions du Rio Negro. Dans la vallée du Cassiquiare il n'y a pas de *zancudos* (Culex); mais les Simulies et tous les autres insectes de la famille des Tipulaires y sont d'autant plus fréquens et plus venimeux [1]. Comme dans ce climat humide et malsain nous avions encore à passer huit nuits à la belle étoile avant d'atteindre la mission de l'Esmeralda, le pilote étoit bien aise de diriger notre navigation de manière à ce que nous puissions jouir de l'hospitalité du missionnaire de Mandavaca et de quelque abri dans le village de Vasiva. Nous eûmes beaucoup de peine à remonter contre le courant, qui étoit de 9 pieds, et, dans quelques endroits (ou je l'ai mesuré avec précision), de 11 pieds 8 pouces par seconde, c'est-à-dire presque de 8 milles par heure. Notre bivouac n'étoit vraisemblablement pas éloigné de trois lieues en ligne droite de la mission de Mandavaca; et, quoique nous n'eussions point à nous plaindre de l'activité de nos rameurs, nous employâmes 14 heures dans ce court trajet.

Vers le lever du soleil, nous passâmes l'embouchure du Rio Pacimoni. C'est la rivière

[1] *Voyez* Tom. VII, p. 111.

dont nous avons parlé plus haut [1] à l'occasion du commerce de la Salsepareille, et qui offre (par le Baria) un embranchement si extraordinaire avec le Cababuri. Le Pacimoni naît dans un terrain montueux et du confluent de trois petites rivières [2] que les cartes des missionnaires n'indiquent pas. Ses eaux sont noires, mais à un moindre degré que celles du lac de Vasiva qui communique aussi avec le Cassiquiare. Entre ces deux affluens venant de l'est, est placée l'embouchure du Rio Idapa dont les eaux sont blanches. Je ne reviendrai plus sur la difficulté d'expliquer cette coexistence de rivières diversement colorées dans un petit espace de terrain; je ferai observer seulement qu'à l'embouchure du Pacimoni et sur les bords du lac Vasiva, nous avons été de nouveau frappés de la pureté et de l'extrême transparence de ces eaux brunes. Déjà d'anciens voyageurs arabes avoient observé que la branche alpine du Nil qui se réunit au Bahar-el-Abiad, près de Halfaja, a les eaux vertes, et sont à tel point transparentes, que l'on distingue les poissons au fond de la rivière [3].

Avant d'arriver à la mission de Mandavaca,

[1] *Voyez* plus haut, p. 5.
[2] Les Rios Guajavaca, Moreje et Cachevaynery.
[3] *Et. Quatremere, Mém. sur l'Égypte,* Tom. II, p. 7;

CHAPITRE XXIII. 53

nous passâmes des rapides assez tumultueuses. Le village, qui porte aussi le nom de Quirabuena, n'a que 60 naturels. L'état de ces établissemens chrétiens est en général si misérable que, dans tout le cours du Cassiquiare, sur une longueur de 50 lieues, on ne trouve pas 200 habitans. Aussi les rives de ce fleuve étoient-elles plus peuplées avant l'arrivée des missionnaires. Les Indiens se sont retirés dans les bois, vers l'est; car les plaines de l'ouest sont à peu près désertes. Les natifs se nourrissent, une partie de l'année, de ces grandes fourmis dont j'ai parlé plus haut. Ces insectes

---

Burckhardt, Tr., p. 498. Il est bien remarquable que le *Nil bleu* (*Bahar el azrek*) soit appelé par quelques géographes arabes le *Nil vert*, et que les poètes persans nomment souvent le ciel vert (*akhzar*), comme le béril bleu (*zark*). On ne peut croire que les peuples de race sémitique confondent dans leurs sensations le vert et le bleu, comme à leur oreille ils confondent quelquefois les voyelles *o* et *u*, *e* et *i*. Le mot *azrek* est appliqué à toute eau très-limpide qui n'est pas laiteuse; et *abi-rank* (couleur d'eau) signifie bleu. Abd-Allatif, en parlant de cette branche transparente et verte du Nil qui vient d'un lac situé dans les montagnes au sud-est de Sennaar, attribue déjà la couleur verte de ce lac alpin « à des substances végétales qui abondent dans les eaux stagnantes. » (*Relat. de l'Égypte*, trad. par M. Silvestre de Sacy, p. 235.) C'est l'explication que j'ai donnée plus haut (p. 389) de ces eaux colorées, faussement appelées *aguas negras*. Partout les eaux les plus limpides et les plus transparentes sont celles qui ne sont pas blanches.

sont aussi recherchés ici que le sont dans l'hémisphère austral les araignées de la tribu des Epeïres qui font les délices des sauvages de la Nouvelle-Hollande. C'est à Mandavaca que nous trouvâmes ce bon vieux missionnaire qui avoit déjà passé « vingt années de moustiques dans les *bosques del Cassiquiare* », et dont les jambes étoient tellement tigrées par la piqûre des insectes, qu'on avoit presque de la peine à reconnoître la blancheur de sa peau. Il nous parla de son isolement et de la triste nécessité dans laquelle il se trouvoit souvent de laisser impunis, dans les deux missions de Mandavaca et de Vasiva, les crimes les plus atroces. Il y avoit peu d'années que, dans le dernier endroit, un alcade indien avoit mangé une de ses femmes après l'avoir conduite dans son *conuco* [1] et l'avoir bien nourrie pour l'engraisser. L'anthropophagie des peuples de la Guyane n'est jamais causée par le manque de nourriture ni par les superstitions du culte, comme dans les îles de la mer du Sud : elle est généralement l'effet de la vengeance du vainqueur, et (comme disent les missionnaires) « d'un appétit déréglé. » La victoire sur une horde ennemie est célébrée par un repas dans

[1] Cabane entourée de terres cultivées, espèce de maison de campagne que les naturels préfèrent au séjour des missions.

CHAPITRE XXIII.

lequel on dévore quelques parties du cadavre d'un prisonnier. D'autres fois on surprend de nuit une famille sans défense, ou l'on tue d'une flèche empoisonnée un ennemi que l'on rencontre par hasard dans les bois. Le cadavre est coupé en morceaux et rapporté comme un trophée à la cabane. C'est la civilisation qui a fait sentir à l'homme l'unité du genre humain, qui lui a révélé, pour ainsi dire, les liens de consanguinité qui l'attachent à des êtres dont les langues et les mœurs lui sont étrangères. Les sauvages ne connoissent que leur famille : une tribu ne leur paroît qu'une réunion plus nombreuse de parens. En voyant arriver, dans la mission qu'ils habitent, des Indiens de la forêt qui leur sont inconnus, ils se servent d'une expression qui m'a souvent frappé par sa naïve candeur : « ce sont sans doute de mes parens, je les entends lorsqu'ils me parlent. » Ces mêmes sauvages détestent tout ce qui n'est pas de leur famille ou de leur tribu : ils chassent les Indiens d'une peuplade voisine qui vivent en guerre avec la leur, comme nous chassons le gibier. Ils connoissent les devoirs de famille et de parenté, mais non ceux de l'humanité qui supposent la conscience d'un lien général entre des êtres faits comme nous. Aucun mouvement de pitié ne les empêche de tuer des femmes ou des enfans d'une race ennemie. Ce sont ces derniers que l'on mange de préférence dans les repas donnés à la fin d'un combat ou d'une incursion lointaine.

Les haines que les sauvages ont pour la plupart des hommes qui parlent un autre idiome, et qui leur paroissent des *barbares* d'une race inférieure, renaissent quelquefois dans les missions, après avoir été long-temps assoupies. Peu de mois avant notre arrivée à l'Esmeralda, un Indien, né dans la forêt [1], derrière le Duida, voyageoit seul avec un autre Indien qui, après avoir été fait prisonnier par les Espagnols sur les rives de Ventuario, vivoit tranquillement dans le village, ou, comme on dit ici, « sous le son de la cloche, » *debaxo de la campaña*. Ce dernier ne pouvoit marcher qu'avec lenteur, parce qu'il souffroit de ces fièvres que prennent les naturels lorsqu'ils arrivent dans les missions et changent subitement de régime. Ennuyé du retard, son compagnon de voyage le tua et cacha le cadavre derrière un taillis d'arbres épais, près

---

[1] *En el monte*. On distingue les Indiens nés dans les missions, de ceux qui sont nés dans les bois. Le mot *monte* signifie, dans les colonies, plus souvent forêt (*bosque*) que montagne, et cette circonstance a donné lieu à de graves erreurs dans nos cartes qui figurent des chaînes de montagnes (*sierras*) là où il n'y a que d'épaisses forêts, *monte espeso*.

CHAPITRE XXIII. 57

de l'Esmeralda. Ce crime, comme tant d'autres parmi les Indiens, seroit resté inconnu si le meurtrier n'avoit fait les apprêts d'un festin pour le lendemain. Il voulut engager ses enfans, nés dans la mission et devenus chrétiens, à venir chercher avec lui quelques parties du cadavre. Les enfans parvinrent avec peine à le dissuader, et c'est par la rixe que causa cet événement dans la famille que le militaire, posté à l'Esmeralda, apprit ce que les Indiens auroient voulu soustraire à sa connoissance.

On sait que l'anthropophagie et l'habitude des sacrifices humains qui y est souvent liée se trouvent dans toutes les parties du globe et chez des peuples de races très différentes [1]; mais ce qui frappe davantage dans l'étude de l'histoire, c'est de voir que les sacrifices humains se conservent au milieu d'une civilisation assez avancée, et que les peuples qui tiennent à honneur de dé-

---

[1] Quelques accidens d'enfans enlevés par les nègres à l'île de Cuba ont fait croire, dans les colonies espagnoles, qu'il y avoit des peuplades africaines anthropophages; cependant cette opinion, soutenue par quelques voyageurs (*Bowdich*, p. 431), est contraire aux recherches de M. Barrow sur l'intérieur de l'Afrique. (*Exp. to the Zaire. Introd.*, p. xx.) Des pratiques superstitieuses peuvent avoir donné lieu à des inculpations qui sont peut-être aussi injustes que celles dont les familles juives ont été les victimes dans des siècles d'intolérance et de persécution.

vorer les prisonniers ne sont pas toujours les plus abrutis et les plus féroces. Cette observation a quelque chose d'attristant et de pénible; elle n'a pas échappé à ceux des missionnaires qui sont assez éclairés pour méditer sur les mœurs des peuplades environnantes. Les Cabres, les Guipunavis et les Caribes ont toujours été plus puissans et plus civilisés [1] que les autres hordes de l'Orénoque; cependant les deux premiers sont aussi adonnés à l'anthropophagie que les derniers en ont été constamment éloignés. Il faut soigneusement distinguer entre les différentes branches dans lesquelles se divise la grande famille des peuples Caribes. Ces branches sont aussi nombreuses que celles des Mongols et des Tartares occidentaux ou Turcomans. Les Caribes du continent, ceux qui habitent les plaines entre le Bas-Orénoque, le Rio Branco, l'Essequebo et les sources de l'Oyapoc, ont en horreur l'habitude de dévorer les ennemis. Cette habitude barbare [2] n'a existé, à la première dé-

[1] Non v' è a mi credere, *toltone questo vizio di mangiare le umane carni*, una nazione più stimabile di Guipunavi. Hanno un fare Europeo, un aria militare e civile. *Gili*, Tom. II, p. 45.

[2] Voyez *Geraldini Itinerarium*, p. 186, et l'éloquent morceau du cardinal Bembo sur les découvertes de Colomb. «Insularum partem homines incolebant feri trucesque, qui puerorum et virorum carnibus quos aliis in insulis bello aut

CHAPITRE XXIII.

couverte de l'Amérique, que chez les Caribes des îles Antilles. Ce sont eux qui ont rendu synonymes les mots Cannibales, Caribes et Antrhopophages; ce sont leurs cruautés qui ont donné lieu à la loi [1] promulguée en 1504, par laquelle il est permis aux Espagnols de faire esclave tout individu d'une nation américaine dont on peut prouver l'origine caribe. Je pense cependant que l'anthropophagie des habitans des Antilles a été beaucoup exagérée dans les *contes des premiers voyageurs* [2]. Un grave et judicieux historien, Herera, n'a pas dédaigné de rapporter ces contes dans les *Decades historicas* : il a même ajouté foi à cet accident extraordinaire qui a fait re-

---

latrociniis cœpissent, vescebantur; *a feminis obstinebant*, Canibales appellati.» (*Hist. venet.*, 1551, p. 83.) L'usage de laisser la vie aux prisonnières confirme ce que j'ai dit Tom. VII, p. 361, du *langage des femmes*. Le mot *Cannibale*, donné aux Caribes des Antilles, est-il d'une langue de cet archipel (de celle d'Haïti), ou doit-on le chercher dans un idiome de la Floride que quelques traditions indiquent comme le premier site des Caribes? (*Petr. Martyr.*, p. 6, *Rochefort, Hist. des Antilles*, Liv. II, Chap. VII.) Si ce mot est significatif, il paroît plutôt indiquer « des étrangers forts et vaillans » que des anthropophages. (*Herera, Decad.* I, p. 11.) Garcia, dans ses rêveries étymologiques, y trouve tout simplement du phénicien; *Annibal* et *Cannibal* ne peuvent dériver, selon lui, que d'une même racine sémitique.

[1] *Voyez* l'histoire de cette loi qui déclare la liberté de toutes les nations *non-Caribes* dans *Gomara*, p. 278-281.

[2] *Vespucci*, p. 91. *Grynœus*, p. 68.

noncer les Caribes à leurs habitudes barbares. « Les naturels d'une petite île avoient mangé un moine dominicain enlevé sur les côtes de Porto-rico[1]. Ils tombèrent tous malades, et ne voulurent plus manger ni moine ni séculier. »

Si les Caribes de l'Orénoque ont différé de mœurs, dès le commencement du seizième siècle, d'avec ceux des Antilles, si c'est toujours à tort qu'ils ont été accusés d'anthropophagie, il est difficile d'attribuer cette différence à une amélioration dans leur état social. Les contrastes les plus bizarres se rencontrent dans ce mélange de peuples dont les uns ne vivent que de poissons, de singes et de fourmis, et dont d'autres sont plus ou moins cultivateurs, plus ou moins occupés à fabriquer et à peindre de la poterie, à tisser des hamacs ou des toiles de coton. Plusieurs de ces derniers ont conservé des usages inhumains qu'ignorent totalement les premiers. Le caractère et les mœurs d'une nation expriment à la fois, comme son langage, l'état passé et l'état présent : ce n'est qu'en connoissant toute l'histoire de la civilisation ou de l'abrutissement d'une horde, ce n'est qu'en suivant les sociétés dans leur développement progressif et les différentes stations de leur vie, qu'on pourroit parve-

---

[1] *Herera*, Decad. I, p. 13.

CHAPITRE XXIII.

venir à résoudre des problêmes que la seule connoissance des rapports actuels ne peut éclaircir.

« Vous ne sauriez vous figurer, disoit le vieux missionnaire de Mandavaca, ce qu'il y a de perversité dans cette *familia de Indios*. Vous recevez des gens d'une nouvelle peuplade dans le village; ils paroissent doux, honnêtes, bons travailleurs : permettez-leur de prendre part à une incursion (*entrada*) que vous faites pour ramener des naturels, vous aurez de la peine à les empêcher d'égorger tout ce qu'ils rencontrent et de cacher quelques portions de cadavres. » En réfléchissant sur les mœurs de ces Indiens, on est comme effrayé de cette réunion de sentimens qui semblent s'exclure mutuellement, de cette faculté des peuples de ne s'humaniser que partiellement, de cette prépondérance des usages, des préjugés et des traditions sur les affections naturelles du cœur [1]. Nous avions dans notre pirogue un Indien, fugitif du Rio Guaisia, qui, en peu de semaines, s'étoit civilisé assez pour nous être utile en disposant les instrumens nécessaires aux observations de nuit. Il montroit autant de douceur que d'intelligence, et nous avions quelque envie de l'attacher à notre service. Quel fut notre regret lorsque nous apprîmes,

[1] J'ai traité cette matière dans un autre ouvrage. Voyez mes *Monum. Amér.*, Tom. I, p. 270.

en causant avec lui par l'intermède d'un interprète, « que la chair des singes Marimondes, quoique plus noirâtre, lui paroissoit avoir le goût de la chair humaine. «Il assuroit«que *ses parens* (c'est-à-dire les gens de sa tribu) préféroient dans l'homme, comme dans l'ours, l'intérieur des mains.» Cette assertion fut accompagnée de gestes d'une joie sauvage. Nous fîmes demander à ce jeune homme, d'ailleurs calme et très-affectueux dans les petits services qu'il nous rendoit, si encore il se sentoit quelquefois envie « de manger de l'Indien Cheruvichahenà; » il répondit, sans se troubler, que, vivant dans la mission, il ne mangeroit que ce qu'il voyoit manger à *los Padres*. Les reproches adressés aux naturels sur l'abominable usage que nous discutons ici, ne produisent aucun effet; c'est comme si un Brame du Gange, voyageant en Europe, nous reprochoit l'habitude de nous nourrir de la chair des animaux. Aux yeux de l'Indien du Guaisia, le Cheruvichahena étoit un être entièrement différent de lui; le tuer ne lui sembloit pas plus injuste que de tuer les jaguars de la forêt. C'étoit simplement par un système de bienséance qu'aussi long-temps qu'il seroit dans la mission, il ne vouloit manger que ce que l'on servoit à *los Padres*. Les naturels, soit qu'ils retournent parmi les leurs (*al monte*), soit qu'ils se voient

CHAPITRE XXIII. 63

pressés par la faim, reprennent bientôt leurs anciennes habitudes d'anthropophagie. Et comment serions-nous étonnés de cette inconstance chez les peuples de l'Orénoque, lorsque des exemples terribles et les mieux avérés nous rappellent ce qui s'est passé dans les grandes disettes chez des peuples civilisés. En Égypte, au treizième siècle, l'habitude de manger de la chair humaine se répandit dans toutes les classes de la société : c'étoit aux médecins surtout que l'on tendoit des piéges extraordinaires. Des gens qui avoient faim se disoient malades et les faisoient appeler. Ce n'étoit pas pour les consulter, c'étoit pour les manger. Un historien très-véridique, Abd-Allatif, nous a rapporté «comment un usage qui d'abord inspira de l'horreur et de l'effroi, ne causa bientôt plus la moindre surprise [1].»

[1] *Relation de l'Égypte, par Abd-Allatif, médecin de Bagdad, trad. par M. Silv. de Sacy*, p. 360-374. Lorsque les pauvres commencèrent à manger de la chair humaine, l'horreur et l'étonnement que causoient des repas aussi extraordinaires étoient tels que ces crimes faisoient la matière de toutes les conversations, et que l'on ne tarissoit pas à ce sujet : mais dans la suite on s'y accoutuma tellement, et l'on conçut tant de goût pour ces mets détestables, qu'on vit les gens riches et d'une condition honnête en faire leur nourriture ordinaire, en manger par régal, et même en faire provision. On imagina diverses manières d'apprêter cette chair, et l'usage s'en étant une fois introduit se propagea dans les provinces; en sorte qu'il n'y eut aucune partie de l'Égypte où l'on n'en vît des exemples. Alors il ne

Les Indiens du Cassiquiare, tout en retournant facilement à leurs habitudes barbares, montrent, dans les missions, de l'intelligence, quelque amour pour le travail, et surtout une grande facilité à s'énoncer en castillan. Comme la plupart des villages sont habités par trois ou quatre nations qui ne s'entendent pas, un idiome étranger, qui est en même temps celui de l'autorité civile, la langue du missionnaire, offre l'avantage d'un moyen de communication plus général. J'ai vu un Indien Poignave s'entretenir en castillan avec un Indien Guahibo, quoique les deux ne fussent sortis de leurs forêts que depuis trois mois. Ils proféroient de quart d'heure en quart d'heure une phrase péniblement préparée, et dans laquelle le verbe, sans doute selon

causa plus aucune surprise : l'horreur que l'on avoit eue d'abord s'évanouit entièrement : on en parla, et l'on en entendit parler comme d'une chose indifférente et ordinaire. Cette fureur de se manger les uns aux autres devint si commune parmi les pauvres, que la plupart périrent de la sorte. Les scélérats usèrent de toutes sortes de ruses pour surprendre les hommes et les attirer chez eux sous de faux prétextes. Ce fut ce qui arriva à trois médecins du nombre de ceux qui me fréquentoient; et un libraire qui me vendoit des livres, homme âgé et chargé d'embonpoint, tomba dans leurs filets, et s'en échappa à grand'peine. Tous les faits que nous rapportons comme témoins oculaires nous sont tombés sous les yeux par hasard, car nous évitions le plus souvent de voir des spectacles qui nous inspiroient tant d'horreur. »

CHAPITRE XXIII.

le tour grammatical de leurs propres langues, étoit constamment placé au gérondif. (*Quand moi voyant Padre, Padre me disant* [1]; au lieu de : lorsque je vis le missionnaire, il me dit). J'ai exposé dans un autre endroit combien me paroissoit sage l'idée des jésuites de généraliser une des langues de l'Amérique cultivée, par exemple celle des Péruviens [2], et d'instruire les Indiens dans un idiome qui lui est étranger par les racines, mais non par sa structure et ses formes grammaticales. C'étoit suivre le système que les Incas ou prêtres-rois du Pérou avoient exécuté depuis des siècles pour maintenir sous leur domination et pour humaniser les peuples barbares du Haut-Maragnon, système un peu moins bizarre que celui de faire parler latin aux naturels de l'Amérique, comme on l'a gravement proposé dans un concile provincial au Mexique.

On nous a rapporté que les Indiens du Cassiquiare et du Rio Negro, à cause de leur intelligence et de leur activité, sont préférés, dans le Bas-Orénoque, surtout à l'Angostura, aux habitans des autres missions. Ceux de Mandavaca sont célèbres, parmi les peuplades de leur race,

---

[1] *Quando io mirando Padre, Padre me diciendo .*..... En ajoutant le verbe substantif, c'est presque la tournure angloise, *I was seeing.*

[2] La langue qquichua, *lengua del Inga.*

par la fabrication du poison Curare qui ne le cède pas en force au Curare de l'Esmeralda. Malheureusement cette fabrication occupe beaucoup plus les naturels que l'agriculture. Cependant le sol est excellent sur les rives du Cassiquiare. On y trouve un sable granitique brun noirâtre qui est couvert, dans les forêts, d'épaisses couches de *humus;* sur les bords du fleuve, d'argile presque imperméable à l'eau. Le sol du Cassiquiare paroît plus fertile que celui de la vallée du Rio Negro, où le maïs vient assez mal. Le riz, les féves, le coton, le sucre et l'indigo donnent de riches récoltes partout où l'on en a essayé la culture [1]. Nous avons vu de l'indigo sauvage autour des missions de San Miguel de Davipe, de San Carlos et de Mandavaca. On ne peut révoquer en doute que plusieurs peuples de l'Amérique, surtout les Mexicains, long-temps avant la conquête, employoient dans leurs peintures hiéroglyphiques un véritable indigo, et que de petits pains de cette substance se vendoient au grand marché de Tenochtitlan [2]. Mais une matière colorante, chimiquement identique,

[1] M. Bonpland a trouvé, à Mandavaca, dans les cabanes des naturels, une plante à racines tubéreuses toute semblable au manioc (*yucca*). On l'appelle Cumapana, et on la mange cuite sur la braise. Elle croît spontanément sur les rives du Cassiquiare.

[2] *Voyez* mon *Essai polit.*, Tom. II, p. 447.

peut être extraite de plantes appartenant à des genres voisins, et je n'oserois affirmer aujourd'hui si les *Indigofera* originaires de l'Amérique n'offrent pas quelque différence de genre avec l'Indigofera anil et l'Indigofera argentea de l'ancien continent. Dans les Cafiers des deux mondes, cette différence a été observée.

L'humidité de l'air et l'abondance des insectes, qui en est une suite naturelle, opposent ici, comme au Rio Negro, des obstacles presque invincibles aux nouvelles cultures. Même par un ciel serein et bleu, nous n'avons jamais trouvé l'hygromètre de Deluc au-dessous[1] de 52°. Partout on rencontre de ces grandes fourmis qui marchent en bandes serrées, et qui dirigent d'autant plus leurs attaques sur les plantes cultivées que celles-ci sont herbacées et succulentes, tandis que les forêts de ces contrées n'offrent que des végétaux à tiges ligneuses. Lorsqu'un missionnaire veut tenter de cultiver de la salade ou quelque plante potagère de l'Europe, il se voit forcé, pour ainsi dire, de suspendre son jardin en l'air. Il remplit de bonne terre un vieux canot; et, après y avoir semé des graines, il le suspend, à quatre pieds de hauteur au-dessus du sol, par des cordages

[1] De 87° Sauss.

de palmier Chiquichiqui; le plus souvent il le place sur un échafaudage léger. Cette position garantit les jeunes plantes de la mauvaise herbe, des vers de terre et de ces fourmis qui poursuivent leur migration en ligne droite, et, ignorant ce qui végète au-dessus d'elles, ne se détournent généralement pas pour grimper sur des pieux dépouillés de leur écorce. Je rappelle cette circonstance pour prouver combien sont pénibles, entre les tropiques, sur le bord des grands fleuves, les premières tentatives de l'homme pour s'approprier un petit coin de terre dans ce vaste domaine de la nature envahi par les animaux et couvert de plantes spontanées.

Le 13 mai. J'avois obtenu, pendant la nuit, quelques observations d'étoiles, malheureusement les dernières, du Cassiquiare. La latitude de Mandavaca est $2° 4' 7''$; sa longitude, d'après le garde-temps, $69° 27'$. J'ai trouvé l'inclinaison magnétique $25°,25$, div. cent. Elle avoit donc considérablement augmenté depuis le fortin de San Carlos. Cependant les roches environnantes ne sont que ce même granite, mêlé d'un peu d'amphibole, que nous avions trouvé à Javita, et qui prend un aspect syénitique. Nous quittâmes Mandavaca à deux heures et demie de la nuit. Nous avions encore à lutter pendant huit jours contre les courans du Cassiquiare; et le pays que nous devions parcourir avant d'atteindre de nouveau San Fernando de Atabapo est tellement desert, que ce n'étoit qu'après un trajet de treize jours que nous pouvions espérer de trouver un autre missionnaire Observantin, celui de Santa Barbara. Après six heures de navigation, nous passâmes, à l'est, l'embouchure de l'Idapa ou Siapa qui naît sur la montagne d'Unturan, et offre, près de ses sources, un portage avec le Rio Mavaca, un des affluens de l'Orénoque. Cette rivière a les eaux blanches : elle est la moitié moins large que le Pacimoni dont les eaux sont noires. Son cours supérieur est étrangement défiguré sur les cartes de La Cruz et de Surville qui ont servi de type à toutes les cartes postérieures. J'aurai occasion de parler des hypothèses qui ont donné lieu à ces erreurs, en parlant de l'origine de l'Orénoque. Si le père Caulin avoit pu voir la carte qu'on a jointe à son ouvrage, il auroit dû être surpris d'y trouver reproduites des fictions qu'il a combattues par des notions certaines et acquises sur les lieux. Ce missionnaire dit simplement que l'Idapa naît d'un pays montueux près duquel vivent les Indiens Amuisanas. Ces Indiens ont été travestis en Amoizanas ou en Amazones; et l'on a fait naître le Rio Idapa d'une source qui, au moment où elle sourdit de terre, se divise en deux bras dont le cours est diamétralement opposé. Cette bifurcation d'une source est purement imaginaire.

Nous bivouaquâmes près du Raudal du Cunuri. Le bruit de la petite cataracte augmenta sensiblement pendant la nuit. Nos Indiens prétendoient que c'étoit un présage certain de la pluie. Je me rappelois que les montagnards des Alpes ont beaucoup de confiance dans le même pronostic[1]. Il pleuvoit en effet long-temps avant le lever du soleil. D'ailleurs les singes

[1] « Il va pleuvoir, parce qu'on l'on entend de plus près le murmure des torrens, » disent les montagnards des Alpes comme ceux des Andes. M. Deluc a tâché d'expliquer ce phénomène par un changement de pression barométrique, par un accroissement du nombre de bulles d'air qui crèvent à la surface de l'eau. (*Modificat. de l'atmosphère*, §. 1031.) Cette explication est aussi forcée que peu satisfaisante. Je ne tenterai pas de la remplacer par une autre hypothèse, mais je rappellerai que la cause du phénomène est une modification de l'atmosphère qui influe à la fois sur les *ondes sonores* et les *ondes lumineuses*. Le pronostic tiré de l'accroissement de l'intensité du son est intimement lié au pronostic que l'on tire d'une moindre extinction de la lumière. Les montagnards annoncent un changement de temps, lorsque, tout d'un coup, par un air calme, les Alpes, couvertes de neiges perpétuelles, paroissent rapprochées de l'observateur, et que leurs contours se détachent avec une netteté extraordinaire de la voûte azurée du ciel. Qu'est-ce qui fait disparoître instantanément le manque d'homogénéité des couches verticales de l'atmosphère ?

Araguates, par leurs hurlemens prolongés, nous avoient avertis de la proximité de l'averse bien avant l'accroissement du bruit de la cataracte.

Le 14 mai. Les *mosquitos*, et surtout les fourmis, nous chassèrent du rivage avant les deux heures de la nuit. Nous avions cru jusque-là que les dernières ne suivoient pas les cordes par lesquelles on a l'habitude de suspendre les hamacs; mais, soit que cette opinion ne fût pas exacte, soit que les fourmis tombassent sur nous de la cime des arbres, il est certain que nous eûmes bien de la peine à nous débarrasser de ces insectes incommodes. A mesure que nous avançâmes, la rivière devint plus étroite : ses bords étoient si marécageux, que M. Bonpland ne put parvenir qu'avec bien du travail au pied d'un tronc de Carolinea princeps chargé de grandes fleurs pourprées. Cet arbre est le plus bel ornement de ces forêts et de celles du Rio Negro. Nous examinâmes, pendant la journée, à plusieurs reprises, la température du Cassiquiare. L'eau, à la surface du fleuve, n'avoit que 24° (quand l'air étoit à 25°,6) : c'est à peu près la température du Rio Negro, mais 4° à 5° de moins que l'Orénoque [1]. Après avoir passé, à l'ouest,

---

[1] *Voyez* Tom. VI, p. 301, 393 ; Tom. VII, p. 203, 267.

l'embouchure du *Caño* Caterico, qui a les eaux noires et d'une transparence extraordinaire, nous quittâmes le lit du fleuve pour aborder à une île sur laquelle est établie la mission de Vasiva [1]. Le lac qui entoure cette mission a une lieue de large, et communique par trois déversoirs avec le Cassiquiare. Le pays d'alentour, rempli de marécages, est extrêmement fiévreux. Le lac dont les eaux sont jaunes par transmission se dessèche dans la saison des grandes chaleurs, et alors les Indiens même ne résistent pas aux miasmes qui s'élèvent de la vase. Le manque absolu de vent contribue beaucoup à rendre le climat de ces contrées plus pernicieux. J'ai fait graver l'esquisse du plan de Vasiva que j'ai levé le jour de notre arrivée. Une partie du village a été transplantée dans un endroit plus sec, vers le nord, et ce changement est devenu la source d'une longue querelle entre le gouverneur de la Guyane et les moines. Le gouverneur prétendit que ceux-ci n'avoient pas le droit de transplanter leurs villages sans la permission de l'autorité civile ; mais, comme il ignoroit entièrement la position du Cassiquiare, il adressa ses reproches au missionnaire de Carichana, qui

---

[1] Baromètre, à Vasiva, 327,2 lignes.

CHAPITRE XXIII. 73

demeure à 150 lieues de distance de Vasiva, et qui ne put comprendre de quoi il étoit question. Ces méprises géographiques sont très-communes dans des pays gouvernés généralement par des hommes qui n'en ont jamais possédé une carte. En 1785, on a donné au père Valor la mission de Padamo, en lui enjoignant « de se rendre de suite auprès des Indiens qui étoient sans pasteur. » Il y avoit plus de quinze ans que le village de Padamo n'existoit plus, et que les Indiens s'étoient enfuis *al monte*.

Depuis le 14 au 21 mai, nous couchâmes continuellement à la belle étoile; mais je ne puis indiquer les lieux où nous établîmes notre bivouac. Ces contrées sont si sauvages et si peu fréquentées, qu'à l'exception de quelques rivières, les Indiens ignoroient le nom de tous les objets que je relevois à la boussole. Aucune observation d'étoile ne me rassuroit sur la latitude, dans une distance d'un degré. Après avoir passé le point [1] où

---

[1] C'est au-dessus de Vasiva, à peu près par les 2° 30′ de latitude; le même bras du Cassiquiare entre, sous le nom de Conorichite, dans le Rio Negro, près de Tomo. (*Voyez* Tom. VII, p. 437.) Plus au nord viennent le Cano Curamuni, le Port des Cacaoyers sauvages, le Rio Maminavi, le lac Duractumuni et le Rio Pamoni.

l'Itinivini se sépare du Cassiquiare pour prendre son cours à l'ouest, vers les collines granitiques de Daripabo, nous trouvâmes les bords marécageux du fleuve garnis de Bambousiers. Ces graminées en arbre s'élèvent jusqu'à 20 pieds de hauteur ; leur chaume est constamment arqué vers le sommet. C'est une nouvelle espèce de Bambusa à feuilles très-larges. M. Bonpland fut assez heureux pour trouver un individu en fleur ; je parle de cette circonstance, parce que les genres Nastus et Bambusa avoient été très-mal distingués jusque-là, et que rien n'est plus rare, dans le Nouveau-Monde, que de voir fleurir ces graminées gigantesques. M. Mutis a herborisé pendant vingt ans dans un pays où le Bambusa Guadua forme des forêts marécageuses de plusieurs lieues de large, sans avoir jamais pu s'en procurer la fleur. Nous avons envoyé à ce savant les premiers épis de Bambusa des vallées tempérées de Popayan. Par quelle cause les parties de la fructification se développent-elles si rarement dans une plante indigène et qui végète avec une force extraordinaire depuis le niveau de l'Océan jusqu'à 900 toises de hauteur, c'est-à-dire jusqu'à une région subalpine dont le climat, entre les tropiques, ressemble à celui de l'Espagne méridionale ? Le Bambusa latifolia paroît propre aux bassins du Haut-Orénoque, du Cassiquiare et de l'Amazone ; c'est une *plante sociale*, comme toutes les graminées de la famille des Nastoïdes [1] ; mais, dans la partie de la Guyane espagnole que nous avons parcourue, elle ne forme pas de ces grandes associations que les Espagnols-Américains appellent *Guaduales*, ou forêts de Bambousiers.

Notre premier bivouac, au-dessus de Vasiva, fut assez facilement établi. Nous trouvâmes un petit coin de terre sec et libre d'arbustes au sud du *Caño* Curamuni, dans un endroit où nous vîmes des singes Capucins [2], reconnoissables à leur barbe noire et à leur air triste et farouche, se promener lentement sur les branches horizontales d'un Genipa. Les cinq nuits suivantes furent d'autant plus pénibles, que nous approchions de la bifurcation de l'Orénoque. Le luxe de la végétation augmente d'une manière dont on a de la peine

---

[1] *Voyez*, sur l'histoire physique de cette famille, mon ouvrage *de Distribut. geogr. plant.*, p. 206-214. Avec le Bambusa latifolia, que M. Bonpland a décrit et figuré dans nos *Plantes équinoxiales*, Tom. I, p. 68, végètent, sur les rives du Cassiquiare, Pariana campestris, Dufourea glabra, et de belles espèces d'Hypericum en arbres.

[2] Simia chiropotes, nouvelle espèce. (*Voyez* mon *Rec. d'Obs. zool.*, Tom. I, p. 312, 315, 358.)

à se former une idée, même lorsqu'on est accoutumé à l'aspect des forêts entre les tropiques. Il n'y a plus de plage ; une palissade d'arbres touffus forme la rive du fleuve. On voit un canal de 200 toises de large qui est bordé de deux énormes murs tapissés de lianes et de feuillages. Nous essayâmes souvent d'aborder, mais sans pouvoir sortir du canot. Quelquefois, vers le coucher du soleil, nous longeâmes la rive pendant une heure pour découvrir, je ne dirai pas une clairière (il n'en existe pas), mais un endroit moins fourré, où, à force de coups de hache et de labeur, nos Indiens pouvoient gagner assez d'espace pour établir un bivouac de 12 ou 13 personnes. Il nous étoit impossible de passer la nuit dans la pirogue. Les *mosquitos* qui nous tourmentoient pendant le jour, s'accumuloient vers le soir sous le *toldo*, c'est-à-dire sous le toit couvert de feuilles de palmiers qui nous servoit d'abri contre la pluie. Jamais nous avions eu les mains et le visage plus enflés. Le père Zea, qui s'étoit vanté jusque-là d'avoir, dans ses missions des Cataractes, les moustiques les plus grosses et les plus vaillantes (*las mas feroces*), convenoit peu à peu que les piqûres des insectes du Cassiquiare étoient plus douloureuses que toutes celles qu'il eût jamais senties. Au milieu d'une forêt épaisse, nous éprouvâmes une grande difficulté de trouver du bois pour faire du feu : car, dans ces régions équatoriales où il pleut toujours, les branches d'arbres sont si pleines de suc qu'elles ne brûlent presque pas. Lorsqu'il n'y a pas de plages arides, on ne peut guère se procurer de ce vieux bois dont les Indiens disent qu'il est *cuit au soleil*. D'ailleurs le feu ne nous étoit nécessaire que comme moyen de défense contre les animaux de la forêt : nous étions dans une telle disette de vivres, que nous aurions pu à peu près nous en passer pour préparer nos alimens.

Le 18 mai, vers le soir, nous découvrîmes un endroit où le bord du fleuve est garni de Cacaoyers sauvages. La féve de ces Cacaoyers est petite et amère : les Indiens de la forêt sucent la pulpe et rejettent la féve qui est ramassée par les Indiens des missions. Elle est vendue à ceux qui ne sont pas très-délicats dans la fabrication de leur chocolat. « C'est le *Puerto del Cacao*, disoit le pilote, c'est là que couchent *los Padres* quand ils vont à l'Esmeralda acheter des sarbacanes et des *Juvia* (les amandes savoureuses du Bertholletia). » Il n'y a cependant pas cinq canots qui passent annuellement par le Cassiquiare; et, depuis Maypurès, c'est-à-dire depuis un mois, nous n'avions rencontré ame vivante sur les fleuves que nous remontions, si ce n'étoit dans le voisinage le plus immédiat des missions du sud du lac Duractumuni, nous couchâmes dans une forêt de palmiers. Il pleuvoit à verse; mais les Pothos, les Arum et les lianes formoient un treillis naturel si épais, que nous nous trouvions à l'abri comme sous une voûte de feuillages. Les Indiens placés au bord du fleuve avoient établi, en entrelaçant des Heliconia et d'autres Musacées, une espèce de toit au-dessus de leurs hamacs. Nos feux éclairoient, à 50 ou 60 pieds de haut, le tronc des palmiers, les lianes chargées de fleurs, et ces colonnes de fumée blanchâtre qui montoient droit vers le ciel. C'étoit un spectacle magnifique; mais, pour en jouir paisiblement, il auroit fallu respirer un air libre d'insectes.

De toutes les souffrances physiques, les plus décourageantes sont celles qui, uniformes dans leur durée, ne peuvent être combattues que par une longue patience. Il est probable que M. Bonpland a recueilli, dans les exhalaisons des forêts du Cassiquiare, le germe de la cruelle maladie à laquelle il a manqué succomber à notre arrivée à l'Angostura. Heureusement pour lui et pour moi, rien ne nous faisoit présager le danger qui le menaçoit. La vue du fleuve et le

CHAPITRE XXIII.

bourdonnement des moustiques nous paroissoient un peu monotones ; mais quelque reste de gaîté naturelle nous fit trouver des soulagemens au milieu de ces longs ennuis. Nous découvrîmes qu'en mangeant à sec de petites portions de cacao broyé sans sucre et en buvant beaucoup d'eau du fleuve, nous réussissions à chasser l'appétit pour plusieurs heures. Les fourmis et les *mosquitos* nous occupoient plus que l'humidité et le manque de nourriture. Malgré les privations auxquelles nous avons été exposés pendant nos courses dans les Cordillères, la navigation de Mandavaca à l'Esmeralda nous a toujours paru l'époque la plus pénible de notre vie en Amérique. Je conseille aux voyageurs de ne pas préférer le chemin du Cassiquiare à celui de l'Atabapo, s'ils ne sont pas très-avides de voir de leurs yeux la grande bifurcation de l'Orénoque.

Au-dessus du *Caño* Duractumuni, le Cassiquiare suit une direction uniforme du nord-est au sud-ouest. C'est là que, sur la rive droite, on a commencé à fonder le nouveau village de Vasiva. Les missions de Pacimona[1], de Capivari et de Buenaguardia, comme le prétendu fortin près du lac de Vasiva, ne sont que des

[1] C'est peut-être sous ce nom qu'on a voulu indiquer Mandavaca.

fictions de nos cartes. Nous fûmes surpris de voir combien, par l'effet des crues subites du Cassiquiare, les berges avoient été minées sur les deux rives. Des arbres déracinés formoient comme des radeaux naturels : à demi-enfoncés dans la vase, ils sont très-dangereux pour les pirogues. Il est probable que si l'on avoit le malheur de chavirer dans ces lieux inhabités, on disparoîtroit sans qu'aucun indice de naufrage ne pût faire connoître où et comment l'on auroit péri. On apprendroit simplement et bien tard sur les côtes qu'un canot, parti de Vasiva, n'a pas été vu, à cent lieues de là, aux missions de Santa Barbara et de San Fernando de Atabapo. Nous passâmes la nuit du 20 mai, la dernière de notre navigation du Cassiquiare, près du point de la bifurcation de l'Orénoque. Nous eûmes quelque espoir de pouvoir faire une observation astronomique; car des étoiles filantes d'une grandeur extraordinaire étoient visibles à travers les vapeurs qui voiloient le ciel. Nous en conclûmes que cette couche de vapeurs ne devoit être que très-mince; car on n'a presque jamais vu des météores de ce genre au-dessous d'un nuage. Ceux dont la vue nous frappoit se dirigeoient vers le nord, et se suivoient à des intervalles de temps presque égaux. Les Indiens, qui n'anoblissent guère par le langage les écarts de leur imagination, nomment les étoiles filantes l'*urine*; et la rosée, la *salive des étoiles* [1]. Les nuages s'épaississoient de nouveau, et nous ne vîmes ni les météores ni les véritables étoiles que nous attendions impatiemment depuis plusieurs jours.

On nous avoit annoncé que nous trouverions à l'Esmeralda les insectes encore « plus cruels et plus voraces » que dans ce bras de l'Orénoque que nous remontions : malgré cette attente, nous nous livrions avec plaisir à l'espoir de coucher enfin dans un endroit habité, et de faire quelque exercice en herborisant. Notre satisfaction fut troublée dans le dernier bivouac du Cassiquiare. J'ose rapporter un fait qui n'est pas d'un grand intérêt pour le lecteur, mais que je crois pouvoir consigner dans un journal qui peint les incidens d'une navigation à travers un pays si sauvage. Nous couchâmes au bord d'une forêt. Au milieu de la nuit, les Indiens nous avertirent que l'on entendoit de très-près les cris du jaguar, et que ces cris venoient du haut des arbres voisins. Telle est l'épaisseur des forêts de ces contrées qu'on y trouve à peine d'autres animaux que ceux qui grimpent sur les arbres, comme les Quadrumanes, les Cercoleptes, les

---

[1] En tamanaque, *Chirique-chucuru et Urrupu-saccare*.

Viverres et diverses espèces du genre Felis. Comme nos feux étoient bien allumés, et que, par l'effet d'une longue habitude, on parvient à se rassurer (je pourrois dire systématiquement) sur des dangers qui ne sont pas chimériques, nous fîmes peu d'attention aux cris des jaguars. C'étoient l'odeur et la voix de notre chien qui les attiroit. Ce chien (de la race des grands dogues) commençoit d'abord à aboyer : quand le tigre étoit plus près, il se mettoit à hurler et se cachoit sous nos hamacs comme s'il cherchoit le secours de l'homme. Depuis nos bivouacs sur les bords du Rio Apure, nous étions accoutumés à ces alternatives de courage et de peur dans un animal qui étoit jeune, doux et extrêmement caressant. Quelle fut notre peine, lorsque, le matin, au moment de nous rembarquer, les Indiens nous annoncèrent que le chien avoit disparu! On ne pouvoit douter que c'étoient les jaguars qui l'avoient enlevé. Peut-être, n'écoutant plus leurs cris, il s'étoit éloigné des feux du côté de la plage ; peut-être n'avions-nous point entendu le gémissement du chien, parce que nous étions plongés dans le plus profond sommeil. Il nous a été souvent affirmé par les habitans des rives de l'Orénoque et du Rio Magdelena que les jaguars les plus vieux (par conséquent ceux qui ont chassé de nuit pendant de longues années) sont assez rusés pour enlever des animaux au milieu d'un bivouac, en leur serrant le cou pour les empêcher de crier. Nous attendîmes une partie de la matinée, dans l'espoir que notre chien s'étoit égaré. Trois jours plus tard nous revînmes à la même plage. Les cris des jaguars se firent entendre de nouveau, car ces animaux ont de la prédilection pour de certains lieux : mais toutes nos recherches furent vaines. Le dogue qui nous accompagnoit depuis Caracas, et qui, en nageant, avoit tant de fois échappé à la poursuite des crocodiles [1], avoit été dévoré dans la forêt. Je ne fais mention de cet incident que parce qu'il jette quelque jour sur les ruses de ces grands chats à robes mouchetées.

Le 21 mai, nous entrâmes de nouveau dans le lit de l'Orénoque, trois lieues au-dessous de la mission de l'Esmeralda. Il y avoit un mois que nous avions quitté ce fleuve près de l'embouchure du Guaviare. Il nous restoit encore 750 milles [2] à naviguer jusqu'à l'Angostura, mais c'étoit à la faveur du courant, et cette considération pouvoit adoucir nos peines. En descendant les grands fleuves, on suit le *thalweg*, le

---

[1] *Voyez* Tom. VI, p. 207.
[2] De 950 toises ou 250 lieues marines.

milieu du lit, où il y a peu de *mosquitos*; en remontant, on est obligé, pour profiter des remous et des contre-courans, de se tenir près du rivage où la proximité de la forêt et le *detritus* des substances organiques, jetées sur les plages, accumulent les insectes tipulaires [1]. Le point de la célèbre bifurcation de l'Orénoque offre une vue très-imposante. De hautes montagnes granitiques s'élèvent sur la rive septentrionale. On découvre de loin, parmi elles, le Maraguaca et le Duida. Il n'y a pas de montagnes sur la rive gauche de l'Orénoque, à l'ouest et à l'est de la bifurcation, jusque vis-à-vis l'embouchure du Tamatama. C'est là qu'est placé le rocher Guaraco, qu'on dit jeter des flammes de temps en temps dans la saison des pluies. Lorsque l'Orénoque n'est plus entouré de montagnes vers le sud, et qu'il arrive à l'ouverture d'une vallée ou plutôt d'une dépression qui aboutit au Rio Negro, il se divise en deux branches. Le tronc principal (le Rio Paragua des Indiens) continue son cours vers l'ouest-nord-ouest, en contournant le groupe des montagnes de la Parime; le bras qui forme la communication avec l'Amazone se jette dans des plaines dont la pente générale est inclinée vers le sud, mais dont les

---

[1] Orellana a fait la même observation dans l'Amazone. (*Southey*, Tom. I, p. 618.)

plans partiels penchent dans le Cassiquiare vers le sud-ouest, dans le bassin du Rio Negro vers le sud-est. Un phénomène, si bizarre en apparence, et que j'ai vérifié sur les lieux, mérite une attention toute particulière. Il en est d'autant plus digne qu'il peut répandre quelque jour sur des faits analogues que l'on croit avoir observés dans l'intérieur de l'Afrique. Je terminerai ce chapitre par des considérations générales sur le *système hydraulique* de la Guyane espagnole, et je prouverai, par des exemples tirés de l'ancien continent, que cette bifurcation, qui a épouvanté si long-temps les géographes, lorsqu'ils ont tracé des cartes de l'Amérique, est l'effet d'un concours de circonstances qui, pour être rares, ne s'en présentent pas moins dans l'un et l'autre hémisphère.

Accoutumés à ne considérer les rivières de l'Europe que dans cette partie de leur cours où elles sont renfermées entre deux *lignes de faîtes*, par conséquent encaissées dans des vallées, oubliant que les obstacles qui infléchissent les affluens où les récipiens principaux sont plus rarement des chaînes de montagnes que de foibles relèvemens de contre-pentes, nous avons de la peine à concevoir l'existence simultanée de ces sinuosités, de ces bifurcations, de ces communications des rivières du Nouveau-

Monde. Ce vaste continent est plus remarquable encore par l'étendue et l'uniformité de ses plaines que par l'élévation gigantesque de ses Cordillères. Des phénomènes que nous observons dans notre hémisphère, sur les côtes de l'Océan ou dans les steppes de la Bactriane, autour des mers intérieures de l'Aral et de la Caspienne, se retrouvent en Amérique, à trois ou quatre cents lieues de distance de l'embouchure des fleuves. Les petits filets d'eau qui serpentent dans nos prairies (les plus parfaites de nos plaines) peuvent offrir une foible image de ces embranchemens et de ces bifurcations; mais, comme on dédaigne de s'arrêter à des objets si petits, on est plus frappé du contraste que de l'analogie des systèmes hydrauliques des deux mondes. L'idée que le Rhin pourroit donner un bras au Danube, la Vistule à l'Oder, la Seine à la Loire, paroît au premier abord si absurde que, lors même que nous ne doutons plus de la réalité de la communication entre l'Orénoque et l'Amazone, nous demandons encore qu'on nous prouve la possibilité de ce qui existe.

En remontant par le *delta* de l'Orénoque vers l'Angostura et le confluent du Rio Apure, on laisse constamment à sa gauche la haute chaîne des montagnes de la Parime. Cette chaîne, loin de former (comme l'ont admis plusieurs géographes célèbres) un *seuil* qui sépare les deux bassins de l'Orénoque et de l'Amazone, offre, au contraire, sur son revers méridional, les sources du premier de ces fleuves. L'Orénoque (exactement comme l'Arno dans la célèbre *voltata* entre Bibieno et Ponta Sieve) décrit les trois quarts d'un ovale dont le grand axe est dirigé dans le sens d'un parallèle. Il contourne un groupe de montagnes qui, de ses deux revers opposés, lui envoie également ses eaux. Depuis les vallées alpines de Maraguaca, le fleuve coule d'abord vers l'ouest et l'ouest-nord-ouest, comme s'il devoit déboucher dans la mer du Sud; puis, près du confluent du Guaviare, il commence à incliner vers le nord, et suit la direction d'un méridien jusqu'à l'embouchure de l'Apure qui est un second *point de rebroussement*. Dans cette partie du cours, l'Orénoque remplit une espèce de *gouttière* formée par la foible pente qui descend de la chaîne très-éloignée des Andes de la Nouvelle-Grenade et de la contre-pente extrêmement courte qui se relève à l'est, vers la côte abrupte des montagnes de la Parime. Cette disposition du terrain est la cause de ce que les plus grands affluens de l'Orénoque sont ceux de l'ouest. Le *récipient principal* étant très-rapproché des montagnes de la Parime qu'il contourne du sud au nord (comme s'il devoit se diriger vers Portocabello, aux côtes septentrional de Venezuela), son lit se trouve obstrué par des rochers. C'est la région des Grandes-Cataractes : le fleuve, en mugissant, se fraie un passage à travers les contre-forts qui s'avancent vers l'ouest ; de sorte que, dans le grand *détroit terrestre* [1] entre les Cordillères de la Nouvelle-Grenade et la Sierra Parime, les rochers qui bordent la rive occidentale appartiennent à cette même Sierra. Près du confluent du Rio Apure, on voit l'Orénoque changer une seconde fois, et presque subitement, sa direction du sud au nord en une direction de l'ouest à l'est, tout comme on a vu le confluent du Guaviare marquer le point où le cours vers l'ouest se convertit brusquement en une direction vers le nord. Dans ces deux inflexions, ce n'est pas seulement l'impulsion des eaux de l'affluent qui détermine la direction du

---

[1] C'est une ouverture de 80 lieues de large, la seule par laquelle les *bassins réunis du Haut-Orénoque et de l'Amazone* communiquent avec le *bassin du Bas-Orénoque* ou des *Llanos de Venezuela*. Nous considérons cette ouverture géologiquement comme un *détroit terrestre*, parce qu'elle donne lieu au passage des eaux courantes, et que, sans elle, la *chaîne de la Parime*, qui s'étend de l'est à l'ouest comme les chaînes du *littoral de Caracas* et de *Mato-Grosso* ou de *Chiquitos*, se rattacheroit immédiatement aux Andes de la Nouvelle-Grenade.

recipient principal, c'est aussi une disposition particulière des pentes et des contrepentes qui influent à la fois et sur la direction des versans ou rivières secondaires et sur celle de l'Orénoque. On chercheroit en vain sur ces *points de rebroussement*, si importans pour le géographe, quelques montagnes ou collines qui empêchassent la grande rivière de continuer son premier cours. A l'embouchure du Guaviare, il n'en existe aucune; et, près du confluent de l'Apure, la petite colline de Cabruta n'a certainement pas influé sur la direction de l'Orénoque. Ces variations de direction sont l'effet de causes plus générales : elles résultent de la disposition des grandes pentes qui composent la surface polyédrique des plaines. Les chaînes de montagnes ne s'élèvent pas comme des murs sur des plans horizontaux : leurs massifs plus ou moins prismatiques sont toujours supportés par des plateaux, et ces plateaux se prolongent en pentes plus ou moins inclinées vers le *thalweg* du fleuve. C'est donc parce que les plaines se relèvent vers les montagnes que les fleuves vont si rarement se briser contre les montagnes, et qu'ils ressentent pour ainsi dire l'influence de ces *lignes de faîtes* à de très-grandes distances. Les géographes qui ont étudié la topographie dans la nature, et qui ont exécuté des nivellemens sur le terrain, ne seront pas surpris de voir que, dans des cartes dont l'échelle ne permet pas d'exprimer des inclinaisons de pentes de 3° à 5°, rien n'indique matériellement les causes des grandes inflexions des rivières. Depuis le confluent de l'Apure jusqu'à son embouchure sur la côte orientale de l'Amérique, l'Orénoque court dans un sens parallèle, mais contraire à celui de sa première direction; son *thalweg* y est formé, au nord, par une pente presque insensible qui se relève vers la chaîne côtière de Venezuela; au sud, par la contre-pente courte et rapide qui s'appuie à la Sierra Parime. Par cette disposition particulière du terrain, l'Orénoque entoure un même groupe de montagnes granitiques au sud, à l'ouest et au nord; et, après un cours de 1350 milles (à 950 t.), il se trouve à 300 milles de son origine. C'est un fleuve dont l'embouchure est située, à 2° près, dans le méridien de ses sources.

Le cours de l'Orénoque, dont nous venons de tracer rapidement le tableau, offre trois particularités bien dignes d'attention: 1.° la constance avec laquelle il reste rapproché du groupe de montagnes qu'il contourne au sud, à l'ouest et au nord; 2.° la position de ses sources dans un terrain qu'on croiroit appartenir aux bassins du Rio Negro et de l'Amazone; 3.° sa bifurcation en envoyant un bras à un autre système de rivières. D'après des idées purement théoriques, on seroit tenté d'admettre que les fleuves, une fois sortis des vallées alpines, aux sommets desquelles ils ont pris naissance, doivent s'éloigner rapidement des montagnes, en suivant un plan plus ou moins incliné dont la plus grande pente est perpendiculaire au grand axe de la chaîne ou de la *ligne de faîtes* principale. Une telle supposition seroit contraire à ce que nous observons dans les plus majestueuses rivières de l'Inde et de la Chine. C'est un trait caractéristique[1] de ces rivières de suivre, à leur sortie des montagnes, un cours parallèle à la chaîne. Les plaines dont les pentes se relèvent vers les montagnes prennent, à leur pied, des formes irrégulières. Souvent la nature des roches feuilletées et la direction des couches, parallèle à la direction des grandes chaînes, peuvent être la cause du phénomène que nous discutons ; mais, comme le granite de la Sierra Parime est presque toujours en masse et non stratifié, la

---

[1] *Ritter, Erdkunde*, Tom. I, p. 248. Il ne faut pas confondre avec ces rivières qui longent pendant quelque temps une chaîne de montagnes, lorsqu'elles sont déjà parvenues dans les plaines, d'autres rivières qui coulent dans des vallées longitudinales, et par conséquent aussi parallèles au grand axe de la chaîne.

proximité dans laquelle nous voyons l'Orénoque suivre les contours de ce groupe de montagnes indique une dépression du terrain qui tient à un phénomène géologique plus grand, à une cause qui est peut-être liée à la formation même des Cordillères. Dans les mers et les lacs intérieurs, les endroits les plus profonds sont ceux où les côtes sont les plus élevées et les plus abruptes. En descendant l'Orénoque, de l'Esmeralda à l'Angostura, on découvre toujours (que l'on navigue vers l'ouest, vers le nord ou vers l'est), sur une distance de 250 lieues, à la rive droite, des montagnes très-élevées; à la rive gauche, des plaines qui s'étendent à perte de vue. La ligne des plus grandes profondeurs, les *maxima* de dépression, se trouvent par conséquent au pied même de la Cordillère, sur les contours de la Sierra Parime.

Une autre particularité qui nous frappe au premier abord dans le cours de l'Orénoque, c'est que le bassin de cette rivière paroît se confondre primitivement avec le bassin d'une autre rivière, celui de l'Amazone. En jetant les yeux sur la carte, on voit le Haut-Orénoque traverser de l'est à l'ouest la même plaine que l'Amazone parcourt dans un sens parallèle, mais contraire, savoir de l'ouest à l'est. Cette identité de bassin n'est qu'apparente : il ne faut point oublier que

CHAPITRE XXIII. 93

les grandes surfaces de terrain, que nous appelons des plaines, ont leurs vallées comme les montagnes. Chaque plaine est composée de différens systèmes de pentes alternatives [1], et ces systèmes se trouvent séparés par des arêtes ou *fattes secondaires* que leur peu d'élévation rend presque insensibles à nos yeux. Une plaine continue et couverte de forêts remplit le vaste espace entre les $3°\frac{1}{2}$ de latitude boréale et les $14°$ de latitude australe, entre la Cordillère de la Parime et celle de Chiquitos et du Brésil [2]. Jusqu'au parallèle des sources du Rio Temi [3], sur une surface de 204,000 lieues carrées [4], toutes les eaux se rendent au récipient principal de l'Amazone; mais, plus au nord, par une disposition particulière du terrain, sur une surface qui n'a pas 1500 lieues carrées, un autre grand fleuve, l'Orénoque, forme un système hydraulique particulier. La plaine centrale de l'Amérique du Sud comprend par conséquent deux *bassins de rivières*, car un bassin est l'ensemble de toutes les surfaces de terrains circonvoisins dont les lignes de plus grande pente aboutissent au *thal-*

---

[1] Des pentes qui sont inclinées dans des sens opposés à égard de l'horizon.
[2] *Voyez* Tom. VI, p. 57 ; Tom. VII, p. 41.
[3] Lat. bor. $2°\,45'$,
[4] Surface dix fois plus grande que celle de la France.

weg, c'est-à-dire à la dépression longitudinale qui forme le lit du récipient principal. Dans le court espace entre les 68° et 70° de longit., l'Orénoque reçoit les eaux qui découlent de la pente méridionale de la Cordillère de la Parime : mais les affluens [1] qui surgissent à cette même pente, à l'est du méridien de 68°, entre le Mont Maraguaca et les montagnes de la Guyane portugaise, parviennent à l'Amazone. C'est donc sur une longueur de 50 lieues seulement que, dans cette immense vallée équatoriale, des plans situés immédiatement au pied de la Cordillère de la Parime ont des lignes de plus grande pente qui conduisent *hors de la vallée*, d'abord au nord, et puis vers l'est. La Hongrie [2] nous offre un exemple analogue et très-remarquable

[1] Le Padaviri et le Rio Branco (affluens du Rio Negro); le Rio Trombetas, le Gurupataba et le Parù qui tombent immédiatement dans l'Amazone. Ces rivières, appartenant toutes à un même bassin, naissent de la continuation de la Cordillère de la Parime, à l'est des sources de l'Orénoque, là où cette Cordillère se prolonge par la Sierra Pacaraimo (point de partage des eaux du Rio Branco et du Rio Carony) vers les montagnes des Guyanes françoise et portugaise, c'est-à-dire vers les sources de l'Essequebo et de l'Oyapoc.

[2] Les Carpathes, que l'on représente généralement comme une chaîne de montagnes non interrompue entre la Pologne et la Hongrie, ne forment que des groupes élevés et liés entre eux par des plateaux de deux ou trois cents toises de heuteur. C'est ainsi que le groupe du Tatra, auquel appartient le Pic de

de fleuves qui, naissant au sud d'une chaîne de montagnes, appartiennent au système hydraulique de la pente septentrionale. Le partage d'eaux entre la Baltique et la mer Noire se trouve au sud du Tatra, un des groupes de montagnes des Carpathes, entre Teplicz et Ganocz, sur un plateau qui n'a que trois cents toises d'élévation. Le Waag et le Hernad coulent au sud vers le Danube, tandis que le Poprad contourne le groupe de Tatra à l'ouest, et se jette, avec le Dunajetz, vers le nord, dans la Vistule. Le Poprad qui, par sa position, paroîtroit appartenir aux affluens de la mer Noire, se dégage en apparence de leur bassin et mêle ses eaux à celles de la Baltique.

Dans l'Amérique du Sud, une plaine immense contient le bassin de l'Amazone et une portion du bassin de l'Orénoque; mais, en Allemagne, entre Melle et Osnabrück, nous avons l'exemple rare d'une vallée extrêmement étroite qui réunit deux bassins de petites ri-

---

Lomnitz de 1320 toises de hauteur, se termine brusquement à l'est, tandis qu'il se réunit, vers l'ouest, par une arête très-bassse, au groupe du Tatra qui n'a que 900 toises d'élévation absolue. Le Dunajetz, qui naît au *nord* du Tatra, reçoit le Poprad qui vient de la pente *méridionale* du même groupe : le Waag, qui naît au *sud*, reçoit l'Arva qui vient de la pente *septentrionale*. Voyez la grande *Carte de Hongrie par Lipski et Wahlenberg, Flora Carpath*, p. XXXIII et LIX.

vières indépendantes l'une de l'autre. L'Else et l'Haase ont d'abord un cours rapproché et parallèle du sud au nord; mais, en entrant dans la plaine, ils divergent à l'est et à l'ouest, et s'unissent à deux systèmes hydrauliques entièrement différens, celui de Werra et de l'Ems.

J'en viens à la troisième particularité que l'on observe dans le cours du Haut-Orénoque, à cette *bifurcation* dont l'existence avoit été révoquée en doute au moment de mon départ pour l'Amérique. Cette bifurcation (*divergium amnis*) se trouve, selon les observations astronomiques [1] que j'ai faites à la mission de

---

[1] Ces observations ont été de quelque importance, parce qu'aucune autre n'a jamais été faite dans un point plus central de l'Amérique du Sud, au nord de l'équateur. Dans la nuit du 22 mai, j'ai observé les passages par le méridien de α de la Croix et B du Centaure. Le premier donne, pour la latitude de la mission de l'Esmeralda, 3° 11′ 8″; le second, 3° 10′ 52″. Six angles horaires du soleil, dont aucun ne différoit de plus de 1″,2 de la moyenne, fixent, d'après le chronomètre, la longitude de la mission à 68° 23′ 19″. Comme la marche de l'horloge a pu être vérifiée par le double passage des Grandes-Cataractes et de la bouche de l'Apure, et comme le retard diurne a été extrêmement uniforme (entre San Fernando de Atabapo et Maypures, par 24° et 29° de température, de 28″,5; entre San Fernando de Atabapo, le Rio Negro, le Cassiquiare et l'Esmeralda, par 22° à 24° de température, de 27″,9), on peut regarder le point central de l'Esmeralda comme suffi-

l'Esmeralda, par 3° 10′ de latitude boréale, et 68° 37′ de longitude à l'ouest du méridien de Paris. Il arrive dans l'intérieur de l'Amérique méridionale ce que nous trouvons sous toutes

samment bien déterminé. On le peut d'autant plus que mes longitudes chronométriques de l'intérieur sont appuyées sur Cumana et Caracas, deux points de la côte où j'ai observé des satellites de Jupiter, des distances lunaires et une éclipse de soleil. Les cartes qui ont paru avant la publication de mes observations de l'Orénoque offrent des positions qui péchent par excès vers l'est et le sud. D'Anville seul, par un heureux tâtonnement, avoit mieux vu que ceux qui l'ont suivi. Comme les géographes différoient jadis beaucoup dans les longitudes absolues qu'ils assignoient aux points d'attérage (à la Barbade, à l'île de la Trinité ou à Cumana), j'ai réduit, dans le tableau suivant, les longitudes au méridien du château Saint-Antoine de Cumana :

ESMERALDA.

lat. 3° 11′   long. oc. 1° 53′ d'après des observ. astron.
     1° 58′   oc. 2° 19′ D'Anville.
     3° 40′   or. 0° 15′ La Cruz Olmedilla.
     3° 58′   or. 0° 18′ Surville et Caulin.
     3° 28′   or. 0° 8′ Faden.
     3° 38′   oc. 0° 8′ Buache.

Les cartes espagnoles, rédigées sur les matériaux rapportés par l'expédition de Solano, admettent 3° 44′ pour la différence des méridiens de l'Esmeralda et de San Fernando de Atabapo, mais il n'y en a que 2° 7.′ Ces mêmes cartes placent l'Esmeralda à 11° 55′ de Cayenne ; la véritable distance est de 13° 48′. (*Voyez*, pour les fondemens de ces calculs, le *Rec. d'Obs. astron.* que j'ai publié, conjointement avec M. Oltmanns, Tom. I, p. 253 et 261-278.) Ces remarques suffisent, je pense, pour faire entrevoir à ceux qui s'occupent de géographie astro-

les zones, le long des côtes. Des considérations géométriques très-simples nous font entrevoir que la configuration du sol et l'impulsion des affluens modifient la direction des eaux courantes d'après des lois stables et uniformes. Les *deltas* sont l'effet d'une bifurcation dans la plaine d'un littoral; et, en les observant avec soin, on trouve quelquefois, près de cette bifurcation océanique, des communications avec d'autres rivières dont les branches sont voisines. Or, partout où, dans l'intérieur des continens, on rencontre une surface unie comme celle du littoral, les mêmes phénomènes doivent se répéter. Les causes qui produisent des bifurcations près de l'embouchure d'un grand fleuve, peuvent en faire naître aussi près de ses sources et dans son cours supérieur. Trois circonstances y contribuent principalement: les ondulations extrêmement petites d'une plaine qui renferme à la fois deux bassins de rivières, la largeur d'un des récipiens principaux, et la position du *thalweg* au bord même de la limite des deux bassins.

Si la ligne de plus grande pente passe par un

nomique, que j'avois quelques motifs de regarder comme très-nécessaires au perfectionnement des cartes de l'Amérique les observations astronomiques faites sur les rives du Haut-Orénoque, du Cassiquiare et du Rio Negro.

point donné, et si, indéfiniment prolongée, elle ne rencontre pas la rivière, ce point (quelle que soit sa proximité au *thalweg*) n'appartient guère au même bassin. Dans des bassins limitrophes, nous voyons souvent les affluens d'un récipient naître tout près d'un autre récipient, entre deux affluens tributaires de celui-ci. Ces rapports particuliers de coordination que l'on observe dans des pentes alternatives donnent aux limites des bassins des formes plus ou moins sinueuses. Le sillon longitudinal ou *thalweg* ne se trouve pas nécessairement dans le milieu du bassin; il n'occupe même pas toujours les parties les plus basses, car ces parties peuvent être environnées d'arêtes qui empêchent que les lignes de plus grande pente y arrivent. C'est l'inégale longueur des affluens qui aboutissent aux deux rives d'un fleuve, qui nous fait juger, avec assez de justesse, de la position du *thalweg* par rapport aux limites du bassin. Lorsque le récipient principal se rapproche d'une de ces limites, lorsqu'il coule près de l'arête qui fait la ligne de partage entre les deux bassins, la chance d'une bifurcation est la plus grande. La moindre dépression de cette arête peut alors causer le phénomène que nous discutons, à moins qu'une vitesse déjà acquise ne retienne le fleuve entier dans son lit. Quand la bifurcation a lieu, la limite des deux bassins traverse longitudinalement le lit du récipient principal, et une partie du thalweg de *a* renferme des points dont les lignes de plus grande pente conduisent au *thalweg* de *b*. Le bras qui se sépare ne peut plus revenir vers *a* ; car un filet d'eau qui, une fois, est entré dans un bassin, ne peut plus s'en dégager sans avoir passé par le lit de la rivière qui en réunit toutes les eaux.

Il reste à examiner comment la largeur d'une rivière favorise, à circonstances égales, la chance de ces bifurcations qui, semblables aux *canaux à points de portage* [1], présentent, par la disposition naturelle du terrain, une ligne navigable entre les bassins de deux rivières voisines. En sondant une rivière dans une coupe transversale, on observe que son lit est ordinairement composé de plusieurs sillons de profondeurs inégales. Plus une rivière est large, plus ces sillons sont multipliés : ils conservent même, à de grandes distances, un parallélisme plus ou moins parfait. Il en résulte que la plu-

---

[1] Dans les canaux creusés par la main de l'homme, la *ligne de faîtes* est placée entre les deux récipiens ; au contraire, dans les bras qui unissent naturellement deux systèmes de rivières, la *ligne de faîtes* ou l'arête de partage coupe longitudinalement le lit d'une des deux rivières.

part des fleuves peuvent être considérés comme composés de plusieurs canaux très-rapprochés, et qu'une bifurcation se forme lorsqu'une petite portion de terrain qui avoisine la rive, est plus basse que le fond d'un sillon latéral [1].

D'après les circonstances que nous venons d'exposer, les bifurcations des fleuves ont lieu ou dans un même bassin, ou sur l'arête de partage entre deux bassins. Dans le premier cas, ce sont ou des bras [2] qui rentrent dans la *thalweg* dont ils se sont séparés à une distance plus ou moins grande, ou des bras [3] qui

---

[1] *Voyez* le Mémoire d'Hydrographie, que j'ai publié, en 1810, dans le *Journal de l'École polytechnique*, Tom. IV, p. 65-68.

[2] Près du récipient principal, le rapport entre les pentes alternatives de différens ordres est généralement tel que les bras ne s'éloignent pas beaucoup. La grande île sur laquelle est placé le village de Morales a cependant 3 à 4 lieues de large entre le récipient principal du Rio Magdalena et le *brazo de Ocana*.

[3] *Voyez* mes cartes du Rio Apure et du Rio Magdalena. Le Guaricoto sort de l'Apure pour s'unir à la Portuguesa qui est un affluent de l'Apure. C'est ainsi que le *Cano* de Lobo se sépare du Magdalena pour tomber dans le Cauca. (*Voyez*, sur un embranchement analogue entre l'Amazone et le Jupura, Tom. VII, p. 439.) Comme nos cartes n'indiquent généralement pas la direction du cours des eaux, on prend souvent, d'après la simple inspection du *tracé*, pour un *delta d'affluens* le terrain contenu entre différentes branches de rivières, dont les supérieures enlèvent de l'eau au récipient principal, tandis que les inférieures lui en donnent.

se réunissent à des affluens inférieurs [1]. Quelquefois aussi ce sont des *deltas* formés, soit à l'embouchure des fleuves dans les mers, soit près du confluent avec un autre fleuve. Lorsque la bifurcation se fait sur la limite de deux bassins, et que cette limite passe par le lit même du récipient principal, le bras qui s'éloigne établit une communication hydraulique entre deux systèmes de rivières, et fixe d'autant plus notre attention qu'il est plus large et plus navigable. La largeur du Cassiquiare surpasse deux à trois fois celle de la Seine près du Jardin des Plantes ; et, pour prouver combien ce fleuve est remarquable, nous rappellerons [2] qu'en cherchant avec soin

---

[1] Il y a, 1º des *deltas océaniques*, comme aux embouchures de l'Orénoque, du Rio Magdalena, du Gange ; 2º des *deltas* au bord des *mers intérieures,* comme ceux de l'Oxus et du Sihon ou Sir ; 3º des *deltas d'affluens*, comme ceux à l'embouchure de l'Apure, de l'Arauca et du Rio Branco. Lorsque plusieurs rivières secondaires sont voisines des *deltas d'affluens,* il arrive dans l'intérieur des terres tout ce que l'on observe sur le littoral, près des *deltas océaniques :* les branches les plus rapprochées se communiquent leurs eaux, et forment un réseau de rivières qu'on a de la peine à reconnoître dans le temps des grandes inondations. Sur un embranchement extraordinaire à contre-pente, *voyez* plus haut, p. 5.

[2] Je ne fais entrer en ligne de compte que des communications entre deux systèmes de rivières indépendantes (c'est-à-dire de rivières qui ont toutes deux leurs embouchures dans l'Océan),

CHAPITRE XXIII.   103

des exemples de bifurcations dans l'intérieur des terres, même parmi des versans beaucoup moins considérables, on n'en a trouvé jusqu'ici, avec quelque certitude, que trois ou quatre. Je ne citerai pas les embranchemens des grands fleuves de l'Indo-Chine, les canaux naturels qui semblent réunir les fleuves d'Ava et de Pegu [1] comme ceux de Siam et de

et je suppose que ces communications ont lieu loin du littoral, par le moyen d'un bras qui sort d'un des récipiens principaux pour se jeter dans l'autre, soit immédiatement, soit en se réunissant à un affluent. J'exclus par conséquent : les bifurcations ou *deltas océaniques*; les rameaux que, près des côtes, un fleuve envoie à un autre fleuve dont l'embouchure dans la mer est très-rapprochée de la sienne; les exemples très-nombreux de communications qu'on observe dans l'intérieur des terres, entre deux affluens d'une même rivière; enfin les lacs ou marécages placés sur une *ligne de faîtes* ou arête entre deux bassins, et donnant, comme les étangs de Longpendu en France (Brisson, dans le *Journal de l'École polyt.*, Tom. VII, p. 280), comme le lac de Lessoe en Norwège (*Buch, Voyage en Laponie*, Tom. I, p. 182), comme les lacs et les marécages des gouvernemens d'Olonetz et de Perme en Russie, et ceux des steppes (*Pampas*) de la Patagonie, des eaux à deux systèmes de rivières indépendantes les unes des autres.

[1] L'Anan paroît former, à cent lieues des côtes, d'après les recherches de M. Dalrymple, un canal semblable au Cassiquiare, entre le Mei-Kong ou Combodja et le Menam ou fleuve de Siam. Les communications entre le grand fleuve d'Ava ou Irawaddy et le Sittang ou Martaban (rivière du Pegu?) ne me paroissent dues qu'à un déversement de quelques lacs, à un point de partage placé entre les deux bassins, loin du lit des

Cambodja; le mode de ces communications n'est pas suffisamment éclairci. Je me bornerai à rappeler un phénomène hydraulique que les belles cartes de Norwège du baron d'Hermelin ont fait connoître dans le plus grand détail. En Laponie, la rivière de Torneo envoie un bras (le Tärendo-Elf) au Calix-Elf qui forme un petit système hydraulique séparé. Ce Cassiquiare de la zone boréale n'a que 10 à 12 lieues de long; mais il fait, de tout le terrain qui avoisine le golfe de Bothnie, une véritable île fluviatile. M. de Buch [1] nous apprend que,

deux récipiens principaux. (*Voyez* la grande *carte d'Asie* de M. Arrowsmith, de 1818, et une discussion judicieuse sur le cours des fleuves de l'empire du Birmans, dans *Malte-Brun*, *Géogr.*, Tom. IV, p. 170, 190.) Un partage d'eau analogue paroît former, près de Jaghederpoor, une communication extraordinaire entre deux grands fleuves de l'Indostan : le Mahanuddy et le Godavery. M. Bowdich, dans la relation de son *Voyage aux Ashanties* (p. 187, 484), a annoncé récemment une double bifurcation du Niger, d'après laquelle le Quolla communiqueroit avec le Rio Congo ou Zaire. Ce voyageur pense qu'un bras du Quolla se dirige vers le sud-ouest sous le nom d'Ogooawai, et que cet Ogooawai, près d'Adjoomba, se divise de nouveau, en formant à l'ouest le fleuve Assazee qui débouche près du cap Lopez, et, à l'est, près de Tanyan, un affluent du Congo.

[1] *Voyage en Norwège*, Tom. II, p. 237. La France méridionale offre, mais à peu de distance de la Méditerranée, un exemple de bifurcations semblables à celles du Cassiquiare et du Conorichite. *Voyez*, sur la grande carte de Cassini, l'embran-

CHAPITRE XXIII.

pendant long-temps, l'existence de ce canal naturel a été niée tout aussi obstinément que celle d'un bras de l'Orénoque qui va au bassin de l'Amazone. Une autre bifurcation, et qui est plus digne d'intérêt à cause de l'ancienne communication des peuples du Latium et de l'Étrurie, paroît avoir eu lieu jadis près du lac de Trasimène. L'Arno, dans la célèbre *voltata* qu'il fait au sud, à l'ouest et au nord, entre Bibieno et Ponta Sieve, se divisoit, près d'Arezzo, en deux bras, dont l'un alloit à la mer par Florence et Pise, comme aujourd'hui, et dont l'autre, après avoir suivi le Val de Chiana, mêloit ses eaux au Tibre, soit immédiatement, soit après les avoir confondues avec celles de la Paglia. M. Fossombroni a fait voir comment, dans le moyen âge, par l'effet des attérissemens, il s'est formé un point de partage dans le Val de Chiana, et comment la partie septentrionale de l'*Arno Teverin* coule aujourd'hui (à contre-pente) du sud au nord, du petit lac de Montepulciano dans l'Arno [1].

---

chement extraordinaire entre la Sorgue, la Louvèze et la rivière de Vesque, près d'Avignon et de Monteux.

[1] *Carte d'Italie de Bacler Dalbe*, n.os 18, 23, 24. *Fossombroni, Memoria idraulica sopra la Val di Chiana*, 1789, p. 17. Prony, sur le système hydraulique d'Italie, dans le *Journal de l'École polytechnique*, Tom. IV, p. 62.

Le sol classique de l'Italie renfermoit donc, parmi tant de prodiges de la nature et des arts, une de ces bifurcations dont les forêts du Nouveau-Monde nous offrent un autre exemple, sur une échelle beaucoup plus grande.

On m'a souvent demandé, depuis mon retour de l'Orénoque, si j'inclinois à croire que le canal du Cassiquiare seroit bouché par des attérissemens successifs, et si je ne pensois pas que les deux plus grands systèmes de rivières de l'Amérique équinoxiale parviendroient, dans la suite des siècles, à s'isoler entièrement. M'étant imposé la loi de ne décrire que des faits, et de comparer les rapports qui existent, en différens pays, entre la configuration du sol et le cours des eaux, je dois éviter tout ce qui est purement hypothétique. Je rappellerai d'abord que le Cassiquiare, dans son état actuel, n'est pas, comme disent les poètes du Latium, *placidus et mitissimus amnis* : il ne ressemble guère à cet *errans languido flumine Cocytus*, puisque, dans la majeure partie de son cours, il a l'excessive vitesse de 6 à 8 pieds par seconde. Il n'est donc pas à craindre qu'il comble entièrement un lit qui a plusieurs centaines de toises de largeur. L'existence de ce bras du Haut-Orénoque est un phénomène trop grand pour que les petits changemens que nous voyons s'opérer à la surfarce du globe, puissent le faire disparoître, ou même le modifier considérablement. Nous ne nierons point, surtout lorsqu'il s'agit de rivières moins larges et douées d'une très-petite vitesse, qu'il existe, dans tous les versans, une tendance générale à diminuer leurs embranchemens et à isoler leurs bassins. Les fleuves les plus majestueux, en examinant les faces abruptes des coteaux ou berges éloignés, ne nous paroissent que de petits filets d'eau errant dans des vallées qu'ils n'ont pu creuser eux-mêmes. L'état de leur lit actuel nous rappelle suffisamment la diminution progressive des eaux courantes. Partout nous voyons les traces d'anciens bras desséchés et de bifurcations [1] dont il reste à peine quelque document historique. Les différens sillons, plus ou moins parallèles, qui composent les lits des fleuves de l'Amérique, et qui les font paroître beaucoup plus riches en eau qu'ils ne le sont effectivement, changent peu à peu de direction; ils s'élargissent et se confondent par l'érosion des arêtes longitudinales qui les séparent. Ce qui n'étoit d'abord qu'un bras devient bientôt le

---

[1] Celles du Gihon (*Ritter, Geogr.*, Tom. II, p. 665-693) et du Nil, près de l'ouverture du Fayoum *Rozière, Const. phys. de l'Égypte*, p. 32-53; Girard, *Vallée de l'Egypte*, p. 4).

seul récipient; et, dans des versans qui ont peu de vitesse, les bifurcations ou embranchemens entre deux systèmes hydrauliques disparoissent de trois manières, soit parce que le déversoir ou *canal communiquant* entraîne dans son bassin toute la *rivière bifurquée*, soit parce que le canal se bouche par des attérissemens là où il sort du récipient principal, soit enfin parce qu'au milieu de son cours il se forme une arête transversale, un point de partage qui donne une contre-pente [1] à la partie supérieure, et fait refluer les eaux dans une direction opposée. Les pays très-bas et sujets à de grandes inondations périodiques, comme la Guyane en Amérique et le Dar-Saley ou Baghermi [2] en Afrique, nous font entrevoir combien ces communications par des canaux naturels peuvent avoir été jadis plus fréquentes qu'elles ne le sont aujourd'hui [3].

Après avoir considéré la bifurcation de l'Orénoque sous le rapport de l'*Hydrographie*

[1] C'est le cas aujourd'hui dans l'Arno Teverin, entre Chiusi et Citta della Pieve dans le Val de Chiana.

[2] Au sud-est de Bornou et du lac Nou, dans la partie du Soudan où, d'après les dernières notions acquises par mon infortuné ami, M. Ritchie, le Niger reçoit le Shary et se jette dans le Nil blanc.

[3] *Voyez*, sur les communications qui existent encore temporairement à l'époque des grandes pluies entre le bassin du fleuve Saint-Laurent et celui du Mississipi, Tom. V, p. 183,

CHAPITRE XXIII.

comparée, il me reste à exposer succinctement l'histoire de la découverte de ce phénomène extraordinaire. Il en a été de la communication de deux grands systèmes de rivières comme du cours du Niger vers l'est. Il a fallu découvrir plusieurs fois ce qui paroissoit, au premier abord, contraire à l'analogie et à des hypothèses reçues. Lorsque des voyageurs avoient déjà reconnu le mode de communication de l'Orénoque avec l'Amazone, on révoquoit encore en doute, et à plusieurs reprises, la possibilité du fait. Une chaîne de montagnes, que le géographe Hondius avoit imaginée à la fin du seizième siècle pour séparer les bassins des fleuves, fut admise et niée tour à tour. On oublioit que l'existence de ces montagnes ne prouveroit pas d'une manière absolue la séparation de deux systèmes hydrauliques, puisque les eaux se sont ouvert des passages à travers la Cordillère des Andes et la chaîne de l'Himalaya [1], la plus élevée du monde connu.

et sur l'inondation d'un mois par lequel un moine du Choco a réuni la mer du Sud à l'Océan atlantique, mon *Essai polit.*, Tom. I, p. 25.

[1] Le Sutledge, le Gogra, le Gunduk, l'Arum, le Teesla et le Buramputer passent par des vallées transversales, c'est-à-dire perpendiculaires au grand axe de la chaîne de l'Himalaya.

On affirmoit, et non sans raison, que des voyages, qu'on avoit dit exécutés avec le même canot, n'étoient guère une marque certaine que la navigation n'avoit pas été interrompue par des *portages* [1]. J'ai pu vérifier par moi-même toutes les circonstances de cette bifurcation si long-temps contestée; mais je suis loin de blâmer les savans qui, guidés par un noble zèle dans la recherche de la vérité, ont hésité d'admettre ce qui ne leur paroissoit pas suffisamment éclairci.

Comme la rivière des Amazones a été fréquentée par les Portugais et les Espagnols bien avant que le Haut-Orénoque ait été connu à ces nations rivales, les premières idées vagues de l'embranchement de deux fleuves sont venues en Europe de l'embouchure du Rio Negro. Les *Conquistadores* et plusieurs historiens, comme Herera, Fray Pedro Simon et le père Garcia [2],

---

Toutes ces rivières brisent par conséquent la chaîne, comme l'Amazone, le Paute et le Pastaza brisent la Cordillère des Andes. *Voyez* Tom. VII, p. 49.

[1] Ces mêmes doutes sur l'existence de quelques *portages*, là où d'autres géographes supposent une communication par eau, ont été élevés récemment à l'égard de la communication problématique du Niger avec le Nil, et, ce qui est plus extraordinaire encore, à l'égard du détroit de Bering et du voyage du Cosaque Deschnew.

[2] *Fray Gregorio Garcia (Origen de los Indios, Valencia,*

CHAPITRE XXIII.

confondirent, sous les noms de *Rio Grande* et des *Mar dulce* (grande rivière, mer d'eau douce), l'Orénoque et le Maragnon. Le nom du premier de ces fleuves ne se trouve pas même encore sur la fameuse carte de l'Amérique de Diego Ribero, construite en 1529. Les expéditions d'Orellana (1540) et de Lope de Aguirre (1560) ne fournirent aucune connoissance sur la bifurcation de l'Orénoque; mais la rapidité avec laquelle Aguirre avoit atteint l'île de la Marguerite, a fait croire long-temps qu'au lieu de sortir par une des grandes bouches de l'Amazone, il étoit parvenu à la mer par quelque communication intérieure des rivières [1]. Le jésuite Acuña a soutenu cette hypothèse, qui n'est pas conforme aux résultats des recherches que j'ai faites dans les ouvrages des premiers historiens de la conquête [2]. «Comment croire, dit ce missionnaire,

---

1607, pag. 165) dit avoir appris d'un moine, qui avoit eu le malheur de se trouver à la suite de Pedro de Ursua et du tyran Lope de Aguirre, «que le Maragnon, après avoir traversé les grandes plaines (*llanos*) du Dorado et des Amazones, débouche vis-à-vis des îles de la Marguerite et de la Trinité.» (Voyez aussi *Herera*, Tom. I, Cap. VIII, p. 14, et *Fray Pedro Simon*, not. 2, Cap. VII).

[1] *Voyez* Tom. II, p. 276; Tom. V, p. 233, 313, Tom. VII, p. 395.

[2] *Acuna, Nuevo discubrimiento del Rio de las Amazonas*, Madrid, 1641. La comparaison (p. 32) de la distance de l'O-

que Dieu auroit permis qu'un tyran eût des succès, et qu'il fît la belle découverte de l'embouchure du Maragnon. » Acuña suppose qu'Aguirre rénoque et de la Boca de Dragos aux embouchures du Rio de Felipe et du Maragnon, sembleroit prouver qu'Acuna place le Rio de Felipe un peu au nord-ouest du cap Nord; tandis que, dans un autre endroit (p. 2), il dit qu'Aguirre est sorti du Maragnon par « un bras, vis-à-vis de l'île de la Trinité. » Les anciens géographes sont très-confus sur tout ce qui a rapport à la côte, entre la pointe Tigioca et le cap Orange, comme le prouvent le nom du cap Nord, donné au cap Orange (*Laet, Nov. Orbis*, p. 636), et la position du Rio Vicente Pinzon, qui a induit en erreur les diplomates à la conclusion de la paix d'Utrecht. Il ne me paroît aucunement probable qu'Aguirre ait débouché au-delà du cap Nord par l'embranchement des *estères*, qui existent entre l'Amazone (au-dessous de Macapa), l'Araguari et le Matario : je croirois plutôt (*Gumilla*, Tom. I, p. 43) qu'Acuna a voulu désigner, sous le nom de Rio Felipe, l'embouchure la plus septentrionale de l'Amazone, celle qui se trouve entre la pointe occidentale de l'île Caviana et le cap Nord. Les nouvelles cartes du dépôt hydrographique de Rio Janeiro appellent cette bouche canal de Bragança. Les premiers *Conquistadores* avoient nommé Maragnon (Maranhaō) la petite rivière Meary ou Mearim, à cent lieues au sud-est de la bouche de la rivière des Amazones. *Voyez*, sur la méprise géographique qui a donné lieu à cette dénomination de la rivière et de toute la province adjacente, la *Corog. bras.*, Tom. II, p. 251, 253 et 260. L'idée des anciens géographes de regarder comme un même fleuve l'Orénoque, l'Amazone ou Orellana, et le Meary ou Maranhaō, étoit fondée sur une connoissance imparfaite de l'embouchure de ces trois rivières, et non sur des hypothèses de communications intérieures.

est parvenu à la mer par le Rio de Felipe, et que cette rivière « se trouve à quelques lieues de distance du cap Nord. »

Ralegh, dans différens voyages exécutés par lui-même ou faits à ses frais [1], n'apprit rien sur une communication hydraulique entre l'Orénoque et l'Amazone; mais Keymis, son lieutenant, qui, par flatterie (et surtout à l'imitation du nom d'Orellana donné au Maragnon), désigne l'Orénoque sous le nom de *Raleana*, eut le premier une idée vague des portages entre l'Essequebo, le Caroni et le Rio Branco ou Parime [2]. Ces portages furent convertis par lui en un grand lac salé, et c'est sous cette forme qu'ils paroissent dans la carte construite en 1599 sur les relations de Ralegh. On figure une Cordillère entre l'Orénoque et l'Amazone; et, en omettant la bifurcation qui existe, Hondius en indique une autre purement imaginaire : il fait communiquer l'Amazone (par le Rio Tocantines) avec le Parana et le fleuve de San Francisco. Cette communication s'est conservée sur les cartes pendant plus d'un siècle, de même qu'une prétendue bifurcation du Rio Magdalena, dont un bras devoit aller au golfe de Maracaybo.

[1] *Cayley's Life of sir Walter Ralegh*, Tom. I, p. 152, 229, 263, 276, 327, et Tom. II, p. 103, 118.
[2] *L. c.*, Tom. I, p. 232, 236, 251, 283.

En 1639, les jésuites Christoval de Acuña et Andrès de Artedia firent, à la suite du capitaine Texeyra, le voyage de Quito au Grand-Parà; ils apprirent, au confluent du Rio Negro avec l'Amazone, « que la première de ces rivières appelée par les indigènes *Curiguacura* ou *Uruna*, à cause de la couleur brune de ses eaux très-limpides, donne un bras au *Rio Grande* [1] qui se jette dans la mer du Nord, et dont l'embouchure est entourée d'établissemens hollandois. » Acuña conseille de construire une forteresse « non au confluent du Rio Negro avec l'Amazone, mais là où se sépare le bras de communication. » Il discute quel peut être ce Rio Grande? et il conclut que ce n'est certainement pas l'Orénoque, mais peut-être le *Rio dulce* ou le *Rio de Felipe*, le même par lequel Aguirre est parvenu

---

[1] « Los primeros Indios que pueblan un brazo que el Rio Negro aroja, por donde segun informacion se viene salir al Rio Grande, en cuya boca en el mar del Norte estan los Olandeses, son los Guaranaquazanas. » (*Acuna*, p. 32). Plus bas le même voyageur dit que le fortin devroit être placé, « en el brazo que desemboca al Rio Grande que desagua al Oceano, el cual brazo no es en ninguna manera el Orinoco. » Il place le Rio Felipe « algunas leguas despues del cabo del Norte. » C'est là tout ce que l'on trouve dans l'édition originale du Voyage d'Acuna sur un point assez important pour l'histoire de la géographie. Texeira avoit remonté l'Amazone accompagné de 2000 Indiens.

à la mer [1]. La dernière de ces suppositions lui paroît la plus probable. Il faut distinguer, dans des notions de ce genre, ce que les voyageurs ont appris des Indiens à l'embouchure du Rio

[1] Je doute qu'Acuna ait eu lui-même une idée assez nette de ce qu'il appelle *Rio dulce* et *Rio de Felipe*, en distinguant le dernier de la bouche principale de l'Amazone. Vicente Pinzon avoit nommé, l'an 1500 (en venant de la bouche du Maragnon à la côte de Paria), *Rio dulce* l'embouchure d'une rivière « près de laquelle, à 20 lieues de la côte, il fit de l'eau. » Herera (Tom. I, dec. 1, p. 108) croit que c'est un bras du Yuyapari ou Orénoque : je pense plutôt que c'est l'Orénoque même. Mais qu'est-ce que la rivière que les Hollandois appeloient *Rio dulce* ou *Felipe Hadias*? (*Southey*, Tom. I, p. 602.) Je l'ignore. La carte très-rare de Paulo di Forlani de Verone (*La descrittione di tutto il Peru*), conservée à la bibliothèque du Roi, à Paris, sous le n.º 457, offre, du sud au nord, le Maragnon, l'Oregliana, le Rio dulce et le Rio Viaparo, comme autant de rivières indépendantes. La première est, par sa position, le Rio Meary de la province de Maranham, auquel on a donné la longueur du cours de l'Amazone, tel qu'Orellana l'a déterminé en 1540. La seconde est indiquée comme une très-petite rivière, quoique, à en juger par la latitude, ce soit la véritable rivière des Amazones dont Pinzon découvrit l'embouchure en 1500, et qui, comme M. Southey l'a très-bien prouvé, prit dès-lors le nom de Maranon, par conséquent long-temps avant l'expédition d'Aguirre. La troisième rivière paroît être le Marony (Marowine, Maraveni, Marwyne), ou la grande rivière d'Essequebo; enfin la quatrième, le Viaparo, est, à n'en pas douter, l'Orénoque. Près du cap Orange, le géographe De l'Isle indique un fleuve « qui doit communiquer avec l'Amazone » et par lequel le tyran Aguirre auroit pu déboucher. Il le nomme Arcoa;

Negro, et ce qu'eux-mêmes y ont ajouté, d'après des hypothèses que leur fournissoit l'état de la géographie dans le siècle où ils vivoient. Un bras qui sort du Rio Negro doit se jeter dans un très-grand fleuve qui débouche dans la mer du Nord, sur une côte habitée par des *hommes à cheveux roux;* c'est ainsi que les naturels, accoutumés à ne voir que des *blancs à cheveux noirs ou bruns*, des Portugais ou des Espagnols, désignent les Hollandois. Or, nous connoissons aujourd'hui, depuis le confluent du Rio Negro avec l'Amazone jusqu'au *Caño* Pimichin, par lequel je suis entré dans le premier de ces fleuves, tous les affluens du nord et de l'est. Il n'y en a qu'un seul, le Cassiquiare, qui communique avec une autre rivière : les sources du Rio Branco sont tracées dans le plus grand détail sur les nouvelles cartes du dépôt hydrographique du Brésil, et nous savons que cette rivière ne communique par aucun lac avec le

---

je trouve que c'est l'Aracow de Sanson et l'Arucawa de D'Anville, entre le Cassipour ou l'Oyapoc (Wiapoco des anciens géographes). Il est probable que la note de De l'Isle devoit se rapporter à l'Oyapoc, rivière considérable à laquelle on attribuoit, par erreur, des embranchemens extraordinaires. Acuna (p. 21, §. 44) croit à plusieurs communications entre l'embouchure de l'Amazone et des rivières qui se jettent à la mer à l'ouest du cap Nord : il nomme le Rio de Felipe « *una boca transversal del Rio de las Amazonas*. »

Rio Carony, l'Essequebo ou tout autre versant de la côte de Surinam et de Cayenne. Une haute chaîne de montagnes, celle de Pacaraymo, sépare les sources du Paraguamusi (confluent du Carony) de celles du Rio Branco, comme Don Antonio Santos l'a reconnu, en 1775, dans son voyage de l'Angostura au Grand-Parà[1]. Au sud de la chaîne de Pacaraymo et de Quimiropaca, il y a un portage de trois jours entre le Sarauri (bras du Rio Branco) et le Rupunuri (bras de l'Essequebo). C'est ce portage qui a été traversé, en 1739, par le chirurgien Nicolas Hortsmann, natif de Hildesheim, dont j'ai eu le journal entre les mains; c'est ce chemin aussi par lequel Don Francisco Jose Rodrigues Barata, lieutenant-colonel du 1.er régiment de ligne du Parà, est venu, en 1793, pour les affaires de son gouvernement, deux fois de l'Amazone à Surinam. Encore plus récemment, au mois de février 1811, des colons anglois et hollandois se sont présentés au portage de Rupunuri pour solliciter du commandant du Rio Negro la permission de passer au Rio Branco: le commandant ayant accédé à leur demande, ces colons sont arrivés dans leurs canots au fort Saint-Joaquin

[1] Journal manuscrit de Don Nicolas Rodriguez que j'ai acquis pendant mon séjour à l'Orénoque.

del Rio Branco [1]. Nous aurons à parler de nouveau, dans la suite, de cet isthme ou terrain en partie montueux, en partie marécageux, dans lequel Keymis (auteur de la relation du second voyage de Ralegh) place le Dorado et la grande ville de Manoa, mais qui sépare, comme nous le savons aujourd'hui avec certitude, les sources du Carony, du Rupunuri et du Rio Branco, trois affluens de trois différens systèmes de rivières, de l'Orénoque, de l'Essequebo et du Rio Negro ou de l'Amazone.

Il résulte de ce que nous venons d'exposer, que les naturels qui parlèrent à Texeira et à Acuña de la communication de deux grandes rivières, se trompoient peut-être eux-mêmes sur la direction des eaux du Cassiquiare, ou qu'Acuña a mal interprété leurs paroles. La dernière supposition est d'autant plus probable, qu'en me servant d'interprète, comme le voyageur espagnol, j'ai souvent éprouvé moi-même combien il est facile de se méprendre sur des bras qu'une rivière donne ou reçoit, sur la direction d'un affluent qui suit le soleil ou qui se meut « contre le soleil. » Je doute que les Indiens aient voulu

---

[1] Notes manuscrites qui m'ont été obligeamment communiquées par M. le chevalier de Brito, ambassadeur de Portugal à Paris, en 1817.

parler à Acuña des communications qui pouvoient avoir lieu avec les possessions hollandoises par les portages entre le Rio Branco et le Rio Essequebo. Les Caribes arrivoient sur les bords du Rio Negro par l'un et l'autre chemin, par l'isthme du Rupunuri et par le Cassiquiare; mais une communication non interrompue de rivières devoit paroître aux naturels un objet plus digne de fixer l'attention des étrangers; et si l'embouchure de l'Orénoque ne se trouve pas, à proprement parler, dans les possessions hollandoises, ces possessions en sont au moins extrêmement rapprochées. Le séjour qu'Acuña fit au confluent du Rio Negro ne procura pas seulement à l'Europe la première connoisance de la communication de l'Amazone avec l'Orénoque; il eut aussi des résultats utiles pour l'humanité. La troupe de Texeira voulut forcer son commandant d'entrer dans le Rio Negro pour enlever des esclaves. Les deux religieux, Acuña et Artedia, protestèrent par écrit contre cette expédition injuste et contraire à la politique. Ils soutinrent en même temps (et ce principe est assez bizarre) que « la conscience ne permet aux chrétiens d'entraîner dans l'esclavage que ceux des naturels qui doivent servir d'interprètes. » Quoi qu'il en soit de cet axiome, la protestation noble et courageuse des deux religieux fit échouer l'entreprise projetée [1].

Le géographe Sanson traça, en 1680, une carte de l'Orénoque et de l'Amazone, d'après la relation du voyage d'Acuña. Elle est pour l'Amazone ce que la carte de Gumilla a été long-temps pour le Bas-Orénoque. Dans la partie qui s'étend au nord de l'équateur, elle est purement hypothétique, et elle figure, comme nous l'avons observé plus haut, la bifurcation du Caqueta à angle droit. Un des bras du Caqueta est l'Orénoque; l'autre, le Rio Negro. C'est ainsi que Sanson crut pouvoir combiner dans cette carte et dans une autre de toute l'Amérique méridionale, publiée en 1656, les notions vagues qu'Acuña avoit acquises en 1639 sur les embranchemens du Caqueta [2] et les communications de l'Amazone avec l'Orénoque. L'idée erronée que le Rio Negro sort de l'Orénoque ou du Caqueta dont l'Orénoque n'est qu'une branche, s'est con-

---

[1] *Acuna*, p. 34, §. 67.

[2] « El grande Rio Caqueta, dit Acuna (*Nuevo Descubr.*, p. 21, §. 45), tiene muchos brazos : el mas meridional va al Rio de las Amazonas, pero el que se inclina a la *vanda del Norte* es el Rio por el cual el Capitan Fernan Perez de Quesada se dexava llevar a la parte de Santa Fe y la Provincia del Algodonal. »

CHAPITRE XXIII.   121

servée[1] jusque vers la moitié du dix-huitième siècle, époque à laquelle on découvrit le Cassiquiare.

Le père Fritz étoit venu à Quito avec un autre jésuite allemand, le père Richler : il traça, en 1690, une carte[2] de l'Amazone, la meilleure de celles qu'on possédoit avant le voyage de M. de La Condamine. Cette carte a guidé l'académicien françois dans sa navigation, comme les anciennes cartes de La Cruz et de Caulin m'ont guidé sur l'Orénoque. On peut être étonné que le père Fritz, malgré un long séjour sur les rives de l'Amazone (le commandant d'un fort portugais le retint prisonnier pendant deux ans), n'ait pas acquis quelque notion du Cassiquiare. Les éclaircissemens historiques qu'il a consignés en marge de sa carte manuscrite, et que j'ai examinés récemment avec soin, sont très-imparfaits et peu nombreux. Il fait passer une chaîne de montagnes[3] entre les deux systèmes de rivières,

---

[1] *Voyez* Tom. VII, p. 401.

[2] Elle n'a été envoyée en Europe qu'en 1707 : elle n'a même été publiée dans la belle collection des *Lettres édifiantes* qu'en 1717.

[3] Cette chaîne de montagnes dont il n'y a aucune trace dans la nature (j'en parle comme témoin oculaire), au sud de l'Orénoque, entre San Fernando de Atabapo et le Cassiquiare, reparoît encore dans le 13.ᵉ article du traité préliminaire de paix et de limites, du 1.ᵉʳ octobre 1777. Nous avons déjà rappelé

et se contente de rapprocher une des branches, qui donnent naissance au Rio Negro, d'un affluent de l'Orénoque qui, par sa position, paroît être le Rio Caura. Tout resta incertain pendant l'espace de cent ans qui sépare le voyage d'Acuña de la découverte du Cassiquiare par le père Roman.

L'embranchement de l'Orénoque avec l'Amazone par le Rio Negro et une bifurcation du Caqueta, imaginée par Sanson, et rejetée par le père Fritz et par Bleauw, reparurent dans les premières cartes de De l'Isle : mais, vers la fin de ses jours [1], ce célèbre géographe les abandonna de nouveau. Comme on s'étoit trompé sur le mode de la communication, on se hâtoit de nier la communication même. Il est en effet bien digne de remarque que, dans le temps où les Portugais remontèrent le plus fréquemment par l'Amazone, le Rio Negro et le Cassiquiare [2], et où les lettres du père Cumilla furent portées (par l'embranchement naturel des rivières) du

plus haut que les géographes ne sont pas toujours consultés par les diplomates, et que des erreurs de position, que nous aimons à croire involontaires, sont devenues, depuis le 8.ᵉ article de la paix d'Utrecht, une source de contestations sans cesse renaissantes sur les limites des Guyanes françoise et portugaise.

[1] *Voyez* Tom. VII, p. 401, notes 3 et 4.
[2] De 1737-1740.

CHAPITRE XXIII.   123

Bas-Orénoque au Grand-Parà, ce même missionnaire s'efforça de répandre en Europe l'opinion de l'isolement parfait des bassins de l'Orénoque et de l'Amazone. Il assure[1] « qu'ayant remonté plusieurs fois le premier de ces fleuves jusqu'au Raudal de Tabajè, placé par 1° 4′ de latitude, il n'a jamais vu entrer ou sortir une rivière que l'on puisse prendre pour le Rio Negro. De plus, ajoute-t-il, une grande Cordillère [2] qui se prolonge de l'est à l'ouest empêche les eaux de se mêler, comme elle rend inutile toute espèce de discussion sur la prétendue communication des deux fleuves. » Les erreurs du père Gumilla naissent

---

[1] *Orinoco illustr.*, Tom. I, p. 41. Je conclus d'un passage (Tom. I, p. 367) que cet ouvrage, publié en 1741, a été écrit en 1739. C'est donc par erreur, comme nous l'avons déjà observé plus haut, que les *Licencias* du censeur sont datées de 1731.

[2] Le père Caulin, qui écrivit en 1759, quoique son livre, exact et très-utile (*Historia corografica de la Nueva Andalucia y vertientes del Rio Orinoco*), n'ait paru qu'en 1779, a combattu avec beaucoup de discernement cette idée d'une chaîne de montagnes qui empêche toute communication entre les bassins de l'Orénoque et de l'Amazone. « L'erreur du père Gumilla, dit-il (*libro* 1, *cap.* 10, *p.* 79), consiste dans la supposition d'une Cordillère qui, non interrompue et comme une immense muraille, doit se prolonger des frontières de la Nouvelle-Grenade aux côtes de Cayenne. Il oublie que des chaînes de montagnes sont souvent divisées par de profondes vallées (transversales), lorsque, vues de loin, elles se représentent *contiguas ò indivisas.* »

de sa ferme persuasion d'avoir atteint, sur l'O-
rénoque, le parallèle de 1° 4'. Il se trompoit[1] de
plus de 5° 10' en latitude; car, en observant à la
mission d'Atures, 13 lieues au sud des rapides
de Tabajè, j'en ai trouvé la latitude 5° 37' 34".
Le père Gumilla ne s'étant élevé que très-peu
au-dessus du confluent du Meta, on ne peut s'é-
tonner qu'il n'ait point connu la bifurcation de
l'Orénoque qui se trouve, par les sinuosités de
la rivière, à 120 lieues de distance du Raudal de
Tabajè. Ce missionnaire, qui a séjourné sur les
bords du Bas-Orénoque trois ans (et non trente
ans, comme l'ont répandu ses traducteurs),
auroit dû se borner à parler de ce qu'il a vu de
ses yeux en naviguant sur l'Apure, le Meta et
l'Orénoque, depuis la Guayana vieja jusque vers
la première Grande-Cataracte. A l'admiration
qu'on a eue d'abord pour son ouvrage (le seul
qui ait paru sur ces contrées avant ceux des
pères Caulin et Gili) a succédé, dans les colonies
espagnoles, un dédain trop prononcé. Sans doute
que l'*Orinoco illustrado* n'annonce pas cette
connoissance intime des localités, cette simplicité naïve qui donnent un certain charme aux
relations des missionnaires. On y trouve de l'af-
féterie dans le style, et une tendance continue

---

[1] *Voyez* Tom. VI, p. 393.

vers l'exagération : cependant, malgré ces défauts, le livre du père Gumilla renferme des aperçus très-justes sur les mœurs et les dispositions naturelles des différentes peuplades du Bas-Orénoque et des *Llanos* de Casanare.

M. de La Condamine[1], pendant sa mémorable navigation sur la rivière des Amazones, en 17, avoit recueilli avec soin un grand nombre de preuves de cette communication des rivières niée par le jésuite espagnol. La plus décisive de ces preuves lui paroissoit alors le témoignage non suspect d'une Indienne Cauriacani à laquelle il avoit parlé, et qui, des bords de l'Orénoque (de la mission de Pararuma [2]), étoit venue en canot au Grand-Parà. Avant que M. de La Condamine retournât dans sa patrie, le voyage du père Manuel Roman et la rencontre fortuite des missionnaires de l'Orénoque et de l'Amazone mirent hors de doute le fait dont Acuña avoit eu la première connoissance.

Les incursions entreprises depuis le milieu du dix-septième siècle pour se procurer des esclaves, avoient conduit les Portugais peu à peu du Rio Negro, par le Cassiquiare, dans le lit d'une grande rivière qu'ils ignoroient être le

---

[1] *Voyage à l'Amazone*, p. 119.
[2] *Voyez* Tom. VI, p. 348.

Haut-Orénoque. Un camp volant, composé de la *troupe de rachat*[1], favorisoit ce commerce inhumain. Après avoir excité les naturels à se faire la guerre, on *racheta* les prisonniers; et, pour donner une apparence d'équité à la *traite*, des religieux accompagnèrent la *troupe de rachat* pour examiner «si ceux qui vendoient les esclaves en avoient le droit, les ayant faits prisonniers dans une guerre ouverte.» Depuis l'année 1737, ces voyages des Portugais dans le Haut-Orénoque devinrent très-fréquens. Le désir d'échanger des esclaves (*poitos*) contre des haches, des hameçons et de la verroterie engageoit les tribus indiennes à guerroyer les unes contre les autres. Les Guipunaves, conduits par leur chef vaillant et cruel, Macapu, étoient descendus des bords de l'Inirida vers le confluent de l'Atabapo et de l'Orénoque. Ils vendoient, dit le missionnaire Gili, les prisonniers qu'ils ne mangeoient pas [2]. Les jésuites du Bas-Orénoque devinrent inquiets de cet état de choses, et le Supérieur des missions espagnoles, le père Roman, ami intime de Gumilla, prit la résolution cou-

---

[1] *Tropa de rescate;* de *rescatar*, redimere.

[2] «J. Guipunavi avventizj abitatori dell' Alto Orinoco, recavan de' danni incredibili alle vicine mansuete nazioni; altre mangiandone, altre conducendone schiave ne' Portoghesi dominj.» (*Gili*, Tom. I, p. 31.) *Voyez* aussi Tom. VII, p. 256.

rageuse de traverser les Grandes-Cataractes et de visiter les Guipunaves sans être escorté de soldats espagnols. Il partit le 4 février 1744 de Carichana : arrivé au confluent du Guaviare, de l'Atabapo et de l'Orénoque, là où ce dernier fleuve change subitement son cours de l'est à l'ouest en un cours du sud au nord, il vit de loin une pirogue aussi grande que la sienne, et remplie de gens habillés à l'européenne. Il fit placer, en signe de paix et d'après l'habitude des missionnaires qui naviguent dans un pays qui leur est inconnu, le crucifix à la proue de son embarcation. Les blancs (c'étoient des Portugais, marchands d'esclaves du Rio Negro) reconnurent, avec des marques d'allégresse, l'habit de l'ordre de Saint-Ignace. Ils furent surpris d'apprendre que le fleuve sur lequel cette rencontre avoit lieu étoit l'Orénoque, et ils ramenèrent le père Roman, par le Cassiquiare, aux établissemens brésiliens sur le Rio Negro. Le Supérieur des missions espagnoles fut forcé de séjourner près du camp volant de la *troupe de rachat* jusqu'à l'arrivée du jésuite portugais Avogadri qui étoit allé pour affaires au Grand-Parà. C'est par le même chemin, par la voie du Cassiquiare et du Haut-Orénoque, que le père Manuel Roman retourna avec ses Indiens Salivas à Pararuma [1],

---

[1] Le 16 octobre 1744. M. de La Condamine quitta la ville

un peu au nord de Carichana, après sept mois d'absence. Il est le premier homme blanc qui soit venu du Rio Negro, par conséquent du bassin de l'Amazone (sans faire passer ses canots par aucun portage) au bassin du Bas-Orénoque.

La nouvelle de ce voyage extraordinaire se répandit avec une telle rapidité, que M. de La Condamine put l'annoncer [1] dans une séance publique de l'Académie, sept mois après le retour du père Roman à Pararuma. « La communication de l'Orénoque et de l'Amazone, récemment avérée, dit-il, peut passer d'autant plus pour une découverte en géographie, que, quoique la jonc-

du Grand-Parà le 29 décembre 1743; il résulte de la comparaison des dates que j'ai données dans cet aperçu historique des découvertes dans la Guyane, que l'Indienne de Pararuma, enlevée par les Portugais, et à laquelle le voyageur françois avoit parlé, n'étoit pas venue avec le père Roman, comme on l'a affirmé par erreur. L'apparition de cette femme sur les bords de l'Amazone est intéressante pour les recherches que l'on a faites récemment sur le mélange des races et des langues. Elle prouve les énormes distances à travers lesquelles des individus d'une tribu sont contraints de se mêler à une autre tribu.

[1] Elle lui avoit été communiquée par le père Jean Ferreyra, recteur du collége des Jésuites au Parà. (*Voyez à l'Amazone*, p. 120, *Mém. de l'Acad.*, 1745, p. 450. *Caulin*, p. 79). *Voyez* aussi, dans l'ouvrage de Gili, le cinquième chapitre du premier livre publié en 1780, et portant pour titre : Della scoperta della communicazione dell' Orinoco col Maragnone, Tom. I, p. 31-34.

tion de ces deux fleuves soit marquée sur les anciennes cartes (d'après les renseignemens donnés par Acuña), tous les géographes modernes l'avoient supprimée comme de concert dans les nouvelles cartes. Ce n'est pas la première fois que l'on a cru fabuleux ce qui étoit positif, qu'on a poussé trop loin l'esprit de critique, et que cette communication a été traitée de chimérique par ceux qui devoient en être le mieux instruits. » Depuis le voyage du père Roman, en 1744, personne dans la Guyane espagnole et sur les côtes de Cumana et de Caracas n'a plus révoqué en doute l'existence du Cassiquiare et la bifurcation de l'Orénoque. Le père Gumilla même, que Bouguer avoit rencontré à Carthagène des Indes, avoua qu'il s'étoit trompé; et il lut, peu de temps avant sa mort, au père Gili, un supplément à son histoire de l'Orénoque, destiné pour une nouvelle édition, dans lequel il racontoit gaiement [1] la manière dont il avoit été désabusé. C'est l'expédition des limites d'Ituriaga et de Solano qui a achevé de faire connoître dans un grand détail la géographie du Haut-Orénoque et l'embranchement de ce fleuve avec le Rio Negro. Solano, en 1756, s'établit au

---

[1] *Lepidamente, al suo solito,* dit le missionnaire Gili.

confluent de l'Atabapo; et dès-lors des commissaires espagnols et portugais passèrent souvent avec leurs pirogues par le Cassiquiare, du Bas-Orénoque au Rio Negro, pour se faire des visites dans leurs quartiers généraux de Cabruta [1] et de Mariva [2]. Depuis l'année 1767, deux ou trois pirogues vinrent régulièrement tous les ans du fortin de San Carlos, par la bifurcation de l'Orénoque, à l'Angostura, pour chercher du sel et le prêt de la troupe. Ces voyages, d'un bassin de rivière à l'autre par le canal naturel du Cassiquiare, ne fixent aujour-

[1] Le général Ituriaga, retenu par maladie, d'abord à Muitaco ou Real Corona, et puis à Cabruta, reçut, même en 1760, la visite du colonel portugais Don Gabriel de Sousa y Figueira qui, venant du Grand-Parà, avoit fait en canot un chemin de près de 900 lieues. Le botaniste suédois, Löfling, choisi pour accompagner l'expédition des limites aux frais du gouvernement espagnol, multiplia à tel point, dans son imagination ardente, les embranchemens des grands fleuves de l'Amérique méridionale, qu'il parut très-persuadé de pouvoir naviguer par le Rio Negro et l'Amazone au Rio de la Plata. (*Iter*, p. 131.)

[2] Cet endroit, nommé Marioba et Mariova par D'Anville et La Cruz, ne se trouve plus sur les nouvelles cartes du Rio Negro, dressées au dépôt hydrographique de Rio Janeiro. M. Apollinario Diez de la Fuente, dans un journal manuscrit que je possède, le nomme Maribaes, chef-lieu militaire. C'est sans doute l'ancien *Barcelos* entre la Villa de Thomar et la grande bouche du Rio Branco.

CHAPITRE XXIII. 131

d'hui pas plus l'attention des colons que, sur les bords de la Seine, l'arrivée des bateaux qui descendent la Loire par le canal d'Orléans.

Quoique dans les possessions espagnoles en Amérique on ait eu, depuis le voyage du père Roman en 1744, une notion précise de la direction du Haut-Orénoque de l'est à l'ouest, et du mode de sa communication avec le Rio Negro, la connoissance de ce mode n'est cependant parvenue en Europe que beaucoup plus tard. La Condamine et D'Anville [1] admettoient encore, en 1750, que l'Orénoque étoit un bras du Caqueta venant du sud-est, et que le Rio Negro en sortoit immédiatement. Ce n'est que dans une seconde édition [2] de son *Amérique méridionale*

---

[1] *Voyez* le Mémoire classique de ce grand géographe dans le *Journal des Savans*, mars 1750, p. 184. « Un fait, dit D'Anville, que l'on ne peut plus regarder comme équivoque, d'après les preuves qui en ont été récemment fournies, est la communication du Rio Negro avec l'Orénoque : mais il ne faut point avoir honte de convenir que nous ne sommes pas encore suffisamment instruits de la manière dont la communication se fait. » Je suis surpris de voir que, dans une carte très-rare que j'ai trouvée à Rome (*Provincia Quitensis Soc. Jesu in America, auctore Carolo Brentano et Nicolao de la Torre; Romæ*, 1745), les jésuites de Quito n'avoient pas indiqué, sept ans après la découverte du père Roman, le canal naturel du Cassiquiare. Le Rio Negro est encore figuré dans cette carte comme un bras de l'Orénoque.

[2] Probablement de 1760. (*Barbié du Bocage, Not. des ou-*

9*

que D'Anville, sans renoncer toutefois à un embranchement du Caqueta par l'Iniricha (Inirida) avec l'Orénoque et le Rio Negro, fait naître l'Orénoque à l'est, près des sources du Rio Branco, et qu'il indique le Rio Cassiquiare comme portant les eaux du Haut-Orénoque au Rio Negro. Il est probable que ce savant infatigable s'étoit procuré des renseignemens sur le mode de bifurcation par ses relations fréquentes avec les missionnaires [1] qui étoient alors, comme ils le sont aujourd'hui, les seuls géographes des parties les plus intérieures des continens. Il se trompoit de $3\frac{1}{2}°$ de latitude sur le confluent du Cassiquiare avec le Rio Negro, mais il indiquoit déjà assez exactement la position de l'Atabapo et de l'isthme boisé par lequel j'ai passé de Javita aux bords du Rio Negro. Ce sont les cartes de La Cruz Olmedilla [2] et de

vrages de D'Anville, p. 98.) Il est à regretter que D'Anville, en faisant des corrections importantes sur les cuivres de ses cartes, n'ait pas marqué les époques de ces changemens. Les géographes qui ignorent cette circonstance peuvent être induits en erreur sur les dates de plusieurs découvertes postérieures à l'année indiquée sur la carte qui les retrace.

[1] D'après les Annales de Berredo, il paroîtroit que, dès l'année 1739, les incursions des militaires du Rio Negro dans le Cassiquiare avoient affermi les jésuites portugais dans l'opinion d'une communication entre l'Amazone et l'Orénoque. *Southey*, Tom. I, p. 658.

[2] C'est la carte de La Cruz sur laquelle toutes les nouvelles

CHAPITRE XXIII. 133

Surville[1], publiées en 1775 et 1778 qui, jointes à l'ouvrage du père Caulin, ont fait le mieux connoître les travaux de l'Expédition des limites; car les nombreuses contradictions qu'elles offrent ont rapport aux sources de l'Orénoque et du Rio Branco, et non au cours du Cassiquiare et du Rio Negro qu'elles indiquent aussi bien qu'on peut l'exiger dans le manque absolu de toute observation astronomique.

Tel étoit l'état des découvertes hydrogra-

---

cartes de l'Amérique ont été basées. (*Mapa geografico de America meridional por D. Juan de La Cruz Cano y Olmedilla, Geogr. pens. de S. M.*, 1775.) L'édition originale que je possède est d'autant plus rare, que les cuivres, à ce que l'on croit communément, ont été brisés par ordre d'un ministre des colonies qui craignoit que la carte ne fût trop exacte. Je puis affirmer qu'elle ne mérite ce reproche que pour un petit nombre de points.

[1] Fray Antonio Caulin, religieux observantin, accompagna l'expédition des limites d'Ituriaga et de Solano. On voit, dans le neuvième chapitre du premier livre de son *Historia corografica de Nueva Andalucia*, qu'en 1756 il avoit construit deux cartes, dont l'une comprenoit le Bas-Orénoque depuis ses bouches jusqu'à Atures; l'autre, le Haut-Orénoque, le Cassiquiare et le Rio Negro. Il voulut séparer ce qu'il avoit pu vérifier de ses yeux, et ce qui n'étoit fondé que sur de simples rapports. C'est en refondant ces deux cartes manuscrites de Caulin, et en y mêlant beaucoup d'idées systématiques, que Surville a construit, en 1778, son *Mapa corografico de la Nueva Andalucia*. Cette dernière carte est très-souvent en contradiction avec le livre de Caulin auquel elle est annexée.

phiques dans l'intérieur de la Guyane, lorsque, peu de temps avant mon départ d'Europe, un savant, dont les travaux ont été si utiles aux progrès de la géographie, crut devoir soumettre à de nouvelles recherches la relation d'Acuña, la carte du père Samuel Fritz et l'*America meridional* de La Cruz Olmedilla. L'état politique de la France avoit peut-être empêché M. Buache de se procurer ou d'examiner les ouvrages de Caulin et de Gili, deux missionnaires qui avoient séjourné sur les bords de l'Orénoque, lorsque l'Expédition des limites établit ces communications qui ont été régulièrement suivies, pendant plus d'un demi-siècle, par le Cassiquiare et le Haut-Orénoque, entre le fortin espagnol du Rio Negro et la ville de l'Angostura. *La Carte générale de la Guyane*, publiée en 1798, figure le Cassiquiare et la partie du Haut-Orénoque située à l'est de l'Esmeralda comme une rivière tributaire du Rio Negro, et qui n'est point liée à l'Orénoque. Elle fait passer une chaîne de montagnes à travers la plaine qui forme l'isthme entre le Tuamini et le Pimichin. Cette chaîne est supposée se diriger vers le nord-est, et former un point de partage entre les eaux de l'Orénoque et celles du Rio Negro et du Cassiquiare, vingt lieues à l'ouest de l'Esmeralda. Dans une note ajoutée à cette carte, il est dit « que la communication supposée depuis long-temps entre l'Orénoque et l'Amazone est une monstruosité en géographie que la carte de La Cruz a multipliée sans fondement, et que, pour rectifier les idées sur ce point, il convient de reconnoître la direction de la grande chaîne qui fait le partage des eaux. »

J'ai été assez heureux pour reconnoître cette chaîne de montagnes sur les lieux. J'ai passé, dans la nuit du 24 mai, avec ma pirogue, dans la partie de l'Orénoque où M. Buache supposoit que le lit du fleuve étoit coupé par une Cordillère. S'il y avoit sur ce point une *ligne de faîtes* (un point de partage), j'aurois dû remonter une rivière dans les premières vingt lieues à l'ouest de l'Esmeralda, au lieu de la descendre, comme je l'ai fait, à la faveur d'un courant rapide. Le même fleuve, qui naît à l'est de cette mission et qui donne un bras (le Cassiquiare) au Rio Negro, continue son cours, sans interruption, vers Santa Barbara et San Fernando de Atabapo. C'est la partie du Haut-Orénoque qui se dirige du sud-est au nord-ouest, et que les Indiens appellent Rio Paragua. Après avoir mêlé ses eaux à celles du Guaviare et de l'Atabapo, le même fleuve se porte vers le nord pour franchir les Grandes-Cataractes. Toutes ces circonstances sont en général bien indiquées dans la grande carte de La Cruz; mais M. Buache a sans doute supposé que, dans les différens voyages que l'on disoit exécutés par eau de l'Amazone à l'Orénoque, les canots avoient été traînés par quelque portage (*arastradero*) d'affluent à affluent. Ce géographe respectable devoit être d'autant plus porté à admettre que les rivières n'avoient pas, dans la nature, le cours que leur prescrivoient les nouvelles cartes espagnoles, que ces mêmes cartes autour du lac Parime (de cette prétendue *mer Blanche* de 600 lieues carrées) offroient des embranchemens de versans les plus bizarres et les moins probables. On pourroit appliquer à l'Orénoque ce que le père Acuña dit de l'Amazone, dont il a décrit les merveilles: «nacieron hermanadas en las cosas grandes la novedad y el descredito [1].»

Si les peuples de la région basse de l'Amérique équinoxiale avoit participé à la civilisation répandue dans la région froide et alpine, cette immense Mésopotamie entre l'Orénoque

---

[1] «Dans les grandes choses (dans les phénomènes extraordinaires de la nature), la nouveauté excite toujours de la défiance.»

et l'Amazone auroit favorisé le développement de leur industrie, animé leur commerce, accéléré les progrès de l'ordre social. Partout dans l'ancien monde, nous voyons cette influence des localités sur la culture naissante des peuples [1]. L'île de Méroé entre l'Astaboras et le Nil, le Pendjab de l'Indus, le Duab du Gange, la Mésopotamie de l'Euphrate en offrent des exemples justement célèbres dans les annales du genre humain. Mais les foibles tribus qui errent dans les savanes et les bois de l'Amérique orientale n'ont profité que foiblement des avantages de leur sol et de l'embranchement de leurs rivières. Les incursions lointaines des Caribes qui remontoient l'Orénoque, le Cassiquiare et le Rio Negro, pour enlever des esclaves et exercer le pillage, forçoient quelques peuplades abruties de sortir de leur indolence, et de former des associations pour leur défense commune ; cependant le peu de bien que produisoient ces guerres avec les Caribes (les Bédouins des fleuves de la Guyane) étoit une foible compensation des maux qu'elles entraînoient à leur suite, en rendant les mœurs plus féroces et en diminuant la population. Nous ne pouvons douter que l'aspect physique de

[1] *Ritter, Erdkunde*, Tom. I, p. 181.

la Grèce, entrecoupée de petits chaînons de montagnes et de golfes méditerranéens, n'ait, à l'aurore de la civilisation, contribué au développement intellectuel des Hellènes. Mais l'action de cette influence du climat et de la configuration du sol ne se révèle, dans toute sa puissance, que là où des races d'hommes, doués d'une disposition heureuse des facultés morales, reçoivent quelque impulsion extérieure. En étudiant l'histoire de notre espèce, on voit, de loin en loin, dispersés sur le globe, semblables à des points lumineux, ces centres d'une antique civilisation : on est frappé de cette inégalité de culture parmi des peuples qui habitent des climats analogues et dont le sol natal paroît également favorisé des dons les plus précieux de la nature.

Depuis que j'ai quitté les bords de l'Orénoque et de l'Amazone, une nouvelle ère se prépare pour l'état social des peuples de l'Occident. Aux fureurs des dissentions civiles succéderont les bienfaits de la paix, un développement plus libre des arts industriels. Cette bifurcation de l'Orénoque, cet isthme du Tuamini, si facile à franchir par un canal artificiel, fixeront les yeux de l'Europe commerçante. Le Cassiquiare, large comme le Rhin, et dont le cours a 180 milles de long, ne formera plus en vain une ligne navigable entre deux bassins de rivières qui ont une surface de 190,000 lieues carrées. Les grains de la Nouvelle-Grenade seront portés aux bords du Rio Negro ; des sources du Napo et de l'Ucayale, des Andes de Quito et du Haut-Pérou, on descendra en bateau aux bouches de l'Orénoque, sur une distance qui égale celle de Tombouctou à Marseille. Un pays, neuf à dix fois plus grand que l'Espagne, et enrichi des productions les plus variées, est navigable dans tous les sens par l'intermède du canal naturel du Cassiquiare et de la bifurcation des rivières. Un phénomène qui sera un jour si important pour les relations politiques des peuples méritoit sans doute d'être examiné avec soin.

CHAPITRE XXIV.

Haut-Orénoque depuis l'Esmeralda jusqu'au confluent du Guaviare.—Second passage à travers les cataractes d'Atures et de Maypures.—Bas-Orénoque entre l'embouchure du Rio Apure et l'Angostura, capitale de de la Guyane espagnole.

Il me reste à parler de l'établissement chrétien le plus isolé et le plus reculé du Haut-Orénoque. Vis-à-vis du point où se fait la bifurcation, sur la rive droite du fleuve, s'élève en amphithéâtre le groupe granitique du Duida. Cette montagne, que les missionnaires appellent un volcan, a près de 8000 pieds de hauteur. Coupée à pic au sud et à l'ouest, elle offre un aspect très-imposant. Son sommet est nu et pierreux; mais partout où les pentes moins rapides sont couvertes de terreau, de vastes forêts paroissent comme suspendues sur les flancs du Duida. C'est à son pied qu'est placée la mission de l'Esmeralda, petit hameau de 80 habitans. Une plaine charmante, arrosée par des ruisseaux d'eaux noires, mais limpides, entoure le hameau. C'est une véritable prairie dans laquelle s'élèvent des bouquets de palmier Mauritia, qui est le Sagoutier de l'Amérique. Plus près de la montagne, dont j'ai trouvé la distance, à la Croix de la mission, de 7300 toises, la prairie marécageuse se change en savane, et enveloppe la région inférieure de la Cordillère. On y trouve des Ananas d'une grandeur et d'un parfum délicieux. Cette espèce de Bromelia croît toujours isolée entre les graminées[1] comme notre Colchicum autumnale, tandis que le Karatas, autre espèce du même genre, est une plante *sociale* comme nos bruyères et nos myrtilles. Les Ananas de l'Esmeralda sont célèbres dans toute la Guyane. En Amérique comme en Europe, il y a, pour les divers fruits, de certaines contrées où ils parviennent à leur plus haut degré de perfection. Il faut avoir mangé des Sapotilles (Achras) à l'île de la Marguerite ou à Cumana, des Chilimoyas (bien différens du Corossol et de l'Anone des Antilles), à Loxa au Pérou; des Grenadilles ou

---

[1] Les environs de l'Esmeralda abondent en graminées et en cypèracées : Setaria *composita*, Paspalum conjugatum, Pariana campestris, Mariscus *lævis*, Juncus *floribundus*, Elionurus *ciliaris*, Chœtospora *capitata*.

Parchas, à Caracas; des Ananas, à l'Esmeralda et à l'île de Cuba, pour ne pas trouver exagérés les éloges que les premiers voyageur ont faits de l'excellence des productions de la zone torride. Les Ananas font l'ornement des champs près de la Havane où on les trouve plantés par rangées parallèles : sur les flancs du Duida, ils embellissent le gazon des savanes, en élevant leurs fruits jaunes, couronnés d'un faisceau de feuilles argentées, au-dessus des Setaria, des Paspalum et de quelques Cypéracées. Cette plante, que les Indiens de l'Orénoque appellent *Ana-curua*, s'est propagée dès le seizième siècle dans l'intérieur de la Chine [1], et récemment encore des voyageurs anglois l'ont trouvée avec d'autres plantes indubitablement américaines (avec le maïs, le manioc, le papayer, le tabac et le piment) sur les rives du Rio Congo en Afrique.

Il n'y a pas de missionnaire à l'Esmeralda. Le religieux destiné à célébrer la messe dans ce hameau est fixé à Santa Barbara, à plus de 50 lieues de distance. Il lui faut quatre jours pour remonter le fleuve : aussi n'y vient-il que cinq

---

[1] *Voyez* mon *Essai polit.*, Tom. I, p. 412. Il ne reste aucun doute sur l'origine américaine du Bromelia Ananas. *Cayley*, Life of Ralegh, Tom. I, p. 61. *Gili*, Tom. I, p. 210, 336. *Robert Brown*, Geogr. Observ. on the plants of the Congo, 1818, p. 50.

ou six fois par an. Nous fûmes cordialement reçus par un vieux militaire; il nous prenoit pour des boutiquiers catalans qui venoient dans les missions pour faire leur petit commerce. En voyant les ballots de papier destiné à sécher nos plantes, il sourioit de notre naïve ignorance. « Vous venez dans un pays, disoit-il, où ce genre de marchandises ne trouve pas de débit. On n'écrit guère ici; des feuilles sèches de maïs, de *Platano* (Bananier), et de *Vijaho* (Heliconia), nous servent comme le papier en Europe pour envelopper des aiguilles, des hameçons et d'autres petits objets qu'on veut garder avec soin. » Ce vieux militaire réunissoit l'autorité civile et ecclésiastique. Il enseignoit, je ne dirai pas le catéchisme, mais le rosaire, aux enfans : il sonnoit les cloches pour se désennuyer; et, poussé par un zèle ardent pour le service de l'église, il se servoit parfois de son *bâton de chantre* d'une manière qui ne plaisoit guère aux naturels.

Malgré l'extrême petitesse de la mission, on parle trois langues indiennes à l'Esmeralda : l'idapaminare, le catarapeño et le maquiritain. Cette dernière langue domine dans le Haut-Orénoque, depuis le confluent du Ventuari jusqu'à celui du Padamo [1], comme domine, dans le Bas-

---

[1] Les Arivirianos des rives du Ventuario parlent un dialecte

Orénoque, le caribe; près du confluent de l'Apure, l'otomaque; dans les Grandes-Cataractes, le tamanaque et le maypure; et, sur les bords du Rio Negro, le marivitain. Ce sont les cinq ou six langues le plus généralement répandues. Nous fûmes surpris de trouver à l'Esmeralda beaucoup de *zambos*, de mulâtres et d'autres gens de couleur qui, par vanité, se nomment *Españoles*, et se croient blancs, parce qu'ils ne sont pas rouges comme les Indiens. Ces gens vivent dans le dénuement le plus affreux. La plupart d'eux ont été envoyés ici en bannissement (*desterrados*). Pour fonder à la hâte des colonies dans l'intérieur du pays dont on vouloit défendre l'entrée aux Portugais, Solano avoit ramassé, dans les *Llanos* et jusque dans l'île de la Marguerite, des vagabonds et des malfaiteurs que la justice avoit inutilement poursuivis jusqu'alors : il les faisoit remonter l'Orénoque pour les réunir aux malheureux Indiens qu'on avoit enlevés dans les bois. Une erreur minéralogique donna de la célébrité à l'Esmeralda. Les granites du Duida et du Mara-

---

de la langue des Mariquitares. Ces derniers vivent, conjointement avec une tribu de Macos, dans les savanes que parcourt le Padamo. Ils y sont si nombreux, qu'ils ont même donné leur nom à cet affluent de l'Orénoque. (*Voyez* la grande carte de La Cruz.)

CHAPITRE XXIV.

guaca renferment, dans des filons ouverts, de beaux cristaux de roche, les uns d'une grande transparence, les autres colorés par la chlorite ou mélangés d'actinote : on les avoit pris pour des diamans et des émeraudes. Si près des sources de l'Orénoque, on ne revoit dans ces montagnes que de la proximité du Dorado, du lac Parime et des ruines de la grande cité de Manoa. Un homme, encore connu aujourd'hui dans le pays par sa crédulité et son amour pour l'exagération, Don Apollinario Diez de la Fuente, prit le titre pompeux de *Capitan poblador*, et de *Cabo militar* du fort du Cassiquiare. Ce fort consistoit en quelques troncs d'arbres réunis par des planches; et, pour combler la déception, on demanda à Madrid, pour la mission de l'Esmeralda, qui n'étoit qu'un hameau de douze à quinze cabanes, les priviléges d'une *Villa*. Il est à craindre que Don Apollinario, qui fut dans la suite gouverneur de la province de Los Quixos [1], n'ait eu quelque influence sur la construction des cartes de La Cruz et de Surville. Connoissant les *aires de vent* d'une boussole, il n'hésita pas, dans les nombreux mémoires qu'il

---

[1] Dépendante du royaume de Quito.

envoyoit à la Cour, de se nommer cosmographe de l'expédition des limites.

Tandis que les chefs de cette expédition étoient bien persuadés de l'existence de la *Nueva Villa de Esmeraldas*, et de la richesse minérale du Cerro Duida qui ne contient que du mica, du cristal de roche, de l'actinote et du rutile, une colonie composée d'élémens entièrement hétérogènes se détruisit peu à peu. Les vagabonds des *Llanos* n'avoient pas plus le goût du travail que les indigènes que l'on forçoit de vivre «sous le son de la cloche.» Les premiers trouvoient dans leur fierté un motif de plus pour justifier leur indolence. Dans les missions, tout homme de couleur, qui n'est pas décidément noir comme un Africain, ou cuivré comme un Indien, se dit *Espagnol;* il appartient à la *gente de razon*, à la race douée de raison; et cette raison, il faut en convenir, parfois arrogante et paresseuse, persuade aux blancs et à ceux qui croient l'être, que labourer la terre est la tâche des esclaves, des *poitos* et des indigènes néophytes. La colonie de l'Esmeralda avoit été fondée d'après les principes de celle de la Nouvelle-Hollande, mais elle étoit bien loin d'être régie avec la même sagesse. Comme les colons américains étoient séparés de leur sol natal, non par des mers, mais par des forêts entremêlées de savanes, ils se dispersoient, les uns en prenant la route au nord vers le Caura et le Carony, les autres en gagnant au sud les possessions portugaises. C'est ainsi que la célébrité de cette *Villa* et des mines d'émeraudes du Duida s'évanouit en peu d'années, et que l'Esmeralda, à cause de la prodigieuse quantité d'insectes qui obscurcissent l'air dans toutes les saisons de l'année, fut regardé, parmi les religieux, comme un lieu de bannissement et de malédiction.

J'ai rappelé plus haut que le Supérieur des missions, pour faire rentrer dans le devoir les frères lais, les menace quelquefois de les envoyer à l'Esmeralda : c'est, comme disent les moines, «se faire condamner aux *mosquitos*, à être mangé par ces mouches criardes (*zancudos gritones*) dont Dieu a peuplé la terre pour châtier les hommes[1].» Des punitions si étranges n'ont pas toujours frappé les seuls frères lais. En 1788, il arriva une de ces révolutions monastiques qu'on a de la peine à concevoir en Europe, d'après les idées qu'on s'est formé de l'état paisible des établissemens chrétiens du Nouveau-Monde. Depuis long-temps les religieux de l'ordre de

---

[1] «Estos mosquitos que llaman zancudos gritones que parece los cria la naturaleza para castigo y tormento de los hombres.» (*Fray Pedro Simon*, p. 481.)

Saint-François, établis dans la Guyane, désiroient former une république à part, et se rendre indépendans du collége de Piritu, à Nueva Barcelona. Mécontens de l'élection de Fray Gutierez de Aguilera, nommé par un chapitre général, et confirmé par le roi dans la charge importante de Président des missions, cinq ou six moines du Haut-Orénoque, du Cassiquiare et du Rio Negro, se réunirent à San Fernando de Atabapo; ils choisirent en toute hâte, et dans leur sein, un nouveau Supérieur, et firent saisir l'ancien, qui, pour son malheur, étoit venu visiter ces contrées. On lui mit les fers aux pieds, on le jeta dans un canot, et on le conduisit à l'Esmeralda comme dans un lieu de proscription. La grande distance de la côte au théâtre de cette révolution fit espérer aux moines que ce forfait resteroit long-temps inconnu au-delà des Grandes-Cataractes. On vouloit gagner du temps pour intriguer, négocier, dresser des actes d'accusation et employer les petites ruses par lesquelles on prouve, en tout pays, la non validité d'une première élection. L'ancien Supérieur gémissoit dans sa prison à l'Esmeralda; il tomba même dangereusement malade par la double influence d'une excessive chaleur et de l'irritation continuelle des *mosquitos*. Heureusement pour le pouvoir déchu, les moines révoltés ne restèrent pas unis. Un missionnaire du Cassiquiare conçut des craintes sérieuses sur l'issue de cette affaire; il appréhendoit d'être envoyé prisonnier à Cadix, ou, comme on dit, dans les colonies, *baxo partido de registro;* la peur le fit changer de parti, et il disparut inopinément. On plaça des Indiens en vedettes à l'embouchure de l'Atabapo, aux Grandes-Cataractes, partout où le transfuge devoit passer pour atteindre le Bas-Orénoque. Malgré ces précautions, il arriva à l'Angostura et de là au collége des missions de Piritu : il dénonça ses confrères, et fut chargé, en récompense de sa révélation, d'arrêter ceux avec lesquels il avoit conspiré contre le Président des missions[1]. A l'Esmeralda, où l'on n'a point encore entendu parler des mouvemens politiques qui depuis trente ans ont agité la vieille Europe, on conserve un vif intérêt pour ce qu'on appelle *el alboroto de los frailes* (la sédition des moines).

[1] Deux des missionnaires, regardés comme les chefs du mouvement insurrectionnel, furent embarqués à l'Angostura pour être jugés en Espagne. Le bâtiment qui devoit les transporter avoit une voie d'eau : il entra dans le Port d'Espagne à l'île de la Trinité. Le gouverneur Chacon s'intéressa au sort des religieux ; et, en leur pardonnant des traits de vivacité un peu contraires à la discipline monastique, on les employa de nouveau dans les missions. J'ai connu l'un et l'autre pendant mon séjour dans l'Amérique méridionale.

Dans ce pays, comme dans l'Orient, on ne connoît d'autres révolutions que celles que font les gouvernans eux-mêmes; nous venons de voir que les effets n'en sont pas très-alarmans.

Si la *ville* de l'Esmeralda, avec une population de 12 à 15 familles, est considérée aujourd'hui comme un séjour affreux, il ne faut en chercher les causes que dans le manque de culture, dans l'éloignement de tout autre pays habité et dans l'excessive abondance des moustiques. La position de la mission est infiniment pittoresque; la campagne à l'entour est riante et d'une grande fertilité. Jamais je n'ai vu des régimes de bananes d'une si prodigieuse grandeur; l'indigo, le sucre, le cacao viendroient en abondance; mais on ne se donne pas la peine de les cultiver. Il y a de beaux pâturages autour du Cerro Duida; et, si les Observantins du collége de Piritu partageoient un peu l'industrie des Capucins catalans établis sur les rives du Carony, on verroit errer de nombreux troupeaux entre le Cunucunumo et le Padamo. Dans l'état actuel des choses, on n'y trouve pas une vache, pas un cheval; et les habitans, victimes de leur indolence, sont souvent réduits à manger des jambons de singes Alouates et cette farine d'os de poissons dont j'aurai occasion de parler dans la suite. On ne cultive qu'un peu de manioc et des bananes; et, lorsque la pêche n'est pas abondante, les habitans d'un pays si favorisé par la nature sont exposés aux plus cruelles privations.

Comme le petit nombre de canots qui vont du Rio Negro à l'Angostura par le Cassiquiare craignent de remonter jusqu'à l'Esmeralda, cette mission auroit été beaucoup mieux placée au point de la bifurcation de l'Orénoque. Il est probable que ce vaste pays ne restera pas toujours condamné à l'abandon dans lequel il a été tenu jusqu'ici par la déraison de l'administration monacale et l'esprit de monopole qui caractérise les corporations : on peut même prédire quels seront les points de l'Orénoque où l'industrie et le commerce vont prendre le plus d'activité. Sous toutes les zones, la population se concentre aux embouchures des fleuves tributaires. Le Rio Apure, par lequel s'exportent les productions des provinces de Varinas et de Merida, va donner une grande importance à la petite ville de Cabruta. Elle rivalisera avec San Fernando de Apure où, jusqu'ici, tout le commerce a été concentré. Plus haut, il se formera un nouvel établissement au confluent du Meta qui, par les *Llanos* de Casanare, communique avec la Nouvelle-Grenade. Les deux missions des Cataractes s'agrandiront à cause de l'activité que répand sur ce point le transport des pirogues :

car un climat malsain et humide et l'excessive abondance des *mosquitos* n'entraveront pas plus les progrès de la culture à l'Orénoque qu'au Rio Magdalena, dès qu'un vif intérêt mercantile y appellera de nouveaux colons. Des maux habituels se font moins sentir; et des hommes, nés en Amérique, n'en souffrent pas avec la même intensité de douleur que les Européens récemment arrivés. Peut-être aussi la destruction lente des forêts autour des lieux habités diminuera-t-elle un peu ce cruel tourment des insectes tipulaires. San Fernando de Atabapo, Javita, San Carlos et l'Esmeralda semblent appelés (par leur position à l'embouchure du Guaviare, au portage entre le Tuamini et le Rio Negro, au confluent du Cassiquiare et au point de la bifurcation du Haut-Orénoque) à un accroissement considérable de population et de prospérité. Il en sera de ces contrées fertiles, mais incultes, que parcourent le Guallaga, l'Amazone et l'Orénoque, comme de l'isthme de Panama, du lac de Nicaragua et du Rio Huasacualco qui offrent une communication entre les deux mers. L'imperfection des institutions politiques a pu, pendant des siècles, convertir en déserts des lieux dans lesquels le commerce du monde devroit se trouver concentré: mais le temps approche où ces entraves cesseront d'avoir lieu; une administration

CHAPITRE XXIV. 155

vicieuse ne pourra pas toujours lutter contre les intérêts réunis des hommes ; et la civilisation va se porter irrésistiblement dans les contrées dont la nature elle-même annonce les grandes destinées par la configuration physique du sol, par l'embranchement prodigieux des fleuves et par la proximité de deux mers qui baignent les côtes de l'Europe et de l'Inde.

L'Esmeralda est l'endroit le plus célèbre de l'Orénoque pour la fabrication du poison actif[1] qui est employé à la guerre, à la chasse, et, ce qui est assez surprenant, comme remède contre les embarras gastriques. Le poison des Ticunas de l'Amazone, l'Upas-Tieuté de Java et le *Curare* de la Guyane sont les substances les plus délétères que l'on connoisse. Déjà, vers la fin du seizième siècle, Ralegh[2] avoit entendu prononcer le nom d'*Urari* comme celui d'une substance végétale avec laquelle on empoisonne les flèches. Cependant aucune notion certaine de ce poison n'étoit parvenue en Europe. Les missionnaires Gumilla et Gili n'avoient pu pénétrer dans les pays où l'on fabrique le Curare. Gumilla assuroit « que cette fabrication étoit enveloppée d'un grand mystère, que l'ingrédient principal

---

[1] En tamanaque, *marana* ; en maypure, *macuri*.
[2] *Cayley's Life of Ralegh*, Tom. II, p. 13. *Ap.*, p. 8.

étoit fourni par une plante souterraine, par une racine tubéreuse, qui ne pousse jamais de feuilles, et qui est la racine par excellence, *raiz de si misma;* que les exhalaisons vénéneuses qui s'élèvent des chaudières faisoient périr les vieilles femmes (les plus *inutiles*) que l'on choisissoit pour surveiller cette opération; enfin que les sucs végétaux ne paroissoient assez concentrés que lorsque quelques gouttes de ce suc exerçoient, *à distance*, une action répulsive sur le sang. Un Indien se fait une piqûre légère: on trempe une flèche dans le *Curare* liquide, et on l'approche de la piqûre. Le poison est jugé suffisamment concentré, s'il fait rentrer le sang dans les vaisseaux sans avoir été mis en contact avec eux. » Je ne m'arrêterai pas à réfuter ces contes populaires recueillis par le père Gumilla. Comment ce missionnaire auroit-il hésité d'admettre l'action à distance du *Curare*, lui qui ne doutoit pas des propriétés d'une plante dont les feuilles font vomir ou purger, selon qu'on les arrache de leur tige par en haut ou par en bas[1].

---

[1] « Llamo la atencion de los Fisicos sobre el Fraylecillo ò la Tuatua (une Euphorbiacée). Quantas ojas comiere, tantas evacuaciones ha de expeler. Si arranca las ojas tirando acia abaxo, cada oja causa una evacuacion; si las arranca acia arriba, causan vomitos y si arrancan unas para arriba y otras acia abaxo, concurre uno y otro efecto. » (*Gumilla*, Tom. II, p. 298. *Caulin*, p. 29.)

CHAPITRE XXIV.

Lorsque nous arrivâmes à l'Esmeralda, la plupart des Indiens revenoient d'une excursion qu'ils avoient faite à l'est, au-delà du Rio Padamo, pour recueillir des *Juvias* ou fruits du Bertholletia et la liane qui donne le *Curare*. Ce retour étoit célébré par une fête qu'on appelle dans la mission *la fiesta de las Juvias*, et qui ressemble à nos fêtes des moissons et des vendanges. Les femmes avoient préparé beaucoup de liqueurs fermentées; pendant deux jours, on ne rencontroit que des Indiens ivres. Chez des peuples qui attachent beaucoup d'importance aux fruits des palmiers et de quelques autres arbres utiles à la nourriture de l'homme, l'époque de la récolte de ces fruits est marquée par des réjouissances publiques : on divise le temps d'après des fêtes qui se succèdent d'une manière invariable. Nous fûmes assez heureux de trouver un vieux Indien moins ivre que les autres, et qui étoit occupé à préparer le poison *Curare* avec les plantes fraîchement recueillies. C'étoit le chimiste de l'endroit. Nous trouvâmes chez lui de grandes chaudières d'argile destinées à la cuisson des sucs végétaux, des vaisseaux moins profonds favorisant l'évaporation par la surface qu'ils présentent, des feuilles de bananier roulées en cornets et servant à filtrer des liquides plus ou moins chargés de substances filandreuses. Il régnoit le plus grand ordre et la plus grande propreté dans cette cabane qui étoit transformée en laboratoire de chimie. L'Indien qui devoit nous instruire est connu dans la mission sous le nom du *maître du poison (amo del Curare)*; il avoit cet air empesé et ce ton de pédanterie dont on accusoit jadis les pharmaciens en Europe. « Je sais, disoit-il, que les blancs ont le secret de fabriquer du savon et cette poudre noire qui a le défaut de faire du bruit et de chasser les animaux, si on les manque. Le *Curare*, que nous préparons de père en fils, est supérieur à tout ce que vous savez faire *là bas* (au-delà des mers). C'est le suc d'une herbe qui *tue tout bas* (sans qu'on sache d'où le coup est parti). »

Cette opération chimique, à laquelle le *maître du Curare* mettoit tant d'importance, nous paroissoit d'une grande simplicité. On donne à la liane (*bejuco*), dont on se sert à l'Esmeralda pour la préparation du poison, le même nom que dans les forêts de Javita. C'est le *bejuco de Mavacure* que l'on recueille abondamment à l'est de la mission, sur la rive gauche de l'Orénoque, au-delà du Rio Amaguaca, dans les terrains montueux et granitiques de Guanaya et de Yumariquin. Quoique les faisceaux de *bejuco* que nous trouvâmes dans la mission de l'Indien fussent

CHAPITRE XXIV.

entièrement dépourvus de feuilles, il ne nous reste aucun doute qu'ils provenoient de la même plante de la famille des Strychnées (très-voisine du Rouhamon d'Aublet), que nous avions examinée dans la forêt de Pimichin [1]. On emploie

---

[1] *Voyez* Tom. VII, p. 355. Je vais insérer ici la description du Curare ou Bejuco de Mavacure, tirée d'un manuscrit encore inédit de mon savant collaborateur, M. Kunth, membre correspondant de l'Institut : « RAMUEI lignosi, oppositi, ramulo altero abortivo, teretiusculi, fuscescenti-tomentosi, inter petiolos lineola pilosa notati, gemmula aut processu filiformi (pedunculo?) terminati. FOLIA opposita, breviter petiolata, ovato-oblonga, acuminata, integerrima, reticulato-triplinervia, nervo medio subtus prominente, membranacea, ciliata, utrinque glabra, nervo medio fuscencenti-tomentoso, lacte viridia, subtus pallidiora, 1½-2 pollices longi, 8-9 lineas lata. PETIOLI lineam longi, tomentosi, inarticulati : » M. Kunth ajoute : « Le *Curare* ne peut être une espèce du genre Phyllantus, parce que les feuilles dans celui-ci sont alternes et pourvues de deux stipules, tandis que dans le *Curare* les feuilles sont opposées et sans traces de stipules. L'idée de M. Willdenow, que le *Curare* appartient au genre Coriaria, dont les baies seules sont vénéneuses, est tout aussi peu admissible. Les feuilles du Coriaria sont un peu charnues et quelquefois alternes; dans le *Curare*, elles sont membraneuses et constamment opposées entre elles. Les pétioles, dans le Coriaria, sont sensiblement articulés avec les rameaux, et tombent facilement dans les échantillons desséchés; le *Curare*, au contraire, n'offre point d'articulation. Les petites gemmules, dont M. de Jussieu fait mention à l'occasion du Coriaria, dans ses *Familles de plantes*, ne se rencontrent point dans le *Curare*. Enfin, les jeunes rameaux sont anguleux dans le Coriaria, cylindriques dans le *Curare*. Ils ont, dans celui-ci, une tendance à se prolonger

indifféremment le *Mavacure* frais ou desséché depuis plusieurs semaines. Le suc de la liane, récemment cueilli, n'est pas regardé comme vénéneux; peut-être n'agit-il d'une manière sensible que lorsqu'il est fortement concentré. C'est l'écorce et une partie de l'aubier qui renferment ce terrible poison. On racle avec un couteau des branches de *Mavacure* de 4 à 5 lignes de diamètre; l'écorce enlevée est écrasée et réduite en filamens très-minces sur une pierre à broyer de la farine de manioc. Le suc vénéneux étant jaune, toute cette masse filandreuse prend la même couleur. On la jette dans un entonnoir de 9 pouces de haut et de 4 pouces d'ouverture. Cet entonnoir est, de tous les ustensiles du laboratoire indien, celui que le *maître du poison* nous vantoit le plus. Il demandoit à plusieurs reprises si, *por allá* (là-bas, c'est-à-dire en Europe,) nous avions vu jamais quelque chose de comparable à son *embudo*. C'étoit une feuille de bananier

en vrille comme dans le Rouhamon d'Aublet (Lasiostoma, Willd). C'est de ce dernier genre que je rapprocherois le *Curare*; car les véritables Strychnos paroissent appartenir exclusivement aux Indes orientales. Dans le *Curare* on trouve un rang de petits poils entre chaque paire de pétioles, et ce caractère, observé depuis long-temps dans les Strychnées, qui sont connues par leurs propriétés délétères, est d'un grand poids dans le rapprochement que nous croyons être en droit de faire entre des plantes si venimeuses. »

roulée en cornet sur elle-même, et placée dans un autre cornet plus fort de feuilles de palmier: tout cet appareil étoit soutenu par un échafaudage léger de pétioles et de *rhachis* de palmier. On commence à faire une infusion à froid en versant de l'eau sur la matière filandreuse qui est l'écorce broyée du *Mavacure*. Une eau jaunâtre filtre, pendant plusieurs heures, goutte par goutte, à travers l'*embudo* ou entonnoir de feuillage. Cette eau filtrée est la liqueur vénéneuse, mais elle n'acquiert de la force que lorsqu'elle est concentrée par évaporation, à la manière des mélasses, dans un grand vase d'argile. L'Indien nous engageoit de temps en temps à goûter le liquide; on juge, d'après le goût plus ou moins amer, si la concentration par le feu a été poussée assez loin. Il n'y a aucun danger à cette opération, le *Curare* n'étant délétère que lorsqu'il entre immédiatement en contact avec le sang. Aussi les vapeurs qui se dégagent de la chaudière ne sont-elles pas nuisibles, quoi qu'en aient dit les missionnaires de l'Orénoque. Fontana, dans ses belles expériences sur le poison des Ticunas de la rivière des Amazones, a prouvé depuis long-temps que les vapeurs que répand ce poison lorsqu'on le projette sur des charbons ardens peuvent être respirées sans crainte, et qu'il est faux, comme l'a annoncé M. de La Condamine, que des femmes indiennes, condamnées à mort, aient été tuées par les vapeurs du poison des Ticunas.

Le suc le plus concentré du *Mavacure* n'est pas assez épais pour s'attacher aux flèches. Ce n'est donc que pour *donner du corps* au poison que l'on verse dans l'infusion concentrée un autre suc végétal extrêmement gluant et tiré d'un arbre à larges feuilles, appelé *Kiracaguero*. Comme cet arbre croît à un très-grand éloignement de l'Esmeralda, et qu'à cette époque il étoit tout aussi dépourvu de fleurs et de fruits que le *bejuco de Mavacure*, nous ne sommes pas en état de le déterminer botaniquement. J'ai parlé plusieurs fois de cette espèce de fatalité qui soustrait à l'examen des voyageurs les végétaux les plus intéressans, tandis que des milliers d'autres, dont on ignore les propriétés chimiques, se présentent chargés de fleurs et de fruits. Lorsqu'on voyage rapidement, on voit à peine, même sous les tropiques où la durée de la floraison des plantes ligneuses est si longue, un huitième des végétaux offrant les parties essentielles de la fructification. Les chances de pouvoir déterminer, je ne dis pas la famille, mais le genre et l'espèce, est par conséquent en raison de 1 à 8, et l'on conçoit que la défaveur de cette chance se fait sentir plus vivement quand elle nous prive de la connoissance intime d'objets qui offrent un autre intérêt que celui de la botanique descriptive.

Au moment où le suc gluant de l'arbre *Kiracaguero* est versé dans la liqueur vénéneuse bien concentrée et tenue en ébullition, celle-ci se noircit et se coagule en une masse de la consistance d'un goudron ou d'un sirop épais. C'est cette masse qui est le *Curare* du commerce. Lorsqu'on entend dire aux Indiens que le *Kiracaguero* est tout aussi nécessaire à la fabrication du poison que le *bejuco de Mavacure*, on peut être induit en erreur ; en supposant que le premier renferme aussi quelque principe délétère, tandis qu'il ne sert (comme feroient l'*algarobbo* et toute substance gommeuse) qu'à donner plus de corps au suc concentré du *Curare*. Le changement de couleur qu'éprouve le mélange est dû à la décomposition d'un hydrure de carbone. L'hydrogène est brûlé, et le carbone se met à nu. On vend le *Curare* dans des fruits de Crescentia ; mais, comme sa préparation est entre les mains d'un petit nombre de familles, et que la quantité de poison qui est attachée à chaque flèche est infiniment petite, le *Curare* de première qualité, celui de l'Esmeralda e de Mandavaca, se vend à un prix extrêmement élevé. J'ai vu payer deux onces 5 à 6 francs. Desséchée, cette substance ressemble à de l'opium; mais elle attire fortement l'humidité lorsqu'elle est exposée à l'air. Son goût est d'une amertume très-agréable, et nous en avons souvent avalé de petites portions, M. Bonpland et moi. Le danger est nul, si l'on est bien sûr que l'on ne saigne pas des lèvres ou des gencives. Dans les expériences récentes que M. Mangili a faites sur le venin de la vipère, un des assistans avala tout le venin qui put être extrait de quatre grosses vipères d'Italie, sans en être affecté [1]. Les Indiens regardent le *Curare*, pris intérieurement, comme un excellent stomachique. Le même poison préparé par les Indiens Piraoas et Salivas [2], quoique assez célèbre, n'est pas aussi recherché que celui de l'Esmeralda. Les procédés de la fabrication paroissent partout à peu près les mêmes, mais il n'y a aucune preuve que les différens poisons vendus sous le même nom à l'Orénoque et à l'Amazone soient identiques et tirés des mêmes plantes. Aussi M. Orfila, dans son excellent ouvrage de *Toxicologie générale*, a très-judicieusement

[1] *Giornale di Fisica e di Chimica*, Vol. IX, p. 458.
[2] Les Cabres ou Caveres, avant leur destruction presque totale, s'adonnoient aussi beaucoup à la fabrication du *Curare*.

séparé le Woorara de la Guyane hollandoise, le Curare de l'Orénoque, le Ticuna de l'Amazone, et toutes ces substances que l'on a réunies trop vaguement sous le nom de *poisons américains* [1]. Peut-être trouvera-t-on un jour un même principe alcalin, semblable à la morphine de l'opium et à la Vauqueline des Strychnos, dans des plantes vénéneuses qui appartiennent à divers genres.

A l'Orénoque, on distingue le Curare *de raiz* (de racine) du Curare de *bejuco* (de lianes ou d'écorces de branches). Nous n'avons vu préparer que le second : le premier est plus foible et beaucoup moins recherché. A la Rivière des Amazones, nous avons appris à connoître les poisons des Indiens Ticunas, Yaguas, Pevas et Xibaros qui, provenant de la même plante, ne diffèrent peut-être que par une préparation plus ou moins soignée. Le *toxique des Ticunas*, auquel M. de La Condamine a donné tant de célébrité en Europe, et que l'on commence à désigner, un peu improprement, sous le nom de *Ticuna*, est tiré d'une liane qui croît dans l'île de Mormorote, dans le Haut-Maragnon. Ce *toxique* est dû

[1] *Emmer, de effectu venenorum veget. american. Tub.* 1817.

en partie aux Indiens Ticunas, restés indépendans sur le territoire espagnol, près des sources du Yacarique; en partie, aux Indiens de la même tribu habitant la mission portugaise de Loreto. Comme, dans ces climats, les poisons sont indispensables à l'existence des peuples chasseurs, les missionnaires de l'Orénoque et de l'Amazone ne s'opposent guère à ce genre de fabrication. Les poisons que nous venons de nommer diffèrent totalement de celui de La Peca[1] et du poison de Lamas et de Moyobamba. J'entre dans ces détails, parce que les fragmens de plantes que nous avons pu examiner nous ont prouvé (contre l'opinion commune) que les trois *toxiques* des Ticunas de la Peca et de Moyobamba ne sont pas tirés d'une même espèce, probablement pas même de végétaux congénères. Autant le *Curare* est simple dans sa composition, autant la fabrication du poison de Moyobamba est longue et compliquée. On mêle au suc du *bejuco de Ambihuasca*, qui est l'ingrédient principal, du piment (Capsicum), du tabac, du Barbasco (Jacquinia armillaris), le Sanango (Tabernæmontana) et le

---

[1] Village de la province de Jaen de Bracamoros.

lait de quelques autres Apocynées. Le suc frais de l'*Ambihuasca* exerce une action délétère, s'il touche le sang [1] : le suc du *Mavacure* n'est un poison mortel que lorsqu'il est concentré par le feu, et l'ébullition ôte toute qualité nuisible au suc de la racine du Jatropha Manihot (*Yucca amarca*). En frottant long-temps entre mes doigts, par un temps excessivement chaud, la liane qui donne le cruel poison de la Peca, j'eus les mains engourdies : une personne qui travailloit avec moi sentit les mêmes effets de cette absorption rapide par des tégumens non lésés.

Je n'entrerai ici dans aucun détail sur les propriétés physiologiques de ces poisons du Nouveau-Monde, qui tuent avec la même promptitude que les Strychnées de l'Asie (la noix vomique, l'Upas-Tieuté et la Féve de Saint-Ignace), mais sans provoquer des vomissemens lorsqu'ils sont introduits dans l'estomac, et sans annoncer l'approche de la mort par l'excitation violente de la moelle épinière. Nous avons envoyé, pendant notre séjour en Amérique, du *Curare* de l'Orénoque et des nœuds de Bamboux remplis du poison des Ticunas et de Moyobamba, à MM. Fourcroy et

---

[1] Notes manuscrites de M. Andivicles, habitant de Lamas.

Vauquelin : nous avons aussi fourni, après notre retour, à MM. Magendie et Delille, qui se sont si utilement occupés des *toxiques* de la zone torride, du *Curare* affoibli par le transport à travers des pays humides. Sur les rives de l'Orénoque, on ne mange guère de poule qui n'ait été tuée par la piqûre d'une flèche empoisonnée. Les missionnaires prétendent que la chair des animaux n'est bonne qu'autant que l'on emploie ce moyen. Malade de la fièvre tierce, le père Zea, qui nous accompagnoit, se faisoit, tous les matins, porter dans son hamac une flèche et la poule vivante qu'on destinoit pour notre repas. Il n'auroit pas voulu confier à d'autres une opération à laquelle, malgré son état habituel de foiblesse, il attachoit beaucoup d'importance. De grands oiseaux, par exemple un Guan (*Pava de monte*) ou un Hocco (*Alector*), piqué à la cuisse, meurent en 2-3 minutes; il en faut souvent plus de 10-12 pour faire périr un cochon ou un Pécari. M. Bonpland trouvoit que le même poison, acheté dans différens villages, présentoit de grandes différences. Nous avons reçu à la Rivière des Amazones du vrai *toxique* des Indiens Ticunas qui étoit plus foible que toutes les variétés du *Curare* de l'Orénoque. Il seroit inutile de rassurer les voyageurs sur la crainte qu'ils marquent souvent à leur arrivée dans les missions, lorsqu'ils apprennent que les poules, les singes, les Iguanes, les grands poissons fluviatiles qu'ils mangent, sont tués avec des flèches empoisonnées. L'habitude et le raisonnement font évanouir ces craintes. M. Magendie a même prouvé, par des expériences ingénieuses sur la transfusion, que le sang des animaux, dans lesquels les Strychnos amers de l'Inde ont produit un effet délétère, n'a aucune action funeste sur d'autres animaux. Un chien reçut une quantité considérable de sang empoisonné dans les veines : cependant il n'y eut pas de trace d'irritation dans la moelle épinière [1].

J'ai mis en contact le *Curare* le plus actif avec les nerfs cruraux d'une grenouille, sans apercevoir aucun changement sensible, en mesurant le degré d'irritabilité des organes au moyen d'un arc formé par des métaux hétérogènes. Mais les expériences galvaniques ont à peine réussi sur des oiseaux, quelques minutes après que je les avois tués par une flèche empoisonnée. Ces observations offrent de l'intérêt, si l'on se rappelle que la solution de l'*Upas Tieuté* versé sur le nerf sciatique, ou insinué dans le tissu du nerf,

[1] *Magendie, sur les organes de l'absorption*, 1809, p. 13.

ne produit aussi aucun effet sensible sur l'irritabilité des organes par le contact immédiat avec la substance médullaire [1]. Dans le *Curare*, comme dans la plupart des autres Strychnées (car nous croyons toujours que le *Mavacure* appartient à une famille voisine), le danger ne résulte que de l'action du poison sur le système vasculaire. A Maypures, un homme de couleur (*zambo* ou descendant d'Indien et de nègre) préparoit, pour M. Bonpland, de ces flèches empoisonnées que l'on place dans les sarbacanes pour chasser de petits singes et des oiseaux. C'étoit un charpentier d'une force musculaire extraordinaire. Ayant eu l'imprudence de frotter entre ses doigts le *Curare* après s'être blessé légèrement, il tomba par terre, saisi d'un vertige qui dura près d'une demi-heure. Heureusement ce n'étoit que du *Curare* affoibli (*destemplado*), celui dont on se sert pour de très-petits animaux, c'est-à-dire pour ceux qu'on prétend rappeler à la vie, en plaçant du muriate de soude dans la plaie. Pendant la navigation que nous fîmes à notre retour de l'Esmeralda à Aturès, j'échappai moi-même à un danger assez imminent. Le *Curare*, ayant attiré l'humidité de l'air, étoit devenu

---

[1] *Raffeneau-Delille, sur le poison de Java*, 1809, p. 15.

fluide, et s'étoit répandu, d'un vase mal fermé, sur notre linge. On oublia, en lavant ce linge, d'examiner l'intérieur d'un bas qui étoit tout rempli de *Curare*, et ce ne fut qu'en touchant de la main cette matière gluante que je fus averti de ne pas mettre le bas empoisonné. Le danger étoit d'autant plus grand que je saignois, à cette époque, des doigts du pied par des plaies de chiques (Pulex penetrans) qui avoient été mal extirpées. Cet incident peut rappeler aux voyageurs combien il faut être prudent dans le transport des poisons.

Il y aura un beau travail chimique et physiologique à faire en Europe sur l'action des *toxiques* du Nouveau-Monde, dès que, par des communications plus fréquentes, on pourra se procurer, et pour ne pas les confondre, des contrées où on les prépare, le *Curare de bejuco*, le *Curare de raiz* et les divers poisons de l'Amazone, du Guallaga et du Brésil. Les chimistes ayant découvert l'c ide hydro-cyanique pur [1] et tant de nouvelles subs-

---

[1] M. Gay-Lussac observe que cet acide, dont la belle découverte lui est due, ne peut être très-dangereux à la société, parce que l'odeur en décèle la présence, et parce que la facilité avec laquelle il se décompose le rend peu propre à être conservé.

tances éminemment délétères, on craindra moins en Europe l'introduction de ces poisons préparés par des peuples sauvages : cependant on ne sauroit trop en appeler à la prévoyance de ceux qui, au milieu de villes très-populeuses (centres de culture, de misère et de dépravation), conservent des matières aussi nuisibles. Quant à nos connoissances botaniques sur les végétaux employés à faire le poison, elles ne pourront se débrouiller que très-lentement. La plupart des Indiens qui se livrent à la fabrication des flèches empoisonnées, ignorent totalement la nature des substances vénéneuses que d'autres peuples leur apportent. Un voile mystérieux couvre partout l'histoire des *toxiques* et des antidotes. Chez les sauvages, leur préparation est le monopole des *Piaches*, qui sont à la fois prêtres, jongleurs et médecins : ce n'est que chez les naturels transplantés dans les missions que l'on peut acquérir quelques notions certaines sur des matières si problématiques. Des siècles se sont écoulés avant que les Européens aient appris à connoître, par l'esprit investigateur de M. Mutis, le *bejuco del Guaco* (Mikania Guaco [1]), qui est le plus puissant de tous les

---

[1] *Voyez* la pl. 105 des *Plantes équinoxiales* que j'ai publiées conjointement avec M. Bonpland, Tom. II, p. 84.

antidotes contre la morsure des serpens, et dont nous avons été assez heureux de donner la première description botanique.

C'est une opinion très-générale dans les missions, qu'il n'y a pas de guérison possible si le *Curare* est frais, bien concentré, et qu'il ait séjourné long-temps dans la plaie, de sorte qu'il soit entré abondamment dans la circulation. De tous les spécifiques qu'on emploie sur les bords de l'Orénoque et (selon M. Leschenault) dans l'archipel de l'Inde, le plus célèbre est le muriate de soude [1]. On frotte la plaie avec ce sel, et on le prend intérieurement. Je n'ai eu par moi-même aucune preuve directe et suffisamment convaincante de l'action de ce spécifique, et les expériences de MM. Delille et Magendie prouvent plutôt contre l'utilité de son emploi. Sur les bords de l'Amazone, on donne parmi les antidotes la préférence au sucre ; et, comme le muriate de soude est

---

[1] Déjà Oviedo (*Sommario delle Indie Orientali*) vante l'eau de mer comme un antidote contre les poisons végétaux. On ne manque pas, dans les missions, de dire gravement aux voyageurs européens que l'on n'a pas plus à craindre les flèches enduites de *Curare*, si l'on a du sel dans la bouche, que l'on ne craint les chocs électriques des Gymnotes en mâchant du tabac. (*Voyez* Tom. VI, p. 106.) Ralegh recommande comme antidote de l'*Ourari* (Curare) le suc de l'ail. (*Cayley*, Tom. I, p. 196.).

une substance à peu près inconnue aux Indiens des forêts, il est probable que le miel d'abeilles et ce sucre farineux que transsudent les bananes séchées au soleil, ont été anciennement employés dans toute la Guyane. C'est en vain qu'on a tenté l'ammoniac et l'eau de Luce contre le *Curare* : on sait aujourd'hui combien ces prétendus spécifiques sont incertains, même lorsqu'on les applique dans des plaies causées par la morsure des serpens. Sir Everard Home [1] a fait voir que l'on attribue le plus souvent à un remède la guérison qui n'est due qu'à la légèreté des blessures et à une action très-circonscrite du *toxique*. On peut impunément blesser des animaux avec des flèches empoisonnées, lorsque la plaie est bien ouverte, et que l'on retire la pointe enduite de poison immédiatement après la blessure. En appliquant dans ces cas le sel ou le sucre, on est tenté de les prendre pour d'excellens spécifiques. Des Indiens, qui ont été blessés à la guerre par des armes trempées dans du *Curare*, nous ont décrit les symptômes de l'empoisonnement comme entièrement semblables à ceux que l'on observe dans la morsure des serpens. L'individu blessé

---

[1] *Phil. Trans.*, 1810, Tom. I, p. 75.

sent des congestions vers la tête : des vertiges le forcent de s'asseoir par terre. Il a des nausées, il vomit à plusieurs reprises ; et, tourmenté par une soif dévorante, il éprouve un engourdissement dans les parties voisines de la plaie.

Le vieux Indien, qu'on appeloit le *maître du poison*, sembloit flatté de l'intérêt avec lequel nous avions suivi ses procédés chimiques. Il nous trouvoit assez intelligens pour ne pas douter que nous savions faire du savon ; car cet art, après la fabrication du *Curare*, lui paroissoit une des plus belles inventions de l'esprit humain. Lorsque le poison liquide fut versé dans les vases destinés à le recevoir, nous accompagnâmes l'Indien à la *fête des Juvias*. On célébroit par des danses la récolte du *Juvias* ou fruits du Bertholletia excelsa, et l'on se livroit aux excès de l'ivrognerie la plus sauvage. La cabane où les indigènes se réunissoient pendant plusieurs jours offroit un aspect très-bizarre. Il n'y avoit ni table ni banc ; mais de grands singes, rôtis et noircis par la fumée, étoient rangés symétriquement et appuyés contre le mur. C'étoient des *Marimondes* (Atèles Belzebuth) et ces singes barbus qu'on appelle *Capucins* et qu'il ne faut pas confondre avec le Machi ou Saï (Simia Capucina de Buffon). La manière de rôtir ces animaux anthropomorphes contribue singulièrement à rendre leur aspect désagréable aux yeux de l'homme civilisé. On forme une petite grille ou treillage de bois très-dur qu'on élève à un pied de distance du sol. Le singe dépouillé est replié sur lui-même, comme s'il étoit assis : généralement on le fait appuyer sur ses bras qui sont maigres et longs ; quelquefois on croise les mains sur le dos de l'animal. Lorsqu'il est attaché sur le treillis, on allume un feu très-clair par-dessous. Le singe, enveloppé de fumée et de flammes, est grillé et noirci à la fois [1]. En voyant les naturels dévorer le bras ou la jambe d'un singe rôti, il est difficile de ne pas croire que cette habitude de manger des animaux, si rapprochés de l'homme par leur organisation physique, n'ait contribué jusqu'à un certain point à diminuer l'horreur de l'anthropophagie parmi les sauvages. Les singes rôtis, surtout ceux qui ont la tête très-ronde, présentent une ressemblance hideuse avec un enfant; aussi les Européens, obligés de se nourrir de Quadrumanes, préfèrent-ils de séparer la tête et les mains, et de ne faire servir à leur table que le reste

---

[1] On a publié, en Allemagne, peu de temps après mon retour en Europe, d'après un dessin fait avec beaucoup d'esprit par M. Schick, à Rome, une gravure représentant un de nos bivouacs sur les bords de l'Orénoque. Le premier plan offre des Indiens occupés à rôtir un singe.

CHAPITRE XXIV. 175

du tronc. La chair des singes est tellement maigre et sèche, que M. Bonpland a conservé, à Paris, dans ses collections, un bras et une main qui avoient été grillés au feu à l'Esmeralda : après un grand nombre d'années, ces parties ne répandoient encore aucune odeur.

Nous vîmes danser les Indiens. Cette danse est d'une monotonie d'autant plus grande, que les femmes n'osent y prendre part. Les hommes, jeunes et vieux, se tiennent par les mains pour former un rond : ils tournent tantôt à droite, tantôt à gauche, pendant des heures entières, avec une gravité silencieuse. Le plus souvent les danseurs eux-mêmes font la musique. De foibles sons, tirés d'une série de roseaux de différentes longueurs, forment un accompagnement lent et triste. Pour marquer la mesure, le premier danseur plie les deux genoux d'une manière cadencée. Quelquefois tous restent en place, et exécutent de petits mouvemens oscillatoires en jetant le corps d'un côté et de l'autre. Ces roseaux, rangés sur une même ligne, et liés les uns aux autres, ressemblent à la flûte de Pan telle que nous la trouvons représentée dans des processions bachiques sur les vases de la Grande-Grèce. C'est une idée très-simple, et qui a dû se présenter à tous les peuples, de réunir des roseaux de différentes longueurs et de les emboucher successivement en les passant devant les lèvres. Nous avons été surpris de voir avec quelle promptitude de jeunes Indiens composoient et accordoient ces flûtes lorsque, sur le bord du fleuve, ils rencontroient des roseaux (*Carices*). Sous toutes les zones, les hommes, dans l'état de nature, tirent un grand parti de ces graminées à chaume élevé. Les Grecs disoient avec raison que les roseaux avoient contribué à subjuguer les peuples en fournissant des flèches, à adoucir les mœurs par le charme de la musique, à développer l'intelligence en offrant les premiers instrumens propres à tracer des lettres. Ces différens emplois des roseaux marquent pour ainsi dire trois périodes de la vie des peuples. Nous conviendrons que les hordes de l'Orénoque se trouvent au premier degré d'une civilisation naissante. Le roseau ne leur sert que comme un instrument de guerre et de chasse, et les flûtes de Pan, sur ces rives lointaines, n'ont point encore donné des sons capables de faire naître des sentimens doux et humains.

Nous trouvâmes, dans la cabane destinée au festin, plusieurs productions végétales que les Indiens avoient rapportées des montagnes de Guanaya, et qui fixèrent toute notre attention. Je ne m'arrêterai ici qu'au fruit du *Juvia*, à des roseaux d'une prodigieuse longueur et aux chemises faites de l'écorce de *Marima*. L'*Almendron* ou *Juvia*, un des arbres les plus majestueux des forêts du Nouveau-Monde, étoit à peu près inconnu avant notre voyage au Rio Negro. On commence à le trouver, à quatre journées de distance, à l'est de l'Esmeralda, entre le Padamo et l'Ocamo, au pied du Cerro Mapaya, sur la rive droite de l'Orénoque. Il est plus abondant encore sur la rive gauche, au Cerro Guanaja, entre le Rio Amaguaca et le Gehette. Les habitans de l'Esmeralda nous ont assuré qu'en avançant au-dessus du Gehette et du Chiguire, le *Juvia* et les Cacaoyers deviennent tellement communs, que les Indiens sauvages (les Guaicas et Guaharibos *blancos*) ne troublent point les récoltes faites par les Indiens des missions. Ils ne leur envient guère des productions dont la nature a enrichi leur propre sol. A peine a-t-on tenté, dans les établissemens du Haut-Orénoque, à propager les *Almendrones*. La paresse des habitans s'y oppose, plus encore que la rapidité avec laquelle l'huile se rancit dans les graines amygdaliformes. Nous n'avons trouvé que trois arbres à la mission de San Carlos et deux à l'Esmeralda. Agés de huit à dix ans, ces troncs majestueux n'avoient pas encore porté de fleurs. J'ai rappelé plus haut que M. Bonpland a découvert des *Almendrones*, parmi les arbres qui couvrent les rives du Cassiquiare, près des rapides de Cananivacari [1].

Dès le 16.ᵉ siècle, on avoit vu en Europe, non le grand *drupa* en forme de cocos qui renferme les amandes, mais les graines à tégumens ligneux et triangulaires. Je reconnois celles-ci dans une gravure assez imparfaite de Clusius [2]. Ce botaniste les désigne sous le nom d'*Almendras del Peru*, peut-être parce qu'on les avoit portés, comme un fruit très-rare, au Haut-Maragnon, et de là, par les Cordillères, à Quito et au Pérou. Le *Novus Orbis* de Jean de Laet, dans lequel j'ai trouvé la première notion de l'Arbre de la Vache, offre aussi une description et une figure très-exacte de la

---

[1] *Voyez* plus haut, p. 40.

[2] *Exoticor*, Lib. II, Cap. xviii, p. 44. Clusius distingue très-bien les *Almendras del Peru*, notre Bertholletia excelsa ou *Juvia* (fructus amygdalæ nucleo, triangularis, dorso lato, in bina latera angulosa desinente, rugosus, paululum cuneiformis), du Pekea ou Amygdala guayanica (*Exot.*, Lib. II, Cap. vi, p. 27). Ralegh, qui ne connoissoit aucune des productions du Haut-Orénoque, ne parle pas du *Juvia*; mais il paroît qu'il a rapporté le premier en Europe le fruit du Palmier Mauritia dont nous avons souvent eu occasion de parler. (Voyez Clus. *Exot.*, Lib. II, Cap. iv, p. 25. Fructus elegantissimus, squamosus, similis Palmæ-Pini.)

graine du Bertholletia. Laet appelle l'arbre *Totocke*, et fait mention du *drupa* [1], de la grandeur de la tête humaine, qui renferme les amandes. Le poids de ces fruits est si énorme, dit-il, que les sauvages n'osent guère entrer dans les forêts sans se couvrir la tête et les

---

[1] Voici cette description remarquable que les botanistes n'ont guère cherchée dans un ouvrage purement géographique, publié en 1633. « Arbor (*Ademonie*) *Totocke* est valde procera et ramosa : foliis grandibus et quæ forma non multum abludunt ab ulmi frondibus, obscure viridentibus, nisi quod postica parte nonnihil videntur candicare. Nullos fert flores, sed certas gemmas, quæ colore nihil differunt a foliis, quæ sensim crassescunt et protrudunt fructum grandem et mole interdum capitis humani, pene rotundum antica parte nonnihil compressum, cortice ligneo, duro et admodum crasso, exterius striato et tuberoso, coloris fusci et pene nigri. Dividitur interius certis septis in sex veluti regiones, in quarum singulis concluduntur octo, decem et interdum duodecim nuces arcte inter se conjunctæ; quæ singulæ iterum ligneo et satis duro cortice tectæ sunt et variæ formæ pleræque tamen triangulares una parte convexiore, cum tribus veluti suturis, valde rugosæ et asperæ, minus tamen quam exterior cortex, tres uncias longæ et sesquiunciam latæ, coloris rossi, et interdum cinerei aut fusci : his continetur oblongus nucleus, totas implens instar amygdali, rubicunda membrana tectus, carne candidissima, solida et nonnihil oleosa; sapore magis videtur accedere ad avellanas quam amygdala, horum tamen usum in omnibus egregie potest supplere, etiam ad tragemata facienda, uti a nostris (Belgis) fuit observatum. Barbari dicunt, si Venerem ambis, comede *Totocke* fructum. » (*Laet*, p. 632. Comparez nos *Plantes équinoxiales*, Tom. I, p. 122, Pl. XXXVI.)

épaules d'un bouclier de bois très-dur. Ces boucliers sont inconnus aux naturels de l'Esmeralda, mais ils nous ont également parlé des dangers que l'on court lorsque les fruits mûrissent et qu'ils tombent de 50 à 60 pieds de hauteur. On vend, en Portugal et en Angleterre, les graines triangulaires du *Juvia* sous le nom vague de châtaignes (*Castañas*) ou noix du Brésil et de l'Amazone, et l'on a cru long-temps que, semblables au fruit du Pekea, ils naissoient isolément sur des pétioles. Les habitans du Grand-Parà font, depuis un siècle, un commerce assez actif. Ils les envoient soit directement en Europe, soit à Cayenne où on les appelle *Touka*. Le célèbre botaniste, M. Correa de Serra, nous a dit que l'arbre abonde dans les forêts qui avoisinent Macapa, à l'embouchure de l'Amazone; qu'il y porte le nom de *Capucaya*, et que les habitans en recueillent les amandes comme celles du Lecythis pour en exprimer de l'huile. Une cargaison d'amandes de *Juvias*, entrée au Havre, et capturée par un corsaire, en 1807, a servi au même usage.

L'arbre qui donne les *châtaignes du Brésil* n'a généralement que 2 à 3 pieds de diamètre, mais sa hauteur atteint 100 à 120 pieds. Son port n'est pas celui du Mammea, du Caimitier et de plusieurs autres arbres des tropiques dont les branches (comme dans les Lauriers de la zone tempérée) s'élèvent presque droit vers le ciel. Dans le Bertholletia, les rameaux sont ouverts, très-longs, presque nus vers la base, et chargés à leurs sommets de touffes de feuillage très-rapprochées. Cette disposition de feuilles à demi-coriaces, un peu argentés par dessous, et longues de plus de 2 pieds, fait replier les branches vers le sol, comme cela arrive aux flèches (*frondes*) des palmiers. Nous n'avons pas vu fleurir cet arbre majestueux. Il n'est chargé de fleurs que dans sa quinzième année, et ces fleurs[1] paroissent depuis la fin de mars jusqu'au commencement d'avril. Les fruits mûrissent vers la fin de mai, quelques troncs les conservent jusqu'au mois d'août. Comme ces fruits ont la grosseur de la tête d'un enfant, souvent 12 à 13 pouces de diamètre, ils font un énorme bruit en tombant de la cime des arbres. Je ne connois rien de plus propre à faire admirer la puissance des forces organiques dans la zone équinoxiale, que l'aspect

---

[1] D'après des notions assez vagues, elles sont jaunes, très-grandes, et ont quelques rapports avec celles du Bombax Ceiba. M. Bonpland dit cependant dans son Journal botanique, écrit sur les bords du Rio Negro, *flos violaceus*. C'est ainsi que les Indiens de cette rivière lui avoient indiqué la couleur de la corolle.

de ces grands péricarpes ligneux, par exemple du Cocotier de mer (Lodoïcea) parmi les Monocotylédonées, et du Bertholletia et du Lecythis parmi les Dicotylédonées. Sous nos climats, les Cucurbitacées seuls produisent, dans l'espace de quelques mois, des fruits d'un volume extraordinaire, mais ces fruits sont pulpeux et succulens. Entre les tropiques, le Bertholletia forme, en moins de 50 à 60 jours, un péricarpe dont la partie ligneuse a un demi-pouce d'épaisseur, et que l'on a de la peine à scier avec les instrumens les plus tranchans. Un grand naturaliste [1] a déjà observé que le *bois des fruits* atteint en général une dureté que l'on ne trouve guère dans le bois du tronc des arbres. Le péricarpe du Bertholletia offre des rudimens de quatre loges, quelquefois j'en ai trouvé jusqu'à cinq. Les graines ont deux enveloppes très-distinctes, et cette circonstance rend la structure du fruit plus compliquée que dans les Lecythis, les Pekea ou Caryocar et les Saouvari. Le premier tégument est osseux ou ligneux, triangulaire, tuberculé à sa surface extérieure, et couleur de cannelle. Quatre à cinq, quelquefois huit de ces noix triangulaires, sont attachées à une cloison centrale. Comme elles se détachent avec le temps, elles se meuvent

---

[1] Richard, Analyse des fruits, p. 9.

librement dans le grand péricarpe sphérique. Les singes Capucins (Simia chiropotes) aiment singulièrement les *châtaignes du Brésil;* et le seul bruit que font les graines lorsqu'on agite le fruit, tel qu'il tombe de l'arbre, excite au plus haut degré la gourmandise de ces animaux. Le plus souvent je n'ai trouvé que 15 à 22 noix dans chaque fruit. Le second tégument des amandes est membraneux et brun-jaunâtre. Leur goût est extrêmement agréable, lorsqu'elles sont encore fraîches; mais l'huile dont elles abondent, et qui les rend si utiles aux arts, rancit facilement. Quoique, dans le Haut-Orénoque, nous ayons mangé souvent, par manque de nourriture, des quantités considérables de ces amandes, nous n'en avons jamais éprouvé aucune suite fâcheuse. Le péricarpe sphérique du Bertholletia perforé au sommet n'est pas déhiscent : le bout supérieur et renflé de la columelle forme bien (selon M. Kunth) une espèce de couvercle intérieur comme dans le fruit du Lecythis, mais il ne s'ouvre guère de lui-même. Beaucoup de graines perdent, par la décomposition de l'huile renfermée dans les cotylédons, la faculté de germer, avant que, dans la saison des pluies, le tégument ligneux du péricarpe se soit ouvert par l'effet de la putréfaction. C'est un conte très-répandu sur les bords du Bas-Orénoque, que les singes

Capucins et le *Cacajao* (Simia chiporotes et Simia melanocephala) se placent en cercle, et réussissent, en frappant avec une pierre, à ouvrir les fruits pour faire sortir les amandes triangulaires. Cette opération seroit impossible à cause de l'extrême dureté et de l'épaisseur du péricarpe. On peut avoir vu des singes occupés à rouler les fruits du Bertholletia; mais, quoique ces fruits aient un petit trou auquel s'applique l'extrémité supérieure de la columelle, la nature n'a pas facilité aux singes les voies pour ouvrir le péricarpe ligneux du *Juvia*, comme pour ôter le couvercle du *Lecythis*, appelé dans les missions *couvercle du coco des singes* [1]. Selon le rapport de plusieurs Indiens très-véridiques, il n'y a que les petits *Rongeurs*, surtout les Agutis (l'*Acuri* et le *Lapa* [2]) qui, par la structure de leurs dents et par l'inconcevable ténacité avec laquelle ils poursuivent leurs travaux destructeurs, parviennent à perforer le fruit du Bertholletia. Dès que les noix triangulaires sont répandues sur le sol, on voit accourir tous les animaux de la forêt; les singes, les Manaviris, les écureuils, les Cavia, les perroquets et les Aras se disputent la proie. Ils sont tous assez forts pour briser le tégument ligneux de la graine;

---

[1] *La tapa* (le couvercle) *del coco de Monos*.
[2] Cavia Aguti, C. Paca.

ils font sortir l'amande et l'emportent au haut des arbres. « C'est leur fête aussi, disoient les Indiens qui revenoient de la récolte; » et, à entendre leurs plaintes contre les animaux, on sent qu'eux seuls se croient les maîtres légitimes de la forêt.

La fréquence du *Juvia*, à l'est de l'Esmeralda, semble indiquer que la Flore de l'Amazone commence dans la partie du Haut-Orénoque qui s'etend au sud des montagnes. C'est pour ainsi dire une nouvelle preuve de la réunion de deux bassins de rivières. M. Bonpland a très-bien exposé les moyens qu'il faudroit employer pour multiplier le Bertholletia excelsa sur les bords de l'Orénoque, de l'Apure, du Meta et dans toute la province de Venezuela. Il faudroit ramasser, dans les endroits où croît naturellement cet arbre, des milliers de graines dont la germination auroit déjà commencé, et les *mettre en pépinière* dans des caisses remplies de la même terre où elles ont commencé à végéter. Les jeunes plants abrités contre les rayons du soleil par des feuilles de Musacées ou de palmiers, seroient transportés dans des pirogues ou sur des radeaux. On sait combien on a de la peine à faire germer en Europe (malgré l'emploi du chlore que j'ai indiqué ailleurs) les graines à périsperme corné, les Palmiers, les Coffeacées, les Quinquinas et de grosses noix ligneuses dont l'amande renferme une huile qui rancit. Toutes ces difficultés seroient vaincues si on ne recueilloit que des graines qui ont germé sous l'arbre même. C'est ainsi que nous avons réussi à porter un grand nombre de pieds de plantes très-rares, par exemple le Coumarouna odora, ou *fève de Tonga*, des Cataractes de l'Orénoque à l'Angostura, et à les répandre dans les plantations environnantes.

Une des quatre pirogues avec lesquelles les Indiens avoient été à la récolte des *Juvias* étoit remplie en grande partie de cette espèce de roseaux (*Carice*) dont on fait des sarbacanes. Ces roseaux avoient 15 à 17 pieds de long; on ne distinguoit cependant pas la trace d'un nœud servant à l'insertion des feuilles et des rameaux. Ils étoient tout droits, lisses par dehors, et entièrement cylindriques. Ces *Carices* viennent du pied des montagnes de Yumariquin et de Guanaja. Ils sont très-recherchés, même au-delà de l'Orénoque, sous le nom de *roseaux de l'Esmeralda*. Un chasseur conserve, pendant sa vie entière, la même sarbacane : il en vante la légèreté, la justesse et le poli, comme nous vantons ces mêmes qualités dans nos armes à feu. Quelle peut être la plante Monocotylédonée [1] qui fournit ces admirables roseaux? Avons-nous vu effectivement les entre-nœuds (*internodia*) d'une graminée de la tribu des Nostoïdes, ou ce *Carice* seroit-il peut-être une Cypéracée [2] dépourvue de nœuds? Je ne puis résoudre cette question, ni déterminer le genre auquel appartient un autre végétal, celui qui fournit les chemises de *Marima*. Nous avons vu, à la pente du Cerro Duida, des troncs de l'*arbre à chemises* ayant plus de 50 pieds de haut [3]. Les Indiens en coupent des morceaux cylindriques de deux pieds de diamètre; ils en ôtent l'écorce rouge et fibreuse, ayant soin de ne pas y faire d'incision longitudinale. Cette écorce leur fournit une espèce de vêtement qui ressemble à des sacs sans couture d'une étoffe très-grossière. L'ouverture supérieure sert pour la tête : on pratique deux trous latéraux pour passer les bras. L'indigène porte ces chemises de *Marima* dans le temps des grandes pluies : ils ont la forme

---

[1] La surface lisse de ces sarbacanes prouve suffisamment qu'elles ne sont pas fournies par une plante de la famille des Ombellifères.

[2] Le *Caricillo del Manati*, qui croît abondamment sur les rives de l'Orénoque, atteint 8 à 12 pieds de hauteur.

[3] Arbor ramosissima, foliis oblongis acutis, integerrimis, alternis, longe petiolatis, petiolis fuscis.

des *ponchos* et *ruanas* de coton qui sont si communs dans la Nouvelle-Grenade, à Quito et au Pérou. Comme dans ces climats la richesse et la bienfaisance de la nature sont regardées comme les causes premières de la paresse des habitans, les missionnaires ne manquent pas de dire, en montrant les chemises de *Marima*, « que, dans les forêts de l'Orénoque, les vêtemens se trouvent tout faits sur les arbres. » On peut ajouter à ce conte sur les chemises, les bonnets pointus que fournissent les spathes de certains palmiers, et qui ressemblent à un tissu à larges mailles [1].

Dans le festin auquel nous assistâmes, les femmes étoient exclues de la danse et de toute espèce de réjouissance publique : elles étoient tristement occupées à servir aux hommes du singe rôti, des boissons fermentées et du choux palmiste. Je ne cite cette dernière production, qui a le goût de nos choux-fleurs, que parce que dans aucun pays nous n'en avons vu des masses d'une si prodigieuse grandeur. Les feuilles non développées se confondent avec la jeune tige, et nous en avons mesuré des cylindres de 6 pieds de long sur 5 pouces de diamètre. Une autre substance et qui est beaucoup plus nutri-

[1] *Voyez* Tom. V, p. 275.

tive est tirée du règne animal: c'est la *farine de poisson* ¹. Dans tout le Haut-Orénoque, les Indiens font frire le poisson, le sèchent au soleil et le réduisent en poudre sans en séparer les arêtes. J'ai vu des masses de 50 à 60 livres de cette farine qui ressemble à celle de manioc. Lorsqu'on veut en manger, on y mêle de l'eau pour la réduire en pâte. Sous tous les climats, l'abondance des poissons a fait imaginer les mêmes moyens de conservation. Pline et Diodore de Sicile ont décrit le *pain de poisson* des Ichthyophages², habitans du golfe persique et des côtes de la mer Rouge.

A l'Esmeralda, comme partout ailleurs dans les missions, les Indiens qui n'ont pas voulu se faire baptiser, et qui sont simplement agrégés à la commune, vivent en polygamie. Le nombre des femmes diffère beaucoup chez les différentes tribus : il est le plus grand chez

---

¹ *Manioc de pescado.*

² Ces peuples, plus abrutis encore que les naturels de l'Orénoque, se contentoient de sécher le poisson frais au soleil : la pâte de poisson avoit chez eux la forme de briques, et l'on y mêloit quelquefois la graine aromatique du Paliurus (Rhamnus), comme en Allemagne et dans quelques autres pays du nord ou mêle de la graine de cumin et de fenouil au pain de froment. *Pline*, Lib. VII, Cap. III (Tom. I, p. 374, éd. Par. 1723). *Diod. Sic.*, p. 154. *Arrian. Ind.*, p. 566.

les Caribes et chez toutes les nations qui ont conservé long-temps l'habitude d'enlever de jeunes filles chez les peuplades voisines. Comment parler de bonheur domestique dans une association aussi inégale ? Les femmes vivent dans une espèce d'esclavage comme chez la plupart des nations très-abruties. Comme les maris sont dans la pleine jouissance du pouvoir absolu, aucune plainte ne se fait entendre en leur présence. Il règne un calme apparent dans la maison, et les femmes s'empressent toutes à prévenir les vœux d'un maître exigeant et maussade : elles soignent indistinctement leurs propres enfans et ceux de leurs rivales. Les missionnaires assurent (et il est facile d'ajouter foi à leur récit) que cette paix intérieure, effet d'une crainte commune, est singulièrement troublée si le mari fait de longues absences. C'est alors que la femme qui a contracté les premiers liens qualifie les autres de concubines et de servantes. Les rixes se prolongent jusqu'au retour du maître, qui sait calmer les passions par le son de sa voix, par un simple geste, et, s'il le juge utile, par des moyens un peu plus violens. Une certaine inégalité entre les droits des femmes est sanctionnée par le langage chez les Tamanaques. Le mari appelle la seconde et la troisième femme les *compagnes* de la première : la première traite les *compagnes* de rivales et d'*ennemies* (*ipucjatoje*), ce qui est moins poli sans doute, mais plus vrai et plus expressif. Comme tout le poids du travail repose sur ces malheureuses femmes, il ne faut pas être surpris qu'il y ait des nations où leur nombre est extrêmement petit. Dans ce cas, il se forme une espèce de polyandrie que nous retrouvons, mais plus développée, au Tibet et dans les montagnes situées à l'extrémité de la péninsule de l'Inde. Chez les Avanos et les Maypures, plusieurs frères n'ont souvent qu'une même femme. Lorsqu'un Indien qui vit en polygamie se fait chrétien, les missionnaires le forcent à choisir parmi ses femmes celle qu'il veut garder, et à répudier les autres. Ce moment de la séparation est le moment critique : le nouveau converti trouve aux femmes qu'il doit abandonner les plus précieuses qualités. L'une s'entend bien au jardinage, l'autre sait préparer le *chiza*, boisson enivrante que donne la racine du manioc : toutes lui paroissent également nécessaires. Quelquefois le désir de conserver les femmes l'emporte chez l'Indien sur le penchant pour le christianisme ; mais le plus souvent le mari préfère de se soumettre au choix du missionnnaire, comme à une aveugle fatalité.

C'est par les Indiens qui, depuis le mois de

mai jusqu'au mois d'août, font des voyages à l'est de l'Esmeralda, pour recueillir les productions végétales des montagnes de Yumariquin, que nous avons pu avoir des notions précises sur le cours de l'Orénoque, à l'est de la mission. Cette partie de ma *Carte itinéraire* diffère entièrement des cartes qui l'ont précédée. Je vais commencer la description de ces pays par le groupe granitique du Duida, au pied duquel nous séjournâmes. Ce groupe est bordé à l'ouest par le Rio Tamatama, à l'est par le Rio Guapo. Entre ces deux affluens de l'Orénoque, au milieu des *Morichales* ou bosquets de Palmiers Mauritia, qui environnent l'Esmeralda, descend le Rio Sodomoni; il est célèbre par l'excellence des Ananas qui croissent sur ses rives. J'ai mesuré, le 22 mai, dans une savane qui s'étend au pied du Duida, une base de 475 mètres de longueur: l'angle sous lequel le sommet de la montagne paroît à la distance de 13,327 mètres est encore de 9°. Une mesure trigonométrique faite avec soin m'a donné pour le Duida (c'est-à-dire pour le pic le plus élevé qui est au sud-ouest de *Cerro Maraguaca*) 2179 mètres ou 1118 toises au-dessus de la plaine de l'Esmeralda [1]. Sa hauteur

---

[1] Base dirigée vers le sommet du Duida, 475 mètres. Doubles angles de hauteur aux deux extrémités de la base, 18° 0′ 10″ et 18° 38′ 0″. Hauteur du Duida au-dessus de la base, 2179 mètres

au-dessus du niveau de l'Océan est donc probablement près de 1300 toises; je dis probablement, car j'ai eu le malheur de briser mon baromètre avant d'atteindre l'Esmeralda. Les pluies étoient si fortes que, dans les bivouacs, nous ne pouvions garantir l'instrument des effets de l'humidité. Le tube céda à la dilatation inégale du bois. Cet accident me peina d'autant plus que jamais baromètre n'a résisté à de plus plus longs voyages. Je m'en étois servi depuis trois ans en Europe dans les montagnes de la Styrie, de la France et de l'Espagne, en Amérique dans le chemin de Cumana au Haut-Orénoque. Le pays entre Javita, Vasiva et l'Esmeralda est une vaste plaine; et, comme j'ai ouvert le baromètre dans les deux premiers de ces endroits, je ne crains pas de me tromper de plus de 15 à 20 toises sur la hauteur absolue des savanes du Sodomoni. Le *Cerro* Duida ne le cède en hauteur que très-peu (à peine de 80 à 100 toises) à la cime [1] du Saint-Gothard et à la Sylla de Caracas sur le littoral de Venezuela. Aussi est-il regardé dans ces contrées comme une montagne colossale, célébrité qui nous

= 1118 toises = 2605 varas cast. Hauteur de l'Esmeralda au-dessus du niveau de la mer, probablement 177 toises. *Voyez* plus haut, p. 72, et Tom. VII, p. 306.

[1] Le Pettine.

donne une idée précise de la hauteur moyenne de la Sierra Parime et de toutes les montagnes de l'Amérique orientale. A l'est de la Sierra Nevada de Merida, comme au sud-est du Paramo de las Rosas, aucun des chaînons qui s'étendent dans le sens d'un parallèle n'atteint la hauteur de la crête centrale des Pyrénées.

Le sommet granitique du Duida est tellement coupé à pic que les Indiens ont vainement tenté d'y parvenir. On sait que les montagnes les moins élevées sont souvent les plus inaccessibles. A l'entrée et à la fin de la saison des pluies, on voit, à la cime du Duida, de petites flammes qui semblent changer de place. Ce phénomène, qu'il est difficile de révoquer en doute à cause de la concordance des témoignages, a fait donner à la montagne le nom impropre de volcan. Comme elle se trouve assez isolée, on pourroit croire que la foudre y met de temps en temps le feu aux broussailles; mais cette supposition perd de sa vraisemblance, si l'on réfléchit sur l'extrême difficulté avec laquelle les végétaux s'enflamment dans ces climats humides. Il y a plus encore: on assure que de petites flammes paroissent souvent là où le roc semble à peine couvert de gazon, et que les mêmes phénomènes ignés se présentent, dans des jours entièrement exempts d'orage, au sommet du Guaraco ou Murcielago, colline située vis-à-vis l'embouchure du Rio Tamatama, sur la rive méridionale de l'Orénoque. Cette colline est à peine élevée de 100 toises au-dessus des plaines voisines. Si les assertions des naturels sont vraies, il est probable que, dans le Duida et le Guaraco, il existe quelque cause souterraine qui produit les flammes : car on n'en voit jamais paroître dans les hautes montagnes voisines du Rio Jao et dans le Maraguaca, si souvent enveloppé d'orages électriques. Le granite du *Cerro* Duida est rempli de filons en partie ouverts, en partie remplis de cristaux de quarz et de pyrites. Des émanations gazeuses et inflammables (soit d'hydrogène, soit de naphte) peuvent se faire jour à travers ces filons. Les montagnes de la Caramanie, de l'Hindoo-kho et de l'Himalaya nous offrent de fréquens exemples de ces phénomènes. Nous voyons l'apparition de flammes dans beaucoup de parties de l'Amérique orientale, sujettes aux tremblemens de terre, même (comme au Cuchivero, près de Cumanacoa[1]) dans des roches secondaires. Le feu se montre lorsque le sol, fortement échauffé par les ardeurs du soleil, reçoit les premières pluies, ou lorsque, après de fortes ondées, la terre commence à se dessécher. La première cause de ces phéno-

[1] *Voyez* Tom. III, p. 104.

mènes ignés est à d'immenses profondeurs au-dessous des roches secondaires, dans les formations primitives : les pluies et la décomposition de l'eau atmosphérique n'y jouent qu'un rôle secondaire. Les sources les plus chaudes du monde sortent immédiatement du granite [1]. Le pétrole jaillit du mica-schiste; des détonations effrayantes se sont fait entendre à l'Encaramada entre les rivières Arauca et Cuchivero, au milieu du terrain granitique [2] de l'Orénoque et de la Sierra Parimé. Ici, comme partout ailleurs sur le globe, le foyer des volcans est dans les terrains les plus anciens, et il paroît qu'il existe une liaison intime entre les grands phénomèmes qui soulèvent et liquéfient la croûte de notre planète et ces météores ignés qui paroissent de temps en temps à la surface, et que par leur petitesse on est tenté d'attribuer à la seule influence de l'atmosphère.

Le Duida, quoique inférieur à la hauteur que lui assigne la croyance populaire, est cependant le point culminant de tout le groupe des montagnes qui séparent le bassin du Bas-Orénoque de celui de l'Amazone. Ces montagnes s'abaissent plus rapidement encore vers le nord-ouest, vers

---

[1] *Voyez* Tom. V, p. 207 et 240.
[2] Tom. II, p. 375; Tom. V, p. 57.

le Puruname, qu'à l'est vers le Padamo et le Rio Ocamo. Dans la première direction, les cimes les plus élevées après le Duida sont le *Cuneva*, aux sources du Rio Paru (un des affluents du Ventuari), le *Sipapo*, le *Calitamini* qui forme un même groupe avec le *Cunavami* et le pic d'*Uniana*[1]. A l'est du Duida, se distinguent par leur élévation, sur la rive droite de l'Orénoque, le *Maravaca* ou Sierra Maraguaca, entre le Rio Caurimoni et le Padamo; sur la rive gauche de l'Orénoque, les montagnes de *Guanaja* et de *Yu-*

---

[1] *Voyez* plus haut, p. 5 et 88; Tom. VI, p. 55, 263, 287; Tom. VII, p.52, 164, 216, 216. Je n'ai point entendu nommer aux Indiens du Haut-Orénoque les noms des trois montagnes, Jujamari, Javi et Siamacu, que le missionnaire Gili (Tom. I, p. 39, 133, 156; Tom. II, p. 28) indique comme très-élevées tout en donnant les notions les plus confuses sur leur position géographique. Le Jujamari paroît placé au nord-est du Cerro de Sipapo que j'ai décrit plus haut : le Javi et le Siamacu (Chamacu, Samacu), dont Caulin a aussi ignoré l'existence, se trouve (à ce que je crois) entre les sources du Ventuari et du Cuchivero. Les naturels dépeignirent au père Gili le Siamacu comme un lieu extrêmement froid. Or, sur une montagne de 800 toises de hauteur, le thermomètre centigrade peut baisser, sous cette zone, jusqu'à 10°; ce qui cause déjà un sentiment de froid très-sensible à des peuples habitués à une température de 28°-30°. A Caracas (haut. 454 toises), j'ai vu le thermomètre à 12°,5. Le nom de Siamacu dérive peut-être de la forme arrondie de la montagne. Ce nom indique, en tamanaque, un vase de forme hémisphérique destiné à conserver le *chiza*.

mariquin, entre les Rios Amaguaca et Gehette. Il est presque superflu de rappeler de nouveau que la ligne qui passe par ces hautes cimes est (comme dans les Pyrénées, dans les Carathes et tant d'autres chaînes de l'ancien continent) très-distincte de la ligne qui marque le partage des eaux. Cette dernière ligne qui sépare les affluens du Bas et du Haut-Orénoque coupe le méridien de 64° par les 4° de latitude. Après avoir séparé les sources du Rio Branco et du Caroni, elle se dirige au nord-ouest, en envoyant vers le sud les eaux du Padamo, du Jao et du Ventuari; vers le nord, les eaux de l'Arui, du Caura et du Cuchivero.

On peut remonter sans danger l'Orénoque, de l'Esmeralda jusqu'aux cataractes occupées par les Indiens Guaicas qui empêchent tout progrès ultérieur des Espagnols; c'est une navigation de six journées et demie [1]. Dans les deux premières on arrive à l'embouchure du Rio Padamo, après avoir passé au nord les petites rivières de Tamatama, du Sodomoni, de Guapo, de Caurimoni et de Simirimoni; au sud, le confluent du Cuca, placé entre le rocher Gua-

---

[1] De l'Esmeralda à l'embouchure du Rio Padamo, 2 journées; du Padamo au confluent de Mavaca, 1 ½; du Mavaca au Rio Manaviche, 1; du Manaviche au Rio Gehette, 1; du Gehette au Raudal des Guaharibos, 1; en tout 6 ½ journées.

CHAPITRE XXIV. 199

raco, qu'on dit jeter des flammes, et le *Cerro* Canelilla. Dans ce trajet, l'Orénoque conserve trois à quatre cents toises de large. Les affluens de la rive droite sont plus fréquens, parce que le fleuve est bordé de ce côté-là des hautes montagnes de Duida et de Maraguaca, sur lesquelles s'amoncellent les nuages, tandis que la rive gauche est basse et contiguë à la plaine dont la pente générale incline au sud-ouest. De superbes bois de construction couvrent les Cordillères septentrionales. L'accroissement des végétaux est tel dans ce climat ardent et constamment humide, que le Bombax Ceiba[1] y offre des troncs de 16 pieds de diamètre. Le Rio Padamo ou Patamo, par lequel les missionnaires du Haut-Orénoque communiquoient jadis avec ceux du Rio Caura, est devenu une source d'erreurs pour les géographes. Le père Caulin le nomme Macoma, et place un autre Rio Patamo entre le point de la bifurcation de l'Orénoque et une montagne Ruida, qui est sans doute identique avec le *Cerro* Duida. Surville fait communiquer le Padamo avec le Rio Ocamo (Ucamu) qui en est entièremen indépendant; enfin, dans la grande carte de

[1] Les dimensions extraordinaires qu'atteignent les espèces de Bombax qui ont un bois très-léger, étoient déjà connues au cardinal Bembo. *Hist. Ven.*, 1551; fol. 83.

La Cruz, un petit affluent [1] de l'Orénoque, à l'ouest de la bifurcation, est indiqué comme Rio Padamo, et la véritable rivière de ce nom est appelée Rio Maquiritari. En partant de l'embouchure de cette rivière, qui a une largeur assez considérable, les Indiens arrivent, en une journée et demie, au Rio Mavaca qui naît dans les hautes montagnes d'Unturan [2] dont nous avons parlé plus haut. Le portage entre les sources de cet affluent et celles de l'Idapa ou Siapa a donné lieu à la fable d'une communication de l'Idapa avec le Haut-Orénoque. Le Rio Mavaca communique avec un lac sur les bords duquel les Portugais [3] du Rio Negro viennent, à l'insu des Espagnols de l'Esmeralda,

---

[1] Ce Patamo de La Cruz est changé et presque *grécisé* en Potamo dans la carte d'Arrowsmith.

[2] *Voyez* plus haut, p. 5 et 51.

[3] Ils s'introduisoient sur le territoire espagnol par la communication entre le Cababury et le Pacimoni. La fève Pichurim est le *Puchiri* de M. de La Condamine, qui abonde dans le Rio Xingu (affluent de l'Amazone) et sur les rives de l'Hyurubaxy ou Jurubesh du père Fritz, qui est un affluent du Rio Negro. *Voyage à l'Amazone*, page 146, et *Corogr. bras.*, Tom. II, p. 278, 322, 351. Du Puchery ou Pichurim, qu'on râpe comme de la noix muscade, diffère un autre fruit aromatique (de Laurier?) connu dans le commerce du Grand-Parà sous les noms de Cucheri, Cuchiri ou *Cravo* (Clavus) *do Maranhao* qu'on compare, pour son odeur, aux clous de girofle.

recueillir les graines aromatiques du Laurus Pucheri, connues dans le commerce sous les noms de *féve de Pichurim* et de *Toda Specie*. Entre les confluens du Padamo et du Mavaca, l'Orénoque reçoit au nord l'Ocamo dans lequel se jette le Rio Matacona. C'est aux sources de ce dernier fleuve que vivent les Indiens Guainares, qui sont beaucoup moins cuivrés ou basanés que les autres habitans de ces contrées. Cette tribu est une de celles que les missionnaires appellent *Indiens blanchâtres*, ou *Indios blancos*, et sur lesquels je donnerai bientôt des notions plus détaillées. Près de l'embouchure de l'Ocamo, on montre aux voyageurs un rocher qui est la merveille du pays. C'est un granite passant au gneiss remarquable par la distribution particulière du mica noir qui forme de petites veines ramifiées. Les Espagnols appellent ce rocher *Piedra Mapaya* (pierre mappemonde). Le petit fragment que je m'en suis procuré indiquoit une roche stratifiée, riche en feldspath blanc, et renfermant, outre des paillettes de mica qui sont agroupées par stries et diversement contournées, quelques cristaux d'amphibole. Ce n'est pas une syénite, mais probablement un granite de nouvelle formation, analogue à ceux auxquels appartiennent les granites stamnifères (hyalomictes) et les pegmatites ou granites graphiques.

Lorsqu'on a dépassé le confluent du Mavaca, l'Orénoque diminue tout d'un coup de largeur et de profondeur. Il devient extrêmement sinueux, semblable à un torrent alpin. Ses deux bords sont environnés de montagnes : le nombre des affluens du sud augmente considérablement; cependant la Cordillère du nord reste la plus élevée. De la bouche du Mavaca au Rio Gehette il y a deux journées de chemin, parce que la navigation est très-incommode, et que souvent, à cause du manque d'eau, il faut traîner la pirogue le long du rivage. Sur cette distance, les affluens du sud sont le Daracapo et l'Amaguaca; ils bordent, à l'ouest et à l'est, les montagnes de Guanaya et de Yumariquin où l'on récolte les fruits du Bertholletia (*châtaignes du Maragnon*). C'est des montagnes du nord, dont l'élévation diminue progessivement depuis le Cerro Maraguaca, que descend le Rio Manaviche. A mesure que l'on continue à remonter l'Orénoque, les tournoiemens et les petits rapides (*chorros y remolinos*) deviennent de plus en plus fréquens; on passe à gauche le *Caño* Chiguire habité par les Guaicas, autre tribu d'Indiens blancs; et, à deux lieues de

CHAPITRE XXIV.

distance, on parvient à l'embouchure du Gehette où se trouve une grande cataracte. Une digue de rochers granitiques traverse l'Orénoque; ce sont les colonnes d'Hercule au-delà desquelles aucun homme blanc n'a pu pénétrer. Il paroît que ce point, connu sous le nom du grand *Raudal de Guaharibos*, est de $\frac{3}{4}$ de degré à l'ouest de l'Esmeralda, par conséquent par les 67° 38' de longitude. C'est par une expédition militaire que le commandant du fortin de San Carlos, Don Francisco Bovadilla, avoit entrepris pour découvrir les sources de l'Orénoque, qu'on a eu les notions les plus détaillées sur les cataractes des Guaharibos. Ce commandant avoit appris que des nègres fugitifs de la Guyane hollandaise s'étoient mêlés, en avançant vers l'ouest (au-delà de l'isthme qui sépare les sources du Rio Carony et du Rio Branco), aux Indiens indépendans. Il tenta une *entrada* (incursion hostile) sans en avoir obtenu la permission du gouverneur; le désir de se procurer des esclaves africains, plus propres au travail que les hommes de race cuivrée, l'emporta de beaucoup sur le zèle pour les progrès de la géographie. J'ai pu interroger à l'Esmeralda et au Rio Negro plusieurs militaires très-intelligens qui avoient fait partie de cette expédition. Bovadilla arriva sans difficulté jusqu'au petit *Raudal*[1] qui se trouve vis-à-vis du Gehette; mais, s'étant avancé jusqu'au pied de la digue rocheuse qui forme la grande cataracte, il fut attaqué inopinément, pendant qu'il déjeûnoit, par les Indiens Guaharibos et Guaycas, deux tribus guerrières et célèbres par l'activité du *Curare* dont leurs flèches sont empoisonnées. Les Indiens occupoient les rochers qui s'élèvent au milieu de la rivière. Voyant les Espagnols sans arcs, et n'ayant aucune connoissance des armes à feu, ils provoquèrent des hommes qu'ils croyoient sans défense. Plusieurs des blancs furent dangereusement blessés, et Bovadilla se vit forcé de combattre. Il y eut un carnage affreux parmi les naturels, mais on ne trouva aucun des nègres hollandois qu'on avoit cru réfugiés dans ces lieux. Malgré une victoire si facile à remporter, les Espagnols n'osèrent pas avancer vers l'est dans un pays montueux, le long d'une rivière profondément encaissée.

Les *Guaharibos blancos* ont établi un pont de lianes au-dessus de la cataracte en l'appuyant sur des rochers qui s'élèvent, comme cela arrive assez généralement dans les *Pongos* du Haut-Maragnon, au milieu du lit du fleuve. L'exis-

---

[1] On appelle cette cataracte *Raudal de abaxo* en opposition au grand *Raudal de Guaharibos*, qui se trouve plus haut vers l'est.

tence de ce pont[1], qui est connue de tous les habitans de l'Esmeralda, paroît indiquer que l'Orénoque est déjà très-étroit sur ce point. Les Indiens ne lui donnent généralement que deux à trois cents pieds de largeur; ils prétendent que l'Orénoque, au-dessus du Raudal des Guaharibos, n'est plus un fleuve, mais un torrent (*riachuelo*); tandis qu'un religieux très-instruit, Fray Juan Gonzales, qui avoit visité ces mêmes contrées, m'assuroit que l'Orénoque, là où l'on ne connoît plus son cours ultérieur, conserve encore deux tiers de la largeur du Rio Negro, près de San Carlos. Cette dernière opinion me paroît moins probable; je rapporte ce que j'ai pu recueillir, et je n'affirme rien positivement. Je sais, par les mesures nombreuses que j'ai faites, combien il est facile de se tromper sur les dimensions du lit des fleuves. Partout les fleuves paroissent plus ou moins larges, selon qu'ils sont environnés de montagnes ou de plaines, libres d'îlots ou remplis d'écueils, gonflés par de fortes pluies ou dépourvus d'eau

---

[1] On passe aussi deux fois l'Amazone sur des ponts de bois près de son origine dans le lac Lauricocha; d'abord au nord de Chavin, et puis au-dessous du confluent du Rio de Aguamiras. Ces deux ponts, les seuls que l'on trouve jetés sur la plus grande des rivières connues jusqu'à ce jour, s'appellent *Puente de Quivilla* et *Puente de Guancaybamba.*

après de longues sécheresses. Il en est d'ailleurs de l'Orénoque comme du cours du Gange qui n'est pas connu au nord de Gangoutra. C'est aussi à cause de son peu de largeur qu'on croit déjà ce point très-rapproché des sources.

Dans la digue rocheuse qui traverse l'Orénoque, en formant le Raudal des Guaharibos, des soldats espagnols prétendent avoir trouvé la belle espèce de Saussurite (*pierre des Amazones*) dont nous avons parlé plus haut. Cette tradition est très-incertaine; et les Indiens que j'ai interrogés à ce sujet m'ont assuré que les pierres vertes, que l'on appelle à l'Esmeralda *Piedras de Macagua* [1], ont été acquises des Indiens Guaicas et Guaharibos qui trafiquent avec des hordes beaucoup plus orientales. Il en est de ces pierres comme de tant d'autres productions précieuses des Indes. Sur les côtes, à quelques centaines de lieues de distance, on nomme très-positivement la contrée où elles naissent; mais, lorsqu'après beaucoup de peine on pénètre dans cette contrée, on découvre que les naturels ignorent jusqu'au nom de l'objet

---

[1] *Voyez* plus haut, p. 14. L'étymologie de ce nom, qui m'est inconnue, pourroit-elle conduire à la connoissance du gisement de la pierre? J'ai cherché vainement le nom de Macagua parmi les nombreux affluens du Tacutu, du Mahu, du Rupunury et du Rio Trombetas.

que l'on cherche. On pourroit supposer que les amulettes de Saussurite trouvés entre les mains des Indiens du Rio Negro viennent du Bas-Maragnon, tandis que ceux que l'on reçoit par les missions du Haut-Orénoque et du Rio Carony viennent d'un pays situé entre les sources de l'Essequebo et du Rio Branco. Cependant ni le chirurgien Hortsmann, natif de Hildesheim, ni Don Antonio Santos, dont j'ai pu examiner les journaux de route, n'ont vu en place la *pierre des Amazones*; et c'est une opinion dénuée de tout fondement, quoique très-répandue à l'Angostura, que cette pierre est tirée, dans un état de ramollissement pâteux, du petit lac Amucu, transformé en *Lagana del Dorado*. Il reste une belle découverte géognostique à faire dans cette partie orientale de l'Amérique, celle de trouver, au milieu du terrain primitif, une roche d'Euphotide renfermant la *Piedra de Macagua*.

Je vais donner ici quelques éclaircissemens sur ces tribus d'Indiens nains et blanchâtres que d'anciennes traditions placent, depuis des siècles, près des sources de l'Orénoque. J'ai eu occasion d'en voir à l'Esmeralda, et je puis affirmer que l'on a également exagéré la petitesse de la taille des Guaicas[1] et la blancheur

[1] Il paroît aussi qu'il y a des Guaicas au nord-est de l'Es-

des Guaharibos, que le père Caulin [1] appelle *Guaribas blancos*. Les Guaicas que j'ai mesurés avoient une taille moyenne de 4 pieds 7 pouces à 4 pieds 8 pouces (ancienne mesure de France). On assure que toute la tribu est de cette extrême petitesse; mais il ne faut pas oublier que ce que l'on appelle ici une tribu ne constitue, à proprement parler, qu'une seule famille. L'exclusion de tout mélange étranger contribue à perpétuer les variétés ou les aberrations d'un type commun. Après les Guaicas, les Guainares et les Poignaves sont les Indiens les plus petits. Il est bien remarquable que tous ces peuples se trouvent à côté des Caribes qui sont d'une taille singulièrement élancée. Les uns et les autres habitent le même climat et se nourrissent des mêmes alimens. Ce sont des variétés de race qui ont sans doute préexisté à l'établissement de ces tribus (grandes et petites, blanchâtres et brun-obscures) dans une même contrée. Les quatre nations les plus blanches du Haut-Orénoque m'ont paru les Guaharibos du Rio Gehette, les

---

meralda, près du Rio Cuyuni, dans les missions des Capucins. *Caulin*, p. 57.

[2] Il les place aux sources du *Cano* Amaguaca (*Corogr.*, p. 81). Aujourd'hui ils errent plus au nord-est, près de la Grande-Cataracte, au-dessus du Gehette et du Chiguire. Gili (Tom. I, p. 334) les appelle, en italien, *Guaivi bianchi*.

Guaïnares de l'Ocamo, les Guaicas du *Caño* Chiguire et les Maquiritares des sources du Padamo, du Jao et du Ventuari. Comme on est frappé de voir des naturels à peau blanchâtre sous un ciel brûlant et au milieu de nations d'un teint très-obscur, les Espagnols ont forgé deux hypothèses très-hasardées pour expliquer ce phénomène. Les uns prétendent que des Hollandois de Surinam et du Rio Essequebo auroient pu se mêler aux Guaharibos et aux Guaïnares; d'autres veulent, par haine contre les Capucins de Carony et les Observantins de l'Orénoque, que ces Indiens blanchâtres soient ce qu'en Dalmatie[1] on appelle *muso di frate*, des enfans dont la légitimité est un peu douteuse. Dans l'un et l'autre cas, les *Indios blancos* seroient des métis, fils d'Indienne et de blanc. Or, ayant vu des milliers de métis (*mestizos*), je puis assurer que cette comparaison manque absolument d'exactitude. Les individus des tribus blanchâtres, que nous avons pu examiner, ont les traits, la stature et les cheveux plats, droits et noirs qui caractérisent les autres Indiens. Il seroit impossible de les prendre pour une race mixte, semblable aux descendans des indigènes et des Européens. Quelques-uns d'eux

---

[1] A Catarro et à Raguse.

sont en même temps très-petits, d'autres ont la taille ordinaire des Indiens cuivrés. Ils ne sont ni foibles, ni maladifs, ni *albinos :* ils ne diffèrent des races cuivrées que par une peau beaucoup moins basanée. D'après ces considérations, il seroit inutile d'insister sur la distance qu'il y a des montagnes du Haut-Orénoque au littoral habité par les Hollandois. Je ne nierai pas qu'on n'ait pu voir des descendans de nègres fugitifs (*negros alzados del palenque*) parmi les Caribes, aux sources de l'Essequebo; mais jamais aucun homme blanc n'est venu des côtes orientales au Rio Gehette et à l'Ocamo, dans cet intérieur de la Guyane. Il y a plus encore : quoiqu'on puisse être frappé de la réunion singulière de peuplades blanchâtres sur un même point, à l'est de l'Esmeralda, il n'en est pas moins sûr que, dans d'autres parties de l'Amérique, on a aussi trouvé des tribus qui se distinguent des tribus voisines par la couleur de leur peau beaucoup moins basanée. Tels sont les Arivirianos et Maquiritares du Rio Ventuario et du Padamo, les Paudacotos et Paravenas de l'Erevato, les Viras et Ariguas du Caura, les Mologagos du Brésil et les Guayanas de l'Uruguay [1].

[1] Les Cumangotos, les Maypures, les Mapojos et quelques hordes de Tamanaques sont blanchâtres aussi, mais à un moindre degré que les tribus que je viens de nommer. On peut

L'ensemble de ces phénomènes mérite d'autant plus d'attention qu'ils se présentent dans cette grande branche des peuples américains qu'on oppose généralement à la branche cir-

encore ajouter à cette liste (que les recherches de MM. Sömmering, Blumenbach et Prichard, sur les variétés de l'espèce humaine, ont rendues si intéressantes) les Ojes du Cuchivero, les Boanes (aujourd'hui presque détruits) de l'intérieur du Brésil, et, dans le nord de l'Amérique, loin des côtes du nord-ouest, les Mandanes et les Akanzas. (*Walkenaer, Géogr.*, p. 645.- *Gili*, Tom. II, p. 34. *Vater, Amerikan. Sprachen*, p. 81. *Southey*, Tom. I, p. 603.) Les variétés les plus basanées (on peut presque dire les plus noires) de la race américaine sont les Otomaques et les Guamos : ce sont elles peut-être qui ont donné lieu à ces notions confuses de *nègres américains*, répandues en Europe dans les premiers temps de la conquête. (*Herera, Dec. I*, Lib. III, Cap. IX, Tom. I, p. 79. *Garcia, Origen de los Americanos*, p. 259.) Qu'est-ce que les *negros de Quareca* placés par Gomara (p. 277) dans ce même isthme de Panama d'où nous avons reçu les premiers contes absurdes d'un peuple américain d'Albinos? En lisant avec attention les auteurs du commencement du 16.ᵉ siècle, on voit que la découverte de l'Amérique, qui étoit celle d'une nouvelle race d'hommes, avoit singulièrement fixé l'intérêt des voyageurs sur les variétés de notre espèce. Or, si une race noire avoit été mêlée aux hommes cuivrés comme dans les îles de la mer du Sud, les *Conquistadores* n'auroient pas manqué d'en parler d'une manière plus précise. D'ailleurs, les traditions religieuses des Américains nous montrent bien, dans les temps héroïques, des hommes blancs et barbus qui paroissent comme prêtres et législateurs, mais aucune de ces traditions ne fait mention d'une race noire.

compolaire, à celle des *Esquimaux-Tchougazes*[1] dont les enfans sont blancs, et qui ne prennent une teinte mongole ou jaunâtre que par l'influence de l'air et de l'humidité. Dans la Guyane, les hordes qui vivent au milieu des forêts les plus épaisses sont généralement moins basanées que celles qui habitent les plages de l'Orénoque et qui s'adonnent aux travaux de la pêche. Mais cette différence légère[2], qui se présente également en Europe parmi les artisans des villes et les cultivateurs des champs ou les pêcheurs côtiers, n'explique aucunement le problème des *Indios blancos*, l'existence de ces tribus américaines à peau de métis. Ceux-ci se trouvent environnés d'autres Indiens des bois (*Indios del monte*) qui sont brun-rougeâtres, quoique exposés aujourd'hui aux mêmes influences phy-

---

[1] *Voyez* Tom. III, p. 354-371. Le chevalier Gieseke a confirmé récemment tout ce que Crantz a rapporté de la couleur de la peau des Esquimaux. Cette race (même par les 75° et 76° de latitude, sous le climat le plus rigoureux) n'est d'ailleurs pas généralement si petite qu'on l'a cru pendant long-temps. Ross. *Voyage to the North*, p. 127.

[2] Gomara (p. 278) s'est exprimé sur ce point avec la précision qui distingue son style et sa manière de peindre les objets : « Los Indios son leonados o membrillos cochos, o tiriciados o castanos *por naturaleza y no por desnudez*, como pensavan muchos, aunque *algo* les ayuda para ello ir desnudos. »

siques. Les causes de ces phénomènes sont très-anciennes, et nous répéterons avec Tacite: *est durans originis vis*.

Ces tribus, à peau blanchâtre, que nous avons eu occasion de voir à la misssion de l'Esmeralda, habitent une partie du pays montueux qui s'étend entre les sources de six affluens de l'Orénoque, entre le Padamo, le Jao, le Ventuari, l'Erevato, l'Aruy et le Paragua [1]. Les missionnaires espagnols et portugais ont coutume de désigner ce pays plus particulièrement par le nom de la *Parime*. Ici, comme dans plusieurs autres contrées de l'Amérique espagnole, les sauvages ont reconquis ce que la civilisation, ou, pour mieux dire, ce que les missionnaires, qui sont les précurseurs de la civilisation, leur avoient enlevé. L'expédition des limites de Solano et le zèle extravagant déployé par un gouverneur de la Guyane [2] pour la découverte du Dorado,

---

[1] Ce sont six affluens de la rive droite de l'Orénoque : les trois premiers courent vers le sud ou vers le Haut-Orénoque ; les trois autres, vers le nord ou le Bas-Orénoque. Le mot Parime, qui signifie *eau, grande eau*, est appliqué tantôt, et plus spécialement, au terrain qu'arrose le Rio Parime ou Rio Branco (*Rio de Aguas Blancas*), affluent du Rio Negro, tantôt aux montagnes (Sierra Parime) qui divisent le Haut et le Bas-Orénoque.

[2] Don Manuel Centurion, Governador y Comendante general de la Guayana de 1766 à 1777.

avoient fait revivre, dans la dernière moitié du 18.ᵐᵉ siècle, chez quelques individus, l'esprit d'entreprises qui caractérisoit les Castillans lors de la découverte de l'Amérique. En longeant le Rio Padamo, on avoit reconnu, à travers des forêts et des savanes, un chemin de dix journées de l'Esmeralda aux sources du Ventuari : en deux autres journées on étoit parvenu de ces mêmes sources, par l'Erevato, aux missions du Rio Caura. Deux hommes intelligens et hardis, Don Antonio Santos et le capitaine Bareto, avoient établi, à l'aide des Maquiritares, une chaîne de postes militaires sur cette ligne de l'Esmeralda au Rio Erevato; c'étoient de ces maisons à deux étages (*casas fuertes*), garnies de pierriers, que j'ai décrites plus haut[1], et qui figuroient comme dix-neuf villages sur les cartes publiées à Madrid. Les soldats, abandonnés à eux-mêmes, exerçoient toutes sortes de vexations sur les naturels (*Indiens de paix*) qui avoient leurs cultures autour des *casas fuertes*; et, comme ces vexations étoient moins méthodiques, c'est-à-dire plus mal combinées que celles auxquelles les Indiens s'accoutument peu à peu dans les missions, plusieurs tribus se liguèrent, en 1776, contre les Espagnols. Dans

---

[1] *Voyez* plus haut, p. 36.

une même nuit, tous les postes militaires furent attaqués sur une ligne de près de 50 lieues de long. On brûla les maisons, beaucoup de soldats furent égorgés : un très-petit nombre dut son salut à la pitié des femmes indiennes. On parle encore avec effroi de cette expédition nocturne. Concertée dans le plus grand silence, elle fut exécutée avec cet accord que les naturels des deux Amériques, habiles à renfermer en eux des passions haineuses, savent mettre dans tout ce qui concerne leurs intérêts communs. Depuis 1776 on n'a pas songé à rétablir le chemin de terre qui conduit du Haut au Bas-Orénoque, et aucun homme blanc n'a pu aller de l'Esmeralda à l'Erevato. Il est certain cependant que, dans ces terrains montueux, entre les sources du Padamo et du Ventuari (près des sites que les Indiens appellent Aurichapa, Ichuana et Irique), il y a plusieurs endroits d'un climat tempéré et des pâturages propres à nourrir un grand nombre de bestiaux [1]. Les postes

---

[1] Voici les notions plus précises que je me suis procurées sur les lieux, et qui diffèrent beaucoup de celles que le père Caulin avoit acquises en Espagne long-temps après son retour du Bas-Orénoque : le chemin de l'Erevato passoit entre les montagnes du Duida et de Maraguaca, près des sources du Rio Guapo. Les *postes militaires* étoient Macha, Mauracare, Maracune, Matapi sur les rives du Padamo, Cointinamo sur un affluent du Rio Padamo, Mereico, el Orejon, Aurichapa,

militaires ont été jadis très-utiles pour empêcher les incursions des Caribes qui enlevoient de temps en temps des esclaves, quoique en petit nombre, entre l'Erevato et le Padamo. Ils au-

Irique, Ichuana de la Savana, Maveina et Periquete sur le Haut-Ventuario. Comme, par la configuration extraordinaire du terrain (*voyez* plus haut, p. 88), une partie du Haut-Orénoque court de l'est à l'ouest dans une direction parallèle au Bas-Orénoque, qui se dirige de l'ouest à l'est, les géographes, dépourvus de données sur les longitudes des confluens dont plusieurs se trouvent sous un même méridien, ont commis de graves erreurs dans le gisement respectif qu'ils leur assignent. D'après des observations astronomiques (celles surtout que j'ai faites le 22 mai et le 12 juin), le village de l'Esmeralda, sur le Haut-Orénoque, est de 1° 18′ à l'*ouest* de la ville de Muitaco ou Real Corona sur le Bas-Orénoque; d'après les cartes de La Cruz et de Surville, l'Esmeralda est de 0° 25′ à l'*est* de Real Corona. Le confluent du Rio Arui avec le Bas-Orénoque se trouve, d'après les cartes espagnoles, sur le méridien qui coupe le Haut-Orénoque au point de la bifurcation : d'après mes observations astronomiques et les cartes publiées depuis mon voyage à l'Orénoque, le *méridien de la bifurcation* (celui de l'origine du Cassiquiare) traverse le Bas-Orénoque, 34 lieues à l'ouest de la bouche de l'Arui, entre la ville d'Alta-Gracia et le confluent du Cuchivero. Or, en rattachant l'embouchure du Rio Caura à la métairie du Capuchino et à Real Corona, deux points dont j'ai déterminé directement la position, on la trouve par 67° 42′, au plus par 67° 45′ de longitude. Un chemin tracé du Padamo à cette bouche se dirigeroit au *nord-est* au lieu de se diriger au *nord-ouest*, comme l'indiquent les cartes de La Cruz et de Surville. Ce résultat est bien important pour l'*orientation* des sources du Ventuari et de l'Erevato. Comme les géographes qui m'ont précédé placent la bouche du Padamo

roient résisté aux attaques des naturels si, au lieu de les laisser isolés et dans la seule dépendance des militaires, on les avoit transformés en villages et gouvernés comme des communautés d'Indiens néophytes.

Nous quittâmes la mission de l'Esmeralda le 23 mai : sans être malades, nous nous sentions tous dans un état de langueur et de foiblesse causé par le tourment des insectes, par la mauvaise nourriture et une longue navigation dans des canots étroits et humides. Nous n'avons pas remonté l'Orénoque au-delà de l'embouchure du Rio Guapo ; nous l'aurions fait, si nous eussions pu tenter de parvenir aux sources de ce fleuve. Dans l'état actuel des choses, de simples particuliers, à qui l'on permet d'entrer

40′ plus à l'est de la bifurcation de l'Orénoque qu'elle ne l'est effectivement, ils trouvent cette bouche, non de 0° 26′ à l'*ouest*, comme dans mon Atlas de l'Amérique méridionale, mais de 2° 10′ à l'*est* du confluent du Caura. Nous ignorons, il est vrai, la différence de longitude entre l'embouchure du Rio Caura et le point de l'Erevato (affluent du Caura) auquel aboutissoit l'ancien chemin de l'Esmeralda ; mais il est difficile de croire que le Haut-Erevato se trouve dans la nature tellement rejeté vers l'ouest que la direction du chemin du Padamo à l'Erevato soit au *nord-ouest*. Ce qui est plus certain et très-remarquable, à cause de la position de l'embouchure du Ventuari (1° 36′ à l'*ouest* de l'Esmeralda), c'est que les sources du Ventuari, ou plutôt la partie supérieure de son cours, se trouvent sur la direction du chemin du Padamo à l'Erevato.

dans les missions, doivent borner leurs courses à la partie pacifiée du pays. Il reste 15 lieues du Guapo au Raudal des Guaharibos. A cette cataracte, que l'on passe sur un pont de lianes, sont postés des Indiens armés d'arcs et de flèches: ils empêchent les blancs ou ceux qui viennent du territoire des blancs d'avancer vers l'ouest. Comment aurions-nous pu espérer de dépasser un point où se vit arrêté le commandant du Rio Negro, Don Francisco Bovadilla, lorsque, accompagné de ses soldats, il essaya de pénétrer au-delà du Gehette? Le carnage qu'on fit alors parmi les naturels, les a rendus plus méfians et plus haineux contre les habitans des missions. Il faut se rappeler que l'Orénoque avoit offert jusqu'ici aux géographes deux problêmes distincts, mais également importans: la position de ses sources, et le mode de sa communication avec l'Amazone. Le dernier de ces problêmes a été l'objet du voyage que je viens de décrire: quant à la découverte des sources, c'est aux gouvernemens espagnol et portugais à la compléter. Un foible détachement de soldats, partant de l'Angostura ou du Rio Negro, suffiroit pour résister aux Guaharibos, aux Guaycas et aux Caribes dont on exagère également et la force et le nombre. Cette expédition pourroit se diriger, soit de l'Esmeralda vers l'est, soit par le Rio

Caroni et le Paragua vers le sud-ouest, soit enfin par le Rio Padaviri ou le Rio Branco et l'Urariquera vers le nord-ouest. Comme l'Orénoque, près de son origine, n'est probablement connu ni sous ce nom ni sous celui de Paragua[1], il seroit plus sûr de le remonter au-delà du Gehette, après avoir traversé le pays entre l'Esmeralda et le *Raudal* des Guaharibos dont j'ai donné plus haut une description détaillée. De cette manière on ne confondroit pas le tronc principal du fleuve avec un affluent supérieur, et l'on continueroit à suivre les bords de l'Orénoque, sur l'une ou l'autre rive, là où le lit seroit obstrué par des rochers. Si toutefois, au lieu d'aller vers l'est, on vouloit chercher les sources en se dirigeant vers l'ouest par le Rio Carony, l'Essequebo ou le Rio Branco, il ne faudroit regarder le but de l'expédition comme atteint qu'autant qu'on auroit pu descendre la

---

[1] C'est le nom indien du Haut-Orénoque. (*Voyez* Tom. VII, p. 267.) Comme les mots *Paragua* et *Parime* signifient *eau*, *grande eau*, *mer*, *lac*, il ne faut pas être surpris que des versans entièrement indépendans les uns des autres portent ces noms. Les Espagnols appellent *Paragua* un affluent du Rio Carony, celui qui reçoit le Paruspa par lequel les Caribes venoient jadis dans la vallée du Caura (Pl. xx de mon *Atlas géographique*). Les Portugais désignent sous le nom de Rio Parime tantôt tout le Rio Branco (Rio de Aguas Blancas), tantôt un petit affluent de ce fleuve.

rivière dont on supposeroit l'identité avec l'Orénoque jusqu'à l'ambouchure du Gehette et à la mission de l'Esmeralda. Le fort portugais de San Joaquim, sur la rive gauche du Rio Branco, près du confluent du Tacutu, seroit un autre point de départ favorablement situé; je le recommande, parce que j'ignore si l'on n'a pas déjà détruit [1] la mission de Santa Rosa, établie plus à l'ouest sur les rives de l'Urariapara, sous le gouvernement de Don Manuel Centurion, lors de la fondation de la *Ciudad* de Guirior. Ce seroit en suivant le cours du Paragua à l'ouest du *destacamento* ou poste militaire de Guirior, situé dans les missions des Capucins Catalans, ou bien en avançant vers l'ouest du fort portugais de San

---

[1] Le nom de Santa Rosa se trouve sur les cartes les plus récentes du dépôt de Rio Janeiro, qui sont très-détaillées dans la partie septentrionale du Rio Branco. L'Urariapara tombe dans le Rio Urariquera (Curaricara de la carte de Surville) qui reçoit le petit Rio Parime, et qui, avec le Tacutu, forme, près du fort San Joaquim, le Rio Branco. Comme l'Urariquera coule de l'est à l'ouest, c'est en le remontant qu'on approche le plus de l'Esmeralda et des sources de l'Orénoque. Au nord de l'Urariquera se prolonge, aussi dans le sens d'un parallèle, la Cordillère de Pacaraimo, que Don Antonio Santos a traversée. Elle fait le point de partage entre les eaux du Rio Branco et celles de l'Essequebo et du Carony. (*Voyez* plus haut, p. 115.) Une réunion de cabanes, qu'on appelle fastueusement *Ciudad de Guirior*, est placée sur le Rio Paragua (affluent du Carony) là où il reçoit le Paraguamusi.

CHAPITRE XXIV.

Joaquim, dans la vallée du Rio Uruariquera, qu'on arriveroit le plus sûrement aux sources de l'Orénoque. Les observations de longitude que j'ai faites à l'Esmeralda pourront faciliter cette recherche, comme je l'ai exposé dans un mémoire adressé au ministère espagnol, sous le règne du roi Charles IV.

Si le grand et utile établissement des missions américaines éprouvoit peu à peu les perfectionnemens que plusieurs évêques ont demandés; si, au lieu de recruter les missionnaires comme au hasard dans les couvens d'Espagne, on élevoit de jeunes religieux dans des séminaires ou colléges de missions, fondés en Amérique, les expéditions militaires que je propose deviendroient inutiles. L'habit de saint Francois, qu'il soit brun comme celui des Capucins du Carony, ou bleu comme celui des Observantins de l'Orénoque, a conservé un certain charme pour les Indiens de ces contrées. Ils y attachent je ne sais quelles idées de prospérité et d'aisance, l'espoir d'acquérir des haches, des couteaux et des instrumens de pêche. Ceux même qui, jaloux de leur indépendance et de leur isolement, refusent de se laisser « gouverner par le son de la cloche, » reçoivent avec plaisir la visite d'un missionnaire voisin. Sans les exactions des militaires et les incursions hostiles des moines, sans les *entradas* et *conquistas apostolicas*, les naturels ne se seroient pas éloignés des rives du fleuve. En abandonnant le système déraisonnable d'introduire le régime des couvens dans les forêts et les savanes de l'Amérique, en laissant jouir les Indiens des fruits de leurs travaux et en les gourvernant moins, c'est-à-dire en n'entravant pas à chaque instant leur liberté naturelle, les missionnaires verroient s'agrandir rapidement la sphère de leur activité, qui devroit être celle de la civilisation humaine.

Les établissemens monastiques ont répandu, dans la partie équinoxiale du Nouveau-Monde comme dans le nord de l'Europe, les premiers germes de la vie sociale. Ils forment encore aujourd'hui une vaste ceinture autour des possessions européennes ; et, quels que soient les abus qui se sont introduits dans des institutions où tous les pouvoirs se trouvent confondus en un seul, il seroit difficile de les remplacer par d'autres qui, sans présenter des inconvéniens beaucoup plus graves, fussent aussi peu coûteuses, et aussi bien appropriées au flegme silencieux des indigènes. Je reviendrai sur ces établissemens chrétiens dont l'importance politique n'est pas assez reconnue en Europe. Il suffit de rappeler ici que ceux qui sont les plus éloignés de la côte sont aujourd'hui les plus négligés. Les religieux s'y trouvent dans une profonde misère. Occupés de leur subsistance, travaillant sans cesse à être placés dans quelque mission plus rapprochée de la civilisation, c'est-à-dire de *gens blancs et raisonnables* [1], ils ne sont guère tentés de se porter en avant. Leurs progrès deviendront rapides dès que l'on assignera (à l'exemple des jésuites) des secours extraordinaires aux missions les plus éloignées, et que l'on placera, comme aux postes les plus avancés, à Guirior, à San Luis del Erevato et à l'Esmeralda [2], les religieux les plus courageux, les plus intelligens et les plus versés dans les langues indiennes. Le peu qui reste à découvrir de l'Orénoque (probablement un espace de 25 à 30 lieues) sera bientôt exploré; dans les deux Amériques, les missionnaires arrivent partout les premiers, parce qu'ils trouvent des facilités qui manquent aux autres voyageurs. « Vous vous vantez de vos courses au-delà du Lac Supérieur, disoit un Indien du Canada à des marchands de fourrures des Etats-Unis; il ne vous souvient donc pas que les *robes noires* y ont passé avant, et que ce sont eux qui vous ont montré le chemin du couchant. »

[1] *Voyez* Tom. VII, p. 330.
[2] Ces trois points sont placés aux confins des missions du Rio Carony, du Rio Caura et du Haut-Orénoque.

Notre pirogue ne fut prête à nous recevoir que vers les trois heures du soir. Elle s'étoit remplie d'une innombrable quantité de fourmis pendant la navigation du Cassiquiare, et l'on parvint avec peine à en délivrer le *toldo* ou toit de feuilles de palmiers sous lequel de nouveau nous devions rester étendus pendant vingt-deux jours. Nous employâmes une partie de la matinée à répéter aux habitans de l'Esmeralda les questions que nous leur avions déjà faites sur l'existence d'un lac situé vers l'est. Nous montrâmes aux vieux militaires, postés dans la mission depuis son premier établissement, des copies des cartes de Surville et de La Cruz. Ils rioient de la prétendue communication de l'Orénoque avec le Rio Idapa, et de cette *Mer Blanche* que doit traverser le premier de ces fleuves. Ce que nous appelons poliment des fictions de géographes leur paroissoit des *mensonges de l'autre monde* (*mentiras de por allá*). Ces bonnes gens ne pouvoient comprendre comment, en faisant la carte de pays qu'on n'a jamais visités, on prétend savoir, dans un minutieux détail, tout ce que l'on ignore sur les lieux. Le lac de la Parime, la Sierra Mey, les sources qui se divisent au point où elles sortent de la terre, sont entièrement inconnues à l'Esmeralda. On nous répétoit sans cesse que personne n'a jamais été à l'est du *Raudal* des Guaharibos, qu'au-delà de ce point, d'après l'opinion de quelques indigènes, l'Orénoque descend, comme un petit torrent, d'un groupe de montagnes habité par les Indiens Corotos. J'insiste sur ces circonstances; car si, du temps de l'expédition royale des limites ou après cette mémorable époque, quelque homme blanc étoit effectivement parvenu aux sources de l'Orénoque et à ce prétendu lac de la Parime, la tradition devroit s'en être conservée dans la mission la plus voisine, dans celle à travers laquelle il falloit passer pour faire une découverte si importante. Or les trois personnes qui ont eu connoissance des travaux de l'expédition des limites, le père Caulin, La Cruz et Surville, ont donné des notions diamétralement contradictoires sur l'origine de l'Orénoque. Ces contradictions existeroient-elles, si, au lieu de fonder leurs cartes sur des combinaisons et des hypothèses forgées à Madrid, ces savans avoient eu devant les yeux la relation d'un voyage réel. Le père Gili, qui avoit habité les rives de l'Orénoque pendant dix-huit ans [1], dit expressément « que Don Apollinario Diez fut envoyé, en 1765, pour tenter de découvrir les sources de l'Orénoque; qu'il trouva, à l'est de l'Esmeralda, le fleuve rempli d'écueils; qu'il s'en re-

---

[1] De 1749 à 1767. *Gili*, Tom. I, p. 9 et 324.

tourna, parce qu'il manquoit de vivres, et qu'il n'apprit rien, absolument rien de l'existence d'un lac.» Cette assertion est entièrement conforme à ce que j'ai appris trente-cinq ans plus tard à l'Esmeralda, où le nom de Don Apollinario est encore dans la bouche de tous les habitans, et où l'on fait sans cesse des voyages au-delà du confluent du Gehette.

La probabilité d'un fait se trouve fortement ébranlée, lorsqu'on peut prouver qu'il est inconnu là où l'on est le plus dans le cas de le connoître, et lorsque ceux qui le rapportent se contredisent, non dans les circonstances les moins essentielles, mais dans toutes celles qui sont importantes. Je ne m'étendrai pas davantage sur une discussion purement géographique : je ferai voir dans la suite comment les erreurs des cartes modernes sont nées de l'habitude de les calquer sur les cartes anciennes, comment des portages ont été pris pour des embranchemens de rivières; comment des rivières, appelées *grandes eaux* par les Indiens, ont été transformées en lacs; comment deux de ces lacs (le Cassipa et le Parime) ont été confondus et déplacés depuis le 16.e siècle; enfin comment, dans les noms des affluens du Rio Branco, on trouve la clef de la plupart de ces fictions surannées.

Au moment de nous embarquer, nous fûmes

entourés par ceux des habitans qui se disent blancs et de race espagnole. Ces pauvres gens nous conjuroient de solliciter à l'Angostura, auprès du gouverneur, leur retour dans les steppes (*Llanos*), ou, si on leur refusoit cette grâce, leur transplantation dans les missions du Rio Negro, comme dans un pays plus frais et plus libre d'insectes. « Quelque graves que puissent avoir été nos fautes, disoient-ils, nous les avons expiées pendant vingt ans de tourmens dans cet essaim de moustiques. » J'ai plaidé la cause de ces proscrits dans un rapport fait au gouvernement sur l'état industriel et commercial de ces contrées : les démarches que j'ai tentées sont restées infructueuses. Le gouvernement, à l'époque de mon voyage, étoit modéré, et généralement enclin à des mesures de douceur; mais ceux qui connoissent la complication des rouages de l'ancienne monarchie espagnole savent combien peu d'influence exerçoit l'esprit du ministère sur le bien-être des habitans de l'Orénoque, de la Nouvelle-Californie et des îles Philippines.

Lorsque des voyageurs s'en rapportent uniquement au sentiment qu'ils éprouvent, ils se disputent sur l'abondance des *mosquitos* comme sur l'accroissement ou la diminution progressive de la température. La disposition de nos organes, le mouvement de l'air, son degré d'humidité et de sécheresse, sa tension électrique, mille circonstances contribuent à la fois à nous faire souffrir plus ou moins de la chaleur et des insectes. Mes compagnons de voyage croyoient unanimement que l'Esmeralda l'emportoit, pour le tourment des *mosquitos*, sur les rives du Cassiquiare, et même sur les deux missions des Grandes-Cataractes : comme j'étois moins sensible qu'eux à la haute température de l'air, il me sembloit que l'irritation produite par les insectes étoit moindre à l'Esmeralda qu'à l'entrée du Haut-Orénoque. Nous faisions usage de lotions rafraîchissantes. Le jus de citron, et plus encore celui d'ananas, calment sensiblement la démangeaison des anciennes piqûres : sans diminuer les enflures, ils les rendent moins douloureuses. Lorsqu'on entend parler de ces fâcheux insectes des pays chauds, on a de la peine à se persuader que leur absence, ou plutôt leur disparition inattendue, puisse devenir un sujet d'inquiétude. Les habitans de l'Esmeralda nous ont raconté que, dans l'année 1795, une heure avant le coucher du soleil, lorsque les *mosquitos* forment une nuée très-dense, l'air en resta subitement libre pendant 20 minutes. Pas un seul insecte ne se fit apercevoir; cependant le ciel étoit sans nuages, et aucun vent n'annonçoit la pluie. Il faut avoir vécu dans ces contrées pour comprendre le degré de surprise que dut produire cette disparition subite des insectes. On se félicitoit les uns les autres, on se demandoit si cet état de bonheur, cet adoucissement des peines (*felicidad y alivio*) pouvoit être de quelque durée? Mais bientôt, au lieu de jouir du présent, on se livra à des craintes chimériques: on s'imagina que l'ordre de la nature étoit interverti. De vieux Indiens, les savans du lieu, assuroient que la disparition des moustiques ne pouvoit être que l'avant-coureur d'un grand tremblement de terre. On disputoit avec chaleur, on prêtoit l'oreille au moindre bruit dans le feuillage des arbres; et, lorsque l'air se remplit de nouveau de moustiques, on les vit reparoître avec plaisir. Quelle modification de l'atmosphère a causée ce phénomène qu'il ne faut pas confondre avec le remplacement périodique d'une espèce d'insectes par une autre espèce? Nous ne pûmes résoudre cette question, mais le récit animé des indigènes fixa notre intérêt. Nous crûmes voir l'homme, méfiant, incertain de ce qui le menace, regretter ses vieilles douleurs.

A notre départ de l'Esmeralda, le temps étoit très-orageux. Le sommet du Duida paroissoit enveloppé de nuages; mais ces amas de vapeurs, si noirs et si fortement condensés, se soutenoient encore à plus de 900 toises de hauteur au-dessus des plaines environnantes. En jugeant de l'élévation moyenne des nuages, c'est-à-dire de leur couche inférieure sous les différentes zones, il ne faut pas confondre des groupes sporadiques ou isolés, avec les rideaux de vapeurs qui, étendues d'une manière continue au-dessus des plaines, aboutissent à une chaîne de montagnes. Ces derniers sont les seuls que l'on peut considérer comme donnant des résultats certains : les groupes isolés de nuages s'engouffrent dans les vallées, souvent par le seul effet des courans descendans. Nous en avons vu, près de la ville de Caracas [1], à 500 toises

---

[1] Au-dessous de La Cruz de la Guayra. *Voyez* Tom. IV, pag. 180; et *Obs. astr.*, Tom. I, pag. 296. Je suis entré dans ces détails sur la hauteur des nuages pour faire voir combien il seroit à désirer que cette hauteur eût été plus souvent déterminée par des voyages aérostatiques. Lorsque le ballon s'élève au milieu d'une plaine, on est sûr d'obtenir des résultats indépendans de l'effet local que nous venons de désigner. MM. Gay-Lussac et Biot ont trouvé, dans leurs ascensions aérostatiques, la limite inférieure des nuages au-dessus de Paris, au milieu des fortes chaleurs de l'été, à 600 toises. Les brumes dans lesquelles on est si fréquemment enveloppé à Xalapa, sur la pente orientale de la Cordillère du Mexique, m'avoient fait admettre jadis que la hauteur moyenne des nuages, au-dessus de la Vera-Cruz, n'étoit aussi que de 700 toises : mais la proximité de montagnes boisées et humides,

au-dessus du niveau de la mer, et cependant il seroit difficile d'admettre que les nuages que l'on aperçoit au-dessus des côtes de Cumana et de l'île de la Marguerite se soutiennent à une si petite hauteur. L'orage qui grondoit autour de la cime du Duida ne descendoit pas dans la vallée de l'Orénoque : nous n'avons généralement pas observé, dans cette vallée, ces fortes explosions électriques qui épouvantent, pendant la saison des pluies, presque toutes les nuits, le voyageur dans le Rio Magdalena, en remontant de Carthagène à Honda. On diroit que, dans un pays plat, les orages suivent plus régulièrement le sillon ou lit d'un grand fleuve, que dans un pays inégalement hérissé de montagnes, et qui offre un embranchement varié de vallées latérales. Nous examinâmes à plusieurs reprises la température de l'eau de l'Orénoque à sa surface, le thermomètre, à l'air, se soutenant à 30°,3 : elle n'était que de 26° centésimaux, par conséquent de 3° plus basse que dans les Grandes-Cataractes, de 2° plus élevée que la température des eaux du Rio Negro. Sous la zone

le rayonnement du sol et des feuilles pendant la nuit par un ciel serein, et la conductibilité électrique de la roche, rendent assez incertaines les conclusions tirées de la mesure de hauteur des nuages qui sont adhérens à des montagnes.

tempérée, en Europe, le Danube et l'Elbe[1] n'atteignent, au milieu de l'été, que 17° à 19°. A l'Orénoque je n'ai jamais pu trouver de différence entre la chaleur diurne et la chaleur nocturne des eaux, à moins que je ne plongeasse le thermomètre dans les parties de la rivière où, ayant très-peu de fond, elle coule, avec une extrême lenteur, sur des plages très-larges et sablonneuses, comme à Uruana et vers les bouches de l'Apure. Quoique, sous un ciel généralement couvert, dans les forêts de la Guyane, le rayonnement du sol soit très-ralenti, la température de l'air diminue sensiblement pendant la nuit. La couche superficielle de l'eau est alors plus chaude que le sol environnant et si le mélange de deux airs presque sa-

---

[1] Voici les différences fondées sur des expériences directes faites avant mon départ d'Europe, pendant un long séjour à Vienne et à Dresde :

LATITUDE 48°—49°.

Température des rivières en été. . . . . . 17°—19° cent.
Température de l'air dans la mois le plus chaud. . . . . 18°—19°,5.
Température moyenne de l'année. . . . 10°—12°.

LATITUDE 5°—8°.

26°—29° (Orénoque).
28°—29°.
27°—28°,

CHAPITRE XXIV. 233

turés ¹ d'humidité, et, reposant sur la forêt et sur le lit de la rivière, ne produit aucun brouillard sensible, il est difficile d'attribuer cette circonstance au peu de fraîcheur de la nuit². Pendant mon séjour sur les bords de l'Orénoque et du Rio Negro, l'eau de ces fleuves a souvent eté de 2° à 3° plus chaude que la température nocturne de l'air non agité par le vent.

Après 4 heures de navigation en descendant l'Orénoque, nous arrivâmes au point de la bifurcation. Notre bivouac fut établi sur la même plage du Cassiquiare où, peu de jours auparavant, selon toute probabilité, les Jaguars nous avoient enlevé notre grand chien dogue. Toutes les recherches faites par les Indiens pour découvrir quelques traces de cet animal furent inutiles. Comme le ciel restoit couvert, j'attendois vainement les étoiles; mais je répétai l'observation de l'inclinaison magnétique que j'avois faite à

[1] *Voyez* Tom. II, p. 98, et Tom. VII, p. 105.'
[2] *Voyez* l'intéressant Mémoire de sir Humphry Davy, sur la formation des brouillards. (*Phil. Trans.* 1819, P. 1, p. 211.) Dans les Grandes-Cataractes, l'air étoit, de nuit, entre 27° et 29°, et l'eau de l'Orénoque à 27°,6; mais, sur les bords du Rio Negro, j'ai vu baisser de nuit le thermomètre cent., à l'air, à 22°; la surface du fleuve se maintenant à 24°. (*Voyez* Tom. VII, p. 203 et 418.) Aussi, dans le Bas-Orénoque, à l'est de l'embouchure de l'Apure, où la brise arrive librement, l'eau du fleuve a généralement 28°, tandis que la température nocturne de l'air s'abaisse jusqu'à 25° et au-dessous.

l'Esmeralda. Au pied du Cerro Duida, j'avois trouvé 28°, 25 div. cent., presque 3° de plus qu'à Mandavaca. A la bouche du Cassiquiare, j'obtins 28°,75 : l'influence du Duida paroissoit donc insensible. Les Jaguars [1] firent entendre leurs cris pendant toute la nuit. Ils sont extrêmement fréquens dans ces contrées, entre le *Cerro Maraguaca*, l'Unturan et les rives du Pamoni. C'est là que l'on trouve aussi ce *tigre noir* [2] dont j'ai vu de belles peaux à l'Esmeralda. Cet animal est célèbre par sa force et par sa férocité; il paroît être plus grand encore que le Jaguar commun. Les taches noires sont à peine visibles sur le fond brun-noir de sa peau. Les Indiens assurent que les tigres noirs sont très-rares, qu'ils ne se mêlent jamais aux Jaguars communs, et « qu'ils forment une autre race. » Je crois que

---

[1] Cette fréquence des grands Jaguars est assez remarquable dans un pays dépourvu de bétail. Les tigres du Haut-Orénoque mènent une vie misérable en comparaison de ceux des *Pampas* de Buenos-Ayres, de *Llanos* de Caracas et d'autres plaines couvertes de troupeaux de bêtes à cornes. On tue dans les colonies espagnoles annuellement plus de 4000 Jaguars, dont plusieurs atteignent la grandeur moyenne du tigre royal de l'Asie. Buenos-Ayres seul exportoit jadis, par an, 2000 peaux de Jaguars, que les fourreurs d'Europe nomment *peaux de la grande Panthère*.

[2] Gmelin a indiqué cet animal sous le nom de Felis discolor. Il ne faut pas le confondre avec le grand Lion américain, Felis concolor, qui est très-différent du petit Lion (Puma) des Andes de Quito. (*Lin., Syst. Nat.*, Tom. I, p. 79. *Cuvier, Règne animal*, Tom. I, p. 160.)

CHAPITRE XXIV.

le prince Maximilien de Neuwied, qui a enrichi la zoologie américaine de tant d'observations inportantes, a recueilli ces mêmes notions plus au sud, dans la partie chaude du Brésil. On a vu, dans le Paraguay, des variétés *albinos* de Jaguars; car ces animaux, que l'on pourroit appeler la belle Panthère de l'Amérique, offrent quelquefois des taches si pâles qu'on ne les reconnoît presque plus sur un fond entièrement blanc. Dans les Jaguars noirs, c'est au contraire la coloration du fond qui fait disparoître les taches. Il faudroit vivre très-long-temps dans ces contrées et pouvoir accompagner les Indiens de l'Esmeralda à la chasse dangereuse des tigres, pour prononcer avec certitude entre des variétés et des espèces. Dans tous les mammifères, et surtout dans la famille nombreuse des singes, on doit, à ce que je crois, moins fixer son attention sur le passage d'une couleur à l'autre dans quelques individus, que sur l'habitude des animaux de s'isoler et de former des bandes séparées.

Le 24 mai. Nous quittâmes notre bivouac avant le lever du soleil. Dans une anse rocheuse, qui avoit été la demeure des Indiens Durimundi, l'odeur aromatique des végétaux étoit si forte que nous en étions incommodés, quoique couchant à la belle étoile, et ayant, par les habitudes d'une vie exposée aux fatigues, le système nerveux très-peu irritable. Nous ne pûmes découvrir quelles étoient les fleurs qui répandoient cet arome. La forêt étoit impénétrable : M. Bonpland croyoit que de grandes touffes de Pancratium et de quelques autres plantes Liliacées se trouvoient cachées dans les marécages voisins; et, en descendant l'Orénoque à la faveur du courant, nous passâmes d'abord l'embouchure du Rio Cunucunumo, puis le Guanami et le Puruname. Les deux rives du fleuve principal sont entièrement désertes; vers le nord, s'élèvent de hautes montagnes; au sud, une vaste plaine s'étend, à perte de vue, au-delà des sources de l'Atacavi, qui prend plus bas le nom d'Atabapo. Il y a quelque chose de triste et de pénible dans cet aspect d'un fleuve sur lequel on ne rencontre pas même une pirogue de pêcheurs. Des peuplades indépendantes, les Abirianos et les Maquiritares, vivent dans ce pays montueux; mais, dans les savanes [1] voisines bordées par le Cassiquiare, l'Atabapo, l'Orénoque et le Rio Negro, il n'y a aujourd'hui presque aucune trace d'habitation humaine. Je

---

[1] Elles forment un quadrilatère de mille lieues carrées, dont les côtés opposés ont des pentes contraires, le Cassiquiare coulant vers le sud, l'Atabapo vers le nord, l'Orénoque vers le nord-ouest, et le Rio Negro vers le sud-est.

dis aujourd'hui ; car, ici comme dans d'autres parties de la Guyane, des figures grossières [1], représentant le soleil, la lune et des animaux, sont tracées sur les rochers de granite les plus durs, et attestent l'existence antérieure d'un peuple très-différent de ceux que nous avons appris à connoître sur les bords de l'Orénoque. D'après le récit des indigènes et des missionnaires les plus intelligens, ces signes symboliques ressemblent entièrement aux caractères que nous avons vus, cent lieues plus au nord, près de Caycara, vis-à-vis de l'embouchure du Rio Apure.

On est d'autant plus frappé des restes d'une ancienne culture, qu'ils occupent un espace plus grand, et qu'ils contrastent davantage avec l'abrutissement dans lequel nous voyons, depuis la conquête, toutes les hordes des régions chaudes et orientales de l'Amérique du Sud. En avançant des plaines du Cassiquiare et du Conorichite, 140 lieues vers l'est, entre les sources du Rio Branco et du Rio Essequebo, on rencontre aussi des rochers avec des figures symboliques. Je viens de vérifier ce fait, qui me paroît extrêmement curieux, dans le journal du

[1] Comparez plus haut, p. 9, et Tom. VI, p. 270.

voyageur Hortsmann dont j'ai sous les yeux une copie de la main du célèbre D'Anville. Ce voyageur, que j'ai eu occasion de nommer plusieurs fois dans cet ouvrage, remonta le Rupunuvini[1], un des affluens de l'Essequebo. Là où le fleuve, rempli de petites cascades, serpente entre les montagnes de Macarana, il trouva [2], avant d'arriver au lac Amucu, « des rochers couverts de figures ou (comme il dit en portugais) de *varias letras*. » Nous ne prendrons pas ce mot de *lettres* dans sa véritable signification. On nous a aussi montré, près du rocher Culimacari sur les bords du Cassiquiare, et au port de Caycara dans le Bas-Orénoque, des traits qu'on croit être des caractères alignés. Ce n'étoient cependant que des figures informes représentant les corps célestes, des tigres, des crocodiles, des boas et des instrumens servant à la fabrication

---

[1] Ce mot signifie sans doute *eau* (*veni, oueni*) de Rupununi, ou Rupumuri. (*Voyez* plus haut, p. 17.) *Veni* est un mot du grand rameau des langues maypure, cabre, guaipunave, avane et pareni.

[2] Le 18 avril 1749. Nicolas Hortsmann écrivoit, jour par jour, sur les lieux, tout ce qui lui paroissoit digne de remarque. Il mérite d'autant plus de confiance que, mécontent d'avoir manqué le but de ses recherches (le lac Dorado et des mines d'or et de diamans), il semble regarder avec dédain tout ce qu'il rencontre sur sa route.

de la farine de manioc. Il étoit impossible de reconnoître dans les *roches peintes*[1] (c'est le mot par lequel les indigènes désignent ces masses chargées de figures) un arrangement symétrique, des caractères régulièrement espacés. Les traits couverts dans les montagnes d'Uruana, par le missionnaire Fray Ramon Bueno, se rapprochent davantage d'une écriture alphabétique; cependant ces mêmes crractères, que j'ai discutés ailleurs, laissent encore beaucoup de doutes[2].

Quels que soient le sens de ces figures et le but dans lequel elles ont été tracées sur le granite, elles n'en méritent pas moins l'intérêt de ceux qui s'occupent de l'histoire philosophique de notre espèce. En voyageant des côtes de Caracas vers l'équateur, on est porté d'abord à croire que ce genre de monumens est propre à la chaîne de montagnes de l'Encaramada; on les trouve au port de Sedeño, près de Cay-

[2] En tamanaque, *tepumereme*. (*Tepu*, pierre, rocher, comme en mexicain, *tetl*, pierre, et *tepetl*, montagne; en turc-tartare, *tepe*.) Les Espagnols-Américains nomment aussi *Piedras pintadas* des rochers couverts de figures sculptées, par exemple ceux que l'on trouve sur le sommet du Paramo de Guanacas, dans la Nouvelle-Grenade, et qui rappellent les *tepumereme* de l'Orénoque, du Cassiquiare et du Rupunuvini.

[3] *Voyez* Tom. VI, p. 301, et mes *Vues des Cordillères et Monumens des peuples indigènes*, p. 61.

cara [1], à San Rafael del Capuchino, vis-à-vis de Cabruta, et presque partout où la roche granitique perce le sol dans la savane qui s'étend depuis le Cerro Curiquima vers les rives du Caura. Les peuples de race tamanaque, anciens habitans de ces contrées, ont une mythologie locale, des traditions qui ont rapport à ces roches sculptées. *Amalivaca*, le père des Tamanaques, c'est-à-dire le créateur du genre humain (chaque peuple se regarde comme la souche des autres peuples), arriva dans une barque, lors de la grande inondation, qu'on appelle l'*âge de l'eau*, [2] lorsque les flots de l'Océan se brisoient, dans l'intérieur des terres, contre les montagnes de l'Encaramada. Tous les hommes, ou, pour mieux dire, tous les Tamanaques, furent noyés, à l'exception d'un homme et d'une femme qui se sauvèrent sur une montagne près des rives de l'Asiveru, que les Espagnols appellent Cuchivero [3]. Cette montagne est l'Ararat des peuples araméens ou sémitiques, le Tlaloc ou Colhuacan des Mexi-

---

[1] Dans les montagnes du tyran, *Cerros del tyrano*.

[2] C'est l'*Atonatiuh* des Mexicains, le quatrième âge, la quatrième régénération du monde. *Voyez* mes *Monum. amér.*, Pl. XXXII.

[3] *Voyez* Tom. VI, p. 264; et *Gili*, Tom. II, p. 234; Tom. II, p. 4 et 8.

cains. *Amalivaca*, voyageant dans sa barque, grava les figures de la lune et du soleil sur la *Roche peinte* (*Tepumereme*) de l'Encaramada. Des blocs de granite appuyés les uns sur les autres, et formant une espèce de caverne, s'appellent encore aujourd'hui la *maison* ou *demeure* du grand aïeul des Tamanaques [1]. On montre également, près de cette caverne, dans les plaines de Maita, une grande pierre; c'étoit, disent les indigènes, un instrument de musique, la *caisse de tambour d'Amalivaca* [2]. Nous rappellerons, à cette occasion, que ce personnage héroïque avoit un frère, *Vochi*, qui l'aida à donner à la surface de la terre sa forme actuelle. Les Tamanaques racontent que les deux frères, dans leur système de perfectibilité, vouloient d'abord arranger l'Orénoque de manière à ce que l'on pût toujours suivre le fil de l'eau pour descendre et pour remonter la rivière. Par ce moyen, ils espéroient épargner aux hommes la peine de se servir de rames en allant vers les sources des fleuves; mais, quelle que fût la puissance de ces régénérateurs du monde, ils ne purent jamais venir à bout de donner une double pente à l'Orénoque : ils se

---

[1] *Amalavica-jeutitpe.*
[2] *Amalavica-chambural.*

virent obligés de renoncer à un problême hydraulique si bizarre. *Amalivaca* eut des filles qui avoient un goût très-décidé pour les voyages. La tradition dit, sans doute en style figuré, qu'il leur cassa les jambes pour les rendre sédentaires et les forcer de peupler la terre des Tamanaques. Après avoir tout réglé en Amérique, de ce côté de la *grande eau*, *Amalivaca* s'embarqua de nouveau, et « retourna à l'autre rive, » au même endroit d'où il étoit venu. Depuis que les indigènes voient arriver des missionnaires, ils s'imaginent que l'Europe est cette *autre rive* : un d'eux demanda naïvement au père Gili s'il avoit vu *par-là* le grand *Amalivaca*, ce père des Tamanaques, qui a couvert les rochers de figures symboliques.

Ces notions d'un grand cataclysme; ce couple sauvé sur le sommet d'une montagne, et jetant derrière lui les fruits du palmier Mauritia pour repeupler le monde[1]; cette divinité nationale, *Amalivaca*, qui arrive par eau d'une terre lointaine, qui prescrit des lois à la nature et force les peuples à renoncer à leurs migrations; ces traits divers de système de croyance très-anciens, sont bien dignes de fixer notre attention. Ce que les Tamanaques, et des tribus qui parlent

[1] *Voyez* Tom. VI, p. 269.

des langues analogues à la langue tamanaque, nous rapportent aujourd'hui, ils le tiennent sans doute d'autres peuples qui ont habité ces mêmes régions avant eux [1]. Le nom d'*Amalivaca* est répandu sur un espace de plus de 5000 lieues carrées; il se retrouve comme désignant *le père des hommes* (notre *grand aïeul*) jusque chez les notions caribes [2] dont l'idiome ne se rapproche du tamanaque qu'au même degré que l'allemand se rapproche du grec, du persan et du sanscrit. *Amalivaca* n'est pas originairement le *Grand-Esprit*, le *Vieux du Ciel*, cet être invisible dont le culte naît de celui des forces de la nature lorsque des peuples s'élèvent insensiblement au sentiment de l'unité de ces forces; c'est plutôt un personnage des temps héroïques, un homme qui, venant de loin, a vécu dans la terre des Tamanaques et des Caribes, qui a gravé des traits symboliques sur les rochers, qui a disparu en allant au-delà de l'Océan dans le pays qu'il avoit anciennement habité. L'anthropomorphisme de la divinité a deux sources [3] diamétralement opposées, et cette opposition ne semble pas naître autant des divers degrés de

---

[1] Les Parecas, Avarigotos, Quiriquiripas, Mariquitares.

[2] Les Caribes disent *Amarivaca*, comme ils se nomment eux-mêmes *Carina* et *Calina* (*Galibis*), en changeant le *r* en *l*.

[3] *Creuzer Simbolik der alten Völker*, Tom. III, p. 89.

culture intellectuelle que des dispositions des peuples dont les uns sont plus enclins à la mysticité, les autres plus dominés par les sens, par les impressions extérieures. Tantôt l'homme fait descendre les divinités sur la terre en les chargeant du soin de gouverner les peuples et de leur donner des lois, comme dans les mythes de l'Orient; tantôt, comme chez les Grecs et d'autres nations de l'Occident, ce sont les premiers monarques, les prêtres-rois, que l'on dépouille de ce qu'ils ont d'humain pour les élever au rang de divinités nationales. *Amalivaca* étoit un étranger, comme Manco-Capac, Bochica et Quetzalcohuatl, ces hommes extraordinaires qui, dans la partie alpine ou civilisée de l'Amérique, sur les plateaux du Pérou, de la Nouvelle-Grenade et d'Anahuac, ont organisé la société civile, réglé l'ordre des sacrifices et fondé des congrégations religieuses. Le Mexicain Quetzalcohuatl, dont Montezuma [1] croyoit reconnoître les descendans dans les compagnons de Cortès, offre une ressemblance de plus avec Amalivaca, le personnage mythologique de l'Amérique barbare ou des plaines de la zone torride. Avancé en âge, le grand-prêtre de Tula quitta le pays d'Anahuac qu'il avoit rempli de ses miracles

---

[1] Le second roi de ce nom, de la race d'Acamapitzin, proprement appelé *Montezuma-Ilhuicamina*.

CHAPITRE XXIV. 245

pour retourner dans une contrée inconnue, appelée Tlalpallan. Lorsque le moine Bernard de Sahagun arriva au Mexique, on lui fit exactement les mêmes questions qu'on adressa, deux cents ans plus tard, au missionnaire Gili, dans les forêts de l'Orénoque : on voulut savoir s'il venoit de *l'autre rive*, des pays où Quetzalcohuatl s'étoit retiré [1].

Nous avons vu plus haut que la région des roches sculptées ou des *pierres peintes* s'étend bien au-delà du Bas-Orénoque, au-delà de la contrée (lat. 7° 5′ à 7° 40′ ; long. 68° 50′ à 69° 45′) à laquelle appartient ce que l'on peut appeler le *mythe local* des Tamanaques. On retrouve ces mêmes roches sculptées entre le Cassiquiare et l'Atabapo (lat. 2° 5′ à 3° 20′; long. 69° à 70°); entre les sources [2] de l'Essequebo et du Rio Branco (lat. 3° 50′; long. 62° 32′). Je ne prétends pas que ces figures prouvent la connoissance de l'usage du fer, ni qu'elles annoncent une culture singulièrement avancée; mais, en

---

[1] *Torquemada*, Tom. II, p. 53.
[2] La position indiquée long. 62° 32′ est proprement celle du confluent du Pirara avec le Rio Mahu, une des branches supérieures du Rio Branco. J'ai trouvé cette position en m'appuyant sur la différence de longitude que M. de La Condamine a reconnue entre le Para et le fort du Rio Negro, et en déterminant l'embouchure du Rio Branco (long. 64° 38′) d'après la position de ce fort.

supposant même que, loin d'être symboliques, elles sont le produit de l'oisiveté des peuples chasseurs, il faut toujours admettre l'antériorité d'une race d'hommes très-différens de ceux qui habitent aujourd'hui les rives de l'Orénoque et du Rupunuri. Plus un pays est dépourvu de souvenirs des générations éteintes, et plus il est important de suivre les moindres traces de ce qui paroît être monumental. Les plaines de l'est de l'Amérique septentrionale n'offrent que ces circonvallations extraordinaires qui rappellent les camps fortifiés (les prétendues villes d'une étendue immense) des peuples nomades anciens et modernes de l'Asie. Dans les plaines orientales de l'Amérique du Sud, la force de la végétation, l'ardeur du climat et une nature trop prodigue de ses dons ont opposé de plus fortes entraves aux progrès de la civilisation humaine. Entre l'Orénoque et l'Amazone, je n'ai point entendu parler d'un mur de terre, d'un reste de digue, d'un *tumulus* sépulcral; les roches seuls nous montrent, et sur une grande étendue de pays, des traits grossiers que, dans des temps inconnus, la main de l'homme a tracés et qui se lient à des traditions religieuses. Lorsque les habitans des deux Amériques regarderont avec moins de dédain le sol qui les nourrit, les vestiges des siècles antérieurs se multiplieront à nos yeux de jour en jour. Une foible lueur se répandra sur l'histoire des peuples barbares, sur ces rochers escarpés qui nous disent que des régions, désertes aujourd'hui, furent jadis peuplées par des races d'hommes plus actifs et plus intelligens.

J'ai cru devoir rappeler, avant de quitter la partie la plus sauvage du Haut-Orénoque, des faits qui ne deviennent importans que lorsqu'on les considère dans leur ensemble. Ce que je pourrois rapporter de notre navigation depuis l'Esmeralda jusqu'à l'embouchure de l'Atabapo, ne seroit qu'une énumération aride de rivières et de lieux inhabités. Du 24 au 27 mai, nous n'avons couché que deux fois à terre, en bivouaquant d'abord au confluent du Rio Jao, et puis au-dessous de la mission de Santa Barbara, dans l'île de Minisi. Comme l'Orénoque est libre d'écueils, le pilote indien nous fit naviguer toute la nuit, en abandonnant la pirogue au courant du fleuve. Cette partie de ma carte, entre le Jao et le Ventuari, est par conséquent peu exacte pour tout ce qui regarde les sinuosités de l'Orénoque. En décomptant le séjour fait sur le rivage pour apprêter le riz et les bananes qui nous servoient de nourriture, nous n'avons mis que 35 heures de l'Esmeralda à Santa Barbara. Le chronomètre m'a donné, pour la longitude de cette dernière mission, 70° 3′; nous avions donc fait près de 4 milles par heure, vitesse (de $1^t,05$ par seconde) qui est due en partie au courant, en partie à l'action de la rame. Les Indiens prétendent que les crocodiles ne remontent pas l'Orénoque au-dessus de l'embouchure du Rio Jao, et que les lamentins ne se trouvent pas même au-dessus de la cataracte de Maypures. Il est facile de se tromper sur les premiers de ces deux animaux. Le voyageur le plus habitué à les voir peut prendre un tronc d'arbre de 12 ou 15 pieds de long pour un crocodile qui nage et dont des parties seules de la tête et de la queue sortent de l'eau.

La mission de Santa Barbara est située un peu à l'ouest de l'embouchure du Rio Ventuari ou Venituari, qui a été examinée, en 1800, par le père Francisco Valor. Nous trouvâmes, dans ce petit village de 120 habitans, quelques traces d'industrie. Les produits de cette industrie ne profitent guère aux indigènes, mais seulement aux moines, ou, comme on dit dans ces contrées, à l'église et au couvent. On nous assura qu'une grande lampe, qui sera d'argent massif, et achetée aux frais des néophytes, est attendue de Madrid. Il faut croire que, lorsqu'elle sera arrivée, on pensera aussi à habiller les Indiens, à leur procurer quelques instrumens d'agriculture et à réunir leurs enfans dans une école. Quoiqu'on ait quelques bœufs dans les savanes autour de la mission, on ne les emploie guère à tourner le moulin (*trapiche*) pour exprimer le suc de la canne à sucre; c'est l'occupation des Indiens qui travaillent sans paye, comme partout où ils sont censés travailler pour l'église. Il y a, au pied des montagnes qui entourent Santa Barbara, des pâturages moins gras qu'à l'Esmeralda, mais supérieurs à ceux de San Fernando de Atabapo. Le gazon est court et serré; cependant la couche superficielle de la terre n'offre qu'un sable granitique, sec et aride. Ces savanes peu fertiles des bords du Guaviare, du Meta et du Haut-Orénoque, sont également privées du terreau qui abonde dans les forêts environnantes, et de la couche épaisse d'argile qui couvre les grès des *Llanos* ou steppes de Venezuela. De petites Mimoses herbacées contribuent, sous cette zone, à engraisser le bétail, mais elles deviennent très-rares entre le Rio Jao et l'embouchure du Guaviare.

Pendant le peu d'heures que nous nous sommes arrêtés à la mission de Santa Barbara, nous avons obtenu des notions assez exactes sur le Rio Ventuari qui, après le Guaviare, m'a paru le plus considérable de tous les affluens du Haut-

Orénoque. Ces rives, anciennement occupées par les Maypures, sont peuplées encore aujourd'hui d'un grand nombre de nations indépendantes. En remontant par la bouche du Ventuari qui forme un delta couvert de palmiers[1], on rencontre, à l'est, à trois journées de chemin, le Cumaruita et le Paru, deux affluens qui naissent au pied des hautes montagnes de Cuneva. Plus haut, à l'ouest, se trouvent le Mariata et le Manipiare[2] habités par les Indiens Macos et Curacicanas. Cette dernière nation est remarquable par le zèle avec lequel elle s'adonne à la culture du coton. Dans une incursion hostile (*entrada*), on trouva une grande maison dans laquelle il y avoit plus de 30 à 40 hamacs d'un tissu très-fin, du coton filé, des cordages et des instrumens de pêche. Les indigènes s'étoient enfuis, et le père Valor nous raconta « que les Indiens de la mission qui l'accompagnoient avoient mis le feu à la maison avant qu'il pût sauver ces produits de l'industrie des Curacicanas. » Les néophytes de Santa Barbara, qui se croient très-supérieurs à ces prétendus sauvages, m'ont paru bien moins industrieux. Le Rio Manipiare, une des branches

---

[1] *Palma del Cucurito.*

[2] Rio Manapiari, selon la prononciation des Indiens de l'Esmeralda.

CHAPITRE XXIV. 251

principales du Ventuari, s'approche, vers sa source, de ces hautes montagnes dont le revers septentrional donne naissance au Cuchivero. C'est une prolongation de la chaîne du Baraguan, et c'est là que le père Gili place le *plateau du Siamacu*, dont il vante le climat tempéré[1]. Le cours supérieur du Rio Ventuari, au-delà du confluent de l'Asisi et des *Grands Raudales*, est presque inconnu. J'ai appris seulement que le Haut-Ventuari incline à tel point vers l'est[2] que l'ancienne route de l'Esmeralda au Rio Caura traverse le lit du fleuve. La proximité entre les affluens du Carony, du Caura et du Ventuari a donné lieu, depuis des siècles, à l'apparition des Caribes sur les bords du Haut-Orénoque. Des bandes de ce peuple guerrier et marchand remontoient du Rio Carony par le Paragua aux sources du Paruspa. Un portage les conduisoit au Chavarro, affluent oriental du Rio Caura : ils descendoient avec leurs pirogues, d'abord cet affluent, et puis le Caura même jusqu'à l'embouchure de l'Erevato. Après avoir remonté celui-ci vers le sud-ouest, ils entroient, en traversant pendant trois jours de vastes sa-

---

[1] *Voyez* plus haut, p. 198.
[2] *Voyez* plus haut, p. 215, note.

vanes, par le Manipiare au grand Rio Ventuari[1]. Je trace cette route d'une manière précise, non seulement parce que c'étoit la route sur laquelle se faisoit la traite des esclaves indigènes, mais aussi pour appeler l'attention des hommes qui gouverneront un jour la Guyane pacifiée sur la haute importance de ce dédale de rivières.

C'est par quatre affluens de l'Orénoque, les plus grands de ceux que cette rivière majestueuse reçoit à sa droite, par le Carony et le Caura, le Padamo et le Ventuari, que la civilisation européenne pénétrera dans ce pays de forêts et de montagnes qui a une surface de 10,600 lieues carrées, et qu'entoure l'Orénoque au nord, à l'ouest et au sud. Des Capucins de Catalogne et des Observantins d'Andalousie et de Valence ont déjà fait des établissemens

---

[1] *Voyez* mon *Altas géographique*, Pl. XVI et XX. Le Rio Cuyuni, le Paragua et les affluens du Caura (le Chavarro et l'Erevato) coulent tous, plus ou moins, dans le sens d'un parallèle; de sorte que, sauf quelques portages, on peut naviguer de l'est à l'ouest, en partant d'Essequebo et de Demerary, sur une distance de 140 lieues, par les 6° et 7° de latitude. C'est une navigation exécutée dans l'intérieur des terres, parallèlement au cours du Bas-Orénoque, en restant éloigné de ce grand fleuve de 30 à 40 lieues au sud. On peut comparer cette route en petit à la grande ligne de navigation établie en Sibérie, de l'ouest à l'est, par la direction uniforme des affluens de l'Obi, du Jenisei et du Lena.

dans les vallées du Carony et du Caura : il étoit naturel que les affluens du Bas-Orénoque, comme les plus rapprochés de la côte et de la région cultivée de Venezuela, fussent les premiers à recevoir des missionnaires, et avec eux quelques germes de la vie sociale. Dejà, en 1797, les établissemens des Capucins dans le Rio Caroni renfermoient 16,600 Indiens habitant paisiblement des villages. Dans le Rio Caura, il n'y en avoit, à cette époque, sous le régime des Observantins, d'après des recensemens également officiels, que 640. Cette différence résulte de la vaste étendue et de l'excellence des pâturages sur les rives du Caroni, de l'Upatu et du Cuyuni, de la proximité des bouches de l'Orénoque et de la capitale de la Guyane aux missions des Capucins ; enfin, du régime intérieur, de l'activité industrielle et de l'esprit mercantile des moines catalans. Au Caroni et au Caura, qui coulent vers le nord, correspondent deux grands affluens du Haut-Orénoque qui envoient leurs eaux vers le sud ; ce sont le Padamo et le Ventuari. Jusqu'à présent, pas un village ne s'élève sur leurs rives, et cependant l'un et l'autre offrent à l'agriculture et à l'économie pastorale des avantages qu'on chercheroit en vain dans la vallée du grand fleuve dont ils sont tributaires. Au centre de ces sauvages contrées, où long-temps encore il n'y aura d'autres chemins que les rivières, tous les projets de civilisation doivent être basés sur la connoissance intime du *système hydraulique* et de l'importance relative des affluens.

Nous quittâmes, le 26 mai dans la matinée, le petit village de Santa Barbara, où nous trouvâmes plusieurs Indiens de l'Esmeralda que le missionnaire avait fait venir, à leur plus grand regret, pour lui construire une maison de deux étages. Nous jouîmes, pendant toute la journée, de la vue des belles montagnes de Sipapo [1] qui se présentent à une distance de plus de 18 lieues vers le nord-nord-ouest. La végétation des rives de l'Orénoque est singulièrement variée dans cette contrée : les fougères en arbre [2] descendent des montagnes pour se mêler aux palmiers de la plaine. Nous bivouaquâmes la nuit à l'île de Minisi; et, après avoir passé les embouchures des petites rivières de Quejanuma, d'Ubua et de Masao,

---

[1] *Voyez* Tom. VII, p. 215.

[2] Ces végétaux offrent beaucoup de singularité dans leur distribution géographique. Au Brésil, ils ne se trouvent guère sur la côte orientale. (*Voyez* l'intéressant ouvrage du prince Maximilien de Neuwied, *Reise nach Brasilien*, Tom. I, p. 254.)

CHAPITRE XXIV.

nous arrivâmes, le 27 mai, à San Fernando de Atabapo. Il y avoit un mois que nous avions été logés dans la même maison du président des missions, en allant au Rio Negro. Nous nous étions dirigés alors vers le sud, par l'Atabapo et le Temi : à présent nous revenions du côté de l'ouest, ayant fait un long détour par le Cassiquiare et le Haut-Orénoque. Pendant cette longue absence, le président des missions avoit conçu de graves inquiétudes sur le véritable but de notre voyage, sur mes relations avec les membres du haut clergé en Espagne, et sur la connoissance que j'avois acquise de l'état des missions. Au moment de notre départ pour l'Angostura, capitale de la Guyane, il me pressa vivement de laisser entre ses mains un écrit, dans lequel je rendrois témoignage du bon ordre qui règne dans les établissemens chrétiens de l'Orénoque, et de la douceur avec laquelle les indigènes y sont généralement traités. Cette démarche du Supérieur, motivée par un zèle très-louable pour le bien de son Ordre, ne laissa pas de m'embarrasser. Je répondis que le témoignage d'un voyageur né dans le sein de l'église calviniste ne pourroit guère être de quelque poids dans les interminables querelles qui divisent presque partout, dans le Nouveau-Monde, les deux pouvoirs séculier et ecclésiastique. Je lui fis entrevoir que, me trouvant à deux cents lieues des côtes, au centre des missions, et, comme disent malignement les habitans de Cumana, *en el poder de los frayles* [1], l'écrit que nous composerions ensemble sur les bords de l'Atabapo ne paroîtroit pas tout-à-fait, de mon côté, un acte librement consenti. Le président ne fut pas effrayé de l'idée d'avoir donné l'hospitalité à un calviniste. Je pense qu'avant mon arrivée, on n'en avoit guère vu dans les missions de Saint-François; mais les missionnaires, en Amérique, ne peuvent être accusés d'intolérance. Les hérésies de la vieille Europe ne les occupent pas, si ce n'est sur les confins de la Guyane hollandoise, où les prédicans s'avisent aussi d'aller en mission. Le président n'insista plus sur l'écrit que je devois signer, et nous profitâmes du peu de momens qui nous restoient pour nous entretenir avec franchise de l'état de ce pays et de l'espoir de faire participer les Indiens aux bienfaits de la civilisation. J'insistai sur le mal qu'avoient produit les *entradas* ou incursions hostiles; sur le peu de fruit que les indigènes tirent de leur travail, sur les voyages qu'on les force de

[1] Au pouvoir des moines.

faire dans des intérêts qui ne sont pas les leurs, enfin sur la nécessité de donner, dans un collége particulier, quelque éducation aux jeunes religieux appelés à gouverner des communes très-nombreuses. Le président sembloit m'écouter avec bienveillance. Je crois cependant qu'il auroit désiré (sans doute par zèle pour l'histoire naturelle) que ceux qui ramassent des plantes et qui examinent des roches renonçassent à cet intérêt indiscret pour la race cuivrée et les affaires de la société humaine. Ce désir est assez commun dans les deux mondes; on le retrouve partout où l'autorité est inquiète, parce qu'elle se croit mal affermie.

Nous ne restâmes qu'un seul jour à San Fernando de Atabapo, quoique ce village, embelli par le palmier Pihiguao [1], à fruits de pêcher, nous parût un séjour délicieux. Des *Pauxis* [2] domestiques entouroient les cabanes des Indiens. Dans une d'elles, nous vîmes un singe extrêmement rare qui habite les rives du Guaviare. C'est le *Caparro* que j'ai

---

[3] *Voyez* Tom. VII, p. 260.

[2] Ce n'est pas l'Ourax de M. Cuvier (Crax Pauxi, Lin.), mais le Crax alector.

[3] Tom. VII, p. 76, 152.

fait connoître dans mes *Observations de zoologie et d'anatomie comparée*[1], et que M. Geoffroy croit former un nouveau genre (Lagothrix) entre les Atèles et les Alouates. Le pelage de ce singe est gris de marte et d'une douceur extrême au toucher. Le *Caparro* se distingue de plus par une tête ronde et une expression de physionomie douce et agréable. Je crois que le missionnaire Gili [1] est le seul auteur qui ait fait mention avant moi de cet animal curieux autour duquel les zoologistes commencent à grouper d'autres singes du Brésil.

Partis le 27 mai de San Fernando, nous arrivâmes, à la faveur du courant rapide de l'Orénoque, en moins de sept heures, à l'embouchure du Rio Mataveni. Nous passâmes la nuit à la belle étoile, au-dessous du rocher granitique *El Castillito*[2] qui s'élève au milieu du fleuve, et qui rappelle, par sa forme, le *Mausethurm* du Rhin, vis-à-vis de Bingen. Ici, comme sur les bords de l'Atabapo, nous fûmes frappés de la vue d'une petite espèce de Drosera qui a tout le port du Drosera d'Europe. L'Orénoque avoit éprouvé une crue tres-sensible pendant la nuit;

---

[1] « Pendant les dix-huit ans que j'ai passés dans les missions de l'Orénoque, je n'ai pu voir qu'un seul *Caparro*. » Gili, Tom. I, p. 240.

[2] *Voyez* Tom. VII, p. 237.

le courant fortement accéléré nous porta, en dix heures, de l'embouchure du Mataveni à la Grande Cataracte supérieure, celle de Maypures ou de Quittuna. La distance parcourue fut de 13 lieues. Nous nous rappelâmes avec intérêt des sites où nous avions bivouaqué en remontant la rivière; nous retrouvâmes des Indiens qui nous avoient accompagnés dans nos herborisations, et nous visitâmes de nouveau la belle source [1] qui sort d'un rocher de granite stratifié, derrière la maison du missionnaire: sa température n'avoit pas changé de 0°,3. Depuis l'embouchure de l'Atabapo jusqu'à celle de l'Apure, nous voyagions comme dans un pays que nous aurions habité depuis long-temps. Nous nous trouvions réduits à la même abstinence; nous étions piqués par les mêmes moustiques; mais la certitude d'arriver, en peu de semaines, au terme de nos souffrances physiques, soutenoit notre courage.

Le passage de la pirogue par la Grande Cataracte nous arrêta deux jours à Maypures. Le père Bernardo Zea, missionnaire des Raudales, qui nous avoit accompagnés au Rio Negro, voulut, quoique malade, nous conduire encore avec ses Indiens jusqu'à Aturès. Un d'eux,

[1] Elle étoit, le 19 avril, de 27°,8 cent. Le 30 mai, je la trouvai de 27°,5.

Zerepe, l'interprète qu'on avoit battu si impitoyablement à la *plage de Pararuma* [1], fixa notre intérêt par l'expression de sa morne tristesse. Nous apprîmes qu'il venoit de perdre l'Indienne à laquelle il étoit fiancé, et qu'il l'avoit perdue par l'effet d'une fausse nouvelle répandue sur la direction de notre voyage. Né à Maypures, *Zerepe* avoit été élevé dans les bois, chez ses parens, de la tribu des Macos. Il avoit amené avec lui à la mission une fille de douze ans qu'il comptoit épouser lors de notre retour aux Cataractes. Cette jeune Indienne n'aimoit guère la vie des missions : on lui avoit dit que les blancs iroient au pays des *Portugais* (au Brésil), et qu'ils ameneroient Zerepe avec eux. Contrariée dans ses espérances, elle s'empara d'un canot, traversa le *Raudal* avec une autre fille du même âge, et s'enfuit *al monte* pour retourner vers les siens. Le récit de cet acte de courage étoit la grande nouvelle du lieu : cependant la tristesse de *Zerepe* ne fut pas de longue durée. Il étoit né parmi les chrétiens ; ayant voyagé jusqu'au fortin du Rio Negro, sachant le castillan et la langue des Macos, il se croyoit supérieur aux gens de sa tribu. Comment ne pas oublier une fille née dans la forêt ?

Le 31 mai, nous passâmes les rapides des

[1] *Voyez* Tom. VI, p. 344.

Guahibos et de Garcita. Les îles qui s'élèvent au milieu des eaux du fleuve, brilloient de la plus belle verdure. Les pluies de l'hiver avoient développé les spathes du palmier *Vadgiai* dont les feuilles montent droit vers le ciel [1]. On ne se lasse pas de la vue de ces sites où les arbres et les rochers donnent au paysage ce caractère grand et sévère que l'on admire dans les fonds des tableaux du Titien et du Poussin. Nous débarquâmes, peu avant le coucher du soleil, sur la rive orientale de l'Orénoque, au *Puerto de la Expedicion*. C'étoit pour visiter la caverne d'Ataruipe, dont j'ai parlé plus haut [2], et qui semble être le lieu de sépulture de toute une nation détruite. Je vais essayer de décrire cette caverne célèbre parmi les indigènes.

On gravit avec peine, et non sans quelque danger, un roc de granite escarpé et entièrement nu. Il seroit presque impossible de fixer le pied sur cette surface lisse et fortement inclinée, si de grands cristaux de feldspath, résistant à la décomposition, ne sortoient de la roche et n'offroient des points d'appui. A peine eûmes-nous atteint le sommet de la montagne, que nous fûmes étonnés de l'aspect extraordinaire que

[1] *Voyez* Tom. VII, p. 62.
[2] *Ibid.* p. 69, 147.

présente le pays d'alentour. Le lit écumeux des eaux est rempli d'un archipel d'îles couvertes de palmiers. Vers l'ouest, à la rive gauche de l'Orénoque, s'étendent les savanes du Meta et de Casanare. C'étoit comme une mer de verdure dont l'horizon brumeux étoit éclairé par les rayons du soleil couchant. Cet astre semblable à un globe de feu suspendu sur la plaine, ce pic isolé d'Uniana, qui paroissoit d'autant plus élevé que les vapeurs en enveloppoient et amollissoient les contours, tout contribuoit à agrandir cette scène majestueuse. Notre vue plongeoit de près dans une vallée profonde et fermée de toutes parts. Des oiseaux de proie et des engoulevens voloient solitaires dans ce cirque inaccessible. Nous nous plaisions à suivre leurs ombres mobiles qui glissoient lentement sur les flancs du rocher.

Une arête étroite nous conduisit vers une montagne voisine dont le sommet arrondi supportoit d'énormes blocs de granite. Ces masses ont plus de 40 à 50 pieds de diamètre, et présentent une forme si parfaitement sphérique, que, paroissant ne toucher au sol que par un petit nombre de points, on doit supposer qu'à la moindre secousse d'un tremblement de terre elles rouleroient dans l'abîme. Je ne me souviens pas d'avoir vu ailleurs un phénomène semblable au milieu des décompositions qu'offrent les terrains granitiques. Si les boules reposoient sur une roche d'une nature différente, comme c'est le cas des blocs du Jura, on pourroit supposer qu'elles ont été arrondies par l'action des eaux ou lancées par la force d'un fluide élastique ; mais leur position sur le sommet d'une colline également granitique rend plus probable qu'elles doivent leur origine à une décomposition progressive de la roche.

La partie la plus reculée de la vallée est couverte d'une épaisse forêt. Dans cet endroit ombragé et solitaire, sur la pente d'une montagne escarpée s'ouvre la caverne d'Ataruipe. C'est moins une caverne qu'un rocher saillant, dans lequel les eaux ont creusé un vaste enfoncement, lorsque, dans les anciennes révolutions de notre planète, elles atteignoient à cette hauteur [1]. Dans ce tombeau de toute une peuplade éteinte, nous comptâmes en peu de temps près de 600 squelettes bien conservés et disposés si régulièrement qu'il auroit été difficile de se tromper sur leur

---

[1] Je n'y ai vu aucun filon, aucun *four* à cristaux. (*Voyez* Tom. III, p. 175.) La décomposition des roches granitiques et leur séparation en grandes mases, dispersées dans les plaines et les vallons, sous la forme de *blocs* et de *boules* à couches concentriques, paroissent favoriser l'agrandissement de ces excavations naturelles qui ressemblent à de véritables cavernes.

nombre. Chaque squelette repose dans une espèce de corbeille faite avec des pétioles de palmier. Ces corbeilles, que les indigènes appellent *mapires*, ont la forme d'un sac carré. Leur grandeur est proportionnée à l'âge des morts : il y en a même pour des enfans moissonnés à l'instant de leur naissance. Nous en avons vu de 10 pouces à 3 pieds 4 pouces de longueur. Tous ces squelettes repliés sur eux-mêmes sont si entiers, qu'il n'y manque ni une côte ni une phalange. Les os ont été préparés de trois manières différentes, ou blanchis à l'air et au soleil, ou teints en rouge avec de l'*Onoto*, matière colorante tirée du Bixa Orellana; ou, comme de véritables momies, enduits de résines odorantes et enveloppés de feuilles d'Heliconia et de bananier. Les Indiens nous racontoient que l'on met le cadavre frais dans la terre humide, afin que les chairs se consument peu à peu. Après l'espace de quelques mois, on les retire; et, avec des pierres aiguisées, on racle la chair restée sur les os. Plusieurs hordes de la Guyane suivent encore cette coutume. Près des *mapires* ou paniers, on trouve des vases d'une argile à moitié cuite : ils paroissent contenir les os d'une même famille. Les plus grands de ces vases ou urnes funéraires ont 3 pieds de haut et 4 pieds 3 pouces de long. Ils sont d'une couleur gris-verdâtre et d'une forme ovale assez agréable à l'œil. Les anses sont faites en forme de crocodiles ou de serpens : le bord est entouré de méandres, de labyrinthes et de vraies grecques à lignes droites diversement combinées. Ces peintures se retrouvent sous toutes les zones, chez les peuples les plus éloignés les uns des autres, soit à l'égard du site qu'ils occupent sur le globe, soit par le degré de civilisation auquel ils se sont élevés. Les habitans de la petite mission de Maypures les exécutent encore aujourd'hui sur leur poterie la plus commune [1]; elles ornent les boucliers des Tahitiens, les instrumens de pêche des Esquimaux, les murs du palais mexicain de Mitla[2], et les vases de la Grande-Grèce. Partout une répétition rhythmique des mêmes formes flatte les yeux, comme la répétition cadencée des sons plaît à l'oreille. Des analogies, fondées sur la nature intime de nos sentimens, sur les dispositions naturelles de notre intelligence, ne sont pas propres à jeter du jour sur la filiation et les relations anciennes des peuples.

Nous ne pûmes acquérir aucune idée précise sur l'époque à laquelle remonte l'origine des *mapires* et des vases peints que renferme la caverne

[1] *Voyez* Tom. VII, p. 192.
[2] *Voyez* mes *Vues des Cordillères et Monumens des peuples indigènes de l'Amérique*, Pl. L.

ossuaire d'Ataruipe. La plupart ne paroissoient pas avoir au-delà d'un siècle; mais il est à croire qu'à l'abri de toute humidité, sous l'influence d'une température uniforme, la conservation de ces objets seroit également parfaite si elle datoit d'une époque beaucoup plus éloignée. Il circule une tradition parmi les Indiens Guahibes, d'après laquelle les belliqueux Aturès, poursuivis par les Caribes, se sont sauvés sur les rochers qui s'élèvent au milieu des Grandes Cataractes. C'est là que cette nation, jadis si nombreuse, s'éteignit peu à peu ainsi que son langage [1]. Les dernières familles des Aturès existoient encore en 1767, du temps du missionnaire Gili : à l'époque de notre voyage, on montroit à Maypures, et ce fait est assez digne de remarque, un vieux perroquet dont les habitans disent « qu'on ne comprend pas ce qu'il dit, parce qu'il parle la langue des Aturès. »

Nous ouvrîmes, au plus grand regret de nos guides, plusieurs *mapires* pour examiner attentivement la forme des crânes : ils présentoient tous le caractère de la race américaine; deux ou trois seulement approchoient de la race du Caucase. Nous avons rappelé plus haut [2] qu'on

---

[1] *Voyez* Tom. VII, p. 16 et 178.
[2] *Ibid.* p. 151.

trouve, au milieu des Cataractes, dans les endroits les plus inaccessibles, des caisses garnies de fer et remplies d'outils européens, de restes de vêtemens et de verroterie. Ces objets, qui ont donné lieu aux bruits les plus absurdes sur des trésors cachés par les jésuites, appartenoient probablement à des marchands portugais qui avoient pénétré dans ces contrées sauvages. Peut-on admettre de même que les crânes de race européenne, que nous vîmes mêlés aux squelettes des indigènes et conservés avec le même soin, fussent les restes de quelque voyageur portugais mort de maladie ou tué dans un combat? L'éloignement qu'affectent les indigènes pour tout ce qui n'est pas de leur race, rend cette hypothèse moins probable. Peut-être des métis fugitifs des missions du Meta et de l'Apure sont-ils venus s'établir près des Cataractes, en se mariant à des femmes de la tribu des Aturès. De tels mélanges ont quelquefois lieu sous cette zone, quoique plus rarement qu'au Canada et dans toute l'Amérique septentrionale, où des chasseurs d'origine européenne se mêlent aux sauvages, en prennent les habitudes et acquièrent parfois une grande importance politique.

Nous prîmes, dans la caverne d'Ataruipe, plusieurs crânes, le squelette d'un enfant de six à sept ans et ceux de deux hommes adultes, de la nation des Aturès. Tous ces ossemens, en partie peints en rouge, en partie enduits de résines odoriférantes, étoient renfermés dans ces mêmes paniers (*mapires* ou *canastos*) que nous venons de décrire. Ils faisoient presque la charge entière d'un mulet; et, comme nous connoissions l'aversion superstitieuse que montrent les indigènes pour les cadavres, dès qu'ils leur ont donné la sépulture, nous avions eu soin de faire envelopper les *canastos* de nattes fraîchement tissées. Malheureusement pour nous, la pénétration des Indiens et l'extrême finesse de leurs sens rendirent ces précautions inutiles. Partout où nous nous arrêtâmes dans les missions des Caribes, au milieu des *Llanos*, entre l'Angostura et Nueva Barcelona, les indigènes s'assemblèrent autour de nos mulets pour admirer les singes que nous avions achetés à l'Orénoque. Ces bonnes gens avoient à peine touché nos charges, qu'ils annonçoient la perte prochaine de la bête de somme « qui portoit le mort. » Nous eûmes beau dire qu'ils se trompoient dans leurs conjectures, que les paniers renfermoient des ossemens de crocodiles et de lamentins, ils persistoient à répéter qu'ils sentoient la résine qui entouroit les squelettes, et « que c'étoient de leurs *vieux parens.* » Il fallut faire intervenir l'autorité des religieux pour vaincre l'aversion des indigènes et pour nous procurer des mulets de rechange. Un des crânes que nous avions pris dans la caverne d'Ataruipe a été figuré dans le bel ouvrage que mon ancien maître, M. Blumenbach, a publié sur les variétés de l'espèce humaine. Quant aux squelettes des Indiens, ils ont été perdus sur la côte d'Afrique, ainsi qu'une partie considérable de nos collections, dans un naufrage qui priva de la vie notre ami et compagnon de voyage, Fray Juan Gonzales [1], jeune moine de l'ordre de Saint-François.

Nous nous éloignâmes en silence de la caverne d'Ataruipe. C'étoit une de ces nuits calmes et sereines qui sont si communes sous la zone torride. Les étoiles brilloient d'une lumière douce et planétaire. Leur scintillation étoit à peine sensible à l'horizon [2] qui sembloit éclairé par les grandes nébuleuses de l'hémisphère austral. Une multitude innombrable d'insectes répandoit dans l'air une lumière rougeâtre. Le sol encombré de végétaux resplendissoit de ces feux vivans et mobiles, comme

---

[1] *Voyez* Tom. IV, p. 35.
[2] *Ibid.* p. 15 et 285.

si les astres du firmament étoient venus s'abattre sur la savane. En quittant la caverne, nous nous arrêtâmes plusieurs fois pour admirer la beauté de ce site extraordinaire. La vanille odorante et des festons de Bignonia en décoroient l'entrée; au-dessus, sur le sommet de la colline, les flèches des palmiers se balançoient en frémissant [1].

Nous descendîmes vers le fleuve pour prendre le chemin de la mission où nous arrivâmes assez tard dans la nuit. Nous avions l'imagination frappée de tout ce que nous venions de voir. Dans un pays où l'on est tenté de regarder la société humaine comme une institution nouvelle, on s'intéresse plus vivement aux souvenirs des temps passés. Ces souvenirs, il est vrai, ne datoient pas de loin; mais, dans tout ce qui est monumental, l'antiquité est une idée relative, et nous confondons facilement ce qui est ancien avec ce qui est obscur et problématique. Les Égyptiens trouvoient bien récens les souvenirs historiques des Grecs. Si les Chinois, ou, comme ils préfèrent de se nommer

---

[1] *Voyez* le troisième discours prononcé dans une des séances publiques de l'académie de Berlin. (*Tableaux de la Nat.*) *traduits de l'allemand par M. Eyriès*, Tom. II, p. 231.)

eux-mêmes, les habitans du *céleste Empire* avoient pu communiquer avec les prêtres d'Héliopolis, ils auroient souri des prétentions d'antiquité des Égyptiens. Des contrastes non moins frappans se trouvent dans le nord de l'Europe et de l'Asie, dans le Nouveau-Monde, partout où le genre humain n'a pas conservé une longue conscience de lui-même. Sur le plateau d'Anahuac, l'événement historique le plus ancien, la migration des Toltèques, ne date que du 6.e siècle de notre ère. L'introduction d'un bon système d'intercalation et la réforme du calendrier, fondemens indispensables d'une chronologie exacte, eurent lieu l'an 1091. Ces époques, qui nous paroissent très-rapprochées de nous, tombent dans les temps fabuleux, si nous réfléchissons sur l'histoire de notre espèce entre les rives de l'Orénoque et de l'Amazone. Nous y voyons gravés sur des rochers des traits symboliques, sans qu'aucune tradition nous éclaire sur leur origine. Dans la partie chaude de la Guyane nous ne pouvons remonter qu'au temps où des *conquérans* castillans et portugais, et plus tard de paisibles moines, ont pénétré au milieu des peuples barbares.

Il paroît qu'au nord des Cataractes, dans le détroit de Baraguan, il y a des cavernes remplies d'ossemens, semblables à celles que je viens de décrire¹. Je n'ai appris ce fait qu'après mon retour, et les pilotes indiens ne nous en parlèrent point lorsque nous abordâmes dans le détroit. Ces tombeaux ont sans doute donné lieu à un *mythe* des Otomaques, d'après lequel les rochers granitiques et isolés du Baraguan, dont les formes paroissent très-bizarres, sont regardés comme les *grands-pères, les anciens chefs* de la tribu. L'usage de séparer avec soin la chair des os, pratiqué très-anciennement par les Massagètes, s'est conservé chez plusieurs hordes de l'Orénoque. On assure même, et cette assertion est assez probable, que les Guaraons plongent sous l'eau les cadavres enveloppés dans des filets. Les petits poissons *Caribes*², les Serra-Salmes, dont nous avons vu partout une si innombrable quantité, dévorent en peu de jours la chair musculaire, et *préparent* le squelette. On conçoit que cette opération ne peut se faire que dans des lieux où les crocodiles ne sont pas communs. Quelques peuplades, par exemple les Tamanaques, ont l'usage de ravager les champs du défunt et de couper les arbres qu'il a plantés. Ils disent «que la vue des objets qui ont appartenu à leurs parens les attriste.»

[1] *Gumilla*, Tom. I, p. 272; *Gili*, Tom. II, p. 107.
[2] *Voyez* Tom. VI, p. 231.

Ils aiment mieux détruire les souvenirs que de les conserver. Ces effets de la sensibilité indienne sont très-nuisibles à l'agriculture, et les moines s'opposent avec force à des pratiques superstitieuses que les naturels convertis au christianisme conservent dans les missions.

Les tombeaux des Indiens de l'Orénoque n'ont pas été jusqu'ici suffisamment examinés, parce qu'ils ne renferment pas des objets précieux comme ceux du Pérou, et qu'aujourd'hui, sur les lieux même, on n'ajoute plus foi aux idées chimériques qu'on s'étoit formées jadis sur la richesse des anciens habitans du *Dorado*. La soif de l'or précède partout le désir de l'instruction et le goût des recherches d'antiquité. Dans la partie montueuse de l'Amérique du Sud, depuis Merida et Santa Marta jusqu'aux plateaux de Quito et du Haut-Pérou, on a entrepris des travaux de mines pour découvrir des tombeaux, ou, comme disent les créoles, en employant un mot altéré de la langue de l'Incas pour chercher des *guacas*. J'ai été sur les côtes du Pérou, à Manciché, dans la *guaca* de Toledo, de laquelle on a tiré des masses d'or qui, au 16.ᵉ siècle [1], avoient une valeur de 5 millions

[1] Je fonde ce calcul sur le *quint* payé en 1576 et 1592 dans la trésorerie (*caxas reales*) de Truxillo. Les registres ont été conservés. En Perse, dans la Haute-Asie, et en Égypte où l'on

de livres tournois. Aucune trace de métaux précieux n'a été trouvée dans les cavernes qui, depuis les temps les plus reculés, servent de sépulture aux indigènes de la Guyane. Cette circonstance prouve que, même dans un temps où les Caribes et d'autres peuples voyageurs faisoient des incursions vers le sud-ouest, l'or n'avoit reflué qu'en très-petite quantité des montagnes du Pérou vers les plaines orientales.

Partout où les rochers granitiques n'offrent pas de ces grandes cavités dues à leur décomposition ou à l'entassement des blocs, les Indiens confient le cadavre à la terre. Le hamac (*chinchorro*), espèce de filet dans lequel le défunt a couché pendant sa vie, lui sert de cercueil. On serre ce filet fortement autour du corps, on creuse un trou dans la cabane même, et l'on y dépose le mort. C'est la méthode la plus usitée, d'après le rapport du missionnaire Gili et d'après ce que j'ai appris de la bouche du père Zea. Je ne crois pas qu'il existe un *tumulus* dans la Guyane, pas même dans les plaines du Cassiquiare et de l'Essequebo. On en rencontre dans les savanes de Varinas,[1] comme au Canada, à

---

fouille aussi des tombeaux d'époques très-différentes, on n'a jamais trouvé, à ce que je crois, des trésors si considérables.

[1] Près Mijagual. *Voyez* Tom. VI, p. 64.

CHAPITRE XXIV. 275

l'ouest des Aleghanis[1]. Il paroît d'ailleurs assez remarquable que, malgré l'extrême abondance de bois dans ces contrées, les naturels de l'Orénoque ont aussi peu que les anciens Scythes l'habitude de brûler les cadavres. Ils ne forment des bûchers qu'après un combat, lorsque le nombre des morts est très-grand. C'est ainsi que les Parecas brûlèrent, en 1748, non seulement les corps de leurs ennemis, les Tamanaques, mais aussi ceux de leurs parens restés sur le champ de bataille. Les Indiens de l'Amérique du Sud, comme tous les peuples qui vivent dans l'état de nature, sont très-attachés aux lieux où reposent les ossemens de leurs pères. Ce sentiment, qu'un grand écrivain a dépeint d'une manière si touchante dans l'épisode d'*Atala*, s'est conservé dans toute sa vivacité primitive chez les Chinois. Ces hommes,

---

[1] Des espèces de momies et des squelettes renfermés dans des paniers ont été découverts récemment dans une caverne aux États-Unis. On les croit appartenir à une race d'hommes analogue à celle des îles de Sandwich. La description de ces tombeaux (*Mitchell, Bibl. univ.*, août 1817, p. 335) offre quelques rapports avec celle que je viens de donner des tombeaux d'Ataruipe.

Les missionnaires des États-Unis se plaignent de l'odeur infecte que répandent les Nanticokes, lorsqu'ils voyagent avec les ossemens de leurs ancêtres. *Philad. his. trans.* 1819, Tom. I, p. 75.

18*

parmi lesquels tout est le produit de l'art, pour ne pas dire de la plus antique civilisation, ne changent pas de demeure sans emporter avec eux les ossemens de leurs ancêtres. Aux bords des grands fleuves, on voit déposés des cercueils qui doivent être conduits en bateau, avec les meubles de la famille, dans une province éloignée. Ces translations des ossemens, jadis encore plus communes parmi les sauvages de l'Amérique du Nord, ne sont point pratiquées parmi les tribus de la Guyane. Aussi ces dernières ne sont pas nomades comme les peuples qui vivent exclusivement de la chasse.

Nous ne séjournâmes dans la mission d'Aturès que le temps nécessaire pour le passage de la pirogue à travers la Grande Cataracte. Le fond de notre petite embarcation étoit devenu tellement mince, qu'il fallut employer beaucoup de soin pour ne pas le fendiller. Nous prîmes congé du missionnaire Bernardo Zea, qui resta à Aturès, après nous avoir accompagnés pendant deux mois, et avoir partagé toutes nos souffrances. Ce pauvre religieux avoit toujours les mêmes accès de fièvre tierce, mais ces accès étoient devenus pour lui un mal habituel auquel il ne faisoit que très-peu d'attention. D'autres fièvres d'un genre plus pernicieux régnoient à Aturès pendant notre second passage. La plupart des Indiens ne pouvoient sortir de leurs hamacs; et, pour nous procurer un peu de pain de *cassave* (la nourriture la plus indispensable du pays), il falloit l'envoyer chercher chez la tribu indépendante, mais voisine des Piraoas. Nous échappâmes jusque-là à ces fièvres malignes que je ne crois pas toujours contagieuses.

Nous nous hasardâmes à passer dans notre pirogue la dernière moitié du Raudal d'Aturès. Nous abordâmes plusieurs fois pour grimper sur les rochers qui, semblables à des digues étroites, joignent les îles les unes aux autres. Tantôt les eaux se précipitent au-delà de ces digues, tantôt elles tombent en dedans avec un bruit sourd. Nous trouvâmes à sec une portion considérable de l'Orénoque, parce que le fleuve s'est ouvert une issue par des canaux souterrains. C'est dans ces lieux solitaires que niche le coq de roche au plumage doré (Pipra rupicola), l'un des plus beaux oiseaux des tropiques. Nous séjournâmes dans le *Raudalito* de Canucari qui est dû à l'entassement d'énormes blocs de granite. Ces blocs, dont plusieurs sont des sphéroïdes de 5 ou 6 pieds de diamètre, se trouvent amoncelés de manière à former des cavernes spacieuses. Nous entrâmes dans une d'elles pour recueillir des conferves qui tapissoient les fentes et les parois humides de la roche. Ce site offroit une des scènes de la nature les plus extraordinaires que nous ayons rencontrées sur les bords de l'Orénoque. Le fleuve rouloit ses eaux au-dessus de nos têtes [1]. On auroit dit de la mer qui brise contre des récifs; mais, à l'entrée de la caverne, on pouvoit se tenir à sec à l'abri d'une large nappe d'eau qui se précipitoit en arc au-dessus du barrage. Dans d'autres cavités plus profondes, mais moins vastes, la roche avoit été percée par l'effet des infiltrations successives. Nous vîmes des colonnes d'eau, de 8 à 9 pouces de largeur, descendre du haut de la voûte et trouver une issue par des fentes qui semblent communiquer entre elles à de grandes distances.

Les cascades d'Europe, qui ne présentent qu'un saut unique ou plusieurs sauts très-rapprochés, ne peuvent donner lieu à des accidens de paysage aussi variés. Ces accidens sont propres aux *rapides* à une suite de petites cataractes qui occupent plusieurs milles de longueur, à des fleuves qui se fraient un chemin à travers des digues rocheuses et des blocs superposés. Nous jouîmes de l'aspect de ce site extraordinaire plus long-temps que nous ne l'aurions désiré. Notre canot devoit suivre la rive orientale

[1] *Voyez* Tom. VI, p. 67.

d'une île étroite pour nous reprendre après un long détour. Nous passâmes une heure et demie dans de vaines attentes. La nuit s'approchoit, et avec elle un orage effroyable. Il pleuvoit à verse. Déja nous commencions à craindre que notre frêle embarcation n'eût été brisée contre des rochers, et que les Indiens, d'après leur indifférence habituelle aux maux d'autrui, fussent retournés à la mission. Nous n'étions que trois personnes; fortement mouillés et inquiets du sort de notre pirogue, nous redoutions de passer, sans dormir, une longue nuit de la zone torride au milieu du bruit des *Raudales*. M. Bonpland résolut de me laisser seul dans l'île avec Don Nicolas Sotto [1], et de traverser à la nage les bras de rivière qui séparent les digues granitiques. Il espéroit atteindre la forêt et chercher du secours à Aturès, chez le père Zea. Nous eûmes de la peine à le détourner de cette entreprise hardie. Il ne connoissoit guère le labyrinthe des petits canaux dans lesquels se divise l'Orénoque. La plupart offrent des tournoiemens impétueux; et ce qui se passoit sous nos yeux, au moment même où nous délibérions sur notre position, prouvoit suffisamment que les indigènes nous avoient trompés sur l'absence des crocodiles

[1] Tom. VI, p. 194.

dans les Cataractes. Les petits singes que, depuis des mois, nous traînions avec nous, avoient été déposés à la pointe de notre île. Mouillés par la pluie d'orage, et sensibles au moindre abaissement de température, ces animaux délicats poussoient des cris plaintifs. Ils attirèrent, par leur présence, deux crocodiles dont la grosseur et la couleur plombée annonçoient le grand âge. Cette apparition inattendue nous fit réfléchir sur le danger que nous avions couru en nous baignant au milieu du *Raudal*, à notre premier passage par la mission d'Aturès. Après de longues attentes, les Indiens arrivèrent enfin au déclin du jour. Le batardeau naturel, par lequel ils avoient voulu descendre pour faire le tour de l'île, étoit devenu impraticable à cause du peu de profondeur des eaux. Le pilote avoit cherché long-temps, dans ce dédale de rochers et de petites îles, un passage plus accessible. Heureusement notre pirogue n'avoit pas été endommagée; et, en moins d'une demi-heure, nos instrumens, nos provisions et nos animaux étoient embarqués.

Nous naviguâmes une partie de la nuit pour établir de nouveau notre bivouac à l'île de Panumana. Nous reconnûmes avec plaisir les lieux où nous avions herborisé en remontant l'Orénoque. Nous examinâmes encore une fois, à la

CHAPITRE XXIV. 281

plage de Guachaco, cette petite formation de grès qui repose immédiatement sur le granite. Son gisement est le même que celui du grès que mon infortuné compatriote, M. Burckhardt, a observé à l'entrée de la Nubie, superposé sur le granite de Syène. Nous dépassâmes, sans y entrer, la nouvelle mission de San Borja, et nous apprîmes, à notre grand regret, quelques jours plus tard, que la petite colonie des Indiens Guahibos s'étoit enfuie *al monte*, dans la crainte chimérique que nous ne les enlevassions pour les vendre comme *poitos* ou esclaves [1]. Après avoir franchi les rapides de Tabajé et le Raudal de Cariven, près de l'embouchure du grand Rio Meta, nous arrivâmes sans accident à Carichana. Le missionnaire [2] nous reçut avec cette franche hospitalité dont nous avions déjà joui à notre premier passage. Le ciel étoit peu favorable aux observations astronomiques : nous en avions fait de nouveau dans les deux Grandes-Cataractes; mais, de là jusqu'à l'embouchure de l'Apure, il fallut y renoncer. A Charichana, M. Bonpland eut la satisfaction de disséquer un Lamentin de plus de 9 pieds de long. C'étoit une femelle dont la chair ressembloit à celle du bœuf. J'ai parlé

[1] Tom. VI, p. 393.
[2] Fray Jose Antonio de Torre.

dans un autre endroit de la pêche de ce Cétacée herbivore [1]. Les Indiens Piraoas, dont quelques familles habitent la mission de Carichana, détestent cet animal à tel point qu'ils se cachoient pour ne pas être forcés de le toucher, lorsqu'on le transportoit à notre cabane. Ils disoient « que les gens de leur tribu meurent infailliblement lorsqu'ils en mangent. » Ce préjugé est d'autant plus extraordinaire, que les voisins des Piraoas, les Guamos et les Otomacos sont très-friands de la chair du Lamentin. Nous verrons bientôt que, dans cette multitude de peuples, celle du Crocodile est tantôt un objet d'horreur, tantôt un objet de prédilection.

Je consignerai ici un fait peu connu dans l'histoire du Lamentin. Au sud du golfe de Xagua, dans l'île de Cuba, à plusieurs milles des côtes, il y a des sources d'eau douce au milieu de la mer. On les croit dues à une pression hydrostatique exercée à travers des canaux souterrains qui communiquent avec les hautes montagnes de la Trinidad. De petites embarcations font quelquefois de l'eau dans ces parages; et, ce qui est bien digne de remarque, de grands Lamentins s'y tiennent habituellement. J'ai déjà fixé l'attention des physiciens sur les Crocodiles

---

[1] Tom. VI, p. 235.

qui s'avancent de l'embouchure des fleuves bien avant dans la mer [1]. Des circonstances analogues peuvent avoir causé, dans les anciennes catastrophes de notre planète, ce mélange singulier d'ossemens et de pétrifications pélagiques et fluviatiles que l'on observe dans quelques roches de nouvelle formation.

Le séjour que nous fîmes à Carichana nous fut très-utile pour nous délasser de nos fatigues. M. Bonpland portoit en lui le germe d'une cruelle maladie : il auroit eu besoin de quelque repos ; mais comme le *delta d'affluent* [2] compris entre l'Horeda et le Paruasi est couvert de la végétation la plus riche, il ne put résister au désir de faire de longues herborisations, et il se mouilla plusieurs fois par jour. Nous trouvâmes dans la maison du missionnaire les soins les plus prévenans ; on nous procura de la farine de maïs, et même du lait. Les vaches en donnent en abondance dans les basses régions de la zone torride. On n'en manque nulle part où l'on trouve de bons pâturages. J'insiste sur ce fait, parce que des circonstances locales ont répandu, dans l'archipel indien, le préjugé de regarder les climats chauds comme contraires à la

---

[1] Tom. VI, p. 66.
[2] *Voyez* plus haut, p. 113.

sécrétion du lait. On conçoit l'indifférence des naturels du Nouveau-Continent pour le laitage, le pays étant originairement dépourvu d'animaux qui peuvent en fournir[1]; mais comment ne pas s'étonner de cette même indifférence chez l'immense population chinoise, vivant en grande partie hors des tropiques, sous le même parallèle que les tribus nomades de l'Asie centrale? Si les Chinois ont été un peuple pasteur, comment ont-ils perdu des habitudes et des goûts si intimement liés à leur premier état? Ces questions me paroissent d'un grand intérêt, et pour l'histoire des peuples de l'Asie orientale, et pour celle des communications anciennes que l'on suppose avoir existé entre cette partie du monde et le nord du Mexique.

Nous descendîmes l'Orénoque en deux jours

[1] *Voyez* Tom. VI, p. 69; Tom. VII, p. 335. Les rennes ne sont pas domestiques en Grönland comme ils le sont en Laponie, et les Esquimaux ne se soucient guère du lait de renne. Les bisons, pris très-jeunes, s'accoutument, à l'ouest des Aleghanis, à paître avec les troupeaux de vaches européennes. Les femelles du bison, dans quelques districts, donnent un lait peu abondant, mais les sauvages n'ont jamais pensé à les traire. Quelle est l'origine de ce récit fabuleux rapporté par Gomara (*Cap.* XLIII, p. 36) d'après lequel les premiers navigateurs espagnols virent, sur les côtes de la Caroline du Sud, « des cerfs conduits à la savane par des pasteurs. » Les buffles donnent, selon M. Buchanan, et selon l'historien de l'archipel indien, M. Crawfurd, plus de lait que les vaches communes.

de Carichana à la mission d'Uruana, après avoir traversé de nouveau le célèbre détroit du Baraguan[1]. Nous nous arrêtâmes plusieurs fois pour déterminer la vitesse du fleuve et sa température à la surface. Celle-ci étoit de 27°,4 : la vitesse fut trouvée de 2 pieds par seconde (de 62 toises en 3′ 6″), dans des endroits où le lit de l'Orénoque avoit plus de 12000 pieds de largeur et 10 à 12 brasses de profondeur. La pente de la rivière est en effet extrêmement douce depuis les Grandes-Cataractes jusqu'à l'Angostura[2] ; et, à défaut d'un nivellement barométrique, on jugeroit par approximation de la différence de hauteur, en mesurant de temps en temps la vitesse et l'étendue de la section en largeur et en profondeur[3]. Nous eûmes, à Uruana, quelques observations d'étoiles. Je trouvai la latitude de la mission 7° 8′ ; mais les résultats des différentes étoiles laissoient un doute de plus de 1′. La couche des *mosquitos* qui couvroient le sol étoit

---

[1] *Voyez* Tom. VI, p. 306.

[2] Le Nil n'a, du Caire à Rosette, sur une distance de 59 lieues (à 2273 t.), que 4 pouces de pente par lieue. *Descr. de l'Égypte moderne*, Tom. I, p. 58.

[3] *Edimb. Review*, Vol. XXIV, p. 414. Le Missouri, près de son embouchure dans le Mississipi, a, d'après Clarck et Lewis, 7 pieds de vitesse par seconde : dans quelques endroits, plus de 12 pieds, ce qui égale la vitesse du Cassiquiare. *Voyez* plus haut, p. 51.

si épaisse que je ne pus parvenir à bien caler l'horizon artificiel. Je me tourmentai inutilement, et je regrettai de ne pas être muni d'un horizon à mercure. Le 7 juin, de bonnes hauteurs absolues du soleil[1] me donnoient 69° 40′ pour la longitude. Depuis l'Esmeralda, nous étions avancés de 1° 17′ vers l'ouest, et cette détermination chronométrique mérite toute confiance à cause des doubles observations faites, en allant et en revenant, dans les Grandes Cataractes et aux confluens de l'Atabapo et de l'Apure.

Le site de la mission d'Uruana est très-pittoresque. Le petit village indien est adossé à une haute montagne granitique. Partout des rochers en forme de piliers paroissent au-dessus de la forêt et dominent le sommet des arbres les plus élevés. L'Orénoque n'offre nulle part un aspect plus majestueux que lorsqu'on le contemple de la cabane du missionnaire Fray Ramon Bueno.

---

[1] Les hauteurs partielles ne différoient pas de 2″. Dans ces lieux remplis d'insectes venimeux, on gagneroit beaucoup à observer le jour des hauteurs méridiennes du soleil qui pourroient être prises, au moyen d'un instrument de réflexion, dans lequel le parallélisme du grand miroir avec le petit correspondroit à un point du limbe situé à 25° ou 30° au-delà du commencement de la division. (*Obs. astr.*, Tom. I, p. 15, 222, 262 et 272.

Sa largeur [1] est de plus de 2600 toises, et il se dirige droit vers l'est, sans sinuosités, comme un vaste canal. Deux îles, longues et étroites (*Isla de Uruana* et *Isla vieja de la Manteca*) contribuent à donner de l'étendue au lit du fleuve : cependant les rives sont parallèles, et l'on ne peut dire que l'Orénoque soit divisé en plusieurs bras. La mission est habitée par les Otomaques [2], peuplade abrutie, et qui présente un des phénomènes de physiologie les plus extraordinaires. Les Otomaques mangent de la terre, c'est-à-dire ils en avalent pendant plusieurs mois, tous les jours, des quantités très-considérables pour appaiser la faim, et sans que leur santé en soit altérée. Ce fait incontestable est devenu, depuis mon retour en Europe, l'objet de vives contestations, parce que l'on a confondu deux assertions très-différentes, celle de *manger de la terre* et celle de *s'en nourrir*. Quoique nous n'ayons pu nous arrêter qu'une seule journée à Uruana, ce court espace de temps a suffi pour nous instruire de la préparation de la *poya* (ou boulettes de terre), pour examiner les provisions que les naturels s'étoient formées, et pour déterminer la quantité

[1] Base, 140 mètres; angles, 90° et 88° 27′ 40″. Largeur, 5211 mètres. *Voyez* Tom. VI, p. 324.

[2] *Otomacos* en espagnol, *Ottomacu* en indien.

de terre qu'ils avaloient en 24 heures. D'ailleurs, les Otomaques ne sont pas le seul peuple de l'Orénoque qui regarde l'argile comme un aliment. On trouve aussi quelques traces de cet appétit déréglé chez les Guamos; et, entre les confluens du Meta et de l'Apure, tout le monde parle de la *géophagie* comme d'une chose anciennement connue. Je me bornerai à consigner ici ce que nous avons vu de nos yeux ou appris de la bouche du missionnaire, qu'une malheureuse fatalité a condamné à vivre pendant douze ans au milieu de la tribu sauvage et turbulente des Otomaques.

Les habitans d'Uruana appartiennent à ces *peuples des savanes (Indios andantes)* qui, plus difficiles à civiliser que les *peuples de la forêt* [1] *(Indios del monte)*, ont un éloignement très-prononcé pour la culture des terres, et vivent presque exclusivement de la chasse et de la pêche. Ce sont des hommes d'une complexion physique très-forte, mais laids, farouches, vindicatifs, passionnés pour l'usage des liqueurs fermentées. Ce sont au plus haut degré des *animaux omnivores* : aussi les autres Indiens, qui les regardent comme des barbares, ont l'habitude de dire « que rien n'est si dégoûtant qu'un

[1] *Voyez*, sur ces différences, Tom. VI, p. 223, et Tom. VII, p. 332.

Otomaque ne le mange. » Tant que les eaux de l'Orénoque et de ses affluens sont basses, les Otomaques se nourrissent de poissons et de tortues. Ils tuent les premiers avec une surprenante dextérité, en les perçant d'une flèche, lorsqu'ils paroissent à la surface de l'eau. Dès que les fleuves éprouvent ces crues que, dans l'Amérique du Sud comme en Égypte et en Nubie, on attribue par erreur à la fonte des neiges, et qui sont périodiques dans toute la zone torride, la pêche cesse presque entièrement. Il est alors tout aussi difficile de se procurer du poisson dans les fleuves devenus plus profonds, que lorsqu'on navigue en pleine mer. Les pauvres missionnaires en manquent souvent, sur les bords de l'Orénoque, les jours maigres comme les jours gras, quoique tous les jeunes Indiens du village aient l'obligation de « pêcher pour le couvent » C'est à l'époque de ces inondations, qui durent deux à trois mois, que les Otomaques avalent des quantités prodigieuses de terre. Nous en avons trouvé dans leurs cabanes des monceaux de boulettes entassées en pyramides à la hauteur de 3 à 4 pieds. Ces boulettes avaient 5 à 6 pouces de diamètre. La terre que mangent les Otomaques est une glaise très-fine et très-onctueuse : elle a une couleur gris-jaunâtre ; et, comme elle est légèrement brûlée au feu, la

Relat. histor. Tom. 8.

croûte endurcie offre une teinte tirant sur le rouge, due à l'oxide de fer qui y est mêlé. Nous avons rapporté de cette terre que nous avions prise parmi les provisions d'hiver des Indiens. Il est absolument faux qu'elle soit stéatiteuse et qu'elle renferme de la magnésie. M. Vauquelin n'en a pas trouvé de trace, mais il y a reconnu de la silice plus abondante que l'alumine, et 3 à 4 centièmes de chaux.

Les Otomaques ne mangent pas indistinctement toute espèce d'argile; ils choisissent les bancs ou couches d'alluvions qui renferment la terre la plus onctueuse et la plus fine au toucher. J'ai demandé au missionnaire si l'on faisoit subir, comme le prétend le père Gumilla, à la glaise humectée cette décomposition particulière qui s'annonce, par un dégagement d'acide carbonique et d'hydrogène sulfuré, et que toutes les langues désignent par le nom de *putréfaction*[1]; mais il nous a assuré que les indigènes ne font jamais *pourrir* l'*argile* et qu'ils ne la mêlent ni avec de la farine de maïs, ni avec de l'huile d'œufs de tortue ou de la graisse de crocodile. Nous avons examiné nous-mêmes, à l'Orénoque, et, après notre retour à Paris, les boules de terre

---

[1] Tienen hoyos en la qual hai greda fina, bien amasada, *podrida* a fuerza de continua agua, como la preparan los alfareros para hacer loza fina. *Gumilla*, Tom. I, p. 200.

CHAPITRE XXIV. 291

que nous avons rapportées, sans y trouver aucune trace de mélange d'une substance organique, soit huileuse, soit farineuse. Le sauvage regarde comme nourrissant tout ce qui appaise la faim : aussi, lorsqu'on demande à l'Otomaque de quoi il se nourrit pendant les deux mois que la rivière est la plus haute, il montre ses boulettes de terre argileuse. C'est là ce qu'il appelle sa nourriture principale; car, à cette époque, il ne se procure que rarement un lézard, une racine de fougère, un poisson mort nageant à la surface de l'eau. Si l'Indien mange de la terre par besoin pendant deux mois (et de $\frac{3}{4}$ à $\frac{5}{4}$ de livres en 24 heures), il ne s'en régale pas moins pendant le reste de l'année. Tous les jours, dans la saison de la sécheresse, lorsque la pêche est la plus abondante, il râpe ses boulettes de *poya* et mêle un peu d'argile à ses alimens. Ce qu'il y a de plus surprenant, c'est que les Otomaques ne maigrissent pas pendant qu'ils avalent de si grandes quantités de terre. Ils sont au contraire très-robustes et n'ont aucunement le ventre tendu et ballonné. Le missionnaire Fray Ramon Bueno assure qu'il n'a jamais remarqué aucune altération dans la santé des naturels à l'époque des grandes crues de l'Orénoque.

Voilà les faits que nous avons pu vérifier dans toute leur simplicité. Les Otomaques mangent journellement, pendant plusieurs mois, $\frac{3}{4}$ de livres d'argile légèrement endurcie au feu, sans que leur santé en souffre sensiblement. Ils humectent la terre de nouveau au moment où ils l'avalent. On n'a pu vérifier jusqu'à présent avec exactitude combien, à la même époque, ils prennent chaque semaine de substance nourrissante végétale ou animale : mais il est certain qu'ils attribuent la sensation de satiété qu'ils éprouvent à la glaise et non aux chétifs alimens qu'ils y joignent de temps en temps. Comme aucun phénomène physiologique n'est entièrement isolé, il sera intéressant d'examiner plusieurs phénomènes analogues que j'ai pu recueillir.

Partout, sous la zone torride, j'ai observé, dans un grand nombre d'individus, parmi les enfans, les femmes, et quelquefois même parmi les hommes adultes, un désir déréglé et presque irrésistible d'avaler de la terre, non une terre alcaline ou calcaire pour neutraliser (comme on dit vulgairement) des sucs acides, mais une argile grasse, onctueuse et exhalant une forte odeur. On est souvent obligé de lier les mains des enfans ou de les enfermer pour les empêcher de manger de la terre, lorsque la pluie cesse de tomber. Au village de Banco, sur les bords de la rivière de la Madeleine, j'ai vu les femmes indiennes qui font de la poterie avaler continuellement de gros morceaux de glaise. Ces femmes n'étaient pas dans l'état de grossesse, et elles affirmoient « que la terre est un aliment qui ne leur est point nuisible. » Chez d'autres peuplades de l'Amérique, les hommes ne tardent pas à tomber malade et à dépérir, lorsqu'ils cèdent trop à cette manie d'avaler de l'argile. Nous avons trouvé, à la mission de San Borja, un enfant indien de la nation Guahiba, qui étoit maigre comme un squelette. Sa mère nous fit dire, par l'interprète, que cet état affreux de dépérissement étoit la suite d'un appétit déréglé. La petite fille, depuis quatre mois, ne vouloit presque prendre d'autre nourriture que de la terre glaise. Il n'y a cependant que 25 lieues de San Borja à la mission d'Uruana, habitée par cette tribu des Otomaques, qui, par l'effet d'une habitude acquise sans doute progressivement, avalent la *poya* sans en éprouver des suites funestes. Le père Gumilla prétend que les Otomaques se purgent avec de l'huile, ou plutôt de la graisse fondue de crocodile, lorsqu'ils sentent des obstructions gastriques ; mais le missionnaire que nous trouvâmes parmi eux n'étoit guère disposé à confirmer cette assertion. On se demande pourquoi, dans les zones froides et tempérées, la manie de manger de la terre est beaucoup plus rare que sous la zone torride, pourquoi on ne la trouve en Europe que chez les femmes dans l'état de grossesse et chez les enfans d'une foible complexion? Cette différence entre les climats chauds et tempérés ne tient peut-être qu'à l'inertie des fonctions de l'estomac, causée par de fortes transpirations cutanées. On a cru observer que le goût déréglé de manger de la terre augmentoit chez les esclaves africains, et devenoit plus pernicieux lorsqu'ils sont soumis à un régime purement végétal, et qu'on les prive de liqueurs spiritueuses [1]. Si ces dernières rendent l'usage de l'argile moins nuisible, on pourroit presque féliciter les Otomaques de leur goût décidé pour l'ivrognerie.

Sur les côtes de Guinée, les nègres mangent avec délices une terre jaunâtre qu'ils appellent *caouac*. Les esclaves qu'on mène en Amérique tâchent de se procurer la même jouissance, mais c'est toujours au détriment de leur santé. Ils disent « que la terre des Antilles n'est pas si bonne à digérer que celle de leur pays. » Thibaut de Chanvalon, dans son Voyage à la Martinique, s'exprime très-judicieusement sur ce phénomène pathologique. « Une autre cause du mal d'estomac, dit-il, c'est que plusieurs de ces nègres,

---

[1] Moreau de Jonnès, *Obs. sur les géographes des Antilles.* (Bullet. de la Soc. méd., mai 1816.)

CHAPITRE XXIV. 295

venus de la côte de Guinée, mangent de la terre. Ce n'est point par un goût dépravé ou à la suite d'une maladie, c'est par une habitude contractée chez eux, en Afrique, où ils disent qu'ils mangent une certaine terre dont le goût leur plaît et *sans en être incommodés*. Ils recherchent, dans nos îles, la terre la plus rapprochée de celle-là; ils préfèrent un tuf (volcanique) rouge-jaunâtre. On en vend secrètement dans nos marchés publics, mais c'est un abus sur lequel la police devroit veiller. Les nègres qui sont dans cet usage, sont si friands du *caouac*, qu'il n'y a pas de châtiment qui puisse les empêcher d'en manger [1]. »

Dans l'Archipel indien, à l'île de Java, M. Labillardière a vu exposés en vente, entre Sourabaya et Samarang, de petits gâteaux carrés et rougeâtres. Ces gâteaux, appelés *tanaampo*, étoient des gaufres d'argile légèrement brûlée que les indigènes mangent avec appétit [2]. Comme depuis mon retour de l'Orénoque, l'attention des physiologistes a été singulièrement fixée sur ces phénomènes de *géophagie*, M. Leschenault (un des naturalistes de l'expédition aux Terres-Australes, sous le commandement du capitaine Baudin), a publié des détails intéressans sur le *tanaampo* ou *ampo* des Javanois. « On

[1] *Voyage à la Martinique*, 1763, p. 84.
[2] *Voyage à la recherche de La Peyrouse*, Tom. II, p. 322.

étend, dit-il [1], l'argile rougeâtre et un peu ferrugineuse que mangent quelquefois par friandise les habitans de Java, sur une plaque de tôle; on la fait torréfier, après l'avoir roulée en petits cornets, dans la forme de l'écorce de cannelle; en cet état, elle prend le nom d'*ampo*, et se vend dans les marchés publics. Cette matière a un goût particulier qui est dû à la torréfaction; elle est très-absorbante, happe à la langue et la dessèche. Il n'y a presque que les femmes javanoises qui mangent l'*ampo*, soit dans le temps de leur grossesse, soit pour se faire maigrir, car le défaut d'embonpoint est une sorte de beauté dans ce pays. L'usage de la terre est funeste à la santé; les femmes perdent insensiblement l'appétit, et ne prennent plus qu'avec dégoût de très petites-quantités de nourriture. Le désir de maigrir et de conserver une taille svelte fait braver tous ces dangers, et maintient le crédit de l'*ampo*. Les habitans barbares de la Nouvelle-Calédonie mangent aussi, dans les temps de disette, pour appaiser leur faim, de grands morceaux d'une pierre ollaire friable [2]. M. Vauquelin, en l'analysant, y a trouvé, outre

---

[1] *Lettre de M. Leschenault à M. de Humboldt, sur l'espèce de terre qu'on mange à Java.* (Voyez *Tableaux de la nature*, Tom. I, p. 209.)

[2] *Labillardière*, Tom. II, p. 205.

de la magnésie et de la silice, en parties égales, une petite quantité d'oxide de cuivre. Une terre, que M. Golberry a vu manger aux nègres, en Afrique, dans les îles de Bunck et de los Idolos, et dont il a mangé lui-même sans en être incommodé, est également une stéatite blanche et friable [1]. Tous ces exemples sont tirés de la zone torride; en les parcourant, on est frappé de l'idée de trouver un goût que la nature sembleroit avoir dû réserver aux habitans des régions les plus stériles, parmi des races d'hommes abrutis et indolens qui vivent dans les régions les plus belles et les plus fécondes de la terre. A Popayan et dans plusieurs parties montueuses du Pérou, nous avons vu, dans les marchés publics, vendre aux indigènes, parmi d'autres denrées, de la chaux réduite en poudre très-fine. Pour en faire usage, on mêle cette poudre à la *coca*, c'est-à-dire aux feuilles de l'Erythroxylon peruvianum. Il est connu que des messagers indiens ne prennent, pendant des journées entières, d'autres alimens que la chaux et la *coca ;* l'une et l'autre excitent la sécrétion de la salive et du suc gastrique; elles font cesser l'appétit sans donner de la nourriture au corps. Dans d'autres parties de

---

[2] Golberry, *Voyage en Afrique*, Tom. II, p. 455. «On se sert de la même terre pour graisser le riz et pour blanchir les maisons.»

l'Amérique du Sud, sur les côtes du Rio de la Hacha, les Guajiros avalent la chaux seule, sans y ajouter des parties végétales. Ils ont toujours avec eux une petite boîte remplie de chaux, comme nous portons des tabatières, et comme en Asie on porte une boîte au betel. Cet usage américain avoit déjà excité la curiosité des premiers navigateurs espagnols [1]. La chaux noircit les dents; et, dans l'archipel de l'Inde comme chez plusieurs hordes américaines, noircir les dents c'est les embellir. Dans la région froide du royaume de Quito, les indigènes de Tigua mangent habituellement par friandise, et sans en être incommodés, une argile très-fine, mêlée de sable quarzeux. Cette argile, suspendue dans l'eau, la rend laiteuse. On trouve dans leurs cabanes de grands vases remplis de cette eau, qui sert de boisson, et que les Indiens appellent *agua* ou *leche de Llanka* [2].

Lorsqu'on réfléchit sur l'ensemble de ces faits, on reconnoît que cet appétit déréglé pour les terres argileuses, magnésiennes et calcaires, est le plus commun chez les peuples de la zone torride, qu'il n'est pas toujours une cause de maladie, et que certaines tribus mangent de la

---

[1] *Grynæi Orb. Nov.*, p. 223.

[2] Lait d'argile. *Llanka* est un mot de la langue générale de l'Incas qui signifie de la glaise fine.

terre par friandise, tandis que d'autres (les Otomaques en Amérique, et les habitans de la Nouvelle-Calédonie, dans la mer du Sud) la mangent par besoin pour appaiser la faim. Un grand nombre de phénomènes physiologiques nous prouvent que la faim peut cesser momentanément, sans que les substances soumises à l'action des organes de la digestion soient, à proprement parler, nutritives. La terre des Otomaques, composée d'alumine et de silice, ne fournit probablement rien ou presque rien à la composition des organes de l'homme. Ces organes renferment de la chaux et de la magnésie dans les os, dans la lymphe du canal thoracique, dans la matière colorante du sang et dans les cheveux blancs; ils offrent de très-petites quantités de silice dans les cheveux noirs, et, d'après M. Vauquelin, seulement quelques atomes d'alumine dans les os, quoique beaucoup de matières végétales, qui font partie de notre nourriture, en contiennent abondamment. Il n'en est pas de l'homme comme des êtres animés, placés plus bas sur l'échelle de l'organisation. Dans le premier, l'assimilation ne s'exerce que sur les substances qui entrent essentiellement dans la composition des os, des muscles et de la matière médullaire des nerfs et du cerveau; les plantes, au contraire, tirent du sol les sels qui s'y trouvent mêlés accidentellement, et leur tissu fibreux varie selon la nature des terres qui prédominent dans les lieues qu'ils habitent. C'est un objet bien digne de recherches, et qui a depuis long-temps fixé mon attention [1], que ce petit nombre de matières simples (terreuses et métalliques) qui entrent dans la composition des êtres animés, et qui seuls paroissent propres à entretenir ce que l'on peut appeler le mouvement chimique de la vitalité.

Il ne faut point confondre la sensation de la faim avec ce sentiment vague de débilité qui est produit et par le défaut de nutrition et par d'autres causes pathologiques. La sensation de la faim cesse long-temps avant que la digestion soit faite, ou que le chyme soit converti en chyle. Elle cesse ou par une impression nerveuse et tonique, exercée par les alimens sur les parois de l'estomac, ou parce que l'appareil digestif est rempli de substances qui excitent les membranes muqueuses à une sécrétion abondante de suc gastrique. C'est à cette impression tonique sur les nerfs de l'estomac que l'on peut attribuer les effets prompts et salutaires des médicamens appelés nutritifs, du chocolat [2], et de toutes les ma-

---

[1] *Aphor. ex. Physiologia chimica plantarum*, dans ma *Flora Freib. subterranea*, p. 42.

[2] *Essai polit. sur la Nouv.-Esp.*, Tom. II, p. 365. La

tières qui excitent doucement et nourrissent à la fois. C'est l'absence d'un stimulant nerveux qui rend l'usage isolé d'une substance nutritive (de l'amidon, de la gomme ou du sucre) moins favorable à l'assimilation et à la réparation des pertes qu'a éprouvées le corps humain. L'opium, qui n'est pas nutritif, est employé avec succès en Asie, dans le temps des grandes disettes : il agit comme un tonique. Mais lorsque la matière qui remplit l'estomac, ne peut être regardée ni comme un aliment, c'est-à-dire comme propre à être assimilée, ni comme un excitant tonique des nerfs, la cessation de la faim n'est probablement due qu'à la sécrétion abondante du suc gastrique. Nous abordons ici un problème de physiologie qui n'est pas suffisamment éclairci. La faim est appaisée, le sentiment pénible d'inanition discontinue dès que l'estomac est rempli. On dit que ce viscère a besoin d'être *lesté*; toutes les langues offrent des expressions figurées qui rappellent l'idée qu'une distension mécanique de l'estomac cause une sensation agréable. Des ouvrages de physiologie très-récens parlent encore de la contraction douloureuse qu'éprouve l'estomac pendant la faim, du frottement de ses

viande rôtie, fortement grillée, est plus excitante que la viande cuite. La préparation des mets change les proportions chimiques.

parois les unes contre les autres, de l'action du suc gastrique acide sur le tissu de l'appareil digestif. Les observations de Bichat, et surtout les intéressantes expériences de M. Magendie, sont contraires à ces hypothèses surannées. Après 24, 48, et même 60 heures d'abstinence complète, on n'observe point encore de resserrement de l'estomac ; ce n'est que le 4.ᵉ et le 5.ᵉ jour que cet organe paroît changer en peu de dimensions. La quantité de suc gastrique diminue avec la durée de l'abstinence. Il est probable que ce suc, loin de s'accumuler, est digéré comme une substance alimentaire. Si l'on fait avaler à des chats ou à des chiens un corps qui ne soit pas susceptible d'être digéré, par exemple un caillou, il se forme abondamment dans la cavité de l'estomac un liquide muqueux et acide qui, par sa composition, se rapproche du suc gastrique de l'homme [1]. D'après l'analogie de ces faits, il me paroît très-probable que, lorsque le manque d'alimens nutritifs force les Otomaques et les habitans de la Nouvelle-Calédonie à avaler de l'argile et de la stéatite pendant une partie de l'année, ces terres occasionnent, dans l'appareil digestif de ces peuples, une forte sécrétion de sucs gastriques et pan-

---

[1] *Magendie, Précis élément. de Physiologie*, Tom. I, p. 13 et 25.

créatiques. Les observations que j'ai faites sur les bords de l'Orénoque ont été confirmées récemment par les expériences directes de deux jeunes physiologistes très-distingués, MM. Hippolyte Cloquet et Breschet. Ils ont mangé, après s'être laissé gagner par la faim, jusqu'à cinq onces d'un talc laminaire vert-argenté et très-flexible. Leur appétit en a été pleinement satisfait, et ils n'ont éprouvé aucun inconvénient d'un genre de nourriture auquel leurs organes n'étoient pas accoutumés. On sait que dans l'Orient on fait encore aujourd'hui grand usage des terres bolaires et sigillées de Lemnos, qui sont une argile mêlée d'oxide de fer. En Allemagne, les ouvriers des carrières de grès exploitées à la montagne de Kiffhäuser mettent sur leur pain, au lieu de beurre, une argile très-fine qu'ils appellent *Steinbutter*[1], beurre de pierre. Ils la trouvent singulièrement rassasiante et facile à digérer[2].

Lorsque, à la suite des changemens qui se préparent aujourd'hui dans le régime des colonies espagnoles, les missions de l'Orénoque

---

[1] Il ne faut pas confondre ce *Steinbutter* avec le *beurre de montagne*, *Bergbutter*, qui est une substance saline due à la décomposition des schistes alumineux.

[2] *Freiesleben, Kupferschiefer*, Tom. IV, p. 118. *Kesler*, dans *Gilberts Annalen*, B. 28, p. 492.

seront plus fréquentées par des voyageurs instruits, on déterminera avec précision le nombre de jours que les Otomaques peuvent subsister sans ajouter aux terres qu'ils avalent d'autres alimens tirés du règne végétal et animal. Un volume considérable de suc gastrique et pancréatique doit être employé pour digérer ou plutôt pour envelopper et expulser parmi les matières fécales une si grande quantité d'argile. On conçoit que la sécrétion de ces sucs propres à entrer dans la masse du chyle est augmentée par la présence des terres dans l'estomac et dans les intestins : mais comment des sécrétions si abondantes qui, loin de fournir de nouvelles substances au corps, ne déterminent qu'un transport de substances déjà acquises par d'autres voies, ne causent-elles pas à la longue un sentiment d'épuisement ? L'état de santé parfaite dont jouissent les Otomaques pendant le temps où ils font peu de mouvemens musculaires et se soumettent à un régime si extraordinaire, est un phénomène difficile à expliquer. On ne sauroit l'attribuer qu'à une habitude prolongée de générations en générations. La structure de l'appareil digestif diffère beaucoup dans les animaux qui se nourrissent exclusivement de chair ou de grains : il est même probable que le suc gastrique est de nature différente selon qu'il est destiné à opérer la digestion de substances animales ou végétales : cependant on parvient à changer peu à peu le régime des animaux herbivores et carnivores, à nourrir les premiers de chair, les seconds de grains. L'homme peut s'accoutumer à une abstinence extraordinaire et peu douloureuse, s'il emploie des substances toniques ou excitantes (divers médicamens, de petites quantités d'opium, du betel, du tabac, les feuilles de Coca), ou s'il charge périodiquement l'estomac de matières terreuses, insipides, et qui par elles-mêmes ne sont pas propres à la nutrition. Semblables à l'homme sauvage, quelques animaux avalent aussi, lorsqu'ils sont pressés par la faim en hiver, des argiles ou des stéatites friables; tels sont les loups dans le nord-est de l'Europe, les rennes, et, d'après le témoignage de M. Patrin, les chevreuils, en Sibérie. Sur les bords du Jenisey et de l'Amour, les chasseurs russes se servent, comme appât, d'une matière argileuse qu'ils appellent *beurre de roche*. Les animaux flairent cette argile de loin : elle plaît à leur odorat, comme les *argiles de bucaros*, connues en Portugal et en Espagne sous le nom de terres odoriférantes (*tierras olorosas*), plaisent à l'odorat des femmes[1]. Brown rapporte, dans

---

[1] Bucaro, *vas fictile odoriferum*. C'est à cause de l'odeur

son Histoire de la Jamaïque, que les Crocodiles de l'Amérique méridionale avalent de petites pierres et des morceaux d'un bois très-dur, lorsque les lacs qu'ils habitent sont desséchés ou qu'ils manquent de nourriture. Dans un Crocodile de 11 pieds de long, que nous avons disséqué, M. Bonpland et moi, à Batallez, sur les bords du Rio Magdalena, nous avons observé que l'estomac de ce reptile renfermoit des poissons à demi-digérés et des fragmens arrondis de granite de 3 à 4 pouces de diamètre. Il est difficile d'admettre que les Crocodiles avalent accidentellement ces masses pierreuses, car ils ne prennent pas le poisson, lorsqu'ils ont la mâchoire inférieure appuyée sur le sol, au fond de la rivière. Les Indiens ont forgé l'hypothèse absurde que ces animaux paresseux aiment à augmenter leur poids pour avoir moins de peine à plonger. Je pense plutôt qu'ils chargent leur estomac de gros cailloux pour l'exciter à une sécrétion abondante de suc gastrique. Les expériences de M. Magendie rendent cette explication très-probable. Quant à l'habitude qu'ont les oiseaux granivores, surtout les Gallinacées

---

de l'argile qu'on aime à boire dans ces vases. Les femmes de la province de l'Alentejo contractent l'habitude de mâcher la terre de Bucaro, et elles éprouvent une grande privation quand elles ne peuvent satisfaire ce goût déréglé.

et les Autruches, d'avaler du sable et de petits cailloux, on l'a attribuée jusqu'ici à un désir instinctif d'accélérer la trituration des alimens dans un estomac musculeux et épais.

Nous avons vu plus haut que des tribus de nègres du Gambia mêlent de l'argile à leur riz : peut-être quelques familles d'Otomaques ont-elles eu jadis la coutume de faire *pourrir* du maïs et d'autres grains farineux dans leur *poya*, pour manger à la fois la terre et la substance amylacée ; peut-être est-ce une préparation de ce genre que le père Gumilla a confusément décrite dans le premier volume de son ouvrage, lorsqu'il affirme « que les Guamos et les Otomacos ne se nourrissent de terre que parce qu'elle est imprégnée *de la sustancia del maiz* et de la graisse de Cayman. » J'ai déjà rappelé plus haut que ni le missionnaire actuel d'Uruana, ni Fray Juan Gonzales, qui a vécu long-temps dans ces contrées, ne connoissoient ce mélange de substances animales et végétales avec la *poya*. Peut-être le père Gumilla a-t-il confondu la préparation de la terre qu'avalent les indigènes avec l'habitude qu'ils ont encore (et dont M. Bonpland a acquis la certitude sur les lieux) d'enfouir les fèves d'une espèce de Mimosacées [1]

---

[1] Du groupe des *Ingas*.

pour les faire entrer en décomposition et pour les réduire en un pain blanc, savoureux, mais difficile à digérer. Les boules de *poya* que nous avons tirées des magasins d'hiver des Indiens ne renfermoient, je le répète, aucune trace de graisse animale ni de matière amylacée. Comme Gumilla est un des voyageurs les plus crédules que nous connoissions, on se trouve presque embarrassé d'ajouter foi à des faits qu'il a cru devoir rejeter. Heureusement le père jésuite, dans le second volume de son ouvrage, reprend une grande partie de ce qu'il a avancé dans le premier : il ne doute plus « que le pain des Otomaques et des Guamos contient au moins (*a lo menos*) la moitié de terre glaise : il assure que les enfans et les adultes, sans que leur santé en souffre, mangent non seulement ce pain, mais aussi de grandes masses d'argile pure (*muchos terrones de pura greda*). » Il ajoute que ceux qui se sentent un poids sur l'estomac, se purgent pendant quelques jours avec de la graisse de Crocodile, et que cette graisse rétablit leur appétit et les met en état de continuer à manger de la terre pure [1]. Je doute que la *manteca de Caiman* soit un purgatif; mais, comme elle est très-fluide, elle peut contribuer à envelopper

---

[1] *Gumilla*, Tom. II, p. 260.

les terres qui n'ont point été expulsées parmi les matières fécales. Il est certain que les Guamos sont très-friands, sinon de la graisse, du moins de la chair des Crocodiles qui nous a paru blanche et sans odeur de musc. Dans le Sennaar, selon M. Burckhardt, on la recherche également et on la vend au marché.

Je ne puis passer sous silence des questions qui ont été agitées dans différens mémoires publiés à l'occasion de mon voyage à l'Orénoque. M. Leschenaut demande si l'usage de l'*ampo* (de l'argile de Java) ne peut être utile pour appaiser momentanément la faim, dans une circonstance où l'on seroit privé de nourriture ou forcé d'avoir recours à des substances malsaines ou nuisibles, quoique tirées du règne organique? Je pense que, dans des expériences tentées sur les suites d'une longue abstinence, un animal que l'on forceroit d'avaler de la glaise (à la manière des Otomaques) souffriroit moins qu'un autre animal dont l'estomac ne recevroit aucun aliment. Un physiologiste italien, frappé des petites quantités de phosphate de chaux et de magnésie, de silice, de soufre, de soude, de fluore, de fer et de manganèse, et des grandes quantités de carbone, d'oxigène, d'azote et d'hydrogène qui sont contenues dans les parties solides et liquides du corps humain, demande si la respiration ne peut être regardée comme un *acte continu de nutrition*, tandis que l'appareil digestif est rempli d'argile [1]? L'analyse chimique de l'air inspiré et de l'air expiré n'est point favorable à cette hypothèse. Il est difficile de s'assurer de la perte d'une très petite quantité d'azote, et l'on peut admettre qu'en général les fonctions de la respiration ne se bornent qu'à enlever du carbone et de l'hydrogène au corps.

Un mélange humecté de phosphate et de carbonate de chaux ne peut être nourrissant comme des substances également dépourvues d'azote (le sucre, la gomme, l'amidon), mais tirées du règne organique. Nos appareils digestifs sont comme des piles volcaniques qui ne décomposent pas toutes les substances. L'assimilation cesse, non pas uniquement parce que les matières que reçoit l'estomac ne contiennent pas des alimens semblables à ceux qui composent le corps humain, mais aussi parce que le pou-

---

[1] *Recherches physico-chimiques*, Tom. II, p. 291-294 :

	AMIDON.	BOIS DE CHÊNE.
Oxigène.....	49,68	41,78
Carbone....	43,55	52, 3
Hydrogène.	6,77	5,69
	100,00	100,00

Le pain malsain des Lapons, appelé pain de bouleau et de sapin, est dû à l'aubier des arbres : récemment, M. Braconnot a réussi à convertir en sucre la fibre végétale.

voir digestif (celui de décomposition chimique) ne s'étend pas indistinctement sur toutes les combinaisons. On ne peut d'ailleurs se livrer à ces spéculations de physiologie générale sans se demander quel auroit été l'état de la société, ou, pour mieux dire, de la race humaine, si l'homme n'avoit pas besoin, comme aliment, des produits de l'organisation et de la vitalité? Aucune habitude ne peut changer essentiellement le mode de nutrition. Nous n'apprendrons jamais à digérer des terres et à les assimiler; mais, depuis que les grands travaux de MM. Gay-Lussac et Thénard nous ont fait connoître que de légères différences de proportions d'oxigène, d'hydrogène et de carbone caractérisent seules le bois le plus dur et la matière amylacée, comment nier que la chimie ne puisse réussir un jour à convertir en substance alimentaire ces énormes masses végétales, ces tissus à fibres endurcies qui composent le tronc des arbres de nos forêts? Pour qu'une telle découverte fût importante, elle devroit être fondée sur des procédés simples et peu coûteux; mais, dans cette supposition qui ne paroît guère probable, elle changeroit l'organisation des corps politiques, le prix du travail, la distribution de la population sur le globe. En rendant l'homme plus indépendant, elle tendroit à dissoudre les liens de la société, à sapper les bases de l'industrie et de la civilisation.

Le petit village d'Uruana est plus difficile à gouverner que la plupart des autres missions. Les Otomaques sont un peuple inquiet, bruyant, effréné dans ses passions. Ils n'aiment pas seulement avec excès les liqueurs fermentées de manioc et de maïs et le vin de palmier; ils se mettent aussi dans un état particulier d'ivresse, on pourroit presque dire de démence, par l'usage de la poudre de *niopo* [1]. Ils cueillent les longues gousses d'une Mimosacée que nous avons fait connoitre sous le nom d'*Acacia Niopo* [2]; ils les mettent en morceaux, les humectent et les font fermenter. Lorsque les graines amollies commencent à noircir, ils les pétrissent comme une pâte; et, après y avoir mêlé de la farine de manioc et de la chaux tirée de la coquille

---

[1] En maypure, *nupa*; les missionnaires disent *nopo*.

[2] C'est un Acacia à feuilles très-délicates, et non un Inga, comme a dit par mégarde M. *Willdenow* (*Spec. Plant.*, Tom. IV, Pl. II, p. 1027). Une autre espèce de Mimosacée que nous avons rapportée (le *Chiga* des Otomaques et le *Sepa* des Maypures) donne des graines dont la farine est mangée à Uruana comme du manioc. C'est de cette farine que l'on prépare le *pain de chiga* qui est commun à Cunaviche et sur les bords du Bas-Orénoque. Le *Chiga* est une espèce d'*Inga*, et je ne connois point d'autre Mimosacée qui supplée aux Céréales.

CHAPITRE XXIV.

d'une Ampullaire, ils exposent toute la masse à un feu très-vif sur un gril de bois dur. La pâte durcie prend la forme de petits gâteaux. Lorsqu'on veut s'en servir, on la réduit en une poudre fine qu'on place sur un plat de 5 ou 6 pouces de largeur. L'Otomaque tient ce plat, qui a un manche, dans sa main droite, tandis qu'il aspire le *niopo* par le nez à travers un os fourchu d'oiseau dont les deux extrémités aboutissent aux narines. L'os, sans lequel l'Otomaque ne croiroit pas pouvoir prendre cette espèce de tabac en poudre, a 7 pouces de longueur : il m'a paru être le tarse d'un grand Échassier. J'ai envoyé le *niopo* et tout ce singulier appareil à M. de Fourcroy à Paris. Le *niopo* est si excitant que les plus petites portions font éternuer violemment ceux qui n'y sont pas accoutumés. Le père Gumilla [1] dit « que cette poudre diabolique des Otomaques, fournie par un tabac en arbre, les enivre par les narines (*emboracha por las narices*), les prive de la raison pendant quelques heures et les rend furieux dans le combat. » La famille des Légumineuses varie singulièrement dans les propriétés chimiques et médicales de ses graines, de ses sucs et de ses racines ; et, quoique le suc du fruit du Mimosa nilotica soit

---

[1] *Orinoco illustr.*, Tom. I, p. 202.

très-astringent, on ne peut croire que ce soit principalement la silique de l'*Acacia Niopo* qui donne la force excitante au tabac des Otomaques. Cette force est due à la chaux fraîchement calcinée. Nous avons fait voir plus haut que les montagnards des Andes de Popayan, et les Guajiros qui errent entre le lac de Maracaybo et le Rio la Hacha, se plaisent aussi à avaler de la chaux comme un stimulant pour augmenter la sécrétion de la salive et du suc gastrique.

En envoyant en Europe l'appareil compliqué dont se servent les Indiens Otomaques pour aspirer la poudre de *niopo*, j'ai fixé l'attention des savans sur un usage analogue que M. de la Condamine a observé parmi les indigènes du Haut-Maragnon. Les omaguas, dont le nom est célèbre par les expéditions tentées pour la recherche du Dorado, ont le même plat, les mêmes os creux d'oiseaux par lesquels ils aspirent dans les narines leur poudre de *Curupa*. La graine qui donne cette poudre est sans doute aussi une Mimosacée; car les Otomaques, selon le père Gili, désignent, même encore aujourd'hui, à 260 lieues de distance de l'Amazone, l'*Acacia Niopo* par le nom de *Curupa* [1]. Depuis les recherches géographiques que j'ai faites récemment

---

[2] *Gili*, Tom. I, p. 201. *La Condamine*, *Voyage à l'Amazone*, p. 62.

CHAPITRE XXIV. 315

sur le théâtre des exploits de Philippe de Huten, et sur la véritable position de la province de Papamene [1] ou des Omaguas, la probabilité d'une ancienne communication entre les Otomaques de l'Orénoque et les Omaguas du Maragnon a augmenté d'intérêt et de vraisemblance. Les premiers sont venus du Meta, peut-être du pays entre le Meta et le Guaviare : les seconds assurent eux-mêmes être descendus en grand nombre [2] au Maragnon par le Rio Japura, en venant de la pente orientale des Andes de la Nouvelle-Grenade. Or, c'est justement entre le Guayavero, qui s'unit au Guaviare et le Caqueta qui prend plus bas le nom de Japura, que paroît placé ce pays des Omaguas, dont les aventuriers de Coro et de Tocuyo ont vainement tenté la conquête. Il y a sans doute un contraste frappant entre l'abrutissement actuel des Otomaques et l'ancienne civilisation des Omaguas; mais toutes les parties de cette dernière nation n'étoient peut-

[1] *Voyez* Tom. VII, p. 390, 394, 421.
[2] Je n'admets pas, avec M. de La Condamine, que toute la nation des Omaguas soit venue du nord. (*Voyez* les savantes recherches de M. Vater, sur les anciens sites de ce peuple puissant et assez avancé dans la civilisation, dans le *Mithridate*. Tom. III, Pl. 1, p. 598.) Les Om-aguas ou En-aguas s'appeloient eux-mêmes aussi Aguas (*Acuna*, p. 24). C'est pour cela sans doute que la province de Papamene ou des Omaguas porta le nom de *Dit-agua*. (Fray Pedro Simon, p. 340.)

être pas égalememt avancées dans la culture, et les exemples de tribus tombées dans un abrutissement complet ne sont malheureusement que trop communs dans l'histoire de notre espèce. On peut citer un autre point de ressemblance entre les Otomaques et les Omaguas. L'une et l'autre de ces nations sont célèbres parmi les peuplades de l'Orénoque et de l'Amazone, pour l'usage fréquent qu'elles font du *caoutchouc* ou du lait épaissi des Euphorbiacées et des Urticeés.

Le véritable tabac herbacé [1] (car les missionnaires ont l'habitude d'appeler le *niopo* ou *curupa* tabac en arbre) est cultivé de temps immémo-

---

[1] Le mot tabac (*tabacco*) est, comme les mots de savane, maïs, cacique, maguey (Agave) et manati (lamentin), de la langue ancienne d'Haïti ou de Saint-Domingue. Il n'indiquoit proprement pas l'herbe, mais le tuyau, l'instrument à travers lequel on aspiroit la fumée. On doit être surpris de voir qu'un produit végétal si universellement répandu avoit des noms différens chez des peuples voisins. Le *pete-ma* des Omaguas est sans doute le *pety* des Guaranys; mais l'analogie entre les mots Cabre et Algonkin ou Lenni-Lenape qui désignent le tabac pourroit bien être purement accidentelle. Voici la synonymie de 13 langues:

AMÉRIQUE DU NORD. Aztèque ou mexicain: *yetl*; Algonkin: *sema*; Huron: *oyngoua*.

AMÉRIQUE DU SUD. Péruvien ou qquichua: *sayri*; Chiquito: *páis*; Guarany: *pety*; Vilela: *tusup*; mbaja, à l'ouest du Paraguay: *nalodagadi*. Moxo, entre le Rio Ucayale et le Rio Madeira: *sabare*; Omagua: *petema*; Tamanaque: *cavai*; Maypure: *jema*; Cabre: *scema*.

CHAPITRE XXIV. 317

rial par tous les peuples indigènes de l'Orénoque : aussi a-t-on trouvé, à l'époque de la *conquête*, l'usage de fumer également répandu dans les deux Amériques. Les Tamanaques et les May- pures de la Guyane enveloppent les cigarres de maïs, comme faisoient dejà les Mexicains à l'ar- rivée de Cortès. C'est par imitation que les Es- pagnols ont substitué le papier aux feuilles de maïs. Les pauvres Indiens des forêts de l'Oré- noque savent tout aussi bien que les grands seigneurs de la cour de Montezuma que la fumée de tabac est un excellent narcotique; ils l'em- ploient non seulement pour dormir la *sieste*, mais aussi pour se mettre dans cet état de quiétisme qu'ils appellent assez naïvement *rêve à yeux ouverts* ou *rêve de jour*. Dans toutes les missions de l'Amérique, l'usage du tabac m'a paru aujourd'hui extrêmement rare; et, dans la Nouvelle-Espagne, au plus grand regret du fisc, les indigènes, qui descendent presque tous de la dernière classe du peuple aztèque [1], ne fument pas du tout. Le père Gili [2] affirme que les Indiens du Bas-Orénoque ne connoissent pas l'usage de mâcher du tabac. Je doute un peu de la vérité de cette assertion; car on m'a dit que les Sercucumas de l'Erevato et du Caura,

[1] *Voyez* mon *Essai polit.*, Tom. II, p. 455.
[2] Tom. III, p. 407.

voisins des Taparitos blanchâtres, avalent du tabac haché et imprégné de quelques autres sucs très-stimulans pour se préparer au combat. Des quatre espèces de Nicotiana cultivées en Europe (N. Tabacum, N. rustica, N. paniculata et N. glutinosa), nous n'avons vu à l'état sauvage que les deux dernières; mais le Nicotiana lolaxensis et le N. Andicola que j'ai trouvé sur le dos des Andes, à 1850 toises d'élévation, presque à la hauteur du Pic de Ténériffe, sont très-rapprochés du N. Tabacum. et N. rustica [1]. Le genre entier est d'ailleurs presque exclusivement américain, et le plus grand nombre des espèces m'ont paru appartenir à la région montueuse et tempérée des tropiques.

Ce n'est ni de la Virginie ni de l'Amérique méridionale, comme on le trouve rapporté par erreur dans plusieurs ouvrages d'agriculture et de botanique, mais c'est de la province mexicaine de Yucatan que l'Europe a reçu, vers l'an 1559, les premières graines de tabac [2]. L'homme

---

[1] *Voyez* nos *Nov. Gen. et Spec.* Tom. III, p. 4, *Schlœzer, Briefw*, Tom. III, p. 153.

[2] Les Espagnols avoient appris à connoître le tabac aux îles Antilles dès la fin du 15.ᵉ siècle. J'ai fait remarquer (Tom. III, p. 78) que la culture de cette plante narcotique a précédé de plus de 120 à 140 ans, en Europe, la culture bienfaisante de la pomme de terre. Lorsque Ralegh porta, en 1586, le tabac de Virginie en Angleterre, il y en avoit déjà en Portugal des champs entiers.

CHAPITRE XXIV. 319

qui a le plus vanté la fécondité des rives de l'Orénoque, le célèbre Ralegh, est aussi celui qui a le plus contribué à introduire parmi les peuples du nord l'usage de fumer. Déjà, à la fin du 16.° siècle, on se plaignoit amèrement, en Angleterre, « de cette imitation des mœurs d'un peuple sauvage; on craignoit qu'à force de fumer du tabac, *Anglorum corpora in barbarorum naturam degenerent* [1].

Lorsque les Otomaques d'Uruana, par l'usage du *Niopo* (de leur tabac en arbre) et des liqueurs fermentées, se sont mis dans un état d'ivresse qui dure plusieurs jours, ils se tuent les uns les autres sans se battre avec des armes. Les plus haineux d'entre eux empoisonnent l'ongle de leur pouce avec du *Curare*, et, d'après le témoignage du missionnaire, la simple impression de cet ongle empoisonné peut devenir mortelle, si le *Curare* est bien actif et s'il se

[1] Voici ce passage remarquable de *Camden*, Annal. Elizabet, p. 143 (1585): « Ex illo sane tempore (tabacum) usu cepit esse creberrimo in Anglia et magno pretio dum quamplurimi graveolentem illius fumum per tubulum testaceum hauriunt et mox e naribus afflant, adeo ut Anglorum corpora in barbarorum naturam degenerasse videantur, quum iidem ac barbari delectentur. » On voit par ce passage qu'on fumoit par le nez, tandis qu'à la cour de Montezuma on tenoit d'une main la pipe et de l'autre on se bouchoit les narines pour avaler plus facilement la fumée. *Life of Ralegh*, Tom. I, p. 82.

mêle immédiatement à la masse du sang. Lorsque de nuit les Indiens, à la suite d'une rixe, commettent un assassinat, ils jettent le corps du mort à la rivière, craignant qu'il ne puisse offrir des indices manifestes de la violence qui a été exercée sur lui. « Chaque fois, nous disoit le père Bueno, que je vois les femmes puiser l'eau sur un autre point du rivage que celui où elles ont coutume de la prendre, je soupçonne qu'il y a eu quelque meurtre de commis dans ma mission. »

Nous trouvâmes à Uruana, dans les cabanes indiennes, la même substance végétale (*amadou de fourmis* [1]) que nous avions appris à connoître dans les Grandes-Cataractes, et qui est employée à étancher le sang. Cet amadou, que l'on appelleroit moins improprement *nid de fourmis*, est très-recherché dans une région dont les habitans ont le caractère si peu pacifique. Une nouvelle espèce de fourmis, d'un beau vert d'émeraude (Formica spinicollis [2]), ramasse, pour lui servir d'habitation, un duvet cotonneux, brun-jaunâtre et très-doux au toucher, sur les feuilles

---

[1] *Yesca de hormigas*.

[2] *Puji* en guaraken; *madi* en equinabi. *Voyez* la note que j'ai ajoutée à la description du Formica spinicollis donnée par M. Latreille dans mes *Obs. de zoologie*, Tom. II, p. 101, Pl. XXXVIII, fig. 6.

d'une Mélastomacée[1]. Je ne doute pas que le *yesca* ou *amadou de fourmis* du Haut-Orénoque (l'animal ne se trouve, à ce que l'on assure, qu'au sud d'Aturès) ne puisse devenir un jour un objet de commerce. Cette matière est très-supérieure au *nid de fourmis* de Cayenne que l'on emploie dans les hôpitaux d'Europe, mais que l'on peut rarement se procurer.

Nous quittâmes à regret (le 7 juin) le père Ramon Bueno. Des dix missionnaires que nous avions trouvés répartis dans cette vaste étendue de la Guyane, c'étoit le seul qui me paroissoit attentif à tout ce qui regarde les peuples indigènes. Il avoit l'espoir de retourner sous peu à Madrid, où il comptoit publier le résultat de ses recherches sur les figures et les caractères qui couvrent les rochers d'Uruana. C'est dans les contrées que nous venons de parcourir, entre le Meta, l'Arauca et l'Apure, que, lors des premières expéditions à l'Orénoque, par exemple dans celle d'Alonso de Herera (en 1535), on trouva des *chiens muets* que les naturels appeloient *Maios* et *Auries*[2]. Ce fait est curieux sous plusieurs rapports. On ne peut douter que le chien, quoi qu'en dise le père Gili, ne soit indi-

---

[1] Les feuilles de l'arbre *Guari* sont couvertes inférieurement d'un poil roussâtre.

[2] *Herera, Decad.* V, Tom. III, p. 212.

gène dans l'Amérique du Sud. Les différentes langues indiennes offrent des mots qui désignent cet animal et qui ne dérivent guère de langues européennes. Encore aujourd'hui le mot *auri* indiqué, il y a trois cents ans, par Alonzo de Herera, se trouve dans le maypure [1]. Il se peut que les chiens que nous avons vus à l'Orénoque descendent de ceux que les Espagnols ont amenés sur les côtes de Caracas; mais il n'en est pas moins certain qu'au Pérou, dans la Nouvelle-Grenade et dans la Guyane, il existoit, avant la conquête, une race de chiens semblables à nos chiens de berger. L'*allco* des naturels du Pérou, et en général tous les chiens que nous avons trouvés dans les contrées les plus sauvages de l'Amérique du Sud, aboient fréquemment. Cependant les premiers historiens parlent tous de chiens muets (*perros mudos*): il en existe encore dans le Canada; et ce qui me paroît très-digne d'attention, c'est que la variété muette étoit celle que l'on mangeoit de préférence au Mexique [2] et à l'Orénoque. Un voyageur très-instruit, M. Giesecke, qui a résidé six ans au Grônland, m'a assuré que les chiens des Esqui-

---

[1] *Gili*, Tom. II, p, 378.

[2] *Voyez*, sur le *techichi* mexicain et sur les difficultés nombreuses qu'offre l'histoire des chiens muets et des chiens dépourvus de poils, mes *Tableaux de la Nat.*, Tom. I, 117-124.

CHAPITRE XXIV.

maux, qui passent leur vie en plein air, et qui s'ensevelissent en hiver sous la neige, n'aboient pas non plus, mais qu'ils hurlent comme des loups[1].

Aujourd'hui, l'usage de manger de la chair de chien est entièrement inconnu sur les rives de l'Orénoque : mais, comme c'est une coutume tartare répandue dans toute la partie orientale de l'Asie, il me paroît d'un grand intérêt pour l'histoire des peuples d'avoir constaté qu'elle se trouvoit jadis dans les régions chaudes de la Guyane et sur le plateau du Mexique. Je ferai remarquer aussi que, sur les confins de la province de Durango, à l'extrémité septentrionale de la Nouvelle-Espagne, les Indiens Cumanches ont conservé l'habitude de charger leurs tentes de cuirs de buffles sur le dos des grands chiens qui les accompagnent dans leurs migrations[2].

---

[1] Ils s'asseyent en cercle : un d'eux hurle d'abord seul, puis les autres suivent sur le même ton. C'est de cette manière aussi que hurlent les groupes de singes Alouates, parmi lesquels les Indiens distinguent « le chef de chœur. » *Voyez* Tom. VI, p. 5. Au Mexique, on avoit l'habitude de châtrer le chien muet (*techichi*) pour l'engraisser. Cette opération devoit contribuer à altérer l'organe de la voix du chien. Voyez *Hist. de Nueva Espana por el Cardinal Lorenzana*, p. 103.

[2] *Voyez* le *Journal de route de l'évêque Tamaron*, fol. 7 (manuscrit), et mon *Essai polit.*, Tom. I, p. 290 ; Tom. II, p. 448.

On sait que l'emploi du chien comme bête de somme et de trait est également commun près du Lac des Esclaves et en Sibérie. J'insiste sur ces traits de conformité dans les mœurs des peuples : ils deviennent de quelque poids, lorsqu'ils ne sont point isolés et qu'ils se lient à des analogies qu'offrent la structure des langues, la division du temps, les croyances et les institutions religieuses.

Nous bivouaquâmes à l'île de Cucuruparu[1], appelée aussi *playa de la Tortuga*, parce que les Indiens d'Uruana y vont recueillir les œufs de tortue. C'est un des points les mieux fixés en latitude le long des rives de l'Orénoque. Je fus assez heureux pour observer le passage de trois étoiles par le méridien[2]. A l'est de l'île est l'embouchure du *Caño* de la Tortuga qui des-

---

[1] *Gili* (Tom. I, p. 99) écrit *Curucuruparu*.
[2] *Voyez* Tom. VI, p. 274. Je trouvai, par α de la Croix du Sud, 7° 15′ 30″; par α du Centaure, 7° 15′ 43″; par β du Centaure, 7° 15′ 42″. Je regarde comme douteuse, sur ma carte itinéraire, Pl. xvi, la position de l'embouchure du *Caño de la Turtuga*. Comme l'Orénoque a l'immense largeur de 2000 toises et qu'on ne descend pas le long de la même rive où l'on remonte, on a de la peine à faire cadrer les relèvemens. Entre Caycara et les Grandes-Cataractes, j'ai déterminé astronomiquement : San Rafael del Capuchino, l'embouchure de l'Apure, l'île Cucuruparu, la mission d'Uruana et Aturés. Je n'ai pu déterminer que la longitude de l'embouchure du Meta; et, pour perfectionner la géographie de l'Orénoque, je

cend des montagnes de la Cerbatana, continuellement enveloppées de nuages électriques. Sur la rive australe de ce *Caño*, entre les affluens du Parapara et de l'Oche, se trouve la mission presque détruite de San Miguel de la Tortuga. Les Indiens nous ont assuré que les environs de cette petite mission abondent en loutres à poils très-fins, appelées par les Espagnols *chiens d'eau*[1], et, ce qui est plus remarquable, en lézards (*lagartos*) *à deux pieds*. Toute cette contrée, très-accessible entre le Rio Cuchivero et le détroit du Baraguan, seroit bien digne d'être visitée par un zoologiste instruit. Le *lagarto*, dépourvu d'extrémités postérieures, est peut-être une espèce de Sirène différente du Siren lacertina de la Caroline. Si c'étoit un Saurien, un vrai Bimane (Chirotes, Cuv.), les naturels ne l'auroient pas comparé à un lézard. Outre les tortues *Arau* dont j'ai donné plus haut[2] une notice détaillée, les rives de l'Orénoque, entre Uruana et l'Encaramada, nourrissent aussi une innombrable quantité de tortues de terre appelées *Morocoi*. Pendant les

recommande aux voyageurs, munis d'instrumens précis, de fixer la latitude de la Boca de Meta, de Carichana et de l'Encaramada.

[1] *Perritos de agua*; en maypure, *nevi*.
[2] Tom. VI, p. 269-294.

grandes chaleurs d'été, dans les temps de sécheresse, ces animaux restent cachés, sans prendre de la nourriture, sous des pierres ou dans des trous qu'ils ont creusés. Ils ne sortent de leur réduit et ne commencent à manger que lorsqu'ils s'aperçoivent que l'humidité des premières pluies pénètre dans la terre. Les tortues *Terekays* ou *Tajelus*, qui habitent l'eau douce, ont ces mêmes habitudes[1]. J'ai déjà parlé ailleurs du *sommeil d'été*, de quelques animaux des tropiques[2]. Comme les naturels connoissent les trous dans lesquels dorment les tortues au milieu des terrains desséchés, ils en retirent un grand nombre à la fois, en creusant à 15 ou 18 pouces de profondeur. Le père Gili, qui a vu cette opération, dit qu'elle n'est pas sans danger, parce que, souvent en été, les serpens s'enterrent avec les *Terekays*.

Depuis l'île de Cucuruparu jusqu'à la capitale de la Guyane, vulgairement appelée l'*Angostura*, nous n'eûmes que neuf jours de navigation. La distance est d'un peu moins de 95 lieues. Nous couchâmes rarement à terre : mais le tourment des mosquitos diminuoit sensiblement à mesure que nous avancions. Le 8 juin, nous

---

[1] *Gili*, Tom. I, p. 257.

[2] *Voyez* Tom. V. p. 153, et mes *Tableaux de la Nat.*, Tom. I, p. 50 et 183.

abordâmes à une ferme (*Hato de San Rafael del Capuchino*), vis-à-vis de l'embouchure du Rio Apure. J'obtins de bonnes observations de latitude et de longitude[1]. Comme j'avois pris, deux mois avant, sur la rive opposée au *Capuchino*, des angles horaires, ces déterminations étoient importantes pour contrôler la marche de mon chronomètre et pour lier les positions de l'Orénoque à celles du littoral de Venezuela. La position de cette ferme, placée au point où l'Orénoque change son cours du sud au nord pour se diriger de l'ouest à l'est, est très-pittoresque. Des rochers granitiques[2] s'élèvent comme des îlots au milieu de vastes prairies. De leurs sommets nous découvrîmes, vers le nord, bordant l'horizon, les *Llanos* ou steppes de Calabozo. Comme nous étions accoutumés depuis long-temps à l'aspect des forêts, cette vue frappa beaucoup notre imagination. Après le coucher

---

[1] J'avois trouvé, le 4 avril, Boca del Rio Apure (rive occidentale de l'Orénoque), lat. 7° 36′ 30″; long. 69° 7′ 30″ : le 8 juin, je trouvai, Hato del Capuchino (rive orientale de l'Orénoque), lat. 7° 37′ 45″; long. 69° 5′ 50″. *Voyez* mes *Obs. astr.*, Tom. I, p. 244.

[2] Ce sont : Punta Curiquima, Cerro del Capuchino ou Pocopocori, Cerro Sacuima et Pan de azucar de Caycara, sur la rive droite de l'Orénoque; Loma de Cabruta, Cerro Aguaro et Coruato (refuge des malfaiteurs indiens qui ont déserté des missions voisines), sur la rive gauche de l'Orénoque.

du soleil, la steppe prit une teinte gris-verdâtre. Le rayon visuel n'étant intercepté que par la courbure de la terre, les astres sembloient se lever comme du sein de l'Océan, et le marin le plus expérimenté se seroit cru placé sur une côte rocheuse, sur un cap avancé. Notre hôte étoit un François[1] qui vivoit au milieu de ses nombreux troupeaux. Quoiqu'il eût oublié sa langue, il sembloit bien aise d'apprendre que nous venions de son pays. Il l'avoit quitté depuis quarante ans, et il auroit voulu nous garder quelques jours dans sa ferme. Les révolutions politiques de l'Europe lui étoient restées à peu près inconnues. Il n'y voyoit qu'un mouvement dirigé contre le clergé et les moines; « ce mouvement, disoit-il, durera aussi long-temps que les moines feront résistance. » Cette manière de voir étoit assez naturelle chez un homme qui avoit passé sa vie sur la lisière des missions où l'on parle sans cesse du conflit entre les pouvoirs séculiers et ecclésiastiques. Les petites villes de Caycara et de Cabruta ne sont qu'à quelques milles de distance de la ferme; mais, pendant une partie de l'année, notre hôte se trouvoit dans un isolement complet. Le *Capuchino* devient une île par les inondations de l'Apure et

---

[1] M. François Doizan.

de l'Orénoque, et l'on ne peut communiquer qu'en bateau avec les fermes voisines[1]. Les bêtes à cornes se retirent alors dans les terrains plus élevés qui s'étendent au sud vers la chaîne de montagnes de l'Encaramada. Cette chaîne, composée de granite, est coupée par des vallons qui renferment des sables magnétiques (fer oxydulé granulaire) dus à la décomposition de quelques couches amphiboliques ou chloritiques.

Le 9 juin au matin, nous rencontrâmes un grand nombre de bateaux chargés de marchandises qui remontoient l'Orénoque à la voile pour entrer dans l'Apure. C'est une route de commerce très-fréquentée entre l'Angostura et le port de Torunos dans la province de Varinas. Notre compagnon de voyage, Don Nicolas Soto, le beau-frère du gouverneur de Varinas, prit

---

[1] Vers le sud-ouest sont placés *Hato del Re* et *Hato de San Antonio*. Depuis Uruana jusqu'à l'embouchure du Cuchivero, la végétation de ces contrées nous a paru caractérisée dans les savanes par Isolepis squarrosa, I. Vahlii, I. *gracilis,* Oplismenus *Burmanni;* dans les endroits boisés, par le beau Apciba ou Aubletia Tiburbu, Plumeria *mollis,* Allamanda, *cathartica,* Echites *macrophylla,* Bignonia *salicifolia,* B. *carichanensis,* B. *verrucosa,* Sabicea *hirsuta,* Piper *anisatum* et Rubia *orinocensis.* On est surpris de trouver cette dernière plante, qui appartient au groupe presque boréal des *Stellatæ,* parmi les *Rubiacées* des basses régions des tropiques (*Brown, on the plants of the Congo*, p. 28).

cette même direction pour retourner au sein de sa famille. A l'époque des grandes crues, on perd plusieurs mois à lutter contre les courans de l'Orénoque, de l'Apure et du Rio de Santo Domingo. Les bateliers sont forcés d'amarrer leurs embarcations à des troncs d'arbres, et de se remorquer en touant. Dans les grandes sinuosités du fleuve, ils passent quelquefois des journées entières sans avancer de deux ou trois cents toises. Depuis mon retour en Europe, les communications entre l'embouchure de l'Orénoque et les provinces situées sur le revers oriental des montagnes de Merida, de Pamphona et de Santa-Fe de Bogota sont devenues beaucoup plus actives, et il faut espérer que des bateaux à vapeurs faciliteront ces longues navigations sur le Bas-Orénoque, l'Apure, la Portuguesa, le Rio Santo Domingo, l'Orivante, le Meta et le Guaviare. On pourra former, comme sur les bords des grandes rivières des États-Unis, des dépôts de bois coupés, en les abritant sous des hangards. Ces précautions seront d'autant plus indispensables que, dans les pays que nous avons parcourus, il n'est pas facile de se procurer un combustible sec et propre à entretenir un feu actif sous la chaudière d'une machine à vapeurs.

Au-dessous de San Rafae del Capuchino,

nous abordâmes, à droite, à la Villa de Caycara, près d'une anse qu'on appelle *Puerto Sedeño*. C'est une réunion d'un petit nombre de maisons qui porte le nom pompeux de *villa*. Alta Gracia, la Ciudad de la Piedra, Real Corona, Borbon, toutes les *villes* que l'on rencontre entre l'embouchure de l'Apure et l'Angostura, sont également misérables. J'ai rappelé plus haut que les présidens des missions et les gouverneurs des provinces avoient l'habitude de demander, à Madrid, des priviléges de *villas* et de *ciudades*, au moment où les premiers fondemens d'une église étoient jetés. C'étoit un moyen de faire croire au ministère que les colonies augmentoient rapidement en population et en prospérité. Près de Caycara, au *Cerro del Tirano* [1], il y a de ces figures sculptées du soleil et de la lune dont j'ai parlé plus haut. « C'est l'*ouvrage des vieux* (c'est-à-dire de nos pères), » disent les

---

[1] Le *tyran* qui a donné le nom à ces montagnes n'est pas Lope de Aguirre, mais probablement, comme le nom de l'anse voisine paroît le prouver, le célèbre *conquistador* Antonio Sedeno, qui, après l'expédition d'Herera, voulut pénétrer, par l'Orénoque, au Rio Meta. Il étoit en état de rebellion contre l'*Audiencia* de Saint-Domingue. J'ignore cependant comment Sedeno est venu à Caycara : car les historiens rapportent qu'il fut empoisonné sur les bords du Rio Tisnado, un des affluens de la Portuguesa. (*Fray Pedro Simon Not. IV, Cap.* XXI, n.º 3, p. 303. *Caulin*, p. 158.)

naturels. On assure que, dans un rocher plus éloigné du rivage, et appelé *Tecoma*, les figures symboliques se trouvent jusqu'à cent pieds de hauteur. Les Indiens connoissoient jadis une route qui conduisoit par terre de Caycara à Demerary et à Essequebo. Étoit-ce par cette même route qu'étoient venus au lac Amucu ces peuples qui ont sculpté les figures [1] décrites par le voyageur Hortsman?

Vis-à-vis de Caycara, sur la rive septentrionale de l'Orénoque, est placée la mission de Cabruta, fondée comme un poste avancé contre les Caribes, en 1740, par le jésuite Rotella. Depuis plusieurs siècles, les Indiens avoient, dans ce même lieu, un village connu sous le nom de *Cabritu* [2]. Lorsque ce petit endroit devint un établissement chrétien, on le croyoit situé sous les 5° de latitude [3], c'est-à-dire de 2° 40′ plus au sud que je ne l'ai trouvé par des

---

[1] *Voyez* plus haut, p. 237.

[2] Un Cacique de *Cabritu* reçut chez lui Alonso de Herrera, lors de l'expédition qu'il tenta pour remonter l'Orénoque, en 1535.

[3] *Voyez* les cartes de Gumilla et de Cau'in. D'Anville avoit fini par mieux deviner la latitude de Cabruta. Il le plaça d'abord, dans la première édition de l'*Amérique méridionale*, par 5° 22′; mais, dans la seconde, il lui assigne 7° 2′. La nouvelle carte d'Arrowsmith indique ce point important sous le nom de *Carula*.

observations directes faites à San Rafael et à la Boca del Rio Apure. On n'avoit alors aucune idée de la direction d'un chemin qui pourroit conduire par terre à Nueva Valencia et à Caracas, dont on se croyoit à une immense distance. C'est une femme qui, la première, a traversé les *Llanos* pour venir de la Villa de San Juan Baptista del Pao à Cabruta. Le père Gili[1] raconte que Doña Maria Bargas étoit si passionnée pour les jésuites, qu'elle tenta elle-même de découvrir le chemin des missions. On fut très-étonné de la voir arriver à Cabruta du côté du nord. Elle se fixa près des pères de Saint-Ignace, et mourut dans leurs établissemens sur les bords de l'Orénoque. Depuis cette époque, la partie méridionale des *Llanos* a été considérablement peuplée, et l'on fréquente aujourd'hui beaucoup la route qui conduit des vallées d'Aragua, par Calabozo, à San Fernando de Apure et à Cabruta. C'est aussi ce dernier endroit qu'avoit choisi, en 1754, le chef de la fameuse *expédition des limites* pour établir des chantiers et pour construire les embarcations nécessaires au transport de la troupe qui étoit destinée pour le Haut-Orénoque. La petite montagne qui s'elève au nord-est de Cabruta, peut être vue de

[1] Tom. I, p. 54.

très-loin dans les steppes, et sert de signal aux voyageurs.

Nous nous embarquâmes dans la matinée à Caycara; abandonnés au courant de l'Orénoque, nous dépassâmes d'abord l'embouchure du Rio Cuchivero, où une tradition ancienne place les *Aikeam-benanos* ou *femmes sans mari*[1], ensuite le petit village d'*Alta Gracia*, qui porte le nom d'une ville espagnole. C'est près de là que Don Jose de Yturriaga avoit fondé le *pueblo de Ciudad Real*, qui figure encore sur les cartes les plus modernes, quoique, à cause de l'insalubrité de son site, il n'existe plus depuis cinquante ans. Après avoir dépassé le point où l'Orénoque tourne à l'est, on voit constamment des forêts sur la rive droite et les *Llanos* ou steppes de Venezuela sur la rive gauche. Les forêts qui bordent le fleuve ne sont cependant pas si épaisses que celles du Haut-Orénoque. La population augmente sensiblement à mesure que l'on avance vers la capitale : on trouve peu d'Indiens, mais blancs, des nègres et des hommes de castes mêlées. Le nombre des nègres est peu considérable; et malheureusement ici, comme partout ailleurs, la pauvreté des maîtres ne leur procure pas un traitement plus humain

---

[1] *Voyez* plus haut, p. 23.

et plus favorable à leur conservation. Un habitant de Caycara, M. V—a, venoit d'être condamné à quatre ans de prison et à 100 piastres d'amende pour avoir, dans un accès de colère, attaché par les jambes une négresse à la queue de son cheval, et l'avoir traînée au grand galop dans la savane jusqu'à ce qu'elle expirât de douleur. Je me plais à rappeler que l'*Audiencia* fut généralement blâmée de n'avoir pas puni plus sévèrement une action si atroce. Cepnedant un très-petit nombre de personnes (et c'étoient celles qui se disoient les plus éclairées et les plus sages) trouvoit la punition d'un blanc contraire à la saine politique, dans un moment où les noirs de Saint-Domingne étoient en pleine insurrection. Lorsque des institutions devenues odieuses sont menacées, on ne manque jamais d'hommes qui, pour les maintenir, conseillent de ne pas se relâcher dans ce qu'elles ont de plus contraire à la justice et à la raison. Depuis que j'ai quitté ces contrées, les dissentions civiles ont placé les armes entre les mains des esclaves, et une funeste expérience a fait regretter aux habitans de Venezuela de n'avoir pas écouté Don Domingo Tovar et d'autres citoyens vertueux qui, dès l'année 1795, ont élevé leur voix dans le *cabildo* de Caracas, pour empêcher l'introduction des noirs, et pour proposer des moyens qui auroient pu améliorer leur condition.

Après avoir couché, le 10 juin, dans une île au milieu du fleuve (je crois que c'est celle que le père Caulin appelle Acaru), nous dépassâmes l'embouchure du Rio Caura; c'est, avec l'Aruy et le Carony, le plus grand des affluens que le Bas-Orénoque reçoit à sa rive droite. Ayant pu, pendant mon séjour dans les missions de Saint-François, réunir beaucoup de matériaux géographiques sur le Caura, j'en ai tracé une carte spéciale[1]. Tous les établissemens chrétiens se trouvent aujourd'hui très-près de l'embouchure du fleuve; et les villages de San Pedro, d'Aripao, d'Urbani et de Gnaraguaraico se suivent à une distance de peu de lieues. Le premier, qui est le plus populeux, n'a cependant que 250 ames; celui de San Luis de Guaraguaraico est une colonie de nègres affranchis ou fugitifs d'Essequebo qui mérite l'encouragement du gouvernement. On ne sauroit assez recommander les essais qui tendent à fixer les esclaves au sol et à les laisser jouir, comme fermiers, des fruits de leurs travaux agricoles. Le terrain du Rio Caura, en grande partie vierge, est d'une extrême fertilité. Il y a des pâturages pour plus de 15,000 bœufs;

---

[1] Atlas géogr., Pl. xx. *Voyez* plus haut, sur le Rio Caura, p. 252 et Tom. VII, p. 43.

mais les pauvres habitans manquent entièrement et de chevaux et de bêtes à cornes. Plus de $\frac{5}{6}$ des rives du Caura sont désertes ou occupées par des tribus indépendantes et sauvages. Le lit du fleuve est deux fois étranglé par des rochers : c'est là que se trouvent les Raudales de Mura et de Para ou Parù, dont le dernier a un *portage*, parce qu'il ne peut être traversé par les pirogues. Du temps de l'expédition des limites, on avoit élevé un petit fortin sur la cataracte septentrionale, celle de Mura. Le gouverneur, Don Manuel Centurion, s'étoit hâté de donner le nom de *Ciudad de San Carlos* à quelques maisons que des familles espagnoles (c'est-à-dire non indiennes), composées de blancs et de mulâtres, avoient construites près du fort. Au sud de la cataracte de Para, au confluent même du Caura et de l'Erevato, se trouvoit alors la mission de San Luis, et un chemin de terre conduisoit de cette mission à l'Angostura, capitale de la province. Tous ces essais de civilisation ont été infructueux. Il n'existe plus aucun village au-dessus du Raudal de Mura; et ici, comme dans d'autres parties des colonies, les indigènes ont pour ainsi dire reconquis le pays sur les Espagnols. Cependant la vallée du Caura peut devenir un jour d'un grand intérêt par la richesse de ses productions et par les communications qu'elle offre avec le Rio Ventuari, le Carony et le Cuyuni. J'ai exposé plus haut l'importance des quatre affluens que l'Orénoque reçoit des montagnes de la Parime. C'est près de l'embouchure du Caura, entre les villages de San Pedro de Alcantara et de San Francisco de Aripao, que s'est formé, en 1790, par éboulement, et à la suite d'un tremblement de terre[1], un petit lac de 400 toises de diamètre. C'étoit une portion de la forêt d'Aripao qui s'abaissa de 80 à 100 pieds de profondeur au-dessous du niveau des terres voisines. Les arbres restèrent verts pendant plusieurs mois : on croyoit même que quelques-uns continuoient à pousser des feuilles sous l'eau. Ce phénomène mérite d'autant plus d'attention, que le sol de ces contrées est probablement granitique. Je doute que les formations secondaires des *Llanos* se prolongent vers le sud jusqu'à la vallée du Caura.

Le 11 juin nous abordâmes, sur la rive droite de l'Orénoque, au *Puerto de los Frailes*[2], à 3 lieues de distance au-dessus de la *Ciudad de la Piedra*, pour prendre des hauteurs du soleil. La

---

[1] Le jour de Saint-Matthieu, en 1790, à trois heures du matin.

[2] Vis-à-vis du rocher granitique appelé *Piedra de Don Ignacio*, d'après le nom d'un fameux contrebandier qui parcouroit le pays entre Essequebo et les *Llanos* de Caracas.

longitude de ce point est 67° 26′ 20″ ou 1° 41′ à l'est de l'embouchure de l'Apure. Plus loin, entre les villes de la Piedra et Muitaco ou Real Corona, se trouvent le *Torno* et la *Bouche de l'Enfer*, deux obstacles qui étoient jadis redoutés par les navigateurs. L'Orénoque change subitement de direction; il coule d'abord à l'est, puis au nord-nord-ouest, et puis de nouveau à l'est. Un peu au-dessus du *Caño* Marapiche, qui débouche à la rive septentrionale, une île très-longue divise le fleuve en deux bras. Nous passâmes sans difficulté au sud de cette île; vers le nord, une chaîne de petits rochers, à demi-couverts par les hautes eaux, forme des tournoiemens et des rapides. C'est là ce que l'on appelle la *Boca del Infierno* et le *Raudal de Camiseta*. Les premières expéditions de Diego de Ordaz (1531) et d'Alonzo de Herera (1535) ont donné beaucoup de célébrité à ce barrage. On ne connoissoit point alors les Grandes Cataractes d'Atures et de Maypures; et les lourdes embarcations (*vergantines*), avec lesquelles on s'obstinoit à remonter le fleuve, rendoient très-difficile le passage à travers les rapides. Aujourd'hui on ne craint, dans aucune saison, de remonter et de descendre l'Orénoque depuis ses bouches jusqu'au confluent de l'Apure et du Meta. Les seules chutes que l'on trouve dans cet intervalle sont celles du Torno ou Camiseta, de Marimara et de Cariven ou Carichana vieja [1]. Aucun de ces trois obstacles n'est à craindre lorsqu'on se sert de pilotes indiens expérimentés. J'insiste sur ces détails hydrographiques, parce qu'un grand intérêt politique et commercial s'attache aujourd'hui aux communications entre l'Angostura et les rives du Meta et de l'Apure, deux fleuves qui conduisent au revers oriental des Cordillères de la Nouvelle-Grenade. La navigation du Bas-Orénoque, entre les bouches et la province de Varinas, n'est pénible qu'à cause de la force du courant. Le lit même du fleuve n'offre nulle part d'obstacles plus difficiles à vaincre que ceux qu'offre le Danube, entre Vienne et Lintz. On ne rencontre de grands barrages, de véritables cataractes qu'au-dessus du Meta. Aussi le Haut-Orénoque forme-t-il, avec le Cassiquiare et le Rio Negro, un système de rivières particulier qui restera long-temps étranger au mouvement industriel de l'Angostura et du littoral de Caracas.

J'obtins des angles horaires du soleil dans une île au milieu de la *Boca del Infierno*, où nous avions établi nos instrumens [2]. La

[1] *Voyez* Tom. VI, p. 359 et 382.
[2] A 9^h 20' du matin, thermomètre à la surface de l'Orénoque, 28°,2 cent.; à l'air, 26°,6 : Hygr., 88° Sauss., ciel nuageux.

longitude de ce point est, d'après le chronomètre, 67° 10′ 31″. Je voulois essayer de déterminer l'inclinaison et l'intensité magnétique, mais une pluie d'orage m'en empêcha. Comme le ciel devint de nouveau serein dans l'après dîner, nous allâmes bivouaquer sur une vaste plage, à la rive australe de l'Orénoque, presque dans le méridien de la petite ville de Muitaco au Real Corona. Je trouvai, par trois étoiles, la latitude [1] de 8° 0′ 26″, et la longitude de 67° 5′ 19″. Lorsque, en 1752, les moines de l'Observance firent leur premières *entradas* sur le territoire des Caribes, ils construisirent dans ce site un fortin ou *casa fuerte*. La proximité des hautes montagnes d'Araguacais rend Muitaco un des endroits les plus sains du Bas-Orénoque. Yturriaga y fixa sa demeure en 1756 pour se reposer des fatigues de l'expédition des limites; et, comme il attribuoit sa convalescence à ce climat plus chaud qu'humide, la ville, ou plutôt le village de Real Corona, prit le nom de *pueblo del Puerto sano*. En descendant l'Orénoque plus à l'est, nous laissâmes au nord l'em-

---

[1] *Voyez* mes *Obs. astr.*, Tom. I, p. 247. La latitude de Real Corona est par conséquent près de 7° 59′ 20″. Ce résultat s'accorde accidentellement, à peu de secondes près, avec celui que les astronomes de l'expédition des limites trouvèrent en 1756. (*Caulin*, p. 56.)

bouchure du Rio Pao, au sud celle de l'Arui. Cette dernière rivière est assez considérable : elle est souvent citée dans les relations de Ralegh. Les géographes ont fait naître long-temps l'*Aroy* ou *Arvi* (Arui), le *Caroli* (Carony) et le *Coari*[1] (Caura) de ce fameux lac Cassipa auquel ils ont substitué plus tard la *Laguna del Dorado*. A mesure que nous avancions, le courant de l'Orénoque diminuoit de vitesse. Je mesurai plusieurs fois une base le long de la plage pour déterminer le temps que des corps flottans mettoient à parcourir une distance connue. Audessus d'Alta Gracia, près de l'embouchure du Rio Ujape, j'avois trouvé la vitesse de l'Orénoque de $2\frac{5}{10}$ pieds par seconde; entre Muitaco et Borbon, elle ne fut plus que de $1\frac{7}{10}$ pied. Les mesures barométriques faites dans les steppes voisines prouvent combien est petite la pente du terrain depuis les 69° de longitude jusqu'à la côte orientale de la Guyane. Dans ces mêmes contrées, sur la rive droite de l'Orénoque, on trouve superposées au granite (peut-être même enclavées dans cette roche) de petites formations de *grünstein* primitif. Nous avons vu, entre Muitaco et l'île de Ceiba, une colline qui

[1] Les noms imprimés en italique sont les noms d'Arui, de Carony et de Caura, défigurés par Ralegh et par les géographes Hondius et Sanson.

étoit toute composée de boules à couches concentriques. On y reconnoissoit un mélange intime d'amphibole et de feldspath avec quelques traces de pyrites. Le *grünstein* ressembloit à celui des environs de Caracas, mais il étoit impossible de reconnoître le gisement d'une formation qui me parut du même âge que le granite de la Parime. Muitaco étoit le dernier endroit où nous couchâmes à la belle étoile sur le rivage de l'Orénoque : nous naviguâmes encore deux nuits avant d'atteindre l'Angostura qui étoit le terme de notre voyage. Cette navigation, au milieu du *thalweg* d'un grand fleuve, est extrêmement douce : on n'a rien à craindre, si ce n'est ces radeaux naturels formés des arbres que le fleuve déracine en se débordant. Dans des nuits obscures, les pirogues échouent contre ces îles flottantes comme sur des bas-fonds.

Il me seroit difficile d'exprimer la satisfaction que nous éprouvâmes en débarquant à l'Angostura, capitale de la Guyane espagnole. Les incommodités auxquelles on est exposé sur mer dans de petits bâtimens ne peuvent se comparer à celles que l'on éprouve, lorsque, sous un ciel brûlant, entouré d'un essaim de *mosquitos*, on est couché, pendant des mois entiers, dans une pirogue qui ne permet pas, à cause de sa mobilité, le moindre exercice du corps. Nous avions fait, en 75 jours, sur les cinq grandes rivières de l'Apure, de l'Orénoque, de l'Atabapo, du Rio Negro et du Cassiquiare, un voyage de 500 lieues[1] (de 20 au degré), et, dans ce vaste espace, nous n'avions trouvé qu'un très-petit nombre de lieux habités. Quoique, d'après la vie que nous avions menée dans les bois, notre mise ne fût pas trop soignée, nous nous empressâmes, M. Bonpland et moi, de nous présenter à Don Felipe de Ynciarte, gouverneur de la province de la Guyane. Il nous reçut de la manière la plus prévenante, et nous fit loger chez le secrétaire de l'intendance. Comme nous sortions d'un pays presque désert, nous fûmes frappés du mouvement d'une ville qui n'a que 6000 habitans. Nous admirions ce que l'industrie et le commerce offrent de commodités à

---

[1] J'indiquerai ici, pour l'intérêt des personnes qui habitent ces contrées, les distances itinéraires suivantes : De San Fernando de Apure à Cabruta, 34 lieues nautriques; de Cabruta ou du confluent de l'Orénoque et de l'Apure à Javita, 120 lieues; de Javita à San Carlos del Rio Negro, 30 lieues; de San Carlos à l'Esmeralda, 70 lieues; de l'Esmeralda à l'Angostura, 250 lieues. En supposant les sources de l'Orénoque 30 lieues à l'est de l'Esmeralda, on trouve que le cours du Haut-Orénoque, au-dessus du Raudal de Maypures, comprend 175 lieues; le Bas-Orénoque (de Maypures aux bouches), 260 lieues. Dans ces évaluations, les sinuosités des rivières sont supposées, avec M. de La Condamine, $\frac{1}{7}$ de la distance directe.

l'homme civilisé. De modestes habitations nous sembloient magnifiques : toutes les personnes qui nous parloient nous paroissoient spirituelles. De longues privations donnent du prix aux plus petites jouissances, et je ne saurois exprimer le plaisir avec lequel nous vîmes placer pour la première fois du pain de froment sur la table du gouverneur. J'ai tort peut-être de rappeler des sensations qui sont familières à tous ceux qui ont entrepris des voyages lointains. On jouit du bonheur de se revoir au milieu de la civilisation, mais ce bonheur est de courte durée si l'on sent vivement les merveilles dont la nature a embelli la zone torride. Le souvenir des fatigues qu'on a endurées se perd bientôt ; et, à peine arrivé sur les côtes, dans la région habitée par les colons européens, on forme le projet de retourner dans l'intérieur des terres.

Une circonstance funeste nous força de séjourner un mois entier dans la ville de l'Angostura. Les premiers jours de notre arrivée, nous nous sentions las et affoiblis, mais dans un parfait état de santé. M. Bonpland commença à examiner le petit nombre de plantes qu'il avoit pu soustraire à l'influence d'un climat si humide; je m'occupai à fixer, par des observations astronomiques, la longitude et la latitude de la capitale[1], de même que l'inclinaison de l'aiguille aimantée. Tous ces travaux furent bientôt interrompus. Nous fûmes attaqués tous deux, presque le même jour, d'une maladie qui, chez mon compagnon de voyage, prit le caractère d'une fièvre ataxique. La plus grande salubrité de l'air régnoit, à cette époque, à l'Angostura ; et, comme le seul domestique mulâtre que nous avions amené de Cumana ressentit les symptômes du même mal, les personnes qui nous prodiguoient les soins les plus empressés ne doutoient guère que nous avions recueilli le germe du typhus dans les forêts humides du Cassiquiaire. Il est assez commun de voir les voyageurs ne sentir les effets des miasmes qu'au moment où, parvenus dans une at-

[1] J'ai trouvé Santo Tomas de la Nueva Guayana, vulgairement appelé l'*Angostura* ou le *Détroit*, près de l'église cathédrale, par 8° 8′ 11″ de latitude et 66° 15′ 21″ de longitude. (*Obs. astr.*, Tom. I, p. 249.) La ville n'est par conséquent que de 0° 15′ à l'est du méridien du château de Saint-Antoine de Cumana ; La Cruz et Faden l'avoient placé de 20′ à 30′ trop à l'est, et de 4′ trop au sud. L'inclinaison de l'aiguille aimantée étoit, à l'Angostura, d'après mes observations, 39°,0 nouv. div. L'intensité des forces étoit exprimée par 222 oscillations en 10′ de temps. Il est remarquable que la ligne isodynamique de l'Angostura passe par Calabozo (lat. géogr. 8° 58′ 8″) où l'inclinaison est seulement de 0°,3 plus petite. *Voyez* Tom. VI p. 147.

mosphère plus pure, ils commencent à jouir de quelque repos. Une certaine tension d'esprit peut suspendre pendant quelque temps l'action des causes pathogéniques. Comme notre domestique mulâtre avoit été exposé aux averses beaucoup plus que nous, la maladie se développa chez lui avec une rapidité effrayante. La prostration de ses forces devint telle, que le neuvième jour on nous annonça sa mort. Ce n'étoit qu'un état de défaillance qui se prolongeoit pendant plusieurs, et qui fut suivi d'une crise salutaire. Je fus attaqué, à la même époque, d'une fièvre très-violente : on me fit prendre, au milieu de l'accès, un mélange de miel et d'extrait de quinquina de Carony [1]. C'est un remède très-vanté dans le pays par les missionnaires Capucins. La fièvre augmenta d'intensité, mais elle me quitta dès le lendemain. L'état de M. Bonpland étoit très-alarmant : il nous causa les plus vives inquiétudes pendant plusieurs semaines. Heureusement le malade conserva assez de force pour se traiter lui-même. Il préféra des moyens plus doux et plus adaptés à sa constitution que l'extrait de quinquina de Carony. La fièvre étoit continue ; et, comme cela arrive presque toujours sous les tropiques, une com-

[1] Extrait du *Cortex Angosturæ*.

plication de dyssenterie en aggrava les symptômes. Dans le cours de cette maladie douloureuse, M. Bonpland déploya ce courage et cette douceur de caractère qui ne l'ont jamais abandonné dans les situations les plus pénibles. J'étois agité par de tristes pressentimens. Le botaniste Loefling, élève de Linné, etoit mort non loin de l'Angostura, près des rives du Carony, victime de son zèle pour le progrès des sciences naturelles. Nous n'avions point encore passé une année dans la zone torride, et ma mémoire trop fidèle me retraçoit tout ce que j'avois lu en Europe sur les dangers de l'air qu'on respire dans les forêts. Au lieu de remonter l'Orénoque, nous aurions pu séjourner quelques mois dans les climats tempérés et salutaires de la *Sierra Nevada* de Merida. C'étoit moi qui avois choisi le chemin des rivières, et le danger dans lequel se trouvoit mon compagnon de voyage se présentoit à mon esprit comme une suite funeste de ce choix imprudent.

Après avoir atteint en peu de jours un degré d'*acerbation* extraordinaire, la fièvre prit un caractère moins alarmant. L'inflammation des intestins céda à l'usage des émolliens tirés de plantes Malvacées. Les Sidas et les Melochias ont des propriétés singulièrement actives sous la zone torride : cependant la convalescence du malade fut très-lente, comme elle l'est toujours chez des Européens non entièrement acclimatés. La saison des pluies avançoit; et, pour retourner sur les côtes de Cumana, il falloit traverser de nouveau les *Llanos* où, au milieu de terrains à moitié inondés, on trouve rarement de l'abri et d'autre nourriture que de la viande séchée au soleil. Pour ne pas exposer M. Bonpland à une rechute dangereuse, nous résolûmes de séjourner à l'Angostura jusqu'au 10 juillet. Nous passâmes une partie de ce temps dans une plantation voisine [1] où l'on cultive des Manguiers et des arbres à pain [2]. Ces derniers avoient atteint, dès la dixième année, plus de 40 pieds de hauteur. Nous mesurâmes plusieurs feuilles d'Artocarpus de 3 pieds de long sur 18 pouces de large, dimension remarquable dans des végétaux de la famille des Dicotylédonées.

Je terminerai ce chapitre par une description succincte de la Guyane espagnole (*Provincia de la Guayana*) qui fait partie de l'ancienne *Capi-*

[1] *Trapiche* de Don Felix Fereras.
[2] Artocarpus incisa. Le père Andujar, missionnaire capucin de la province de Caracas, très-zélé pour les recherches d'histoire naturelle, a transplanté l'Arbre à pain de la Guyane espagnole à Varinas, et de là au royaume de la Nouvelle-Grenade. C'est ainsi que les côtes occidentales de l'Amérique, baignées par la mer du Sud, reçoivent des Antilles angloises une production des îles de la société.

tania general de Caracas. Ayant fait connoître dans un grand détail ce que les rives de l'Apure, de l'Orénoque, de l'Atabapo, du Rio Negro et du Cassiquiare offrent de remarquable sous le rapport de l'histoire de notre espèce et des productions de la nature, il est intéressant de réunir ces traits épars et de tracer le tableau général d'un pays qui, appelé un jour à de grandes destinées, commence déjà à fixer l'attention de l'Europe. Je décrirai d'abord la position de l'Angostura, chef-lieu actuel de la province : puis je suivrai l'Orénoque jusqu'au *delta* qu'il forme à son embouchure. En faisant connoître le véritable cours du Rio Carony dont les rives fertiles contiennent la majeure partie de la population indienne de la Guyane, je démontrerai, par l'histoire de la géographie, l'origine de ces lacs fabuleux qui pendant long-temps ont défiguré nos cartes.

Trois villes ont porté successivement, depuis la fin du 16.ᵉ siècle, le nom de *Saint-Thomas de la Guyane*. La première étoit placée vis-à-vis de l'île de Faxardo, au confluent du Carony et de l'Orénoque : c'est celle [1] que détruisirent

[1] *Laet, Nov. Orbis*, lib. XVII, p. 660. *Gumilla,* Tom. I, p. 31, 35, place faussement les expéditions de Ralegh dans les années 1545 et 1547. Le premier des voyages entrepris aux frais de Ralegh est de 1595 ; le second, celui de Laurence

CHAPITRE XXIV. 351

les Hollandois sous le commandement du capitaine Adrien Janson, en 1579. La seconde, fondée[1] par Antonio de Berrio, en 1591, près de 12 lieues à l'est de la bouche du Carony, fit une courageuse résistance[2] à sir Walter Ralegh, que les écrivains espagnols de la conquête ne connoissent que sous le nom du corsaire *Reali*. La troisième ville, celle qui est aujourd'hui la capitale de la province, se trouve 52 lieues à l'ouest du confluent du Carony. Elle a été commencée en 1764 sous le gouverneur Don Juacquin Moreno de Mendoza, et on la distingue, dans les actes publics de la seconde ville, appelée vulgairement la forteresse (*el castillo, las fortalezas*) ou la Vieille-Guayane (*Vieja Guayana*) par le nom de *Santo Thomè de la Nueva Guayana*. Comme ce nom est très-long, on lui a substitué, dans la vie commune, celui

---

Keymis, de 1596; le troisième, décrit par Thomas Masham, de 1597, et le quatrième, de 1617. Le premier et le dernier sont les seuls que Ralegh fit en personne. Cet homme célèbre fut décapité le 29 octobre 1618. (*Harris, Coll.*, Tom. II, p. 252.) C'est donc la seconde ville de Santo Tomè, celle que nous appelons aujourd'hui *Vieja Guayana*, qui existoit du temps de Ralegh.

[2] *Caulin*, p. 175, et non en 1586. (*Depons, Voyage à la Terre-Ferm*, Tom. III, p. 254.)

[3] *Fray Pedro Simon, Not.* 7, p. 635-661.

de l'*Angostura*[1] (le Détroit). Les habitans de ces contrées ont de la peine à reconnoître sur nos cartes, dans Santiago de Leon et Santo Thomè les deux capitales de Venezuela et de la Guyane.

L'Angostura, dont j'ai déjà indiqué plus haut, d'après des observations astronomiques, la position en longitude et en latitude, est adossée à une colline de schiste amphibolique[2] dépourvue de végétation. Les rues sont bien alignées, et la plupart parallèles au cours de la rivière. Beaucoup de maisons sont fondées sur le roc nu, et ici, comme à Carichana et dans plusieurs parties des missions, on regarde comme nuisible à la santé l'action qu'exercent sur l'atmos-

---

[1] On a appris à connoître en Europe l'existence d'une ville de l'*Angostura* par le commerce que font les Catalans avec le quinquina du Carony, qui est l'écorce bienfaisante du Bonplandia trifoliata. Cette écorce, venant de la Nueva Guayana, fut appelée *corteza* ou *cascarilla del Angostura*, *Cortex Angosturæ*. Les botanistes devinoient si peu l'origine de cette dénomination géographique, qu'ils commencèrent d'abord à l'écrire *Augustura*, puis *Augusta*. Des événemens politiques très-récens ont rendu très-familiers à ceux qui s'intéressent à la lutte entre les colonies et la métropole, les noms des petites villes de l'Angostura, de Calabozo, et même de San Fernando de Apure. Dans les cartes de Gumilla et de D'Anville, le Raudal de Camiseta est appelé *Angustura*.

[2] *Hornblendschiefera*.

phère des couches noires et pierreuses fortement échauffées par les rayons du soleil. Je pense qu'on doit plutôt craindre les petites mares d'eaux stagnantes (*lagunas y anegadizos*) qui s'étendent derrière la ville, vers le sud-est. Les maisons de l'Angostura sont élevées, agréables, et la plupart construites en pierre. Cette construction prouve que les habitans craignent peu l'effet des tremblemens de terre. Mais cette sécurité n'est malheureusement pas fondée sur une induction de faits très-exacts. Il est vrai que le littoral de la Nueva Andalusia éprouve parfois des secousses très-fortes sans que le mouvement se propage à travers les *Llanos*. On ne sentit point à l'Angostura la funeste catastrophe de Cumana du 4 février 1797; mais, dans le grand tremblement de terre de 1766 qui détruisit la même ville, le sol granitique des deux rives de l'Orénoque fut agité jusqu'aux Raudales d'Aturès et de Maypures. Au sud de ces Raudales, on éprouve quelquefois des secousses qui sont restreintes au seul bassin du Haut-Orénoque et du Rio Negro. Elles paroissent dépendre d'un foyer volcanique éloigné de celui des Petites-Antilles. Les missionnaires nous ont rapporté, à Javita et à San Fernando de Atabapo, qu'en 1798 il y eut des tremblemens de terre très-violens entre le Guaviare et le Rio Negro qui ne se propagèrent pas au nord, vers Maypures. On ne sauroit être assez attentif à tout ce qui a rapport à la simultanéité des oscillations et à l'indépendance des mouvemens dans des terrains contigus. Tout paroît prouver que la propagation du mouvement n'est pas superficielle, mais qu'elle dépend de crevasses très-profondes qui aboutissent à différens centres d'action.

Les environs de la ville de l'Angostura offrent des sites peu variés; cependant la vue de la rivière qui forme un vaste canal dirigé du sud-ouest au nord-est, est singulièrement imposante. Le gouvernement, à la suite d'une longue controverse sur la défense de la place et la portée du canon, a voulu connoître exactement la largeur de l'Orénoque au point que l'on appelle *le détroit* et où se trouve un rocher (*el Peñon*) qui disparoît entièrement dans les grandes crues. Quoiqu'il y ait un ingénieur attaché au gouvernement provincial, on avoit, peu de mois avant mon arrivée à l'Angostura, envoyé, de Caracas, Don Mathias Yturbur pour faire la mesure de l'Orénoque entre le fortin démoli de San Gabriel et la redoute de San Rafael. On m'a rapporté vaguement que cette mesure avoit donné un peu plus de 800 *varas castellanas*. Le plan de la ville, ajouté à la grande carte de l'Amérique méridionale de la Cruz Olmedilla, en indique 940. J'ai

CHAPITRE XXIV. 355

fait avec beaucoup de soin deux mesures trigonométriques, l'une dans le détroit même, entre les deux fortins de San Gabriel et de San Rafael; l'autre, à l'est de l'Angostura, dans la grande promenade (*Alameda*), près de l'*Embarcadero del Ganado*. Le résultat de la première mesure¹ (au *minimum* de largeur) a été de 380 toises; celui de la seconde², de 490 toises. Ces largeurs surpassent encore 4 à 5 fois celle de la Seine près du Jardin des plantes, et c'est cependant cette partie de l'Orénoque qu'on appelle un *étranglement* ou un *détroit*. Rien n'est plus propre à donner une idée de la masse d'eau des grands fleuves de l'Amérique, que de rappeler les dimensions de ces prétendus détroits. L'Amazone a, selon ma mesure³, au *Pongo* de Rentema, 217 toises; selon M. de La Condamine, au *Pongo* de Manseriche, 25 toises, et au

---

[1] Base mesurée le long du quai, 245 $^{mt.}$,6. Angles : 74° 33′ 10′ et 90°. Distance conclue, 889 mètres ou 456 toises ; mais il faut décompter 76 toises ou la distance de la *Punta* San Gabriel à la *Carcel*, sur le quai. Or, 456 toises − 76 = 380 toises ou 885 *varas cast*.

[2] Base mesurée dans l'*Alameda*, 193 $^{mt.}$,6. Angles : 78° 34′ 25″ et 90°. Distance conclue, 958 $^{mt.}$ = 491 toises ou 1145 *varas*. La largeur varie naturellement selon le projet des crues.

[3] Dans les basses eaux, j'ai mesuré l'Amazone 400 toises au-dessus de l'embouchure du Rio Chinchipe.

détroit des Pauxis, 900 toises de large. Ce dernier détroit diffère par conséquent très-peu de la largeur de l'Orénoque dans le *détroit de Baraguan* [1].

Lors des grandes crues, le fleuve inonde les quais, et il arrive que, dans la ville même, des hommes imprudens deviennent la proie des crocodiles. Je vais transcrire de mon journal un fait qui a eu lieu pendant la maladie de M. Bonpland. Un Indien Guaykeri, de l'île de la Marguerite, voulut amarrer sa pirogue dans une anse où il n'y avoit pas 3 pieds d'eau. Un crocodile très-féroce, qui rôdoit habituellement dans ces lieux, le prit par la jambe, et s'éloigna du rivage en restant à la surface du fleuve. Les cris de l'Indien attirèrent une foule de spectateurs. On vit d'abord ce malheureux, avec un courage inouï, chercher un couteau dans la poche de son pantalon. Ne l'ayant pas trouvé, il saisit la tête du crocodile et lui enfonça les doigts dans les yeux. Il n'y a pas un homme, dans les régions chaudes de l'Amérique qui ne sache que ce reptile carnassier, couvert d'un bouclier d'écailles dures et sèches, est extrêmement sensible aux seules parties de son corps qui sont molles et non abritées, telles que les yeux, les aisselles, les

---

[1] Je l'y ai trouvée de 889 toises. *Voyez* Tom. VI, p. 306.

narines et le dessous de la mâchoire inférieure où se trouvent deux glandes de musc. L'Indien Guaykeri eut recours au même moyen qui avoit sauvé le nègre de Mungo-Park et la fille d'Uritucu dont j'ai parlé plus haut [1]; mais il fut moins heureux qu'eux, et le crocodile n'ouvrit point la gueule pour lâcher sa proie. Cédant à la douleur, l'animal plongea au fond de la rivière; et, après avoir noyé l'Indien, il revint à la surface de l'eau et traîna le cadavre sur une île vis-à-vis du port. J'arrivai au moment où un grand nombre des habitans de l'Angostura avoient été témoins de ce spectacle affligeant.

Comme le crocodile, à cause de la structure de son larynx, de son os hyoïde et des replis de sa langue, peut saisir sa proie sous l'eau, mais non l'avaler, il est rare qu'un homme disparoisse sans que, tout près de l'endroit où le malheur est arrivé, on ne voie l'animal se montrer, après quelques heures, et dévorer sa proie sur une plage voisine. Le nombre d'individus qui périssent annuellement victimes de leur imprudence et de la férocité des reptiles, est beaucoup plus grand qu'on ne le pense en Europe. Il l'est surtout dans les villages où les terrains d'alentour sont souvent inondés. Les mêmes crocodiles se tiennent long-temps dans

---

[1] Tom. VI, p. 205.

les mêmes endroits. Ils deviennent d'année en année plus audacieux surtout, comme le prétendent les Indiens, si une fois ils ont goûté de la chair humaine. Telle est la ruse de ces animaux, qu'on parvient difficilement à les tuer. La balle ne perce point leur peau, et le coup n'est mortel qu'autant qu'il est dirigé dans la gueule ou au-dessous de l'aisselle. Les Indiens qui ne connoissent guère l'usage des armes à feu, attaquent le crocodile avec des lances, dès qu'il s'est pris à de grosses pointes de fer recourbées, garnies de chair et attachées par une chaîne à un tronc d'arbre. On n'approche de l'animal que lorsqu'il s'est débattu long-temps pour se débarrasser du fer cloué dans la mâchoire supérieure. Il est peu probable qu'on parvienne jamais à délivrer de crocodiles un pays dans lequel un dédale de rivières sans nombres en amène tous les jours de nouvelles bandes du revers oriental des Andes par le Meta et l'Apure, vers les côtes de la Guyane espagnole. Tout ce que l'on gagnera par les progrès de la civilisation sera de rendre ces animaux plus timides et plus faciles à mettre en fuite.

On rapporte des exemples touchans d'esclaves africains qui ont exposé leur vie pour sauver celle de leurs maîtres tombés dans la gueule d'un crocodile. Il y a peu d'années qu'entre

Uritucu et la *Mission de abaxo* [1], un nègre, attiré par les cris de son maître, s'arma d'un long couteau (*machette*) et se précipita à la rivière. Il força l'animal, en lui crevant les yeux, de lâcher sa proie et de se cacher sous l'eau. L'esclave déposa sur le rivage son maître expirant : mais tous les secours pour le faire revenir à la vie furent inutiles ; il mourut suffoqué, car ses blessures étoient peu profondes. Le crocodile, comme le chien, ne paroît guère serrer fortement les mâchoires lorsqu'il nage. Il est presque inutile d'ajouter que les enfans du défunt quoique très-pauvres, donnèrent la liberté à l'esclave.

Les riverains de l'Orénoque et de ses affluens s'entretiennent journellement des dangers auxquels ils sont exposés. Ils ont observé les mœurs du crocodile, comme le *torero* a étudié les mœurs du taureau. Ils savent calculer pour ainsi dire d'avance les mouvemens de l'animal, ses moyens d'attaque, le degré de son audace. Lorsqu'ils se voient assaillis, ils mettent en pratique, avec cette présence d'esprit et cette résignation qui caratérisent les Indiens, les Zambos et en général les hommes de couleur, tout ce qu'on leur a conseillé dès leur enfance. Dans

---

[1] Dans les *Llanos de Calabozo*.

des pays où la nature est si puissante et si terrible, l'homme est continuellement préparé au danger. Nous avons rappelé plus haut la réponse de cette jeune fille indienne qui s'étoit délivrée elle-même de la gueule du crocodile : « Je savois qu'il me lâcheroit si je lui enfonçois les doigts dans l'œil. » Cette fille appartenoit à la classe indigente du peuple, chez laquelle l'habitude des privations physiques augmente l'énergie du caractère : mais comment ne pas être surpris de voir, dans les contrées bouleversées par d'affreux tremblemens de terre, sur le plateau de la province de Quito, des femmes, appartenant aux classes les plus élevées de la société, déployer, au moment du péril, ce même sang froid, cette même intrépidité raisonnée.

Je ne citerai qu'un seul exemple à l'appui de cette assertion. Le 4 février 1797, lorsque 35,000 Indiens périrent dans l'espace de peu de minutes, une jeune mère se sauva, elle et ses enfans, en leur criant d'étendre les bras au moment où le sol crevassé alloit les engloutir. Lorsqu'on exprima à cette femme courageuse l'étonnement qu'inspiroit une présence d'esprit si extraordinaire, elle répondit avec beaucoup de simplicité : « J'ai ouï dire dès mon enfance: Si le tremblement de terre vous surprend dans l'intérieur d'une maison, placez-vous sous une porte

CHAPITRE XXIV. 361

qui communique d'un appartement à l'autre; si vous êtes en plein air, et que vous sentiez le sol s'entr'ouvrir au-dessous de vous, étendez vos deux bras et tâchez de vous appuyer sur les bords de la crevasse. » C'est ainsi que, dans des contrées sauvages, ou exposées à de fréquens bouleversemens, l'homme se prépare à lutter avec les animaux de la forêt, à se délivrer de la gueule des crocodiles, à se sauver du conflit des élémens.

Chaque fois que, dans des années très-chaudes et très-humides, les fièvres pernicieuses deviennent communes à l'Angostura, on discute le problème de savoir si le gouvernement a eu raison de transférer la ville du site de la *Vieja Guayana* au *Détroit* entre l'île Maruanta et le confluent du Rio Orocopiche. On assure que l'ancienne ville, plus rapprochée de la mer, jouissoit davantage de la fraîcheur des brises, et que la grande mortalité qui y régnoit étoit moins due à des causes locales qu'au régime des habitans. Les rives fertiles et humides de l'Orénoque, au-dessous de l'embouchure du Carony, produisent une quantité prodigieuse de pastèques[1], de bananes et de *papayas*[2]. Ces fruits étoient

[1] *Patillas.*
[2] Fruit du Carica Papaya.

mangés crus, même avant d'avoir acquis leur maturité; et, comme le peuple s'adonnoit en même temps avec excès à l'usage des liqueurs spiritueuses, cette manière désordonnée de vivre diminuoit d'année en année la population. Les archives de Caracas sont remplies de mémoires sur la nécessité de changer le site de la capitale actuelle de la Guyane. D'après les pièces officielles qui m'ont été communiquées, on proposa tantôt de revenir à la *Fortaleza* ou *Vieille-Guayane*, tantôt de placer la capitale tout près de la grande bouche de l'Orénoque (dix lieues à l'ouest du cap Barima, au confluent du Rio Acquire [1]), tantôt de la transférer 25 lieues au-dessous de l'Angostura, dans la belle savane qui environne le village indien de San Miguel. C'est sans doute une politique étroite qui a guidé le gouvernement, lorsqu'il a cru « qu'il convenoit à la meilleure défense de la province de placer le chef-lieu à l'énorme distance de 85 lieues de la mer, et de ne construire dans cet espace aucune ville qui pût être exposée aux incursions de l'ennemi. » A la difficulté que trouvent les bâtimens d'Europe de remonter l'Orénoque jusqu'à l'Angostura (difficulté beaucoup supérieure

---

[1] M. de Pons le nomme Rio *Aguirre* (Tom. III, p. 353). Comparez *Caulin*, p. 56.

à celle de remonter le Potomac jusqu'à Washington) se joint la circonstance si défavorable pour l'industrie agricole, de voir le centre du commerce placé au-dessus du point où les rives du fleuve offrent le plus d'appât à l'activité des colons. Il n'est pas même vrai que la ville de l'Angostura ou Santo Thomè de la Nueva Guayana ait été fondée là où commençoit la culture, en 1764 : à cette époque, comme aujourd'hui, la grande masse de la population de la Guyane étoit renfermée dans les missions des Capucins Catalans, entre le Rio Carony et le Cuyuni. Or ce district, le plus important de toute la province, et dans lequel l'ennemi peut se procurer toute espèce de secours, est défendu ou du moins censé l'être par la *Vieja Guayana*, m aucunement par les fortifications de la nouvelle ville de l'Angostura.

L'emplacement que l'on a proposé près de San Miguel se trouve un peu à l'est du confluent du Carony, par conséquent entre la mer et la partie la plus habitée. En descendant davantage, en transférant le chef-lieu de la province tout près de l'embouchure de l'Orénoque, comme le désire M. de Pons, on a moins à redouter la proximité des Caribes faciles à éloigner, que la possibilité qu'auroit l'ennemi de tourner la place et de pénétrer dans l'intérieur de la province par les petites bouches occidentales de l'Orénoque, les *Caños* de Macareo et de Manamo. Dans un fleuve dont le *delta* commence à se former à la distance de 46 lieues de l'Océan, la position la plus avantageuse d'une grande ville dépend de deux intérêts, de celui de la défense militaire, et de l'intérêt du commerce et de l'industrie agricole. Le commerce exige que la ville soit aussi près que possible de la grande embouchure, *Boca de Navios ;* la sécurité militaire fait préférer un emplacement *au-dessus* de la formation du *delta*, à l'ouest du point où le *Caño* Manamo se sépare du tronc principal, et communique, par des bifurcations multipliées, avec les huit bouches secondaires (*bocas chicos*), entre l'île Cangrejos et l'embouchure du Rio Guarapiche. Les sites de la *Vieja* et de la *Nueva Guayana* remplissent cette dernière condition; celui de l'ancienne ville a de plus l'avantage de couvrir, jusqu'à un certain point, les beaux établissemens des Capucins Catalans du Carony. On pourroit attaquer ces établissemens en débarquant sur la rive droite du *Brazo Imataca* : mais l'embouchure du Carony, où les pirogues se ressentent du mouvement des eaux dans les cataractes voisines (*Salto de Carony*), est défendue par les fortins de la Vieille-Guyane.

Je suis entré dans ces détails minutieux,

parce que les événemens politiques ont donné récemment une grande importance à ces contrées peu habitées. J'ai discuté les différens projets d'après la connoissance que ma position et mes rapports avec le gouvernement espagnol m'ont fait acquérir des localités du Bas-Orénoque. Il est temps de s'opposer à cette manie si commune dans les colonies espagnoles et portugaises, de transplanter des villes comme un camp de peuples nomades. Ce n'est pas l'importance ou la solidité des édifices publics qui s'oppose à la destruction de la ville de l'Angostura. Sa position au pied d'un rocher semble limiter les moyens de l'agrandir. Cependant malgré ces inconvéniens, il vaut mieux ne pas détruire ce qui prospère depuis cinquante ans. Des idées de stabilité générale se rattachent insensiblement à l'existence d'une capitale, quelque petite qu'elle soit; et si l'intérêt du commerce exigeoit un changement partiel, on pourroit, dans la suite, tout en conservant l'Angostura comme siége de l'administration et comme centre des affaires, construire un autre port plus près de la grande embouchure de l'Orénoque. C'est ainsi que la Guayra est l'embarcadère de Caracas, et que la Vera-Cruz peut être un jour le port de Xalapa. Les bâtimens d'Europe et des États Unis d'Amérique qui viendroient séjourner plusieurs mois dans ces parages remonteroient à volonté jusqu'à l'Angostura; les autres bâtimens prendroient leur cargaison dans l'embarcadère le plus rapproché de la Punta Barima où se trouveroient en temps de paix les magasins, les corderies et les ateliers de construction. Pour préserver le pays entre la capitale et l'embarcadère ou *Puerto de la Boca grande* d'une invasion ennemie, on fortifieroit les rives de l'Orénoque d'après un système de défense adapté à la nature du terrain, par exemple à Imataca ou à Zacupana, à Barancas ou à San Rafael (là où le Caño Manamo se sépare du tronc principal), à la Vieja Guayana, à l'île Faxardo (vis-à-vis de l'embouchure du Rio Carony) et au confluent du Mamo. Ces fortins, d'une construction peu coûteuse, serviroient en même temps de refuge aux chaloupes canonnières stationnées sur des points que les bâtimens ennemis, en remontant à la voile contre le courant, doivent reconnoître pour courir de nouvelles bordées. J'insiste d'autant plus sur ces moyens de défense qu'ils n'ont été que trop long-temps négligés [1].

---

[1] On a presque de la peine à croire que toute la défense de la province reposoit, pendant mon séjour à l'Angostura, sur 7 *lanchas cañoneras* et 600 hommes de troupes de toutes couleurs et de toutes armes, en y comprenant ce qu'on appelle les garnisons

CHAPITRE XXIV. 367

Les côtes septentrionales de l'Amérique du Sud sont défendues, pour la plus grande partie, par une chaîne de montagnes qui s'étend de l'ouest à l'est, et qui sépare le littoral des *Llanos* de la Nouvelle-Andalousie, de Barcelone, de Venezuela et de Varinas. On peut dire que ces côtes ont fixé trop exclusivement l'attention de la métropole : c'est là que se trouvent six places fortes [1], pourvues d'une belle et nombreuse artillerie; savoir, Carthagène des Indes, San Carlos de Maracaybo, Porto-Cabello, La Guayra, le Moro de Nueva Barcelona et Cumana. Les côtes orientales de l'Amérique espagnole, celles de la Guyane et de Buenos-Ayres sont basses et sans défense; elles offrent à un ennemi audacieux la facilité de pénétrer dans l'intérieur du pays jusqu'au revers oriental des Cordillères de la Nouvelle-Grenade et du Chili. La direction [2] du Rio de la Plata, formé par

des quatre forts des frontières, des *destacamentos* de Nueva Guayana, de San Carlos del Rio Negro, du Guirior et de Cuyuni.

[1] Celles de Carthagène et de Porto-Cabello sont du premier rang. En nommant les points de défense de l'ouest à l'est, j'aurois pu faire mention aussi des batteries de Santa Marta, de Ciudad de la Hacha et de Coro ; mais ces ouvrages sont peu importans.

[2] Du sud au nord, sur une étendue de terrain de 22° de latitude.

l'Uruguay, le Parana et le Paraguay, force l'armée envahissante, lorsqu'elle veut se diriger vers l'est, de traverser les steppes (*bambas*) jusqu'à Cordova ou à Mendoza : mais au nord de l'équateur, dans la Guyane espagnole, la direction[1] du Bas-Orénoque et de ses deux grands affluens, l'Apure et le Meta, présente, dans le sens d'un parallèle, un *chemin de rivières* qui facilite le transport des approvisionnemens et des vivres. Celui qui se trouve maître de l'Angostura s'avance à son gré vers le nord dans les steppes (*Llanos*) de Cumana, de Barcelone et de Caracas; vers le nord-ouest, dans la province de Varinas; vers l'ouest, dans celles de Casanare, jusqu'au pied des montagnes de Pamplona, de Tunja et de Santa-Fe de Bogota. Les plaines de l'Orénoque, de l'Apure et du Meta séparent seules la province de la Guyane espagnole de la région riche, populeuse et bien cultivée, qui avoisine le littoral. Les places fortes (Cumana, La Guayra et Porto-Cabello) protègent à peine cette région contre les débarquemens qui ont lieu sur la côte septentrionale. Je m'arrête à ces données sur la configuration du terrain et la distribution actuelle des points de défense. Elles suffiront, à ce que je crois, pour montrer com-

---

[1] De l'ouest à l'est, sur 13° de longitude.

CHAPITRE XXIV.

ment la sûreté politique des provinces réunies de Caracas et de la Nouvelle-Grenade est intimement liée à la défense des bouches de l'Orénoque, et comment la Guyane espagnole, quoique à peine défrichée et dépourvue de population, acquiert une haute importance dans la lutte entre les colonies et la métropole. Cette importance militaire avoit été prévue, il y a plus de deux siècles, par le célèbre Ralegh. Dans la relation de sa première expédition, il revient souvent sur la facilité qu'auroit la reine Élisabeth de conquérir, « par les cours de l'Orénoque et des innombrables rivières qui s'y jettent » une grande partie des colonies espagnoles [1]. Nous avons rappelé plus haut que Girolamo Benzoni prédisoit, en 1545, les révolutions de

---

[1] *The discoverie of the Empire of Guaina.* Lond., 1596, p. 28, 96, et 100. En parlant de la défense des bouches de l'Orénoque, Ralegh dit judicieusement et avec une grande connoissance des localités : « This country is besides so defensible, that if two fortes be builded in one of the provinces which I have seen, the flood setteth in so neere the bank, where the channel also lyeth, that no shippe can passe up, but within a pickes length of the artillerie ; first of the one, and afterwardes of the other. » Puis il ajoute, dans ce style d'exagération qui lui paroît nécessaire pour faire goûter ces projets de conquête : « The two fortes will be a sufficient guarde both of the Empire of Inga and to an hundred other several kingdomes, lying within the said river, even to the citie of Quito in Peru. »

l'île Saint-Domingue « qui doit devenir sous peu la propriété des noirs. » Ici nous trouvons tracé, dans un ouvrage publié en 1596, un plan de campagne dont le mérite a été justifié par des événemens très-récens.

Dans les premières années de sa fondation, la ville de l'Angostura n'avoit aucun rapport direct avec la métropole. Les habitans se contentoient de faire un petit commerce de contrebande, en viandes sèches et en tabac, avec les îles Antilles, et par le Rio Cuyuni, avec la colonie hollandoise d'Essequebo. On ne recevoit immédiatement d'Espagne ni vin, ni huile, ni farine, trois objets d'importation les plus recherchés. En 1771, quelques négocians envoyèrent la première goëlette à Cadix; et, depuis cette époque, les échanges directs avec les ports d'Andalousie et de Catalogne sont devenus très-actifs. La population de l'Angostura*, après

---

* En 1768, l'Angostura ou Santo Thomè de la Nueva Guayana n'avoit que 500 habitans. (*Caulin*, p. 63.) Un dénombrement fait en 1780 en donna 1513 (savoir 455 blancs, 449 noirs, 363 mulâtres et *zambos*, et 246 Indiens). L'an 1789, la population s'éleva à 4590, et, en 1800, à 6600 ames. (*Listes officielles mss.*) Le chef-lieu de la colonie angloise de Demerary, la ville de Stabrock, dont le nom est à peine connu en Europe, ne se trouve qu'à 50 lieues de distance au sud-est des bouches de l'Orénoque. Elle a, d'après Bolingbrok, près de 10,000 habitans.

avoir été long-temps languissante, a augmenté beaucoup depuis 1785 : cependant, lors de mon séjour dans la Guyane, elle étoit encore loin d'égaler celle de Strabock, qui est la ville angloise la plus voisine. Les bouches de l'Orénoque ont un avantage sur tous les ports de la Terre-Ferme. Elles offrent les communications les plus promptes avec la péninsule. La navigation de Cadix à Punta Barima s'exécute quelquefois en 18 ou 20 jours. Le retour en Europe est de 30 à 35 jours. Ces bouches étant placées au vent de toutes les îles, les bâtimens de l'Angostura peuvent entretenir un commerce plus avantageux avec les colonies des Antilles que La Guayra et Porto-Cabello. Aussi les négocians de Caracas ont-ils toujours été jaloux des progrès industriels de la Guyane espagnole ; et, comme Caracas a été jusqu'ici le siége du gouvernement suprême, le port de l'Angostura a été traité avec moins de faveur encore que les ports de Cumana et de Nueva Barcelona. Pour ce qui regarde le commerce intérieur, celui de la province de Varinas est le plus actif. Cette province envoie à l'Angostura des mulets, du cacao, de l'indigo, du coton et du sucre pour en recevoir des *generos*, c'est-à-dire les produits de l'industrie manufacturière de l'Europe. J'ai vu partir de longs bateaux (*Lanchas*) dont la cargaison étoit évaluée à huit ou dix mille piastres. Ces bateaux remontent d'abord l'Orénoque jusqu'à Cabruta, puis l'Apure jusqu'à San Vicente, et enfin le Rio Santo Domingo jusqu'à Torunos[1], qui est l'embarcadère de Varinas Nuevas. La petite ville de San Fernando de Apure, dont j'ai donné la description plus haut[2], est l'entrepôt de ce commerce de rivières qui pourra devenir beaucoup plus considérable par l'introduction des bateaux à vapeurs.

La rive gauche de l'Orénoque et toutes les bouches de ce fleuve, à l'exception de la grande *Boca de Navios*, appartiennent à la province de Cumana. Cette circonstance a fait naître depuis long-temps le projet de fonder une autre ville vis-à-vis de l'Angostura (là où se trouve aujourd'hui la batterie de San Rafael), pour exporter, sur le territoire même de la province de Cumana, et sans traverser l'Orénoque, les mulets et les viandes sèches des *Llanos*. De petites jalousies, qui subsistent toujours entre deux gouvernemens limitrophes, serviront à favoriser ce projet; mais, dans l'état actuel de la culture du pays, il est à désirer qu'on l'ajourne encore pendant long-temps. Pourquoi élever

---

[1] Un peu à l'ouest de Villa de Obispos.
[2] *Voyez* Tom. VI, p. 65.

sur les rives de l'Orénoque deux villes rivales qui seroient à peine éloignées de 400 toises l'une de l'autre ?

J'ai décrit jusqu'ici le pays que nous avons parcouru pendant une navigation de rivières de 500 lieues ; il me reste à faire connoître le petit espace de 3° 52′ en longitude, qui sépare la capitale actuelle de l'embouchure de l'Orénoque. La connoissance exacte du *delta* et celle du cours du Rio Carony intéressent à la fois l'hydrographie et le commerce des Européens. Pour pouvoir juger de l'étendue et de la configuration d'un pays entrecoupé par les bras de l'Orénoque et sujet à des inondations périodiques, j'ai dû examiner les positions astronomiques des points auxquels aboutissent le sommet et les branches extrêmes du *delta*. M. de Churruca, chargé, avec Don Juacquin Fidalgo, de relever les côtes septentrionales de la Terre-Ferme et les îles Antilles, a déterminé la latitude et la longitude de la Boca de Manamo, de Punta Baxa et de la Vieja Guayana. Les mémoires de M. Espinosa nous ont fait connoître la véritable position de Punta Barima ; de sorte qu'en modifiant les longitudes absolues, d'après des réductions sur Puerto España de l'île de la Trinidad et sur le château Saint-Antoine de Cumana (deux points résultans de mes propres observations et des judicieuses recherches de M. Oltmanns), je crois pouvoir présenter des données suffisamment exactes. Il est à désirer que, dans une navigation non interrompue, on fixe un jour, par des moyens chronométriques, les différences de méridiens entre Puerto España et les petites bouches de l'Orénoque, entre San Rafael (le sommet du *delta*) et Santo Thomè del Angostura. J'ai appuyé cette dernière position sur Cumana et (par le confluent de l'Apure) sur Caracas et Porto-Cabello [1].

---

[1] *Voyez* mes *Obs. astr.*, Tom. I, p. xxxviii. *Espinosa, Memorias de los Navegantes Espanoles*, Vol. I, p. 81, et la *Carta esferica de costas de Tierra firma de Don Joaquin Francisco Fidalgo publicada en* 1816, comparé aux croquis des *bocas del Orinoco*, que je me suis procurés à l'Angostura. Voici les résultats de mes recherches : *Punta Barima*, rive orientale de la grande bouche (*Boca de Navios de l'Orénoque*), réduite sur Puerto Espana et Portorico, d'après M. Oltmanns, 62° 26′ 46″, réduite sur Cumana, d'après mes observations absolues 62° 20′ 10″. J'ai cru devoir m'arrêter à 62° 23′, parce que les navigateurs espagnols sont partis de l'île de la Trinidad, et que j'ai fixé la longitude de l'Angostura d'après celle de Cumana, un des points de l'Amérique dont la position repose sur le plus de données certaines.—*Boca de Manamo*, presque la plus occidentale des *bocas chicas del Orinoco*, 64° 44′.—*San Rafael*, près du point où le Caño Manamo, qui forme les *bocas chicas*, se sépare du tronc principal, 64° 18′.—*Vieja Guayana*, 64° 43′. (La latitude observée à terre, par Churruca, est 8° 8′ 24″, donc presque la même que la latitude de l'Angostura que j'ai trouvée de 8° 8′ 11″. La

CHAPITRE XXIV. 375

Toutes les côtes orientales de l'Amérique du Sud, depuis le cap Saint-Roque, et surtout depuis le port de Maranham [1], jusqu'au groupe de montagnes de Paria, sont tellement basses, qu'il me paroît bien difficile d'attribuer le *delta* de l'Orénoque et la formation de son sol aux attérissemens d'un seul fleuve. Je ne nierai pas, d'après les témoignages des anciens, que le *delta* du Nil ait été jadis un golfe de la Méditerranée, rempli par des alluvions successives. On conçoit facilement qu'à l'embouchure de toutes les grandes rivières, là où la vitesse de l'eau diminue subitement, il se forme un banc, une île, un dépôt de matières qui ne peuvent pas être charriées plus loin. On conçoit aussi comment le fleuve, obligé de contourner ce banc nouveau, se partage en deux branches, et comment les attérissemens, trouvant un point d'appui au sommet du *delta*, s'étendent de plus en plus par l'écartement de ces branches [2]. Ce

---

Cruz et Arrowsmith placent la Vieja Guayana de 18″ et de 26″ au nord de l'Angostura.)—*Santo Thomè del Angostura*, 66° 15′ 21″.

[1] Selon les excellentes observations encore inédites de M. le baron de Roussin, capitaine de vaisseau de la marine françoise, qui a récemment relevé les côtes du Brésil, la latitude du fort Saint-Antoine de la Barre est 2° 29′ 2″ sud; longit. 46° 34′ 59″ (en supposant le fort Anathomirim à l'île Sainte-Catherine, 50° 51′ 15″ à l'ouest de Paris).

[2] *Girard, sur la vallée d'Égypte*, p. 56.

qui a lieu à la première bifurcation, s'opère dans chaque canal partiel; de sorte que, par les mêmes procédés, la nature peut former un dédale de petits canaux *bifurqués* qui se comblent ou s'approfondissent dans la suite des siècles, selon la force et la direction des crues. C'est de cette manière, à n'en pas douter, que le tronc principal de l'Orénoque, 25 lieues à l'ouest de la *Boca de Navios*, s'est partagé en deux bras : ceux de Zacupana et d'Imataca. Le réseau de branches moins considérables que le fleuve envoie vers le nord, et dont les embouchures portent le nom de *bocas chicas* (petites bouches), me paroît un phénomène entièrement semblable à celui des *deltas d'affluens*[1]. Lorsque, à plusieurs centaines de lieues des côtes, une rivière (par exemple l'Apure ou le Jupura) s'unit par un grand nombre de branches à un autre fleuve, ces bifurcations multipliées ne sont que des sillons tracés dans un terrain extrêmement uni. Il en est de même des *deltas océaniques*, partout où les côtes, par des inondations générales, antérieures à l'existence de l'Orénoque et de l'Amazone, ont été couvertes de dépôts d'attérissemens. Je doute que tous les *deltas océaniques* aient été des golfes, ou, comme disent quelques

---

[1] *Voyez*, sur ces *deltas* d'*affluens* opposés aux *deltas océaniques*, plus haut, p. 102.

CHAPITRE XXIV. 377

géographes modernes, des *deltas négatifs*. Quand on aura plus soigneusement examiné, sous le point de vue géologique, les embouchures du Gange, de l'Indus, du Sénégal, du Danube, de l'Amazone, de l'Orénoque et du Mississipi, on reconnoîtra qu'ils n'ont pas tous la même origine; on distinguera entre les côtes qui avancent brusquement dans la mer, par l'effet des alluvions croissantes [1], et les côtes qui suivent la configuration générale des continens; on distinguera entre un terrain formé par une rivière *bifurquée*, et des plaines traversées par quelques branches latérales, faisant partie d'un sol d'alluvion, dont l'étendue excède plusieurs milliers de lieues carrées.

On peut comparer le *delta* de l'Orénoque, entre Isla Cangrejos et la Boca de Manamo (le terrain habité par les Indiens Guaraons) à l'île de Marajo ou de Joanès[2], près de l'embouchure

---

[2] Comme les *deltas* du Nil, du Gange, du Danube et du Mississipi.

[3] Cette prétendue île, que le jésuite André da Barros dit plus grande que le royaume de Portugal, quoiqu'elle n'ait que 1500 lieues carrées, est habitée par les Indiens Nhengahybas (ou *Igaruanas*, c'est-à-dire *bateliers*), qui connoissent l'embouchure de l'Amazone comme les Guaraons connoissent celle de l'Orénoque. La topographie de l'île Joanès et des environs de Belem ou du Parà est peu exacte sur les cartes les plus récentes. Voici le véritable état des choses : Il sort de l'A-

de l'Amazone. L'un de ces terrains d'alluvions est placé au nord, l'autre au sud du tronc principal de la rivière. Mais la forme de l'île Joanès se lie à la configuration générale du sol de la province de Maranhao, comme les côtes des *bocas chicas* de l'Orénoque se lient à celles d'Essequebo et du golfe de Paria. Rien ne me paroît prouver que ce golfe s'étendoit jadis vers le sud, depuis la *Boca de Manamo* jusqu'à la *Vieja Guayana*, ou que l'Amazone remplissoit de ces eaux toute la baie, entre Villa Vistosa et le Grand-Parà. Tout ce qui environne les fleuves n'est pas leur ouvrage. Le plus souvent ils se sont creusé un lit dans des terrains d'alluvions, dont l'origine remonte à des causes géologiques plus anciennes, aux grandes catastrophes qu'a subies notre planète. Il faut examiner si, entre les branches *bifurquées* d'une rivière, la vase ne repose pas sur une couche de galets que l'on rencontre bien loin des eaux courantes. Le plus grand écartement des branches de l'Orénoque est de 47 lieues marines. C'est la largeur du

---

mazone, au-dessous de la Villa de Gurupa, un *canal très-étroit* (le Tagypuru) qui se réunit au lac Annapu, près de la ville de Melgaço. Dans ce lac tombe le Rio Annapu, qui est le Guanapu de D'Anville. A l'est de Melgaço, le Tagypuru reçoit le grand fleuve des Tocantins, sur lequel est placée la ville de Parà.

delta océanique entre Punta Barima et la plus occidentale des *bocas chicas*. Comme on manque jusqu'à ce jour d'un relèvement exact de ces contrées, on ignore aussi le nombre des bouches. Une tradition vulgaire en donne sept à l'Orénoque, et nous rappelle les *septem ostia Nili*, si célèbres dans l'antiquité. Mais le *delta* de l'Égypte n'étoit pas toujours restreint à ce nombre; et, sur les côtes inondées de la Guyane, on peut au moins compter onze embouchures assez considérables [1]. Après la *Boca de Navios*, que les marins reconnoissent par la Punta Barima, les plus utiles à la navigation sont les *Bocas de Mariusas*, de *Macareo*, de *Pedernales* et de *Ma-*

[1] *Boca de Navios*; *B. de Lauran* (Loran, Laurent); *B. de Nuina*, 2 à 3 lieues à l'ouest de l'Isla Cangrejos, avec 2 ou 3 brasses de fond; *B. chica de Mariusas*, 5 lieues plus loin, peu connue; *B. de Vinquinia*; *B. grande de Mariusas*, très-navigable; *B. de Macarco* (le *Cano* de ce nom porte de grands bâtimens jusqu'à San Rafael où il sort du tronc principal); *B. de Cucuina*, plus étroit, mais plus profond; *B. de Pedernales*, navigable; *B. de Manamo grande*, près des îles de Plata et de Pesquero; *B. de Guanipa*. De Boca de Nuina à Boca de Manamo grande, les distances partielles m'ont été indiquées de 5, 7, 8, 6, 4, 8 et 7 lieues. La synonymie de ces bras de l'Orénoque est assez embarrassante. La B. de Capure entre Pedernales et Macareo ne serait-elle pas identique avec la B. de Cucuina? Le Cano de Laurent, qu'on dit être extrêmement large là où il se sépare de l'Orénoque, et très-étroit à son embouchure, ne conduiroit-il pas à une des deux bouches de Mariusas?

namo grande. La partie du *delta* qui s'étend à l'ouest de la *Boca de Macareo*, se trouve baignée par les eaux du Golfe de Paria, ou *Golfo triste*. Ce bassin est formé par la côte orientale de la province de Cumana et la côte occidentale de l'île de la Trinité; il communique avec la mer des Antilles, par les fameuses Bouches du Dragon (*Bocas de Dragos*), que les pilotes côtiers, depuis le temps de Christophe Colomb, regardent, quoique assez improprement, comme les bouches de l'Orénoque [1].

---

[1] Les eaux qui sortent si impétueusement des *Bocas de Dragos*. (*Voyez* Tom. II, p. 39), sont : 1° celles de l'Océan atlantique dont les courans portent sur les côtes de la Guyane, par le *Canal del Sur* (entre Punta de Mangles du continent et Punta Galiota de l'île de la Trinité), vers l'ouest-nord-ouest; 2°. les eaux douces des *Bocas chicas* de l'Orénoque (des *Canos* Pedernales et Manamo grande, réunies à celle du grand Rio Guarapiche). On ne peut douter que le golfe de Paria ait formé jadis un bassin intérieur lorsque l'île de la Trinité tenoit encore par le nord au cap Paria, par le sud-ouest (Punta de Icacos) à la Punta Foleto située à l'est de la Boca de Pedernales. Trois petites îles rocheuses en partie cultivées en coton (*Islas de Monos, de Huebos et de Chacachacares*) partagent le canal qui a 3 à 4 lieues de large (entre le cap N. O. de l'île de la Trinité, près du port de Chaguaramas et la Punta de la Pena, extrémité orientale de la côte de Paria) en 4 petits canaux : *Boca de Monos*, *B. de Huebos*, *B. de Navios* et *B. grande*. C'est la réunion de ces bouches qu'on appelle *Bocas de Dragos*. Plus près de la côte orientale de Paria il y a d'autres petites îles (El Fraile, El Pato, El Patito) don

CHAPITRE XXIV.

Lorsqu'un vaisseau, venant du large, veut entrer dans l'embouchure principale de l'Orénoque, la *Boca de Navios*, il doit prendre connoissance de terre à la Punta Barima. C'est la rive droite ou méridionale qui est la plus élevée : aussi la roche granitique perce-t-elle le sol fangeux, à peu de distance, dans l'intérieur des terres, entre le Caño Barima, l'Aquire et le Cuyuni. La rive gauche, ou septentrionale de l'Orénoque, celle qui se prolonge par le *delta*, vers la Boca de Mariusas et la Punta Baxa [1], est extrêmement basse : elle ne se distingue de loin que par des groupes de Palmiers Mauritia, qui embellissent le passage. Cet arbre est le Sagoutier [2] du pays; on en tire la farine du pain de

---

l'existence atteste les convulsions auxquelles ce pays a été exposé.

[1] D'après Churruca, lat. 9° 35′ 30″ (ou 0° 54′ 55″ plus au nord que Punta Parima). J'en trouve la longitude 63° 21′, en la réduisant à mes observations de Cumana.

[2] La fécule nourrissante ou *farine médullaire* des sagoutiers se trouve principalement dans un groupe de palmiers que M. Kunth a distingué sous le nom des *Calamées* : cependant on la recueille aussi dans l'archipel de l'Inde, comme objet de commerce, des troncs du Cycas revoluta, du Phœnix farinifera, du Corypha umbraculifera et du Caryota urens. (*Ainslie, materia medica of Hindoostan; Madras*, 1813, p. 39.) La quantité de matière nourrissante qu'offre le véritable Sagoutier de l'Asie (*Sagus* Rumphii, ou Metroxylon Sagu, Roxb.) excède tout ce que donnent d'autres plantes

yuruma, et, loin d'être un *palmier littoral*, comme le Chamærops humilis, le Cocotier commun et le Lodoïcea de Commerson, le Mauritia remonte, comme *palmier de marécages*, jusqu'aux sources de l'Orénoque[1]. Dans le temps

utiles à l'homme. Un seul tronc d'arbre, dans sa quinzième année, fournit quelquefois 600 livres de *sagou* ou de farine (car le mot *sagou* signifie *farine* dans le dialecte d'Amboine). M. Crawfurd, qui a habité si long-temps l'archipel de l'Inde, calcule qu'un *acre* anglois (à 4029 mètres carrés) peut nourrir 435 sagoutiers qui donnent 120,500 livres *avoir du poids* ou plus de 8000 livres de fécule par an (*History of the Indian Archipelago*, Tom. I, p. 387 et 393). Ce produit est triple de celui des Céréales, double de celui des pommes de terre en France. Les bananes offrent sur la même surface de terrain plus de matière alimentaire encore que le sagoutier. (*Voyez* mon *Essai politique sur la Nouvelle-Espagne*, Tom. I, pag. 363.)

[1] *Voyez* Tom. III, p. 98; et Tom. VIII, p. 140. J'insiste beaucoup sur ces divisions de la grande et belle famille des Palmiers, selon la distribution des espèces : 1° dans des endroits secs ou des plaines de l'intérieur (Corypha tectorum); 2° sur les côtes de la mer (Chamærops humilis, Cocos nucifera, Corypha maritima, Lodoïcea Sechellarum, Labill.); 3° dans des marécages d'eau douce (Sagus Rumphii, Mauritia flexuosa), et 4° dans les régions alpines entre 700 et 1500 toises de hauteur (Ceroxylon andicola, Oreodoxa frigida, Kunthia montana). Ce dernier groupe de *Palmæ montanæ*, qui, dans les Andes de Guanacas, s'élève jusque près de la limite des neiges perpétuelles, a été (à ce que je crois) entièrement inconnu avant notre voyage en Amérique. (*Nova Gen.*, Tom. I, p. 317; *Semanario de Santa-Fe de Bogota*, 1819, n.° 21, p. 163.)

des inondations, ces bouquets de Mauritia, à feuilles en éventail, offrent l'aspect d'une forêt qui sort du sein des eaux. Le navigateur, en traversant de nuit les canaux du *delta* de l'Orénoque, voit avec surprise de grands feux éclairer la cime des palmiers. Ce sont les habitations des Guaraons (Tivitivas et Ouarauetis de Ralegh [1]), suspendues aux troncs des arbres. Ces peuples tendent des nattes en l'air, les remplisssent de terre, et allument, sur une couche humide de glaise, le feu nécessaire pour les besoins de leur ménage. Depuis des siècles, ils doivent leur liberté et leur indépendance politique au sol mouvant et fangeux qu'ils parcourent dans le temps des sécheresses, et sur lequel eux seuls savent marcher en sûreté, à leur isolement dans le *delta* de l'Orénoque, à leur séjour sur les arbres, où l'enthousiasme religieux ne conduira probablement jamais des *Stylites* [2] américains.

[1] On reconnoît le nom indien de la peuplade des Uaraù (*Guarau-nos* des Espagnols) dans les Warawety (*Ouarau*-ety) de Ralegh, une des branches des Tivitivas. Voyez *Discovery of Guiana*, 1576, p. 90, et le dessin des habitations des Guaraons dans *Raleghi brevis descript. Guianæ*, 1594, tabl. IV. (*Laet.*, p. 648, 661; *Gili*, Tom. I, p. xxxv; *Depons*, Tom. I, p. 292, 308; *Leblond*, p. 430, 444.)

[2] Siméon le Sisanite, natif de Syrie, fonda cette secte. Il passa 37 ans en contemplation mystique sur cinq colonnes, dont la dernière avoit 36 coudées de haut. Les *Sancti colum-*

J'ai déjà rappelé, dans un autre endroit, que le palmier Mauritia, *l'arbre de vie* des missionnaires, ne procure pas seulement aux Guaraons une habitation sûre pendant les grandes crues de l'Orénoque, mais qu'il leur offre aussi, dans ses fruits écailleux, dans sa moelle farineuse, dans son suc abondant en matière sucrée, enfin dans les fibres de ses pétioles, des alimens, du vin [1], et du fil propre à faire des cordes et à tisser des hamacs. Ces habitudes des Indiens du *delta* de l'Orénoque se retrouvoient jadis dans le Golfe de Darien (Uraba) et dans la plupart des terrains inondés, entre le Guarapiche et les bouches de l'Amazone. Il est curieux de voir, au plus bas degré de la civilisation humaine, l'existence de toute une peuplade dépendre d'une seule espèce de palmier, semblable à ces insectes qui ne se nourrissent que d'une même fleur, d'une même partie d'un végétal.

Il ne faut point être surpris de trouver si différemment évaluée la largeur de la bouche

---

nares tentèrent d'établir en Allemagne, dans le pays de Trèves, leurs *cloîtres aériens ;* mais les évêques s'opposèrent à des entreprises si extravagantes et si périlleuses. (*Mosheim, Instit. Hist. Eccles.*, p. 192.)

[1] L'usage de ce *vin de Murichi* n'est cependant pas très-commun. Les Guaraons préfèrent généralement une boisson de miel fermenté.

CHAPITRE XXIV. 385

principale de l'Orénoque (*Boca de Navios*). La grande île Cangrejos n'est séparée que par un canal étroit du terrain inondé, qui s'étend entre les Bocas de Nuina et de Mariusas, de sorte que l'on obtient 20 ou 14 milles nautiques (à 950 toises), selon qu'on mesure (dans une direction opposée à celle du courant) de Punta Barima à la rive opposée la plus proche, ou de cette même Punta à la partie orientale de l'Isla Cangrejos. Le canal navigable est traversé par un banc de sable, par une barre de 17 pieds de fond; on lui donne une largeur de 2500 à 2800 toises. L'Orénoque, comme l'Amazone, le Nil, et toutes les rivières qui se partagent en plusieurs branches, n'a pas une embouchure aussi grande qu'on devroit le supposer d'après la longueur de son cours et la largeur qu'il conserve à quelques centaines de lieues dans l'intérieur des terres. On sait par les opérations de Malaspina, que le Rio de la Plata, depuis Punta del Este près de Maldonado jusqu'au Cabo San Antonio, a plus de 124 milles (41,3 lieues) de large; mais, en remontant vers Buenos Ayres, cette largeur diminue si rapidement que, vis-à-vis de la *Colonia del Sacramento*, elle n'est déjà plus que de 21 milles. Ce que l'on appelle communément l'embouchure du Rio de la Plata n'est qu'un golfe dans lequel se jettent l'Uruguay et le Parana, deux fleuves

Relat. histor. Tom. 8. 25

d'une largeur moins considérable que l'Orénoque. Pour exagérer la grandeur de l'embouchure de l'Amazone, on regarde comme situées dans cette embouchure les îles Marajo et Caviana; de sorte que l'on trouve, depuis la Punta Tigioca jusqu'au Cabo del Norte, l'immense largeur de $3° \frac{1}{2}$ ou 70 lieues; mais il suffit d'examiner le système hydraulique du canal Tagypuru, du Rio Tocantins, de l'Amazone et de l'Araguari, qui réunissent l'énorme volume de leurs eaux pour reconnoître combien cette évaluation est chimérique. Entre Macapa et la rive occidentale de l'île Marajo (*Ilha de Joanès*), l'Amazone proprement dit est divisé en deux branches qui, ensemble, n'ont que 32 milles (11 lieues) de large. Plus bas, la rive septentrionale de l'île Marajo se prolonge dans le sens d'un parallèle, tandis que la côte de la Guyane portugaise, entre Macapa et Cabo del Norte, se dirige du sud au nord. Il en résulte que l'Amazone, là où sont situées les deux îles de Maxiana et de Caviana, au premier contact des eaux du fleuve avec celles de l'Atlantique, forme un golfe de près de 40 milles de largeur. L'Orénoque est inférieur à l'Amazone plus encore pour la longueur de son cours que pour sa largeur dans l'intérieur des terres, il appartient aux fleuves du second rang; mais il faut remarquer que toutes ces classifications, d'après la longueur du cours ou la largeur des embouchures, sont extrêmement arbitraires. Les rivières des îles Britanniques [1] sont terminées par des golfes ou lacs d'eau douce, dans lesquels les marées causent des refoulemens et des oscillations périodiques; elles nous rappellent suffisamment qu'il ne faut pas juger de l'importance d'un système hydraulique d'après la seule largeur des embouchures. Toute idée de *grandeur relative* manque de précision si l'on ne peut comparer le volume des eaux déterminé par la mesure de la vitesse et de l'*area* des sections transversales [2]. Il est à regretter que des déterminations de ce genre exigent des facilités que des voyageurs isolés ne peuvent guère se procurer, par exemple celle de sonder tout le lit d'une rivière, et de le sonder à différentes époques de l'année. Comme les fleuves d'une vaste largeur apparente sont généralement des bassins très-peu profonds, et traversés par plusieurs sillons parallèles [3], ils renferment aussi beaucoup moins d'eau que ne

[1] La Tamise, la Saverne, et, dans le Nouveau-Monde, le Rio de Guyaquil qui naît au pied du Chimberazo et qui offre une frappante disproportion entre la brièveté de son cours et la largeur de son embouchure.

[2] Nous devons la connoissance de ces *sections vives* dans le Gange et le Nil aux travaux importans du major Rennell et de M. Girard.

[3] *Voyez* plus haut, p. 100.

le fait supposer leur premier aspect. Nous voyons le volume de leurs eaux varier de 15 à 20 fois, aux deux époques du *maximum* et du *minimum* d'accroissement [1], dans le temps des sécheresses et celui des grandes crues.

Dès que l'on a doublé la Punta Barima, et que l'on est entré dans le lit même de l'Orénoque, on ne trouve ce lit que de 3000 toises de largeur. Les évaluations plus grandes naissent de l'erreur que commettent les pilotes en mesurant le fleuve dans une ligne qui n'est pas perpendiculaire à la direction du courant. Il ne seroit pas utile de fortifier l'île Cangrejos, près

---

[1] Au port de Syout, M. Girard a trouvé le volume du Nil, dans les basses eaux, 678 mètres cubes par seconde, tandis que les jauges lui ont donné, lors des inondations, 10247 mètres cubes (*sur la vallée d'Égypte*, p. 13). On jugera, par analogie, de l'énorme accroissement de l'Orénoque, en se rappelant qu'il croît de 25 pieds dans des endroits où j'ai trouvé sa largeur moyenne de plus de 1000 toises. Voici un tableau comparatif de quelques grandes rivières du Nouveau-Monde, en calculant la *longueur du cours* d'après les cartes les plus récentes, et en ajoutant $\frac{1}{5}$ pour les sinuosités :

L'*Amazone*, 980 lieues des 20 au degré ;

Le *Mississipi*, 560 lieues en remontant par la branche principale aux Chîpeways, mais 815 lieues en remontant aux sources du Missouri ;

Le *Rio de la Plata*, 530 lieues en remontant par le Rio Paraguay ;

L'*Orénoque*, la partie connue, 420 lieues. (L'Indus a 510, et le Gange 426 lieues de cours.)

de laquelle on trouve quatre à cinq brasses d'eau. Les bâtimens y seroient hors de la portée du canon. Le dédale de canaux qui conduisent aux petites bouches change journellement de forme et de profondeur. Beaucoup de pilotes sont persuadés que les Caños de Cocuina, Pedernales et Macareo, par lesquels se fait le cabotage avec l'île de la Trinité, ont gagné de fond dans ces dernières années, et que le fleuve a une tendance à s'éloigner de la *Boca de Navios*, et à se jeter vers le nord-ouest. Avant l'année 1760, il étoit rare que des embarcations qui tiroient plus d'eau que 10 à 12 pieds, s'engageassent entre les petits canaux du *delta*. Aujourd'hui la crainte des *petites embouchures* de l'Orénoque a presque disparu ; et des vaisseaux ennemis, qui n'ont jamais navigué dans ces parages, trouvent dans les Indiens Guaraons des guides officieux et exercés. La civilisation de cette peuplade, qu'on peut comparer par sa position aux Indiens Nhengahybas ou Igaruanas des bouches de l'Amazone, est d'une haute importance pour tout gouvernement qui veut rester maître de l'Orénoque.

Le flux et le reflux se font sentir au mois d'avril, lorsque la rivière est la plus basse, jusqu'au-delà de l'Angostura, à la distance de plus de 85 lieues [1], dans l'intérieur des terres. Au confluent du Carony, à 60 lieues des côtes, les eaux s'élèvent par refoulement à 1 pied 3 pouces de hauteur. Il ne faut pas confondre

[1] La différence de longitude est de 3° 52'. On peut être surpris qu'en admettant ici, avec le vulgaire des pilotes, seulement 85 lieues marines de distance, je n'évalue les sinuosités du cours de l'Orénoque, au-dessous de l'Angostura, qu'à $\frac{1}{9}$. Je pense cependant que cette évaluation n'est pas trop petite; car, en mesurant, sur une carte manuscrite très-exacte que je possède, avec une ouverture de compas de 9', les sinuosités de l'Orénoque depuis l'embouchure du Rio Mamo (10 lieues au-dessus de celle du Carony) jusqu'à *Punta Barima*, j'ai trouvé 207', tandis qu'une ouverture de compas de $\frac{1}{5}$ degré m'a donné 186'. Il ne faut pas conclure de là que La Condamine et D'Anville sont en erreur, lorsque, pour estimer un chemin de rivière, ils ajoutent en général $\frac{1}{7}$ ou $\frac{1}{8}$. (*Journal des Savans*, janvier 1750, p. 183.) Comme ce point est d'une grande importance pour la construction des cartes, j'ai eu beaucoup de satisfaction d'avoir pu le vérifier tout récemment. Le savant commentateur de Strabon, M. Gosselin, a mesuré les sinuosités du Nil sur la grande carte de l'institut d'Égypte, en 47 feuilles, avec une ouverture de compas de 1000 mètres, à peu près $\frac{1}{5}$ d'une lieue marine : il a trouvé la longueur du cours des eaux, de Syène à Damiette, de 1,180,400 mètres, ou, en degré moyen, de 637' 35" (près de 212 lieues marines à 5562 mètres). *Geogr. de Strabon*, Tom. V, p. 308. Or, j'ai trouvé, avec une ouverture de compas de $\frac{1}{5}$ degré sur la belle carte du colonel Leake, 173 lieues. Les sinuosités d'une rivière qui n'est pas très-tortueuse ont été par conséquent un peu plus de $\frac{1}{7}$. D'Anville s'est arrêté à ce même résultat pour le Napo et le Pastaça. Dans des fleuves plus tortueux, il

ces oscillations de la furface du fleuve, cette *suspension* du cours, avec une marée qui remonte. A la grande bouche de l'Orénoque près du cap Barima, la hauteur du flot atteint 2 à 3 pieds; mais plus loin, vers le nord-ouest, dans le *Golfo triste*, entre la *boca* de Pedernales, le Rio Guarapiche et la côte occidentale de la Trinité, les marées sont de 7, de 8, et même de 10 pieds. Telles sont, sur des points éloignés les uns des autres de 30 à 40 lieues, l'influence de la configuration des côtes, et les entraves qu'opposent les Bouches du Dragon à l'écoulement des eaux. Tout ce que l'on trouve rapporté dans des ouvrages très-récens sur les courans particuliers que cause l'Orénoque, à 2° ou 3° de distance au large, sur les changemens observés dans la couleur de la mer et sur les eaux douces du *Golfo triste* (*Mar dulce* de Gumilla), est entièrement fabuleux. Les courans portent, sur toute cette côte, depuis le cap Orange vers le nord-ouest; et les variations que les eaux douces de l'Orénoque produisent dans la force de ce courant général, dans la transparence et la couleur réfléchie de

faut ajouter près de $\frac{1}{5}$, si l'on a mesuré la longueur du cours avec des ouvertures de compas de 30' ou de 1°, c'est-à-dire en supprimant des sinuosités moindres que cet espace. (*La Condamine, Voyage à l'Amazone*, p. 67.)

la mer, s'étendent rarement au-delà de 3 ou 4 lieues à l'est nord-est de l'île Cangrejos. Les eaux du *Golfo triste* sont salées, mais à un moindre degré que le reste de la Mer des Antilles, à cause des petites embouchures du *delta* de l'Orénoque, et de la masse d'eau que fournit le Rio Guarapiche. Par ces mêmes raisons, il n'y a pas de salines sur ces côtes, et j'ai vu arriver à l'Angostura des vaisseaux de Cadix chargés de sel, et (ce qui caractérise l'état de l'industrie coloniale) même de briques destinées à la construction de la cathédrale.

La distance surprenante à laquelle les petites marées des côtes se font sentir, dans le lit de l'Orénoque et de l'Amazone [1], a été regardée jusqu'ici comme une preuve certaine que la pente de ces deux rivières n'est que de quelques pieds pendant un cours de 85 et de 200 lieues. Cette preuve ne paroît cependant pas irréfragable, si l'on se rappelle que la grandeur des ondulations transmises dépend de beaucoup de circonstances locales, de la forme, de la sinuosité et du nombre des canaux communiquans, de la résistance du fond sur lequel la marée remonte, de la réflexion des eaux par les rives

---

[1] La rivière des Amazones se gonfle périodiquement au détroit des Pauxis, à 192 lieues des côtes.

opposées, et de leur resserrement dans un détroit. Un ingénieur habile [1] a fait voir récemment que, dans le lit de la Garonne, les oscillations des marées remontent, comme sur un plan incliné, bien au-dessus du niveau auquel se maintiennent les eaux de la mer à l'embouchure du fleuve. A l'Orénoque, les marées d'inégale hauteur de Punta Barima et du *Golfo triste* sont transmises, dans des intervalles de temps inégaux, par le grand canal de la *Boca de Navios*, et par les canaux étroits, sinueux et multipliés des *bocas chicas*. Comme ces petits canaux se séparent dans un seul point du tronc principal près de San Rafael, il y auroit des recherches curieuses à faire sur le retard des marées et la propagation des ondes dans le lit de l'Orénoque au-dessus et au-dessous de San Rafael, dans l'Océan au cap Barima, et dans le *Golfo triste* à la boca de Manamo. L'architecture hydraulique et la théorie du mouvement des fluides dans des canaux resserrés, gagneroient à la fois à un

[1] M. Bremontier. A la Réole, la marée paroît être de 10 toises; à Bordeaux, de 5 toises au-dessus des basses eaux de la mer près de Royan. Cependant les marées ont la même hauteur à Royan et à Bordeaux. Il est à désirer que ces données puissent être rectifiées par un nivellement plus exact. (*Recherches sur le moùvement des eaux*, p. 809, S. 72 et 83.)

travail pour lequel l'Orénoque et l'Amazone offrent des facilités toutes particulières.

La navigation du fleuve, soit que les vaisseaux arrivent par la *Boca de Navios*, soit qu'ils se hasardent dans le dédale des *bocas chicas*, exige diverses précautions, selon que le *lit est plein*, ou *que les eaux sont très-basses*. La régularité de ces crues périodiques de l'Orénoque a été depuis long-temps l'objet de l'admiration des voyageurs, comme les débordemens du Nil ont offert aux philosophes de l'antiquité un problème difficile à résoudre. L'Orénoque et le Nil, contraires à la direction du Gange, de l'Indus, du Rio de la Plata et de l'Euphrate se dirigent du sud vers le nord, mais les sources de l'Orénoque sont de 5 à 6 degrés plus rapprochées de l'équateur que celles du Nil. Frappés chaque jour des variations accidentelles de l'atmosphère, nous avons de la peine à nous persuader que, dans un grand espace de temps, les effets de ces variations puissent se compenser mutuellement ; que, dans une longue suite d'années, les moyennes de température, d'humidité et de pression barométrique diffèrent si peu de mois en mois, et que la nature, malgré a multitude des perturbations partielles, suive un type constant dans la série des phénomènes météorologiques. Les grands fleuves réunissent, en un seul réceptacle, des eaux que reçoit une surface de plusieurs milliers de lieues carrées. Quelque inégale que puisse être la quantité de pluie qui tombe pendant les années successives dans telle ou telle vallée, l'accroissement des fleuves, dont le cours est très-long, se ressent à peine de ces variations locales. Les crues représentent *l'état moyen* de l'humidité qui règne dans le bassin entier; elles suivent annuellement la même progression, parce que leur commencement et leur durée dépendent aussi de la *moyenne* des époques, en apparence très-variables, de l'entrée ou de la fin des pluies sous les latitudes que parcourent le tronc principal et ses divers affluens. Il en résulte que les oscillations périodiques des rivières sont, comme l'égalité de la température des cavernes et des sources, un indice sensible de la distribution régulière d'humidité et de chaleur, qui a lieu d'année en année sur une étendue de terrain considérable. Elles frappent l'imagination du peuple, comme l'ordre étonne partout où l'on ne peut remonter facilement aux causes premières, comme les *moyennes* de température d'une longue suite de mois ou d'années surprennent ceux qui lisent pour la première fois un traité sur les climats. Des fleuves appartenant en entier à la zone torride, offrent dans leurs mouvemens périodiques cette merveilleuse régularité qui est propre à une région où le même vent amène presque toujours des couches d'air de la même température, et où le mouvement du soleil en déclinaison cause [1], tous les ans, aux mêmes époques, une rupture d'équilibre dans la tension électrique, dans la cessation des brises et dans l'entrée de la saison des pluies. L'Orénoque, le Rio Magdalena et le Congo ou Zaïre sont les seuls grands fleuves de la région équinoxiale du globe, qui, naissant près de l'équateur, aient leur embouchure sous une latitude beaucoup plus élevée, mais encore en deçà du tropique. Le Nil et le Rio de la Plata dirigent leur cours dans deux hémisphères opposés de la zone torride vers la zone tempérée [2].

---

[1] *Voyez* la théorie que j'ai exposée Tom. VI, p. 188.

[2] En Asie, le Gange, le Buramputer et les fleuves majestueux de l'Indo-Chine ont leur cours dirigé *vers l'équateur*. Les premiers vont de la zone tempérée à la zone torride. Ces circonstances de cours dirigés dans un sens opposé (*vers l'équateur* ou *vers les climats tempérés*) influent sur l'époque et la hauteur des crues, sur la nature et la variété des productions riveraines, sur l'activité plus ou moins grande du commerce, et, je puis ajouter, d'après ce que nous savons des peuples de l'Égypte, de Meroé et de l'Inde, sur la marche de la civilisation le long des vallées de rivières.

Aussi long-temps qu'en confondant le Rio Paragua de l'Esmeralda avec le Rio Guaviare, on chercha les sources de l'Orénoque vers le sud-ouest, au revers oriental des Andes, les crues de ce fleuve furent attribuées à une fonte périodique des neiges. Ce raisonnement étoit aussi peu exact que celui par lequel on faisoit gonfler jadis le Nil par des eaux de neiges de l'Abyssinie. Les Cordillères de la Nouvelle-Grenade, près desquelles naissent les affluens *occidentaux de l'Orénoque* [1], le Guaviare, le Meta et l'Apure, n'entrent, à l'exception des seuls *Paramos* de Chita et de Mucuchies, pas plus dans la limite des neiges perpétuelles que les Alpes d'Abyssinie. Les montagnes neigeuses sont beaucoup plus rares sous la zonne torride [2] qu'on ne l'admet généralement; et la fonte des neiges, qui n'y est abondante dans aucune saison, n'augmente pas du tout dans le temps des inondations de l'Orénoque. Les sources de ce fleuve se trouvent (à l'est de l'Esmeralda) dans les *montagnes de la Parime*, dont les plus hautes cimes ne dépassent pas 1200 à 1300 toises

[1] *Voyez* Tom. VII, p. 247, 266 et 391.
[2] *Voyez* mes *Nouvelles recherches sur les montagnes de l'Himalaya et la hauteur des neiges perpétuelles sous l'équateur*, dans les *Annales de Chimie et de Physique*, Tom. XIV, p. 41.

d'élévation; et, depuis la Grita jusqu'à Neiva (des 7° ½ aux 3° de latitude), la branche orientale de la Cordillère offre de nombreux *Paramos* de 1800 à 1900 toises de hauteur [1]; mais on n'y voit qu'un groupe de *Nevados*, c'est-à-dire de montagnes qui dépassent 2400 toises, dans les cinq *Picachos de Chita*. C'est des *Paramos de Cundinamarca*, dépourvus de neige, que naissent les trois grands affluens occidentaux de l'Orénoque. Il n'y a que des affluens secondaires, tombant dans le Meta et l'Apure qui reçoivent quelques *aguas de nieve*, tels que le Rio Casanare, qui descend du *Nevado de Chita*, et le Rio de Santo Domingo [2], qui des-

[1] Du nord au sud : les *Paramos* de Porqueras et de Laura (près de La Grita); de Cacota; del Almorzadero, de Zoraca, de Guachaneque et de Chingasa (entre Pamplona et Santa-Fe de Bogota); de la Suma Paz, entre Pandi et Neiva. *Voyez* mon *Atlas géogr.*, Pl. XVII, XIX, XXI, XXIV. Les déserts montueux, que les Espagnols (habitans de la zone équinoxiale) appellent *Paramos*, ont une température moyenne de 9°. J'y ai trouvé quelquefois le thermomètre centigrade à 4°. Sous l'équateur, je n'ai pas vu tomber sporadiquement de la neige au-dessous de 1860 ou de 1900 toises de hauteur absolue. *Voyez* le mémoire que je viens de citer, Tom. V, p. 86.

[2] Le Nevado de Mucuchies, partie orientale de la *Sierra Nevada de Merida*, donne naissance, au sud, au Rio de Santo Domingo; au nord, au Rio Chama qui débouche dans le golfe de Maracaybo. Un affluent du premier de ces fleuves, le Paraguay, vient de la partie occidentale de la *Sierra Nevada de Me-*

cend de la *Sierra Nevada de Merida*, en traversant la province de Varinas.

La cause des crues périodiques de l'Orénoque agit également sur tous les fleuves qui naissent dans la zone torride. Après l'équinoxe du printemps, la cessation des brises annonce la saison des pluies. L'accroissement des rivières, qu'on peut considérer comme des *ombromètres* naturels, est proportionnel à la quantité d'eau qui tombe dans les différentes régions. Au centre des forêts du Haut-Orénoque et du Rio Negro, cette quantité m'a paru excéder 90 à 100 pouces par an [1]. Aussi, ceux des naturels qui ont vécu sous le ciel brumeux de l'Esmeralda et de l'Atabapo savent, sans avoir la moindre notion de physique, ce que savoient jadis Eudoxe et Eratosthène [2], que les inondations des grands fleuves sont dues aux seules pluies équatoriales. Voici la marche ordinaire des oscillations de l'Orénoque: On s'aperçoit, aussitôt après l'équinoxe du printemps (le peuple dit le 25 mars), du commencement des crues. Elles

---

rida. Il n'y a donc dans tout le pourtour du bassin de l'Orénoque d'autres cimes qui entrent dans la limite des neiges perpétuelles que cette *Sierra Nevada de Merida* (lat. 7° 50′) et le *Nevado de Chita* (lat. 5° 45′).

[1] *Voyez* Tom. VII, p. 305 et 424.
[2] *Strabo*, Lib. XVII, p. 789. *Diod. Sic.*, Liv. I, c. V.

ne sont d'abord que d'un pouce par vingt-quatre heures : quelquefois la rivière baisse de nouveau en avril; elle atteint son *maximum* en juillet, reste *pleine* (au même niveau) depuis la fin de juillet jusqu'au 25 août; puis elle décroît progressivement, mais avec plus de lenteur qu'elle n'a augmenté. Elle est à son *minimum* en janvier et février. Dans les deux mondes, c'est à peu près à la même époque que les rivières de la zone torride boréale parviennent à la plus grande hauteur. Le Gange, le Niger et la Gambie atteignent le *maximum* comme l'Orénoque dans le mois d'août [1]. Le Nil retarde de deux mois, soit à cause de quelques circonstances locales dans le climat de l'Abyssinie, soit à cause de la longueur de son cours, depuis le pays de Berber ou les 17° de latitude [2] jus-

---

[1] A peu près 40 à 50 jours après le solstice d'été.

[2] C'est le point (17° 35′) où le Tacazze ou Astaboras entre dans le Nil. (*Voy.* l'excellent ouvrage *de M. Burckhardt*, p. 163.) Au-dessous de ce confluent, le Nil ne reçoit plus de rivière ni à l'est ni à l'ouest, exemple unique dans l'histoire hydrographique du globe. Il y a, de l'embouchure du Tacazze jusqu'au delta, près de 1350 milles marins; de sorte qu'en admettant une vitesse moyenne du Nil (*Girard*, p. 13) de 4 pieds par seconde ou 2 $\frac{1}{2}$ milles par heure, je trouve 22 jours et demi pour le temps de la descente d'une molécule d'eau. C'est à peu près aussi le temps que mettroit une *crue* qui descendroit des sources de l'Orénoque à son embouchure, sur une longueur itinéraire de 1308 milles marins. La vitesse

qu'à la bifurcation du *Delta*. Les géographes arabes assurent que, dans le Sennaar et en Abyssinie, le Nil se gonfle dès le mois d'avril (à peu près comme l'Orénoque); cependant les crues ne deviennent sensibles au Caire que vers le solstice d'été; elles atteignent la plus grande hauteur à la fin du mois de septembre[1]. La rivière se maintient au même niveau jusqu'à la mi-octobre; elle est au *minimum* d'avril en mai, à une époque où les fleuves de la Guyane commencent déjà à gonfler de nouveau. On voit par cet exposé rapide que, malgré le retard causé par la forme des canaux naturels et par des circonstances climatériques locales, le grand phénomène des oscillations des rivières de la zone torride est le même partout. Dans les deux zodiaques que l'on appelle vulgairement *tartare* et *chaldéen* ou égyptien (dans le zodiaque qui renferme le signe du rat, et dans celui qui renferme ceux des poissons et du verseau), des constellations particulières sont consacrées aux débordemens périodiques des fleuves De vrais

---

du Nil en Nubie est sans doute un peu plus grande que je ne l'ai évaluée dans ce calcul. Le retard des oscillations du Nil, en les comparant à celles des autres fleuves des tropiques, est bien remarquable. Annonce-t-il une cause plus éloignée des crues?

[1] A peu près 80 ou 90 jours après le solstice d'été.

cycles, des divisions du temps ont été transformées peu à peu en divisions de l'espace; mais la généralité du phénomène physique des crues semble prouver que le zodiaque qui nous a été transmis par les Grecs, et qui, par la précession des équinoxes, devient un monument historique d'une haute antiquité, a pu naître loin de Thèbes et de la vallée sacrée du Nil. Dans les zodiaques du Nouveau-Monde, dans le mexicain, par exemple, dont nous découvrons les débris dans les catastérismes des jours et les series périodiques qu'ils composent, il y a aussi des *signes de pluie et d'inondation* correspondans au *chou* (rat) du cycle chinois [1] et tibétain des *tse*, et aux *poissons* et au *verseau* de la dodécatomérie. Ces deux signes mexicains sont l'*eau* (*atl*) et *cipactli*, le monstre marin muni d'une corne. Cet animal est à la fois le *poisson-gazelle* des Indous, le *capricorne* de notre zodiaque, Deucalion des Grecs et Noé (*Coxcox*) des Aztèques [2].

---

[1] La figure de *l'eau* même est souvent substituée à celle du *rat* (*Arvicola*) dans le zodiaque tartare. *Le rat* prend la place du *verseau*. (Gaubil, *Obs. mathém.*, Tom. III, p. 33.)

[2] *Coxcox* porte aussi la dénomination de *Teo-Cipactli*, dans lequel la racine *dieu* ou *divin* est ajoutée au nom du signe *Cipactli*. C'est l'homme du *quatrième âge*, qui, lors de la quatrième destruction du monde (au dernier renouvellement de la nature), se sauva avec sa femme en atteignant la montagne de Colhuacan. D'après le commentateur Germanicus,

CHAPITRE XXIV. 403

C'est ainsi que l'on retrouve les résultats généraux de l'*Hydrographie comparée* dans les monumens astrologiques, les divisions du temps et les traditions religieuses des peuples qui sont le plus éloignés les uns des autres par leur position et le degré de leur culture intellectuelle.

Comme les pluies équatoriales ont lieu dans les plaines, lorsque le soleil passe par le zénith du lieu, c'est-à-dire lorsque sa déclinaison devient *homonyme* avec la zone comprise entre l'équateur et un des tropiques, les eaux de l'Amazone baissent, tandis que celles de l'Orénoque montent sensiblement. Dans une discus-

---

Deucalion étoit placé dans le verseau; mais les trois signes des poissons, du verseau et du capricorne (poisson-gazelle) étoient jadis intimement liés ensemble. « Un animal qui, après avoir long-temps habité les eaux, prend la forme d'une gazelle et gravit les montagnes, rappelle à des peuples, dont l'imagination inquiète saisit les rapports les plus éloignés, les traditions antiques de Menou, de Noé et de ces Deucalions célèbres parmi les Scythes et les Thessaliens. » Comme les zodiaques tartare et mexicain renferment les signes du *singe* et du *tigre*, ils ont pris sans doute naissance dans la zone torride. Chez les Muyscas, habitans de Nouvelle-Grenade, le premier catastérisme étoit, comme dans l'Asie orientale, celui de *l'eau*, figuré par une *grenouille*. Il est remarquable d'ailleurs que le culte astrologique des Muyscas étoit venu sur le plateau de Bogota, du côté de l'est, des plaines de San Juan qui s'étendent vers le Guaviare et l'Orénoque. *Voyez* plusieurs peintures hiéroglyphiques dans mes *Monumens amér.*, p. 159, 207, 226, 252, 260, 263.

26*

sion très-judicieuse sur l'origine du Rio Congo [1], on a déjà fixé l'attention des physiciens sur les modifications que doivent éprouver les époques des crues dans le cours d'un fleuve dont les sources et l'embouchure ne sont pas du même côté de la ligne équinoxiale [2]. Les systèmes hydrauliques de l'Orénoque et de l'Amazone offrent une combinaison de circonstances plus extraordinaires encore. Ils sont réunis par le Rio Negro et le Cassiquiare, bras de l'Orénoque; c'est une ligne navigable entre deux grands bassins de fleuves, qui est traversée par l'équateur. La rivière de l'Amazone, d'après des renseignemens que j'ai obtenus sur ses rives, est beaucoup moins réglée dans les époques de ses oscillations que ne l'est l'Orénoque : cependant elle commence généralement à croître en décembre, et elle atteint son *maximum* de hauteur en mars [3]. Elle baisse dès le mois de mai, et se trouve au *minimum* de hauteur dans les mois de juillet et d'août, au moment où le Bas-Orénoque inonde tous les terrains d'alentour. Comme, par la configuration générale du sol,

[1] *Voyage to the Zaire*, p. XVII.
[2] Parmi les fleuves de l'Amérique, c'est le cas du Rio Negro, du Rio Branco et du Jupura.
[3] A peu près 70 à 80 jours après notre solstice d'hiver qui est le solstice d'été de l'hémisphère austral.

CHAPITRE XXIV. 405

aucun fleuve de l'Amérique méridionale ne peut traverser l'équateur du sud au nord, les crues de l'Orénoque influent sur l'Amazone; mais celles de l'Amazone n'altèrent point la marche des oscillations de l'Orénoque. Il résulte de ces données que, dans les deux bassins de l'Amazone et de l'Orénoque, les *sommets concaves et convexes* de la courbe des accroissemens et des décroissemens progressifs [1] correspondent très-régulièrement entre eux, puisqu'ils offrent la

---

[1] *Girard, fig.* 1, où l'on trouve la courbe des crues du Nil. Voici des résultats analogues pour deux grands fleuves de l'Amérique méridionale comparés au Nil :

ORÉNOQUE.
(Lat. 3°—8° bor.)
Commenc. des crues. Avril.
Maximum. Août.
Minimum. Janv., fév.

AMAZONE.
(Lat. 3° bor.—16° austr.)
Décembre.
Mars.
Juillet, août.

NIL.
(Lat. 11° ¼—31° ¼ bor.)
Avril (Abyssinie), juin (Caire).
Septembre.
Avril.

L'Orénoque, comme le Nil, croît pendant 100 à 115 jours. Le Rio del Norte a son *maximum* en mai. (*Essai pol.*, Tom I, p. 303.)

différence de six mois qui résulte de la position des fleuves dans des hémisphères opposés. Le commencement seul des crues est moins tardif dans l'Orénoque. Cette rivière augmente d'une manière sensible dès que le soleil a traversé l'équateur; dans l'Amazone, au contraire, les crues ne commencent que deux mois après l'équinoxe. On sait que, dans les forêts situées au nord de la ligne, les pluies sont plus précoces que dans les plaines moins boisées de la zone torride australe. A cette cause locale s'en joint une autre qui agit peut-être également sur les crues tardives du Nil. La rivière des Amazones reçoit une grande partie de ses eaux de la Cordillère des Andes, où les saisons, comme partout dans les montagnes, suivent un type particulier et le plus souvent opposé à celui des basses régions.

La loi de l'accroissement et du décroissement de l'Orénoque est plus difficile à déterminer par rapport à l'espace ou à la grandeur des oscillations qu'au temps ou à l'époque des *maxima* et des *minima*. N'ayant pu mesurer que d'une manière imparfaite les crues du fleuve, je ne rapporte qu'en hésitant des évaluations qui sont très-différentes entre elles[1]. Les pilotes étrangers

---

[1] *Tuckey, Maritime geogr.*, Tom. IV, p. 309. *Hippisley*,

admettent 90 pieds pour les crues ordinaires dans le Bas-Orénoque : M. de Pons, qui a recueilli généralement des notions très-exactes durant son séjour à Caracas, s'arrête à 13 brasses. Les hauteurs varient naturellement d'après la largeur du lit et le nombre des affluens que reçoit le tronc principal. Les crues du Nil sont, dans la Haute-Égypte, de 30 à 35 pieds; au Caire, de 23 pieds; dans la partie septentrionale du *Delta*, de 4 pieds. Il paroît qu'à l'Angostura, les crues moyennes n'excèdent pas 24 à 25 pieds. C'est dans cet endroit qu'une île, située au milieu du fleuve, pourroit présenter les mêmes facilités pour les mesures des crues que celles qu'offre le Nilomètre (*Megyâs*) placé à la pointe de l'île de Roudah. Un savant distingué, qui a résidé récemment sur les bords de l'Orénoque, M. Zea, suppléera à ce qui manque à mes observations sur un point si important. Le peuple croit que l'Orénoque éprouve tous les 25 ans une crue qui excède les autres de 3 pieds; mais l'idée de ce cycle ne repose pas sur des mesures précises.

Expéd. à l'Orénoque, p. 38. *Gumilla*, Tom. I, p. 56-59. Tom. III, p. 301. La plus grande hauteur des crues du Mississipi est, à Natchez, de 55 pieds anglois. Cette rivière (la plus grande peut-être de toute la zone tempérée) a son *maximum* de février en mai, son *minimum* d'août en septembre. *Ellicot, Journal of an Exped. to the Ohio*, p. 120.

Nous savons, par le témoignage de l'antiquité, que les oscillations du Nil sont sensiblement les mêmes, quant à leur hauteur et à leur durée, depuis des milliers d'années. C'est une preuve bien digne d'attention, que l'état moyen de l'humidité et de la température ne varie pas dans le vaste bassin du Nil. Cette constance des phénomènes physiques, cet équilibre des élémens, se conserveront-ils aussi dans le Nouveau-Monde après quelques siècles de culture? Je pense qu'on peut répondre affirmativement à cette question; car les efforts réunis de l'homme ne peuvent influer sur les causes générales desquelles dépend le climat de la Guyane.

D'après la hauteur barométrique de San Fernando de Apure, je trouve, depuis cette ville jusqu'à la *Boca de Navios*, la pente de l'Apure et du Bas-Orénoque de $3\frac{1}{4}$ pouces par mille marin de 950 toises [1]. On pourroit être surpris de la force du courant par une pente si peu sensible; mais je rappellerai à cette occasion que, d'après des mesures faites par ordre de M. Hastings, on a trouvé que le Gange pendant 60 milles (y compris les détours) n'a aussi que 4 pouces de chute par mille, et que la vitesse moyenne de ce fleuve est, dans le temps des sécheresses, de 3;

[1] L'Apure seul a une pente de 13 pouces par mille. *Voyez* Tom. VI, p. 245.

dans le temps des pluies, de 6 à 8 milles par heure. La force du courant dépend donc, dans le Gange comme dans l'Orénoque, moins de la pente du lit que de l'accumulation des eaux supérieures causée par l'abondance des pluies et le nombre des affluens[1]. Il y a déjà 250 ans que des colons européens sont établis près des bouches de l'Orénoque; et, pendant ce long espace de temps, d'après une tradition qui s'est propagée de génération en génération, les oscillations périodiques du fleuve (l'époque du commencement des crues et celle où elles atteignent le *maximum*) n'ont jamais retardé de plus de 12 à 15 jours.

Lorsque, pendant les mois de janvier et de février, des bâtimens qui tirent beaucoup d'eau remontent vers l'Angostura, à la faveur de la brise et du flot, ils risquent de toucher dans la vase. Le canal navigable change souvent de largeur et de direction : cependant aucune balise n'indique jusqu'ici les dépôts d'attérissement qui se forment dans le lit du fleuve là où les eaux ont perdu leur vitesse primitive. Il existe, au sud du cap Barima, tant par la rivière de ce nom que par le Rio Moroca et plusieurs *esteres*[2], une communication avec la colonie angloise de l'Essequebo. On peut pénétrer, avec

---

[1] Barrow dans le *Voyage to the Zaire, Intr.*, p. XVII.
[2] *Æstuaria*.

de petites embarcations, dans l'intérieur des terres jusqu'au Rio Poumaron[1], sur lequel sont les anciens établissemens de Zélande et de Midelbourg. Cette communication n'a intéressé jadis le gouvernement de Caracas que par la facilité qu'elle offroit au commerce frauduleux : depuis que Berbice, Demerary et Essequebo sont tombés entre les mains d'un voisin plus puissant, elle fixe l'attention des Espagnols-Américains sous le rapport de la sûreté des limites. Des rivières qui ont un cours parallèle à la côte, et qui n'en restent constamment éloignées que de 5 à 6 milles marins[1], caractérisent tout le littoral entre l'Orénoque et l'Amazone.

A dix lieues de distance du cap Barima, le grand lit de l'Orénoque se divise pour la première fois en deux bras de 2000 toises de largeur[2]. Ils sont connus sous les noms indiens de Zacupana et d'Imataca. Le premier, qui est le plus septentrional, communique à l'ouest des îles Cangrejos et Burro avec les *bocas chicas* de

---

[1] Près du cap Nassau. Le colonel Ynciarte, avant d'être fixé à l'Angostura, a été employé par le gouvernement espagnol à relever le labyrinthe de canaux (*esteros y canos*) entre la grande embouchure de l'Orénoque et celle de l'Essequebo. Cet officier n'étoit malheureusement pas muni de chronomètres.

[2] *Voyez*, par exemple, sur les belles cartes de M. Van der Bosch, le cours du Commewyne qui s'unit au fleuve de Surinam, à angle droit, comme le Cuyuni s'unit à l'Essequebo.

Lauran [1] de Nuina et de Mariusas. Comme l'île du Burro disparoît dans le temps des grandes inondations, elle n'est malheureusement pas propre à être fortifiée. La rive méridionale du *brazo* Imataca est coupée par un dédale de petits canaux dans lesquels se jettent le Rio Imataca et le Rio Aquire [2]. Une longue série de monticules granitiques s'élève dans les savanes fertiles entre l'Imataca et le Cuyuni : c'est une prolongation de la Cordillère de la Parime qui, bordant l'horizon au sud de l'Angostura, forme les célèbres cataractes du Rio Caroni, et se rapproche de l'Orénoque comme un cap avancé près du fortin de la *Vieja Guayana*. Les missions populeuses d'Indiens Caribes et Guayanos, gouvernées par les Capucins catalans, se trouvent vers les sources de l'Imataca et de l'Aquire. Parmi ces missions les plus orientales sont celles de Miamu, Cumamu et Palmar placées dans un terrain montueux qui s'étend vers Tupuquen, Santa-Maria et la Villa de Upata. En remontant le Rio Aquire et en se dirigeant à travers les pâturages vers le sud, on parvient à la mission de Belem de Tumeremo et de là au confluent du Curumu avec le Rio Cuyuni où se

[1] *Cano francès.*
[2] Ces canaux communiquent avec le Cano de Arecifes qui est à l'ouest du cap Barima.

trouvoit établi jadis le poste espagnol ou *desta-camento de Cuyuni*[1]. J'entre dans ce détail topographique, parce que le Rio Cuyuni ou Cuduvini sur une étendue de $2°\frac{1}{2}$ à $3°$ de longitude[2], se dirige parallèlement à l'Orénoque de l'ouest à l'est, et offre une excellente limite naturelle entre le territoire de Caracas et celui de la Guyane angloise.

Les deux grands bras de l'Orénoque, le Zacupana et l'Imataca, restent séparés sur une longueur de 14 lieues : en remontant plus loin, on trouve les eaux du fleuve réunies[3] dans un seul canal extrêmement large. Ce canal a près de 8 lieues de long; son extrémité occidentale présente une seconde bifurcation; et, comme c'est dans le bras septentrional de la rivière *bifurquée* qu'est placé le sommet du *Delta*, cette partie de l'Orénoque est d'un grand intérêt pour la défense militaire du pays. Tous les canaux[4] qui

---

[1] À l'est des montagnes de Kinoroto.

[2] En y comprenant le Rio Juruam, une des branches principales du Cuyuni. Le poste militaire hollandois se trouvoit 5 lieues à l'ouest de la réunion du Cuyuni, avec l'Essequebo, là où le premier de ces fleuves reçoit le Mazuruni.

[3] C'est à ce point de réunion que sont placés deux villages de Guaraons. Ils portent également les noms d'Imataca et de Zacupana. *Voyez* Tom. III, p. 345.

[4] *Cano de Manamo grande*, *C. de Manamo chico*, *C. Pedernales*, *C. Macareo*, *C. Cutupiti*, *C. Macuona*, *C. grande*

CHAPITRE XXIV.

aboutissent aux *bocas chicas* naissent sur un même point du tronc de l'Orénoque. Le bras (*Caño Manamo*), qui se sépare près du village de San Rafael, ne se ramifie qu'après un cours de 3 à 4 lieues; et, en plaçant un fortin au-dessus de l'île Chaguanes, on défendroit l'Angostura contre un ennemi qui voudroit pénétrer par une des *bocas chicas*. De mon temps la station des chaloupes canonnières se trouvoit à l'est de San Rafael, près de la rive septentrionale de l'Orénoque. C'est le site[1] que doivent reconnoître les bâtimens qui remontent à la voile vers l'Angostura en passant par le canal septentrional, celui de San Rafael qui est le plus large, mais le moins profond.

Six lieues au-dessus du point où l'Orénoque envoie une branche aux *bocas chicas* est placé l'ancien fortin (*los Castillos de la Vieja* ou *Antigua Guayana*) dont la première construction remonte au 16ᵉ siècle. Dans cet endroit, le lit

---

de *Mariusas*, etc. Les trois derniers bras forment, en se réunissant, le canal sinueux appelé la *Vuelta del Torno*. Quoique le dédale des petits bras paroisse sujet à de fréquens changemens, il n'en est pas moins certain qu'on pourroit exécuter un relèvement exact des grands bras du *delta* de l'Orénoque. Ce travail seroit très-long sans doute; mais, en rectifiant de temps en temps l'indication des *sondes marquées,* il deviendroit d'un grand secours pour la navigation.

[1] *Barancas*, près de l'île Yaya.

du fleuve est parsemé d'îles rocheuses [1] : on assure que sa largeur atteint près de 650 toises. La ville est presque détruite, mais les fortifications [2] subsistent et méritent toute l'attention du gouvernement de la Terre-Ferme. On jouit d'une vue magnifique de la batterie établie sur un morne, au nord-ouest de l'ancienne ville. A l'époque des grandes inondations, celle-ci est totalement environnée d'eau. Des mares qui communiquent avec l'Orénoque forment des *bassins* naturels propres à recevoir les vaisseaux qui doivent être radoubés. Il faut espérer que, lorsque la paix sera rendue à ces belles contrées et qu'une politique étroite n'arrêtera plus le développement de l'industrie, des *calles* de construction entoureront ces *bassins* de la *Vieja Guayana*. Après l'Amazone, il n'y a pas de rivière qui, des forêts même qu'elle parcourt, puisse fournir des bois de construction plus précieux pour l'architecture navale. Ces bois, appartenant aux grandes familles des Laurinées, des Guttifères, des Rutacées et des Légumineuses arborescentes, offrent toutes les variétés

---

[1] A l'ouest des *Islas Iguanas*.
[2] *Los fuertes de San Francisco de Asis y del Padrasto*. J'ignore si, vis-à-vis de la *Vieja Guayana*, sur la rive septentrionale existent encore les restes du *Castillo de San Fernando* ou de *Limones*.

CHAPITRE XXIV. 415

désirables de densité, de pesanteur spécifique et de qualités plus ou moins résineuses. On ne manque dans ce pays que d'un bois de mature léger, élastique et à fibres parallèles, comme en fournissent les Conifères des régions tempérées et des hautes montagnes des tropiques.

Après avoir passé les fortins de la *Vieja Guayana*, le lit de l'Orénoque s'élargit de nouveau. L'état de la culture du pays présente un contraste frappant sur les deux rives. On ne voit au nord que la partie déserte de la province de Cumana, des steppes (*llanos*) dépourvues d'habitations et qui s'étendent au-delà des sources du Rio Mamo, vers le plateau ou *mesa* de Guanipa. Au sud on trouve trois villages populeux appartenant aux missions de Carony, savoir San Miguel de Uriala [1], San Felix et San Joaquin. Ce dernier village, placé sur les rives du Carony, immédiatement au-dessous de la grande cataracte, est considéré comme l'*embarcadère* des missions catalanes. En continuant la navigation plus à l'est, entre l'embouchure du Carony et l'Angostura, le pilote doit éviter les rochers de Guarampo, le bas-fond du Mamo et la Piedra del Rosario. J'ai construit, sur les matériaux nombreux que j'ai rapportés et d'après

[1] *Voyez* plus haut, p. 364.

des discussions astronomiques dont j'ai indiqué plus haut les principaux résultats, une carte du pays limité par le *delta* de l'Orénoque, le Carony et le Cuyuni. C'est la partie de la Guyane qui, par la proximité des côtes, offrira un jour le plus d'appât aux colons européens.

Dans son état actuel, toute la population de cette vaste province, à l'exception de quelques paroisses espagnoles [1], dispersées sur les rives du Bas-Orénoque, est soumise à deux gouvernemens monastiques. En évaluant à 35,000 le nombre des habitans de la Guyane qui ne vivent pas dans une sauvage indépendance, on en trouve près de 24,000 établis dans les missions et pour ainsi dire soustraits à l'influence directe du bras séculier. A l'époque de mon voyage, le territoire des religieux de l'Observance de St.-François renfermoit 7300 habitans, celui des *Capuchinos catalanes* 17,000; disproportion surprenante, lorsqu'on réfléchit sur la petitesse du dernier territoire comparé aux vastes rives du Haut-Orénoque, de l'Atapabo, du Cassiquiare et du Rio Negro. Il résulte de ces données que près de deux tiers de la population d'une province qui a 16,800 lieues carrées, se trouvent concentrés, entre le Rio Immataca et la ville de

---

[1] *Pueblos y villas de Espanoles.*

Santo Thomé del Angostura, sur un terrain qui n'a que 55 lieues de long et 30 lieues de large. Ces deux gouvernemens monastiques sont également inaccessibles aux blancs et forment *status in statu.* J'ai décrit le premier, celui des *Observantins*, d'après mes propres recherches : il me reste à consigner ici les notions que je me suis procurées sur le second de ces gouvernemens, celui des Capucins catalans. De funestes dissentions civiles et des fièvres épidémiques ont diminué, dans ces dernières années, la prospérité long-temps croissante des missions de Carony : mais, malgré ces pertes, la région que nous allons parcourir offre encore beaucoup d'intérêt, sous le rapport de l'économie politique.

Les missions des Capucins catalans renfermoient, en 1804, pour le moins 60,000 têtes de bœufs paissant dans les savanes ; elles s'étendent du bord oriental du Carony et du Paragua jusqu'aux rives de l'Imataca, du Curumu et du Cuyuni ; elles confinent au sud-est, avec la Guyane angloise ou colonie d'Essequebo ; vers le sud, en remontant les rives désertes du Paragua et du Paraguamusi, et en traversant la cordillère de Pacaraimo, elles touchent aux établissemens portugais du Rio Branco. Tout ce pays est ouvert, rempli de belles savanes, et ne ressemble guère à celui que nous venons de parcourir dans le Haut-Orénoque. Les forêts ne deviennent impénétrables qu'à mesure qu'on avance vers le sud : au nord, il y a des prairies entrecoupées de collines boisées. Les sites les plus pittoresques se trouvent près des chutes du Carony et dans cette chaîne de montagnes, de 250 toises de haut, qui sépare les affluens de l'Orénoque de ceux du Cuyuni. C'est là que sont placées la *Villa de Upata*[1], qui est le chef-lieu des missions, Santa Maria et Cupapui. De petits plateaux offrent un climat sain et tempéré; le cacao, le riz, le coton, l'indigo et le sucre viennent en abondance, partout où l'on soumet à la culture un sol vierge et couvert d'une bourre épaisse de graminées. Les premiers établissemens chrétiens de ces contrées ne remontent pas, je crois, au-delà de l'année 1721. Les élémens dont se compose la population actuelle sont les trois races d'Indiens Guayanos, Caribes et Guaycas. Les derniers sont un peuple mon-

---

[1] Fondée en 1762. Population. 657 ames en 1797; 769 ames en 1803. Les villages les plus populeux de ces missions (Alta Gracia, Cupapui, Santa Rosa de Cura et Guri) avoient, en 1797, entre 600 à 900 habitans; mais les fièvres épidémiques ont, en 1818, diminué la population de plus d'un tiers. Dans quelques missions, les maladies ont enlevé près de la moitié des habitans. Voyez *Trip from Angostura to the Capuchin Missions of the Caroni* dans le *Journ. of the Royal Inst.*, 1820, n° 16, p. 260-287, et n° 17, p. 1-132.

tagnard, et leur taille n'est pas à beaucoup près aussi petite que celle des Guaycas que nous avons trouvés à l'Esmeralda [1]. Ils sont difficiles à fixer au sol ; et les trois missions les plus modernes dans lesquelles on les a réunis, celles de Cura, de Curucuy et d'Arechica, sont déjà détruites. Les Indiens Guayanos, dès le seizième siècle, ont donné leur nom à toute cette vaste province : ils sont moins intelligens, mais plus doux et plus faciles, sinon à civiliser, du moins à subjuguer, que les Caribes. Leur langue paroît appartenir au grand rameau des langues caribe et tamanaque. Elle offre ces mêmes analogies de racines et de formes grammaticales, qu'on observe entre le sanskrit, le persan, le grec et l'allemand. Il n'est pas aisé de fixer les formes de ce qui est indéfini par sa nature, et de s'entendre sur les différences que l'on doit admettre entre des dialectes, des langues dérivées et des langues mères. Les jésuites du Paraguay nous ont fait connoître, dans l'hémisphère austral, une autre horde de Guayanos [2], vivant dans les forêts épaisses du Parana. Quoiqu'on ne puisse nier en général que, par l'effet

[1] *Voyez* plus haut, p. 191.
[2] On les appelle aussi *Guananas* ou *Gualachas* (Voyez Azara, *Voyage au Paraguay*, Tom. II, p. 221.

des émigrations lointaines [1], les peuples qui sont établis au nord et au sud de l'Amazone n'aient eu des communications, je ne déciderai point si ces Guayanos du Parana et de l'Uragay offrent d'autres rapports avec ceux du Carony, qu'une homonymie qui n'est peut-être qu'accidentelle [2].

Les établissemens chrétiens les plus considérables sont concentrés aujourd'hui entre les montagnes de Santa Maria, la mission de San Miguel et la rive orientale du Carony, depuis San Buenaventura jusqu'à Guri [3], et l'*embarcadère* de San Joaquin ; c'est un terrain qui n'a pas plus de 460 lieues carrées de surface. Les savanes, à l'est et au sud, sont à peu près inhabitées; on n'y trouve que les missions isolées de Belem, de Tumuremo, de Tupuquen, de Puedpa et de Santa Clara. Il seroit à désirer que

---

[1] Comme les migrations célèbres des *Om-aguas* ou *Omeguas*.

[2] Outre les Caribes, les Guayanos et les Guaycas, il y a aussi, dans les missions de Carony, des Indiens Pariagotos, Guaraunos et Aruacas. *Voyez*, sur ces races diverses, Tom. III, p. 341 et 356.

[3] *Euri* de la carte insérée dans le *Journ. of the Royal Inst.*. n.° 17. Le village du Rosario de *Guacipati* est appelé dans cette carte *Wasipati*.

la culture se fixât de préférence dans les lieux éloignés des fleuves, où le terrain est plus élevé et l'air plus favorable à la santé. Le Rio Carony, dont les eaux d'une clarté admirable sont peu poissonneuses, est libre d'écueils depuis la Villa de Barceloneta, placée un peu au-dessus du confluent du Paragua jusqu'au village de Guri. Plus au nord, il serpente entre des îles et des rochers sans nombre; il n'y a que les petits canots des Caribes qui se hasardent de naviguer au milieu de ces *Raudales*, ou rapides du Carony. Heureusement le fleuve est souvent divisé en plusieurs bras, de sorte que l'on peut choisir celui qui, selon la hauteur des eaux, offre le moins de tournoiemens et d'écueils à découvert. Le grand *Salto*, célèbre par les beautés pittoresques de son site, est un peu au-dessus du village d'Aguacagua, ou Carony, qui avoit de mon temps une population de 700 Indiens. On assigne à cette cascade 15 à 20 pieds de hauteur; mais le barrage ne traverse pas tout le lit du fleuve, qui a plus de 300 pieds de large. Quand la population se sera plus étendue vers l'est, elle profitera du cours des petites rivières d'Imataca et d'Aquire, dont la navigation est assez libre de dangers. Les moines qui aiment à se tenir isolés pour se soustraire à la surveillance du pouvoir séculier, n'ont pas voulu s'établir, jusqu'ici, sur les rives de l'Orénoque. Ce n'est cependant que par ce fleuve, ou par le Cuyuni et l'Essequebo, que les missions de Carony peuvent exporter leurs productions. La dernière voie n'a point encore été tentée, quoique plusieurs établissemens chrétiens [1] soient déjà placés sur un des affluens principaux du Cuyuni, le Rio Juruario [2]. Cet affluent offre, à l'époque des grandes crues, le phénomène remarquable d'une bifurcation. Il communique par le Juraricuima et l'Aurapa avec le Rio Carony [3], de sorte que le terrain compris entre l'Orénoque, la mer, le Cuyuni et le Carony, devient une véritable île. De formidables rapides entravent la navigation du Haut-Cuyuni; aussi a-t-on cherché, dans ces derniers temps, à ouvrir une route à la colonie d'Essequebo, beaucoup plus vers le sud-est, pour atteindre le Cuyuni bien au-dessous de la bouche du Curumu.

Tout ce terrain méridional est traversé par des hordes de Caribes indépendans; ce sont les foibles restes de cette peuplade guerrière qui se montra si formidable aux missionnaires, jusqu'en

---

[1] Guacipati, Tupuquen, Angel de la Custodia et Cura, où, en 1800, se trouvoit le poste militaire des frontières, placé plus anciennement au confluent du Cuyuni et du Curumu.
[2] Rio Yuarnare de la carte angloise que je viens de citer.
[3] *Caulin*, p. 57 et 61.

1733 et 1735; époque à laquelle le respectable évêque Gervais de Labrid[1], chanoine du chapitre métropolitain de Lyon, le père Lopez et plusieurs autres religieux, périrent des mains des Caribes. Ces dangers, assez fréquens autrefois, n'existent plus, ni dans les missions de Carony ni dans celles de l'Orénoque; mais les Caribes indépendans continuent, par leurs liaisons avec les colons hollandois d'Essequebo, à exciter la méfiance et la haine du gouvernement de la Guyane. Ces tribus favorisent le commerce de contrebande le long des côtes, et par les canaux ou *esteres* qui unissent le Rio Barima au Rio Moroca; ils enlèvent le bétail aux missionnaires, et engagent les Indiens récemment convertis (vivant *sous le son de la cloche*) à retourner dans les forêts. Partout les hordes libres ont un vif intérêt à s'opposer aux progrès de la culture et aux envahissemens des *blancs*. Les Caribes et les Aruacas se procurent des armes à feu à Essequebo et à Demerary; et, lorsque la traite des esclaves américains (*poitos*) étoit dans la plus grande activité, des aventuriers d'origine hollandoise prenoient part à ces incursions dans le Paragua, l'Erevato et le Ven-

---

[1] Consacré évêque pour les quatre parties du monde (*obispo para las quatro partes del mundo*) par le pape Benoît XIII.

tuario. La *chasse aux hommes* se faisoit sur ces rives, comme elle se fait vraisemblablement encore sur celles du Sénégal et de la Gambie. Dans les deux mondes, les Européens ont employé les mêmes ruses, commis les mêmes forfaits, pour alimenter un commerce qui déshonore l'humanité. Les missionnaires de Carony et de l'Orénoque attribuent tout le mal qu'ils souffrent des Caribes indépendans à la haine de leurs voisins, les prédicans calvinistes d'Essequebo. Aussi leurs ouvrages sont remplis de plaintes contre la *secta diabolica de Calvins y de Lutero* et contre les hérétiques de la Guyane hollandoise qui s'avisent quelquefois d'aller en mission et de vouloir répandre le germe de la vie sociale parmi les sauvages [1].

De toutes les productions végétales de ces contrées, celle que l'industrie des Capucins catalans a rendue la plus célèbre, est l'arbre qui fournit le *Cortex Angosturæ*, et que l'on désigne faussement sous le nom de quinquina de Carony. Nous avons été les premiers à le faire connoître, comme un nouveau genre très-distinct du Chinchona, et appartenant à la famille des Meliacées [2]. Jadis on avoit attribué ce mé-

---

[1] Caulin, p. 573. Gumilla, Tom. I, p. 20. *Fray Pedro Simon*, p. 211, *Lettres édif.*, Tom. XVI, n.° 20.

[2] Voyez nos *Plantes équin.*, Tom. I, p 61, Pl. LXXXIX.

CHAPITRE XXIV. 425

dicament salutaire de l'Amérique méridionale au *Brucea ferruginea*, qui croît en Abyssinie, au *Magnolia glauca* et au *Magnoli Plumieri*. Pendant la maladie très-grave de mon compagnon de voyage, M. Ravago envoya un homme de confiance dans les missions de Carony, pour nous procurer, par les soins des capucins d'U-pata, des branches fleuries de l'arbre que nous désirions pouvoir décrire. Nous eûmes de très-

---

Willdenow, dans les *Mémoires de l'académie de Berlin*, 1802. p. 24. *De Candolle, Propriétés des plantes*, p. 93. *Richard, dans les Mém. de l'Inst.*. 1811, P. I, p. 82, Pl. x. On a lieu de croire qu'outre le Ticorea d'Aublet, seconde espèce du genre Bonplandia, le véritable Bonplandia trifoliata végète aussi dans la Guyane françoise. M. Kunth l'a reconnu parmi les plantes de Cayenne, envoyées par M. Martin. J'avois, à Guayaquil, inscrit le Bonplandia sur mon *Tableau de la géographie des plantes*, sous le nom provisoire de *Cusparia febrifuga* : ce nom, qui étoit resté par mégarde sur la planche publiée après mon retour en Europe, se retrouve dans plusieurs ouvrages de *matière médicale*. Le Bonplandia de Cavanilles est une plante mexicaine que nous avons appelée Caldasia geminiflora, et qui est devenue commune dans nos jardins. (*Willd., Hortus Berol.*, Tom. I. p. 71.) L'abbé Cavanilles, en dédiant à M. Bonpland ce genre de la famille des Polémoniacées, n'avoit pas eu connoissance du mémoire sur le *Cortex Angosturæ* que M. Willdenow avoit présenté à l'académie de Berlin. Le nom d'*Angostura*, comme genre, est tout-à-fait inadmissible. Nommeroit-on *Roma* une plante qui, sans croître dans les environs de cette ville, seroit un objet de commerce pour les Romains?

beaux échantillons, dont les feuilles, longues de 18 pouces, exhaloient une odeur aromatique très-agréable. Nous reconnûmes bientôt que le *Cuspare* (c'est le nom indigène de la *Cascarilla* ou *Corteza del Angostura*) forme un nouveau genre; et, en envoyant des plantes de l'Orénoque à M. Willdenow, je le priai de dédier ce genre à M. Bonpland. L'arbre connu aujourd'hui sous le nom de Bonplandia trifoliata végète à 5 ou 6 lieues de distance de la rive orientale du Carony, au pied des collines qui entourent les missions de Copapui, d'Upata et d'Alta Gracia. Les Indiens caribes font usage d'une infusion de l'écorce du *Cuspare*, qu'ils regardent comme un remède fortifiant. M. Bonpland a découvert ce même arbre à l'ouest de Cumana, dans le golfe de Santa-Fe, où il peut devenir un des objets d'exportation de la Nouvelle-Andalousie.

Les moines catalans préparent un extrait du *Cortex Angosturæ*, qu'ils envoient aux couvens de leur province, et qui mériteroit d'être plus connu dans le nord de l'Europe. Il faut espérer que l'écorce fébrifuge et anti-dyssentérique du Bonplandia continuera à être employée malgré l'introduction d'une autre écorce décrite sous le nom de *fausse Angosture*, et souvent confondue avec la première. Cette *fausse Angosture* ou *Angosture pseudo-ferrugineuse* est due, à ce qu'on assure, au Brucea anti-dyssenterica; elle agit fortement sur les nerfs [1], produit de violentes attaques de tétanos, et renferme, d'après les expériences de MM. Pelletier et Caventon, une substance alcaline particulière [2], analogue à la morphine et à la strychnine. Comme l'arbre qui donne le véritable *Cortex Angosturæ* ne vient pas en grande abondance, il est à désirer qu'on en fasse des plantations. Les religieux catalans sont très-propres à étendre ce genre de culture. Ils sont plus économes, plus industrieux et plus actifs que les autres missionnaires. Déjà ils ont établi des tanneries et des filatures de coton dans quelques villages [1]; et s'ils font jouir dorénavant les Indiens du fruit de leurs travaux, ils trouveront de grandes ressources dans la population indigène.

[1] D'après les expériences de MM. Emmert, Marc et Orfila.

[2] La *brucine*. M. Pelletier a sagement évité le mot *Angosturine*, parce qu'il pourroit indiquer une matière tirée du vrai *Cortex Angosturæ* ou *Bonplandia trifoliata*. (*Annales de Chimie*, Tom. XII, p. 117.) Au Pérou, nous avons vu aussi mêler des écorces de deux nouvelles espèces de Weinmannia et de Wintera aux écorces de Cinchona, mélange moins dangereux, mais toujours nuisible à cause de la surabondance de tannin et de matière âcre contenus dans les fausses *Cascarillas*.

[3] A Miamo, Tumeremo, etc.

Concentrés sur un petit espace de terrain, ces moines ont le sentiment de leur importance politique; ils ont résisté de temps en temps et à l'autorité civile et à celle de l'évêque. Les gouverneurs qui résident à l'Angostura ont lutté contre eux avec un succès très-inégal, selon que le ministère de Madrid montroit une complaisante déférence pour la hiérarchie ecclésiastique, ou qu'il cherchoit à en limiter le pouvoir. En 1768, Don Manuel Centurion fit enlever aux missionnaires plus de 20,000 têtes de bétail pour les distribuer parmi les habitans les plus indigens. Cette libéralité, exercée d'une manière assez illégale, eut les suites les plus graves. Le gouverneur fut destitué sur la plainte des moines catalans, quoiqu'il eût considérablement étendu le territoire des missions vers le sud, et fondé, au-dessus du confluent du Carony avec le Rio Paragua, la *Villa* de Barceloneta, et, près de la réunion du Rio Paragua et du Paraguamusi, la *Ciudad* de Guirior. Depuis cette époque jusqu'aux troubles politiques qui agitent aujourd'hui les colonies espagnoles, l'administration civile a soigneusement évité de s'immiscer dans les affaires des Capucins. On s'est plu à exagérer leur opulence comme on a exagéré celle des jésuites du Paraguay.

CHAPITRE XXIV.

Les missions du Carony réunissent, par la configuration de leur sol [1] et le mélange de savanes et de terres labourables, les avantages des *Llanos* de Calabozo et des vallées d'Aragua. La véritable richesse de ce pays est fondée sur le soin des troupeaux et sur la culture des productions coloniales. Il est à désirer qu'ici, comme dans la belle et fertile province de Venezuela, les habitans, fidèles aux travaux des champs, ne se livrent pas de sitôt à la recherche des mines. L'exemple de l'Allemagne et du Mexique prouve sans doute que l'exploitation des métaux n'est aucunement incompatible avec un état florissant de l'agriculture : mais, d'après des traditions populaires, les rives du Carony conduisent au lac Dorado et au palais de *l'Homme Doré* [2]; et, comme ce lac et ce palais sont un *mythe local*, il seroit dangereux de réveiller des souvenirs qui commencent à s'effacer peu à peu. On m'a assuré que, jusqu'en 1760, les Caribes indépendans venoient au *Cerro de Pajarcima*, montagne placée au sud de la *Vieja Guayana*, pour y soumettre au lavage la roche décom-

---

[1] Il paroît que de petits plateaux entre les montagnes d'Upata, de Cumamu et de Tupuquen, ont plus de 150 toises de hauteur au-dessus du niveau de la mer.

[2] *El Dorado*, c'est-à-dire *el rey ó hombre dorado*. Voyez plus haut, p. 21.

posée. La poudre d'or, recueillie dans ce travail, étoit renfermée dans des calebasses de *Crescentia Cujete*, et vendue aux Hollandois à Essequebo. Plus récemment encore, des mineurs mexicains qui abusoient de la crédulité de Don Jose Avalo [1], intendant de Caracas, entreprirent une exploitation très-considérable au centre des missions du Rio Carony, près de la ville d'Upata, dans les *Cerros del Potrero* et *Chirica*. Ils annonçoient que toute la roche étoit aurifère : on construisit des usines, des brocards et des fours de fondage. Après avoir dépensé des sommes considérables, on découvrit que les pyrites ne contenoient aucune trace d'or. Ces essais, quoique très-infructueux, firent renaître l'ancien préjugé [1] « que dans la Guyane, toute roche luisante est *una madre del oro*. [2] » On ne s'est pas borné à fondre le micaschiste; près de l'Angostura, on m'a montré des couches de *schistes amphiboliques*, sans mélange de substances hétérogènes, qu'on a exploitées sous le nom bizarre d'un minérai d'or noir, *oro negro*.

C'est ici le lieu de faire connoître, pour compléter la description de l'Orénoque, les résultats principaux de mes recherches sur le *Do-*

---

[1] *Voyez* Tom. IV, p. 279.

[2] Ralegh, *Discovery of the Empire of Guiana*, p. 2 et 34.

rado, sur la mer Blanche ou Laguna Parime, et sur les sources de l'Orénoque, telles qu'elles se trouvent figurées dans les cartes les plus récentes. L'idée d'un terrain aurifère, éminemment riche, a été liée, dès la fin du 16.ᵉ siècle, à celle d'un grand lac intérieur qui donne à la fois des eaux à l'Orénoque, au Rio Branco et au Rio Essequebo. Je crois être parvenu, par une connoissance plus exacte des lieux, par une étude longue et laborieuse des auteurs espagnols qui traitent du *Dorado*, et surtout par la comparaison d'un grand nombre de cartes anciennes rangées par ordre chronologique, à découvrir la source de ces erreurs. Toutes les fables ont quelque fondement réel; celle du *Dorado* ressemble à ces *mythes* de l'antiquité qui, voyageant de pays en pays, ont été successivement adaptés à des localités différentes. Pour distinguer la vérité de l'erreur, il suffit le plus souvent, dans les sciences, de retracer l'histoire des opinions et de suivre leurs développemens successifs. La discussion à laquelle je vais consacrer la fin de ce chapitre n'est pas seulement importante, parce qu'elle jette du jour sur les événemens de la *conquête* et sur cette longue série d'expéditions désastreuses faites à la recherche du *Dorado*, et dont la dernière (on a honte de le dire) est de l'année 1775: elle offre, à côté de cet intérêt purement historique, un autre intérêt plus réel et plus généralement senti, celui de rectifier la géographie de l'Amérique méridionale et de débarrasser les cartes qu'on publie de nos jours, de ces grands lacs et de ce réseau bizarre de rivières placés comme au hasard entre les 60° et 66° de longitude. Personne ne croit plus en Europe aux richesses de la Guyane et à l'empire du *grand Patiti*. La ville de Manoa et ses palais couverts de lames d'or massif ont disparu depuis longtemps; mais l'appareil géographique servant d'ornement à la fable du *Dorado*, ce lac Parime qui, semblable au lac de Mexico, réflétoit l'image de tant d'édifices somptueux, a été religieusement conservé par les géographes. Dans l'espace de trois siècles, les mêmes traditions ont été diversement modifiées; par ignorance des langues américaines, on a pris des fleuves pour des lacs, et des portages pour des embranchemens de fleuves; on a fait avancer un lac (le Cassipa) de 5° de latitude vers le sud, tandis que l'on a transporté un autre lac (le *Parime* ou *Dorado*) à cent lieues de distance, de la rive occidentale du Rio Branco à la rive orientale. C'est par ces changemens divers que le problème que nous allons résoudre est devenu beaucoup plus compliqué qu'on ne le pense généralement. Le nombre des géographes qui discutent les fondemens d'une carte,

CHAPITRE XXIV.

sous les trois rapports des mesures, de la comparaison des ouvrages descriptifs et de l'étude étymologique [1] des noms, est extrêmement petit. Presque toutes les cartes de l'Amérique méri-

---

[1] Je me sers de cette expression, impropre peut-être, pour désigner une espèce d'examen *philologique* auquel il faut soumettre les noms des rivières, des lacs, des montagnes et des peuplades, pour découvrir leur identité dans un grand nombre de cartes. Cette diversité apparente des noms naît en partie de la différence des dialectes que parle une même famille de peuples, en partie de l'imperfection de notre orthographe européenne, et de la négligence extrême avec laquelle les géographes se copient les uns les autres. On reconnoît avec peine le Rio Uaupe dans le Guapue ou Guape, le Xié dans le Guaicia, le Raudal d'Atures dans Athule, les Caribes dans les Calinas et Galibis, le Guaraunos ou Uarau dans les Waraw-ites, etc. C'est cependant par des permutations de lettres toutes semblables que les Espagnols ont fait de filius, *hijo*; de fames, *hambre*; et du *conquistador* Philippe de Hutten, Felipe de *Urre*, et même *Utre*; que les Tamanaques, en Amérique, ont substitué *choraro* à *soldado*; et les juifs, en Chine, *Ialemeiohang* à Jérémie. (*Voyez* plus haut, p. 115; Tom. III, p. 315, 322, 343, 348, et Tom. VII, p. 417.) L'analogie et un certain tact étymologique doivent guider les géographes dans ce genre de recherches qui les exposeroit à de graves erreurs, s'ils n'étudioient pas en même temps la position respective des affluens supérieurs et inférieurs d'un même fleuve. Nos cartes d'Amérique sont surchargées de noms pour lesquels on a créé des fleuves, comme dans le catalogue des êtres organisés, appelé *Systema Naturæ*, on indique, comme deux ou trois espèces distinctes, une plante ou un animal qui ont été décrits sous différens noms. C'est ce désir de compiler, de remplir les vides, et d'employer sans critique des matériaux hétérogènes,

dionale qui ont paru depuis l'année 1775 sont, pour ce qui regarde l'intérieur du pays compris entre les steppes de Venezuela et le fleuve des Amazones, entre le revers oriental des Indes et les côtes de Cayenne, une simple copie de la grande carte espagnole de la Cruz Olmedilla. Une ligne, qui indique l'étendue du pays que Don Jose Solano se vantoit d'avoir découvert

qui a donné à nos cartes, dans les contrées les moins visitées, une apparence d'exactitude dont on reconnoît la fausseté lorsqu'on vient sur les lieux. M. de La Condamine a fait cette même observation : « Les cartes de la Guyane, dit-il, fourmillent de détails aussi faux que circonstanciés. » (*Voyez à l'Amazone*, p. 189.) Tout en indiquant, dans le texte, les trois fondemens principaux du travail géographique, j'ai distingué soigneusement la discussion des *mesures* (c'est-à-dire des observations astronomiques, des opérations géodésiques et des itinéraires), de l'étude qu'on doit faire des Voyages, des descriptions de provinces, des cartes anciennes et modernes. Si tous les pays étoient relevés trigonométriquement, la construction des cartes se réduiroit presque à une opération manuelle. La sagacité du géographe s'exerce sur ce qui est douteux ; et, de nos jours, une saine critique doit se fonder nécessairement sur deux branches de connoissances entièrement distinctes, sur la discussion de la valeur relative des méthodes astronomiques employées, et sur l'étude que l'on fait des ouvrages descriptifs (Voyages, Statistiques, Histoires des Conquêtes) dans les langues même dont leurs auteurs se sont servis. Cette lecture des *originaux* est d'autant plus indispensable que, dans la plupart des ouvrages descriptifs (comme D'Anville l'a déjà judicieusement observé), les cartes annexées sont, sur plusieurs points, en contradiction directe avec le texte.

et pacifié par ses troupes et ses émissaires, fut prise pour la *route* de cet officier qui n'a jamais été au-delà de San Fernando de Atabapo, village éloigné de 160 lieues du prétendu lac Parime. On négligea l'étude de l'ouvrage du père Caulin, qui est l'historiographe de l'expédition de Solano, et qui expose très-clairement, d'après le témoignage des Indiens, «comment le nom du fleuve Parime a donné lieu à la fable du Dorado et d'une mer intérieure. » On ne fit en outre aucun usage d'une carte de l'Orénoque, *postérieure de trois ans* à celle de La Cruz, et tracée par Surville, d'après l'ensemble des matériaux vrais et hypothétiques que renferment les archives du *Despacho universal de Indias*. Les progrès de la géographie, autant qu'ils se manifestent sur les cartes, sont beaucoup plus lents qu'on ne devroit le supposer par le nombre des résultats utiles qui se trouvent répandus dans les ouvrages des différentes nations. Des observations astronomiques, des renseignemens de topographie s'accumulent, pendant une longue suite d'années, sans qu'on en fasse usage; et, par un principe de stabilité et de conservation, très-louable d'ailleurs, ceux qui construisent des cartes aiment souvent mieux ne rien ajouter que de sacrifier un lac, une chaîne de montagnes ou un embranchement de rivières que l'on a pris l'habitude de figurer depuis des siècles.

Comme les traductions fabuleuses du Dorado et du lac Parime ont été diversement modifiées d'après l'aspect des pays auxquels on a voulu les adapter, il faut distinguer ce qu'elles renferment de réel et ce qui est purement imaginaire. Pour éviter ici des notions détaillées qui seront mieux placées dans l'*Analyse de l'Atlas géographique*, je commencerai d'abord à fixer l'attention du lecteur sur les lieux qui ont été, à diverses époques, le théâtre des expéditions faites pour la découverte du *Dorado*. Lorsqu'on aura appris à connoître l'aspect du pays, les circonstances locales, telles que nous pouvons les décrire aujourd'hui, il sera facile de concevoir comment les différentes hypothèses retracées sur nos cartes ont pris naissance peu à peu et se sont modifiées les unes les autres. Pour combattre une erreur, il suffit de rappeler les formes variables sous lesquelles on l'a vu paroître à diverses époques.

Jusqu'à la moitié du 18.e siècle, tout le vaste terrain compris entre les montagnes de la Guyane françoise et les forêts du Haut-Orénoque, entre les sources du Rio Carony et la rivière des Amazones (de 0° à 4° de lat. bor. et de 57° à 68° de long.), étoit si peu connu que les géographes pouvoient, à leur gré, y placer des lacs, y créer des communications de rivières, y figurer des chaînes de montagnes plus ou moins élevées. Ils ont pleinement usé de cette liberté; et la position des lacs comme le cours et les embranchemens des fleuves ont été variés de tant de manières qu'il ne seroit pas surprenant que, parmi le grand nombre des cartes, il s'en trouvât quelques-unes qui retraçassent le véritable état des choses. Aujourd'hui le champ des hypothèses se trouve singulièrement rétréci. J'ai déterminé la longitude de l'Esmeralda dans le Haut-Orénoque; plus à l'est, au milieu des plaines de la Parime (terrain inconnu comme le Wangara et le Dar-Saley en Afrique), une bande de 20 lieues de large a été parcourue du nord au sud, le long des rives du Rio Carony et du Rio Branco, par les 63° de longitude. C'est le chemin périlleux que don Antonio Santos a suivi pour venir de Santo Thomè del Angostura au Rio Negro et à l'Amazone; c'est celui aussi par lequel, très-récemment encore, des colons de Surinam ont communiqué avec les habitans du Grand-Parà [1]. Ce chemin divise la *terra incognita* de la Pa-

---

[1] *Voyez* plus haut, p. 117.

rime en deux portions inégales : il pose en même temps des limites aux sources de l'Orénoque, qu'il n'est plus possible de reculer indéfiniment vers l'est sans faire traverser le lit du Rio Branco, qui coule du nord au sud, par le lit du Haut-Orénoque, dont la direction est de l'est à l'ouest. Si l'on suit le Rio Branco ou cette bande de terrain cultivé qui dépend de la *Capitania general* du Grand-Parà, on voit des lacs en partie imaginés, en partie agrandis par les géographes, former deux groupes distincts. Le premier de ces groupes embrasse les lacs que l'on place entre l'Esmeralda et le Rio Branco : au second appartiennent ceux que l'on s'oppose dans le terrain entre le Rio Branco et les montagnes des Guyanes hollandoise et françoise. Il résulte de cet aperçu que la question s'il y a un lac Parime à l'est du Rio Branco, est tout-à-fait étrangère au problême des sources de l'Orénoque.

Outre le terrain que nous venons d'indiquer (le *Dorado de la Parime*, traversé par le Rio Branco), il se trouve, à 260 lieues vers l'ouest, près du revers oriental de la Cordillère des Andes, une autre partie de l'Amérique également célèbre dans les expéditions du *Dorado*. C'est la Mésopotamie entre le Caqueta, le Rio Negro, l'Uaupès et le Jurubesh, sur laquelle j'ai donné plus haut des renseignemens détaillés [1]; c'est le *Dorado des Omaguas* qui renferme le *lac Manoa* du père Acuña, la *Luguna de Oro* des Indiens Guanes et le terrain aurifère duquel le père Fritz a reçu des lames d'or battu dans sa mission sur l'Amazone, vers la fin du dix-septième siècle.

Les premières, et surtout les plus célèbres entreprises tentées pour la recherche du *Dorado*, ont été dirigées vers le revers oriental des Andes de la Nouvelle-Grenade. Emerveillé des notions qu'un Indien de Tacunga avait données sur les richesses du roi ou Zaque de Cundirumarca[2], Sébastien de Belalcazar envoya, en 1535, ses capitaines Añasco et Ampudia pour découvrir la *vallée du Dorado*[3] à douze journées

---

[1] Tom. VII, p. 384, 393, 417.

[2] *Herera Dec.* V, Lib. VII, Cap. XIV (Tom. III, p. 178). Ne seroit-ce pas là plutôt le vrai nom ancien de la Nouvelle-Grenade, que d'autres écrivains de la *Conquête* appellent *Cundinamarca*. C'est cependant la dernière forme que l'on a fait revivre, de nos jours, dans la guerre de l'indépendance des colonies.

[3] *El valle del Dorado*. Pineda rapporta « que mas adelante de la provincia de la Canela se hallan tierras mui ricas adonde andaban los hombres armados de pieças y joyas de oro y que *no hávia sierra, ni montana*. » Herera Dec. V, Lib. X, Cap. XIV (Tom. III, p. 244), et Dec. VI, Lib. VIII, Cap. VI (Tom. IV, p. 180). *Geogr. Blaviana*, vol. 11, p. 261, *Southey*, Tom. I, p. 8 et 373.

de chemin de Guallabamba, par conséquent dans les montagnes entre Pasto et Popayan. Les informations que Pedro de Añasco avoit obtenues des indigènes, jointes à celles données plus tard (1536) par Diaz de Pineda, qui avoit découvert les provinces de Quixos et de la Canela entre le Rio Napo et le Rio Pastaça, firent naître l'idée qu'à l'est des *Nevados* de Tunguragua, du Cayambe et de Popayan, « il y avoit de vastes plaines, abondantes en métaux précieux et dont les habitans étoient couverts d'armures d'or massif. » C'est à l'occasion de la recherche de ces trésors que Gonçalo Pizarro (1539) découvrit accidentellement les Cannelliers de l'Amérique (Laurus cinnamomoides, Mut.), et que Francisco de Orellana descendit le Napo pour parvenir au fleuve des Amazones. Depuis cette époque, on fit à la fois de Venezuela, de la Nouvelle-Grenade, de Quito et du Pérou, même du Brésil et du Rio de la Plata [1] des expéditions à la conquête du *Dorado*. Celles dont le souvenir s'est le plus conservé et qui ont surtout contribué à répandre la fable de la richesse des Manaos, des Omaguas et des

---

[1] Nuflo de Chaves sortit de la Ciudad de la Asumpcion située sur le Rio Paraguay, pour découvrir, sous le 24° de latitude méridionale, le vaste empire du Dorado, qu'on supposoit partout au revers oriental des Andes.

CHAPITRE XXIV. 441

Guaypes, comme l'existence des *Lagunas de oro*, et de la ville du *Roi-Doré* (*Grand Patiti, Grand Moxo, Grand Paru* ou *Enim*), sont les incursions faites au sud du Guaviare, du Rio Fragua et du Caqueta. Orellana, ayant trouvé des idoles d'or massif, entre les confluens du Jupura et du Rio Negro, avoit fixé les idées sur un terrain aurifère entre le Papamene et le Guaviare. Son récit et ceux des voyages de Jorge de Espira (Georg von Speier), de Hernan Perez de Quezada et de Felipe de Urre (Philip von Huten), entrepris en 1536, 1542 et 1545, offrent, au milieu de beaucoup d'exagérations, des preuves de connoissances locales très-précises [1]. En les examinant sous des rapports purement géographiques, on reconnoît le désir constant des premiers *conquistadores* de parvenir au terrain compris entre les sources du Rio Negro, de l'Uaupès (Guape) et du Jupura ou Caqueta. C'est ce terrain que, pour le distinguer du *Dorado de la Parime*, nous avons appelé plus haut le *Dorado des Omaguas* [2]. Sans doute que

[1] On peut être surpris de voir que l'expédition de Huten soit entièrement passée sous silence par Herera. (Dec. VII, Lib. x, Cap. vii, Tom IV, p. 238.) Fray Pedro Simon en donne tous les détails vrais et fabuleux; mais il a composé son ouvrage sur des matériaux inconnus à Herera. (*Voyez* Tom. VII, p. 397.

[2] Pedro de Ursua prit même (en 1560) le titre de *Gover-*

tout le pays entre l'Amazone et l'Orénoque fut vaguement désigné sous le nom de *Provincias del Dorado*[1]; mais, dans cette vaste étendue de forêts, de savanes et de montagnes, la marche de ceux qui cherchoient le grand lac aux rivages aurifères et la ville du *Roi-Doré* n'étoit dirigée que sur deux points, au nord-est et au sud-ouest du Rio Negro, savoir sur la Parime (ou l'isthme entre le Carony, l'Essequebo et le Rio Branco), et sur l'ancienne demeure des Manaos, habitans des rives du Jurubesh. Je viens de rappeler la position de ce dernier terrain qui a été célèbre dans l'histoire de la *conquête*, depuis 1535 jusqu'en 1560 : il me reste à parler de la configuration du pays entre les missions espagnoles du Rio Carony et les missions portugaises du Rio Branco ou Parime. C'est le pays, voisin du Bas-Orénoque, de l'Esmeralda et des Guyanes françoise et hollandoise, sur lequel, depuis la fin du 16ᵉ siècle, les entreprises et les recits exagérés de Ralegh ont jeté un si vif éclat.

L'Orénoque, par la disposition générale de son cours, dirigé successivement vers l'ouest, vers le nord et vers l'est, a son embouchure

---

nador del Dorado y de Omagua. (*Fray Pedro Simon*. Not. vi, chap. x, p. 438.

[2] *Herera*. Dec. V, Lib. ix, Chap. vi (Tom. III, p. 211).

CHAPITRE XXIV.   443

presque dans le méridien de ses sources [1]; aussi c'est en avançant de la *Vieille-Guyane* au sud qu'on parcourt tout le pays, dans lequel les géographes ont successivement placé une mer intérieure (*Mar Blanco*) et les différens lacs qui se lient à la fable du *Dorado de la Parime*. On trouve d'abord le Rio Carony qui se forme de la réunion [2] de deux branches presque également fortes, le Carony, proprement dit, et le Rio Paragua. Les missionnaires de Piritu appellent ce dernier fleuve un lac (*Laguna*) : il est rempli d'écueils et de petites cascades ; mais, « parcourant un pays entièrement plat, il est en même temps sujet à de grandes inondations, et l'on peut à peine reconnoître son véritable lit (*su verdadera caxa*) [3]. Les indigènes lui ont donné le

---

[1] La différence n'excède vraisemblablement pas 5° de longitude. Le Raudal du Guatharibos, à l'est de l'Esmeralda, est par les 67° 38′ de longitude. Je crois, par conséquent, que les sources de l'Orénoque sont un peu plus orientales que le méridien de Santo Thomé del Angostura, qui, selon mon observation, est par les 66° 15′ 21″. Il résulte de l'ensemble de mes discussions sur la géographie astronomique de la Guyane, que la Vieja Guayana (long. 64° 43′) et le confluent du Rio Branco avec le Rio Negro (long. 64° 34′) sont sensiblement sur un même méridien.

[2] Près de la mission du San Pedro de las Bocas (entre San Sebastian de Abaratayme et de Santa Magdalena de Curucay), 6 lieues au N. E. de la villa de Barceloneta.

[3] *Caulin*, p. 60. Ces observations de l'auteur de la *Corografia*

nom de *Paragua* ou *Parava*[1], qui veut dire, en caribe, *mer* ou *grand lac*. Ces circonstances locales et cette dénomination ont donné lieu, sans aucun doute, à l'idée de transformer le Rio Paragua, affluent du Carony, en un lac appelé *Cassipa*, à cause des Indiens Cassipagotos[2] qui vivoient dans ces contrées. Ralegh donne à ce bassin 13 lieues de large; et, comme tous les lacs de la Parime doivent avoir des sables aurifères, il ne manque pas d'assurer qu'en été, lorsque les eaux se retirent, on y trouve des pépites d'or d'un poids considérable.

---

sont d'autant plus remarquables, qu'il ignoroit entièrement l'existence d'un lac Cassipa sur nos cartes.

[1] *Gili*. Tom. I, p. 523.

[2] *Ralegh*, p. 64, 69. Je cite toujours, si le contraire n'est pas expressément indiqué, l'édition originale de 1596. Ces peuplades de Cassipagotos, Epuremei et Orinoqueponi, souvent citées par Ralegh, ont-elles disparu, ou quelque malentendu a-t-il donné lieu à ces dénominations? Je suis surpris de trouver les mots indiens (d'un des différens dialectes caribes?) *Ezrabeta Cassipuna Aquerewana*, traduits par Ralegh « the great princess or greatest commender. » Comme *Acarwana* signifie bien certainement (*Ralegh*, p. 6 et 7) un chef ou toute personne qui commande, on pourroit croire que *Cassipuna* veut dire *grand*, et que lac Cassipa est synonyme de *grand lac*. De la même manière, *Cass-Iquiare* pourroit bien être grand fleuve; car *iquiare*, comme *veni*, est, au nord de l'Amazone, une terminaison commune à tous les fleuves. Cependant *goto* dans Cassipa-*goto* est une forme caribe indiquant une peuplade. *Voyez* plus haut, p. 35.

Les sources des affluens du Carony, de l'Arui et du Caura (*Caroli*, *Arvi* et *Caora* [1] des anciens géographes) étant extrêmement rapprochées [2], on a imaginé de faire naître toutes ces rivières du prétendu lac Cassipa [3]. Sanson a tellement agrandi ce lac, qu'il lui donne 42 lieues de long sur 15 de large [4]. Les anciens géographes se soucient très-peu d'opposer toujours de la même manière les affluens des deux rives, et ils indiquent l'embouchure du Carony et le lac Cassipa, qui communique par le Carony avec l'Orénoque, quelquefois [5] *au-dessus* du confluent du Meta. C'est ainsi que Hondius le repousse jusqu'aux parallèles de 2° et 5° de latitude, en lui donnant la forme d'un rectangle, dont les côtés les plus grands sont dirigés du nord au

---

[1] D'Anville nomme le Rio Caura, *Coari*, et le Rio *Arui*, *Aroay*. Je n'ai pu deviner jusqu'ici ce que c'est que l'*Atoica* (*Atoca*, *Atoica* de Ralegh), qui sort du lac Cassipa, entre le Caura et l'Arui.

[2] *Voyez* plus haut p. 252, 336, 342.

[3] Ralegh n'en fait naître que le Carony et l'Arui (*Hondius, Nieuwe Caerte van het wonderbare landt Guiana besocht door Sir Water Ralegh*, 1594-1596); mais dans les cartes postérieures (par exemple celle de Sanson), le Rio Caura sort également du lac Cassipa.

[4] *Carte de la Terre-Ferme*, 1656.

[5] *Sanson, Carte pour le voyage d'Acuna*, 1680. Id., *Amérique méridionale*, 1659. *Coronelli, Indes occidentales*, 1689.

sud. Cette circonstance est digne de remarque, parce que, en assignant peu à peu au lac Cassipa une latitude plus méridionale, on l'a détaché du Carony et de l'Arui, et on lui a donné le nom de Parime. Pour suivre cette métamorphose dans son développement progressif, il faut comparer les cartes qui ont paru depuis le voyage de Ralegh jusqu'à nos jours. La Cruz, copié par tous les géographes modernes, a conservé à son lac Parime la forme oblongue du lac Cassipa, quoique cette forme soit entièrement opposée à celle de l'ancien lac Parime, ou Ropunuwini, dont le grand axe étoit dirigé de l'est à l'ouest. De plus, cet ancien lac (celui de Hondius, de Sanson, et de Coronelli) étoit entouré de montagnes et ne donnoit naissance à aucune rivière, tandis que le lac Parime de La Cruz et des géographes modernes communique avec le Haut-Orénoque, comme le Cassipa avec le Bas-Orénoque [1].

Je viens d'exposer l'origine de la fable du lac

[1] Ceux des géographes qui ont rayé de leurs cartes l'ancien lac Parime, par exemple Sanson (*Rivière des Amazones*, 1680), Delisle (*Amér. mérid.*, 1700), D'Anville dans la première édition de l'*Amérique méridionale*, et Robert de Vaugondi (*Nouveau-Monde*, 1778), ont religieusement conservé un lac Cassipa, source du Carony et de l'Arui. Dans la seconde édition de sa carte, D'Anville indique à la fois les lacs Cassipa et Parime. La Cruz étoit trop bien instruit, par le récit des

CHAPITRE XXIV.

Cassipa, et l'influence qu'elle a exercée sur l'idée que le lac Parime est la source de l'Orénoque. Examinons à présent ce qui a rapport à ce dernier bassin, à la prétendue *mer intérieure*, appelée *Rupunuwini* par les géographes du 16.ᵉ siècle. Sous les 4° ou 4° ½ de latitude (on manque malheureusement dans cette direction, au sud de Santo Thomè del Angostura, sur une étendue de 8°, de toute observation astronomique[1]) une

---

missionnaires, sur les sources du Caura, pour ne pas omettre le Cassipa.

[1] Lorsqu'on prolonge une ligne (à l'ouest de Cayenne), par les sauts du Maroni et de l'Essequebo, par la Vieja Guayana, la rive droite de l'Orénoque jusqu'à l'Esmeralda, et de là par le confluent du Rio Blanco avec le Rio Negro, le long de ce dernier fleuve jusqu'à Vistoza (sur la rive gauche de l'Amazone) et jusqu'aux sources de l'Oyapok, on trouve une *area* de 48,000 lieues carrées, sur laquelle il n'y a pas une seule position astronomique. C'est le pays entre les missions de l'Orénoque et les Guyanes hollandoise et françoise. De même, à l'ouest des missions de l'Orénoque, entre l'Atabapo et le revers oriental des Andes, il y a 25,000 lieues carrées dépourvues de positions déterminées astronomiquement. Le géographe, qui veut appuyer une carte de l'Amérique méridionale sur des observations de latitude et de longitude, trouve, *au nord de l'Amazone*, une *terra incognita* trois fois plus grande que l'Espagne. Les lieux que j'ai déterminés astronomiquement entre San Fernando de Apure, Javita, San Carlos del Rio Negro, et Santo Thomas del Angostura, c'est-à-dire entre 1° 53′ et 8° 8′ de latitude, et 66° 15′ et 70° 20′ de longitude,

cordillère longue et étroite, celle de Pacaraimo, de Quimiropaca et d'Ucucuamo, dirigée de l'est au sud-ouest, réunit le groupe des montagnes de la Parime aux montagnes des Guyanes hollandoise et françoise. Elle partage les eaux entre le Carony, le Rupunury ou Rupunuwini et le Rio Branco, et par conséquent entre les vallées du Bas-Orénoque, de l'Essequebo et du Rio Negro[1]. Au nord-ouest de cette cordillère de Pacaraimo, qui n'a été traversée que par un petit nombre d'Européens en (1739) par le chirurgien allemand, Nicolas Hortsmann; en 1775, par un officier espagnol, Don Antonio Santos; en 1791, par le colonel portugais Barata, et, en 1811, par plusieurs colons anglois), descendent le Nocapra, le Paraguamusi et le Paragua qui tombent dans le Rio Carony; au nord-est descend le Rupunuwini, affluent du Rio Essequebo : vers le sud, le Tacutu et l'Urariquera forment ensemble le fameux Rio Parime ou Rio Branco[2].

sont très-avantageusement placés, puisqu'ils partagent en deux parties cette vaste étendue de terrain, et offrent des points d'appui à l'est et à l'ouest de l'Orénoque.

[1] *Voyez* plus haut, p 118, 219.

[2] On seroit également fondé à supposer que le Rio Branco naît de la réunion du Mahu (Mao), et du Rio Parime proprement dit ; car le Tacutu reçoit les eaux du Mahu, et l'Ura-

CHAPITRE XXIV. 449

Cet isthme, entre les branches du Rio Essequebo et du Rio Branco (c'est-à-dire entre le Rupunuwini d'un côté, et le Pirara, le Mahu et l'Uraricuera ou Rio Parime de l'autre), peut être considéré comme le sol classique du *Dorado de la Parime*. Au pied des montagnes de Pacaraimo, les rivières sont sujettes à de fréquens débordemens. Au-dessus de Santa Rosa, la rive droite de l'Urariapara, affluent de l'Uraricuera [1], s'appelle *El Valle de la Inundacion*. On trouve de même de grandes mares entre le Rio Parime et le Xurumu. Elles sont indiquées sur les cartes qui ont été récemment construites au Brésil, et qui offrent les plus grands détails sur ces contrées. Plus à l'ouest, le *Caño* Pirara, affluent du Mahu, sort d'un lac de joncs. C'est le lac Amucu décrit par Nicolas Hortsmann, c'est celui sur lequel des Portugais de Barcelos

---

riquera celles du Rio Parime. Lorsque plusieurs branches de largeur à peu près égales se réunissent, les indigènes varient, comme les géographes, dans la dénomination du nouveau fleuve qui naît de cette réunion.

[1] Curaricara des journaux de route de Don Antonio Santos et de Don Nicolas Rodriguez, que je possède. En traversant la Cordillère de Quimiropaca, et en passant par Santa Rosa, ces voyageurs sont venus du Nocaprai, affluent du Paraguamusi, à l'Urariapara : de là ils sont descendus de la forteresse portugaise de San Joaquim, située au confluent de l'Uraricuera et du Tacutu.

qui avoient visité le Rio Branco (Rio Parime ou Rio Paravigiana [1]) m'ont donné des notions précises pendant mon séjour à San Carlos del Rio Negro. Le lac Amucu a plusieurs lieues de large, et renferme deux petites îles, que Santos a entendu nommer *Islas Ipomucena*. Le Rupunuwini (Rupunury), sur les bords duquel Hortsmann a découvert des rochers chargés de figures hieroglyphiques [2], s'approche très-près de ce lac, mais ne communique pas avec lui. Le portage entre le Rupunuwini et le Mahu est plus au nord, là où s'élève la montagne d'Ucucuamo [3], que les indigènes appellent encore aujourd'hui *montagne d'or*. Ils conseillèrent à Hortsmann de chercher autour du Rio Mahu une *mine d'argent* (sans doute du mica à grandes lames), des diamans et des émeraudes. Le voyageur ne trouva que des cristaux de roche. Son

---

[1] Ce nom, que j'ai entendu de la bouche des colons portugais, est-il une corruption de *Paravillanas?* La Cruz nomme ainsi l'embouchure la plus orientale du Rio Branco. *Voyez* plus haut, p. 3.

[2] *Voyez* plus haut, **p. 238.** Au sud du Rupunury, mais au-dessous de l'Uanauhau (Anava), d'autres affluens du Rio Branco naissent des petits lacs Curiucù, Uraricory et Uadauhau. *Corogr. bras.*, Tom. II, p. 347.

[3] Je suis l'orthographe du journal manuscrit de Rodriguez : c'est le Cerro Acuquamo de Caulin, ou plutôt de son commentateur. (*Hist. corogr.*, p. 176.)

récit paroît indiquer que toute la prolongation des montagnes du Haut-Orénoque (*Sierra Parime*) vers l'est, est composée de roches granitiques remplies, comme au Pic de Duida [1], de *druses* et de filons ouverts. Près de ces terrains qui jouissent constamment d'une grande célébrité de richesses, vivent, sur les limites occidentales de la Guyane hollandoise les indiens Macusis, Aturajos et Acuvajos. Plus tard Santos trouva ces peuplades stationnées entre le Rupunuwini, le Mahu et la chaîne de Pacaraimo. *Ce son les roches micacées de l'Ucucuamo, le nom du Rio Parime, les inondations des rivières Urariapara, Parime et Xurumu, et surtout l'existence du lac Amucu (voisin du Rio Rupunuwini, et regardé comme la source principale du Rio Parime) qui ont donné lieu à la fable de la Mer Blanche et du Dorado de la Parime.* Toutes ces circonstances (et par là même elles ont servi à corroborer une même opinion) se trouvent réunies sur un espace de terrain qui a 8 à 9 lieues de large du nord au sud, et 40 de long de l'est à l'ouest. C'est cette direction aussi que, jusqu'au commencement du 16.ᵉ siècle, on a assignée à la *Mer Blanche*, en l'alongeant dans

[1] *Voyez* plus haut, p. 145, 593.

le sens d'un parallèle [1]. Or, cette *Mer Blanche* n'est autre chose que le Rio Parime qui s'appelle encore *Rivière Blanche*, *Rio Branco* ou *de Aguas blancas*, et qui parcourt tout ce terrain en l'inondant. Sur les plus anciennes cartes, on donne à la *Mer Blanche* le nom de *Rupunuwini*[2]; ce qui constate le *lieu de la fable*, puisque Rupunuwini est, de tous les affluens de l'Essequebo, celui qui est le plus voisin du lac Amucu [3]. Ralegh, dans son premier voyage (1595), ne se forma aucune idée précise de la position du Dorado et du lac Parime, qu'il

[1] Les latitudes du lac Amucu et des confluens de l'Uraricuera avec le Rio Parime et le Rio Xurumu diffèrent très-peu entre elles; mais, à cause de la direction de l'Uraricuera (branche occidentale du Rio Branco) qui coule de l'ouest à l'est, les différences en longitude deviennent très-grandes. Le *Valle de la Inundacion*, dont j'ai parlé plus haut, se trouve $3°\frac{1}{2}$ à l'ouest du lac Amucu et du Rupunuwini, circonstance qui a pu donner lieu à un agrandissement fabuleux du *Mar blanco*.

[2] *Voyez*, par exemple, *Terre-Ferme de Sanson*, 1656. (Hondius, dans la *carte de la Guyane*, 1599, écrit par erreur Foponowini.)

[3] Cette identité de nom du lac Parime et d'un affluent de l'Essequebo avoit déjà attiré l'attention de D'Anville (*Journal des Savans*, 1750, p. 185), mais elle n'a pas empêché ce savant géographe de rétablir, dans la seconde édition de son *Amérique méridionale*, le grand lac Parime. Cette édition est de 1760. (*Notice des ouvrages de D'Anville*, par M. Barbié du Bocage, p. 98.)

croyoit d'eau salée, et qu'il nomme «une autre Mer Caspienne.» Ce n'est que dans le second voyage (1596), fait également aux frais de Ralegh, que Laurence Keymis fixa si bien les localités du Dorado, qu'il ne laissa aucun doute, ce me semble, sur l'identité de la *Parime de Manoa* avec le lac *Amucu* et avec l'isthme entre le Rupunuwini (affluent de l'Essequebo) et le Rio Parime ou Rio Branco. «Les Indiens, dit Keymis, remontent le Desckebe (Essequebo), en vingt jours, vers le sud. Pour désigner la grandeur de ce fleuve, ils l'appellent *frère de l'Orénoque*. Après vingt jours de navigation, ils conduisent leurs canots, par un portage, en *un seul jour*, du fleuve Dessekebe à un lac que les Jaos appellent *Roponowini*, et les Caribes *Parime*. Ce lac est grand comme une mer : il porte une infinité de canots, et je suppose (donc les indigènes ne lui en avoient rien dit) que c'est le même lac qui renferme la ville de Manoa [1].» Hondius a donné une figure curieuse de ce portage; et, comme on supposoit alors l'embouchure du Carony par les 4° de latitude (au lieu de 8° 8′), on le plaça tout près de

---

[1] *Cayley's Life of Ralegh*, Tom. I, p. 159, 256, 283. Masham, dans le troisième voyage de Ralegh (1596), répète ces notices sur le lac Rupunuwini.

l'aquateur ¹. A la même époque, on fit sortir le Viapoco (Oyapoc) et le Rio Cayane (Maroni?) de ce lac Parime ². Le même nom, donné par les Caribes à la branche occidentale du Rio Branco, a peut-être tout autant contribué à l'agrandissement imaginaire du lac Amucu que les inondations des divers affluens de l'Uraricuera depuis le confluent du Tacutu jusqu'au *Valle de la Inundacion.*

Nous avons développé plus haut que les Espagnols ont pris pour un lac le Rio Paragua ou Parava, qui tombe dans le Carony, parce que le mot *parava* signifie *mer, lac, fleuve.* De même Parime semble désigner vaguement *grande eau;* car la racine *par* se retrouve dans les mots caribes qui désignent les *rivières,* les *mares,* les *lacs,* et l'*océan* ³. En arabe et en persan, *bahr* et *deria* sont aussi appliqués à la fois à la mer, aux lacs et aux fleuves; et cet usage, qui est commun à beaucoup de peuples dans les deux mondes, a converti, sur les cartes anciennes, les lacs en fleuves, et les fleuves

---

⁴ *Brevis descriptio regni Guianæ*, 1599, p. 11, tab. IV.
⁵ *Cayley,* Tom. II, p. 46. *Hakluyt,* Tom. III, p. 692.
¹ *Voyez* Tom. III, p. 542. En persan, la racine *eau (ab)* se trouve aussi dans *lac (abdan).* Sur d'autres étymologies des mots *Parime* et *Manoa,* voyez *Gili,* Tom. I, p. 81 et 141, et *Gumilla,* Tom. I, p. 403.

en lacs. Je citerai, à l'appui de ce que je viens d'avancer, un témoignage très-respectable, celui du père Caulin. « Lorsque j'ai demandé aux Indiens, dit ce missionnaire, qui a séjourné plus long-temps que moi sur les rives du Bas-Orénoque, ce qu'étoit *la Parime*, ils m'ont répondu que ce n'étoit autre chose qu'une rivière qui sort d'une chaîne de montagnes dont le revers opposé donne des eaux à l'Essequebo. » Caulin, ne connaissant pas le lac Amucu, attribue l'opinion de l'existence d'une mer intérieure aux seules inondations des plaines, *a las inundaciones dilatadas por los bajos del pays* [1]. » Selon lui, les méprises des géographes naissent de la circonstance fâcheuse que toutes les rivières de la Guyane ont d'autres noms à leur embouchure que près de leur sources. « Je ne doute pas, ajoute-t-il, qu'une des branches supérieures du Rio Branco est ce même Rio Parime que les Espagnols ont pris pour un lac (*a quien suponian laguna*). » Voilà les notions que l'historiographe de l'expédition des limites avoit recueillies sur les lieux [2]. Il ne devoit pas

---

[1] C'est aussi l'opinion émise par M. Walkenaer (*Cosmologie*, p. 599), et par M. Malte-Brun (*Geogr.*, Tom. V, p. 523).

[2] Le Rio Trumbetas et le Saraca, deux affluens de l'Amazone, que Caulin prend aussi pour des bras du Rio Branco, en sont entièrement indépendans. (*Hist. corogr.*, p. 86.) Si, dans

s'attendre qu'en mêlant à des notions précises de vieilles hypothèses, La Cruz et Surville feroient reparoître sur leurs cartes le *Mar Dorado* ou *Mar Blanco*. C'est ainsi que, malgré les preuves multipliées que j'ai fournies depuis mon retour de l'Amérique de la *non-existence* d'une mer intérieure, comme origine de l'Orénoque, on a publié récemment, sous mon nom [1], une carte sur laquelle figure de nouveau la *Laguna Parime*.

Il résulte de l'ensemble de ces données, 1.° que la Laguna Rupunuwini ou Parime du voyage de Ralegh et des cartes d'Hondius est un lac imaginaire formé par le lac Amucu [2], et les affluens souvent débordés de l'Uraricuera; 2.° que la Laguna Parime de la carte de Sur-

une des notes ajoutées en 1779; le père Caulin fait mention de la *Laguna Parime* (*Lib.* I, C. x, p. 60), ce n'est que pour désigner le lac d'où sort le Pirara. (*Gili*, Tom. I, p. 325.)

[1] *Carte de l'Amérique, dressée sur les observations de M. de Humboldt, par Fried* (Vienne, 1818.) Malgré mon observation de latitude au rocher de Culimacari, qui donne pour San Carlos del Rio Negro 1° 53 42, on fait passer sur cette carte l'équateur, non entre San Felipe et l'embouchure du Guape, mais au confluent de l'Uteta ou Xié. Cette erreur se retrouve sur les cartes de *Laurie et Whittle* (1809) et sur celle de *Cary* (1817). *Voyez* plus haut, p. 46.

[2] C'est le lac *Amaca* de Surville et La Cruz. Par une méprise singulière, le nom de ce lac est transformé en village sur la carte d'Arrowsmith.

CHAPITRE XXIV.   457

ville est le lac Amucu qui donne naissance au Rio Pirara et (conjointement avec le Mahu, le Tacutu, l'Uraricuera ou Rio Parime proprement dit) au Rio Branco; 3.° que la Laguna Parime de La Cruz est un renflement imaginaire du Rio Parime (confondu avec l'Orénoque) au-dessous de la jonction du Mahu avec le Xurumu. La distance de la bouche du Mahu à celle du Tacutu est à peine de 0° 40′ : La Cruz [1] l'agrandit jusqu'à 7° de latitude. Il appelle la partie supérieure du Rio Branco (celle qui reçoit le Mahu) Orénoque, ou *Puruma*. C'est, sans aucun doute, le *Xurumu*, affluent du Tacutu qui est très-connu aux habitans du fort voisin de San Joaquim. Tous les noms [2] qui

---

[1] L'embouchure du Tacutu, qui se trouve à peu près par les 3° de lat. nord, est (selon La Cruz) par les 3° sud. D'Anville avoit mieux deviné que ses successeurs. Il fait cette position 1° 10′ nord.

[2] On place près du lac Parime et des sources imaginaires de l'Orénoque la Sierra *Mey* (*Mehi?*), et les Indiens *Atures* (*Caulin*, p. 81.) Le Caratitimani, un des affluens de la rive orientale du Rio Branco, reçoit en effet le Cano *Aturu*, et Santos a trouvé des *Aturajos* sur le Mahu (*Mao*). Ce dernier fleuve a peut-être donné son nom à la Sierra *Mei* dont les Indiens de l'Esmeralda n'ont aucune notion. (*Voyez* plus haut, p. 224.) Ralegh nomme *Wacarima* la chaîne de montagnes au nord du lac Parime ou lac *Rupunuwini*. Nous venons de voir que la Cordillère de *Pacaraymo* s'étend en effet au nord du *Rupunuwini*, du Rio *Xurumu* et du Rio *Parime*, affluens de

figurent dans la fable du Dorado se retrouvent parmi les affluens du Rio Branco. De très-petites circonstances locales, jointes aux souvenirs du lac salé de Mexico, et surtout aux souvenirs du lac Manoa dans le *Dorado des Omaguas*, ont servi à compléter un tableau créé par l'imagination de Ralegh et de ses deux lieutenans, Keymis et Masham. Je pense que les inondations du Rio Branco peuvent au plus se comparer à celles de la rivière Rouge de la Louisiane entre Natchitotches et Cados, mais point à la *Laguna de los Xarayes* qui est un renflement temporaire du Rio Paraguay [1].

l'Uraricuera. Les Indiens *Majanaos* (Maanaos?) qui errent encore aujourd'hui au sud-est du lac Amacu, ont été confondus, comme l'a très-bien observé M. Buache, avec les *Manaos* (Manoas) du Jurubesh, célèbres dans l'histoire du Dorado des Omaguas et du *lac Manoa*, au sud du Rio Negro. (*Carte générale de la Guyane*, 1797.) La Cruz appelle la *Mer Blanche* (qui est une dilatation imaginaire de la *Rivière Blanche* ou du Rio Branco) *Parana-Pitinga*; mais, chez les Omaguas du Haut-Maragnon, chez les Brésiliens ou Guaranys septentrionaux, et chez les Caribes, par conséquent chez des peuples éloignés les uns des autres de plus de 360 lieues, *Parana* signifie à la fois *rivière* et *lac*. Les Européens appellent *Rio Parana* la branche orientale du Rio de la Plata : c'est comme si l'on disoit *Rio Flumen*. On appelle de même le fleuve qui sépare les provinces d'Almaguer et de Pasto *Rio Mayo*, quoique *mayu*, dans la belle langue de l'Inca, signifie fleuve en général.

[1] *Southey*, Tom. I, p. 130. Ces débordemens périodiques du Rio Paraguay ont joué long-temps, dans l'hémisphère aus-

CHAPITRE XXIV. 459

Nous venons d'examiner une *Mer Blanche* [1] que l'on fait traverser par le tronc principal du Rio Branco, et une autre [2] que l'on place à l'est de ce fleuve, et qui communique avec lui par le *Caño* Pirara. Il y a un troisième lac [3] que l'on figure à l'ouest du Rio Branco, et sur lequel tout récemment j'ai trouvé des renseignemens curieux dans le journal manuscrit du chirurgien Hortsmann. « A deux journées de distance au-dessous du confluent du Mahu (Tacutu) avec le Rio Parime (Uraricuera) se trouve un lac sur la cime d'une montagne. Il y a dans ce lac les mêmes poissons que dans le Rio Parime; mais les eaux du premier sont noires, celles du second sont blanches [4]. » Ne seroit-ce pas

---

tral, le même rôle que l'on a fait jouer au lac Parime dans l'hémisphère boréal. Hondius et Sanson faisoient sortir de la Laguna de los Xarayes le Rio de la Plata, le Rio Topajos (affluent de l'Amazone), le Rio Tocantines et le Rio de San Francisco.

[1] Celle de D'Anville et de La Cruz, et de la plupart des cartes modernes.

[2] Le lac de Surville, qui remplace le lac Amucu.

[3] Le lac que Surville appelle *Laguna tenida hasta ahora por la Laguna Parime*.

[4] « Aos 24 de junho 1740. Rio Parima, no qual logo, 2 dias depois da minha entrada, esta hum monte, o qual tem hum grande lago no cima; o qual fiz ver e achei peixe, no dito lago, da mesma sorte como se acham no mesmo Rio; demais a agua he preta no lago, e no Rio Branco. »

ville, dans la carte dressée pour l'ouvrage du père Caulin, a imaginé un lac alpin de 10 lieues de long, près duquel (vers l'est) naissent à la fois l'Orénoque et le Rio Idapa, affluent du Rio Negro? Quelque vague que soit le récit du chirurgien de Hildesheim, il est impossible d'admettre que la montagne qui a un lac à son sommet, soit au nord du parallèle de 2° $\frac{1}{2}$, et cette latitude coïncide à peu près avec celle du Cerro Unturan. Il en résulte que le lac alpin de Hortsmann qui a échappé à l'attention de D'Anville, et qui est peut-être situé au milieu d'un groupe de montagnes, se trouve au nord-est du portage de l'Idapa au Mavaca et au sud-est de l'Orénoque, là où il remonte au-dessus de l'Esmeralda [1].

La plupart des historiens qui ont décrit les premiers siècles de la *conquête* semblent per-

---

[1] *Voyez* ma Carte itinéraire, Pl. xvi, et plus haut, p. 5 et 199. Ce raisonnement se fonde sur la latitude de l'Esmeralda que j'ai trouvée 3° 11'. Un lac, situé au nord du Cerro Unturan et au bord duquel les colons portugais recueillent la *féve de Pichurim*, semble prouver qu'il existe des lacs alpins dans ce terrain inconnu entre l'Orénoque et l'Idapa. Il y a vraisemblablement 4° de longitude entre le point du Rio Branco où Hortsmann se trouvoit le 24 juin 1740, et le *Raudal des Guaharibos*, dernier point du Haut-Orénoque dont nous ayons aujourd'hui une connoissance certaine.

suadés que les noms *Provincias* et *Pais del Dorado* désignoient originairement toute région abondante en or. Oubliant l'étymologie précise du mot *Dorado* (*le Doré*), ils n'ont pas senti que cette tradition est un *mythe local*, comme l'ont été presque tous les *mythes* des Grecs, des Hindous et des Persans. L'histoire de l'*Homme Doré* appartient primitivement aux Andes de la Nouvelle-Grenade, surtout aux plaines voisines de leur revers oriental; c'est progressivement, comme je l'ai fait observer plus haut, qu'on la voit avancer, 300 lieues vers l'est-nord-est, des sources du Caqueta à celles du Rio Branco et de l'Essequebo. On a cherché de l'or dans différentes parties de l'Amérique du sud, jusqu'en 1636, sans que le mot *Dorado* y ait été prononcé et sans que l'on ait cru à l'existence de quelque autre centre de civilisation et de richesses que l'empire de l'Inca du Cuzco. Des pays qui, aujourd'hui, ne versent plus la moindre quantité de métaux précieux dans le commerce, la côte de Paria, la Terre-Ferme (*Castilla del Oro*), les montagnes de Sainte-Marthe et l'isthme de Darien, jouissoient alors de cette même célébrité qu'ont acquise plus récemment les terrains aurifères de la Senora, du Choco et du Brésil [1].

[1] J'ai développé les causes de la richesse apparente des côtes

Diego de Ordaz (1531) et Alonso de Herera (1535) dirigèrent leurs voyages de découvertes le long des rives du Bas-Orénoque. Le premier est ce fameux *Conquistador* du Mexique, qui se vantoit [1] d'avoir retiré du soufre du cratère du Pic de Popocatepetl, et auquel l'empereur Charles V permit de placer un volcan enflammé dans ses armes. Ordaz, nommé *Adelantado* de tout le pays qu'il pourroit conquérir entre le Brésil et le Venezuela, qu'on appeloit alors le pays de la Compagnie allemande des Welsers (*Belzares*), commença son expédi- par l'embouchure du Maragnon. Il y vit, entre les mains des indigènes, des « émeraudes grosses comme le poing. » C'étoient sans doute des morceaux de *jade-saussurite*, de ce feldspath compacte que nous avons rapporté de l'Orénoque, et que M. de La Condamine a trouvé abondamment à l'embouchure du Rio Topayos [2]. Les Indiens annoncèrent à Diego de Ordaz « qu'en remontant, pendant un certain nombre de soleils, vers l'ouest, il découvriroit un grand rocher (*peña*) de pierre verte; » mais, avant

récemment découvertes, dans un ouvrage qui traite particulièrement de l'accumulation des métaux précieux en Europe et en Asie. (*Essai politique sur la Nouv. Esp.*, Tom. II, p. 646.)

[1] *L. c.*, p. 424.
[2] *Voyez* plus haut, p. 12, 21.

d'atteindre cette prétendue montagne d'émeraude (des rochers d'Euphotide?), un naufrage mit fin à toute découverte ultérieure. Les Espagnols se sauvèrent avec peine dans deux petites embarcations. Ils se hâtèrent de sortir de l'embouchure de l'Amazone; et les courans qui, dans ces parages, portent avec force au nord-ouest, conduisirent Ordaz à la côte de Paria, où dans le territoire du cacique *Yuripari* (*Uriapari, Viapari*). Sedeño avoit construit la *Casa fuerte de Paria* [1]. Comme ce poste étoit très-rapproché de l'embouchure de l'Orénoque, le *Conquistador* mexicain résolut de tenter une expédition dans ce grand fleuve. Il séjourna d'abord à Carao (Caroa, Carora), grand village indien qui me paroît avoir été placé un peu à l'est du confluent du Carony; puis il remonta à Cabruta (Cabuta, Cabritu) et à la bouche du Meta (Metacuyu), où, avec beaucoup de dangers, il fit passer ses embarcations à tra-

[1] Cette station, celles de Cubagua, d'Araya et de Macarapana (Amaracapan), étoient célèbres au 16e. siècle, comme le sont aujourd'hui Sierra Leone et le port Jackson Le site de la *forteresse de Paria* me paroît avoir été, non sur la côte de Paria, mais au sud, entre le Guarapiche et l'embouchure du Cano Manamo. Des cartes très-anciennes placent même quelquefois le *Fuerte* dans le delta de l'Orénoque. Il faut remarquer d'ailleurs que le nom de Paria étoit appliqué alors à une grande partie de l'Amérique du sud.

vers le Raudal de Cariven. Nous avons vu plus haut que le lit de l'Orénoque, près de l'embouchure du Meta, est rempli d'écueils. Les Indiens Aruacas qui servoient de guides à Ordaz, lui conseillèrent de remonter le Meta : ils affirmèrent qu'en avançant vers l'ouest, il trouveroit des hommes vêtus et de l'or en abondance. Ordaz préféra de poursuivre la navigation de l'Orénoque, mais les cataractes de Tabajè (peut-être même celles d'Aturès) le forcèrent de mettre un terme à ses découvertes [1].

C'est dans ce voyage, beaucoup antérieur à celui d'Orellana, et par conséquent le plus grand que les Espagnols eussent exécuté jusque-là sur une rivière du Nouveau-Monde, qu'on a entendu prononcer pour la première fois le nom d'*Orénoque*. Ordaz, le chef de l'expédition, af-

---

[1] *Herera*, Dec. IV, p. 219. Dec. V, p. 22. *Fray Pedro Simon*, p. 1071-28. *Caulin*, p. 142. *Southey*, Tom. I, p. 78. Ordaz ne donne pas de nom aux cataractes qui l'arrêtèrent, mais celles que je désigne dans le texte me semblent clairement indiquées par leur position géographique. *Voyez* Tom. VI, p. 380 et 390. Le père Caulin confond le Raudal de Cariven avec celui de Camiseta, et le Raudal de Tabajè, près San Borja, avec celui de Carichana, quoique les historiens placent le premier (*una cinta de penas*) au-dessous de Cabruta, et la cataracte, qui empêcha toute navigation ultérieure, au-dessus du confluent de Meta. En admettant que les distances ne sont pas très-exagérées dans les récits des *Conquistadores*, on pourroit croire qu'Ordaz est parvenu jusqu'au Raudal d'Aturès.

CHAPITRE XXIV.

firme que la rivière, depuis son embouchure jusqu'au confluent du Meta, s'appelle *Uriaparia*, mais qu'au-dessus de ce confluent elle porte le nom d'*Orinucu*. Ce mot (formé d'après l'analogie des mots *Tamanacu, Otomacu, Sinarucu*) est effectivement de la langue tamanaque ; et, comme les Tamanaques demeurent au sud-est de l'Encaramada, il est naturel que les *Conquistadores* n'ont appris à connoître le nom actuel du fleuve qu'en se rapprochant du Rio Meta [1].

[1] *Gili*, Tom. III, p. 381. Voici les plus anciens noms du Bas-Orénoque, ceux qui connoissoient les peuples indigènes près de son embouchure, et que les historiens nous rapportent altérés par les doubles défauts de la prononciation et de l'ortographe : *Yuyapari, Yjupari, Huriaparia, Uriapari, Viapari, Rio de Paria*. Le mot tamanaque *Orinucu* a été défiguré par les pilotes hollandois en *Worinoque*. Les Otomaques disent *Joga-apurura* (grand fleuve) ; les Cabres et Guaypunabys, *Paragua, Bazagua, Parava*, trois mots qui signifient grande eau, fleuve, mer. La partie de l'Orénoque entre les confluens de l'Apure et du Guaviare, est souvent désignée sous le nom de *Baraguan*. Un fameux détroit, que nous avons décrit plus haut, s'appelle encore ainsi ; c'est sans doute le mot *Paragua* altéré. Sous toutes les zones, les grands fleuves sont nommés, par les riverains, *le fleuve*, sans autre dénomination particulière. Si l'on ajoute d'autres noms, ces noms changent à chaque province. C'est ainsi que le petit Rio Turiva, près de l'Encaramada, a cinq noms dans les différentes parties de son cours. Le Haut-Orénoque, ou *Paragua*, est appelé (près de l'Esmeralda), par les Maquiritares, *Maraguaca*, à causes des hautes montagnes de ce nom, voisines du Duida. (*Voyez* plus haut, p. 115 ; Tom. III, p. 342 ; Tom. VI, p. 306 ; Tom. VII,

C'est dans ce dernier affluent que Diego de Ordaz eut par les indigènes les premières notions des peuples civilisés qui habitoient les plateaux des Andes de la Nouvelle-Grenade, « d'un prince très-puissant qui était borgne (*indio tuerto*), et d'animaux plus petits que des cerfs, mais propres à être montés comme les chevaux des Espagnols. » Ordaz ne doutoit point que ces animaux étoient des *Llamas* ou *Ovejas del Peru*. Doit-on admettre que les *Llamas*, dont on se servoit dans les Andes pour conduire la charrue et comme bêtes de somme, mais point la monture, étoient jadis répandus au nord et à l'est de Quito? Je trouve en effet qu'Orellana en a vu dans la rivières des Amazones, au-dessus du confluent du Rio Negro, par conséquent dans un climat bien différent de celui du plateau des Andes [1]. La fable d'une armée d'Omaguas, montée sur des *Llamas*, a servi à embellir le récit que firent les compagnons de Felipe de Urre

---

p. 270. *Gili*, Tom. I, p. 22 et 364. *Caulin*, p. 75.) Dans la plupart des noms de rivières en Amérique, on reconnoît la racine *eau*. C'est ainsi qu'en péruvien *yacu*, et en maypure *veni*, signifient *eau* et *fleuve*. En Lule, je trouve *fo*, eau; *foyavalto*, rivière ; *foysi*, lac; comme en persan, on dit *ab*, eau; *ab ifrat*, rivière de l'Euphrate ; *abdan*, lac. La racine eau se conserve dans les dérivés.

[1] *Herera*, Dec. VI, p. 195.

de leur expédition chevaleresque au Haut-Caqueta. On ne sauroit être assez attentif à ces traditions qui paroissent prouver que les animaux domestiques de Quito et du Pérou avoient déjà commencé à descendre des Cordillères et à répandre peu à peu dans les régions orientales de l'Amérique du sud.

En 1533, Herera, le trésorier de l'expédition d'Ordaz, fut envoyé par le gouverneur Geronimo de Ortal pour continuer la découverte de l'Orénoque et du Meta. Il perdit près de 13 mois entre Punta Barima et le confluent du Caroni, en s'occupant à construire des bateaux plats et à faire les préparatifs indispensables pour un long voyage. On ne peut lire sans étonnement le récit de ces entreprises courageuses, dans lesquelles on embarquoit trois à quatre cents chevaux pour les mettre à terre chaque fois que la cavalerie pouvoit agir sur une des deux rives. Nous retrouvons dans l'expédition d'Herera les mêmes stations que nous connoissions déjà : la forteresse de Paria, le village indien d'Uria paria (sans doute au-dessous d'Imataca, sur un point où les inondations du *Delta* empêchoient les Espagnols de se procurer du bois à brûler), Caroa dans la province de Carora[1];

---

[1] Vraisemblablement le territoire des missions de Carony,

les rivières Caranaca (Caura?) et Caxavana (Cuchivero?); le village de Cabritu (Cabruta), et le Raudal[1] près de la bouche du Meta (probablement le Raudal de Cariven et la Piedra de la Paciencia). Comme le Rio Meta, à cause de la proximité de ses sources et de ses affluens aux Cordillères aurifères de la Nouvelle-Grenade (Cundinamarca), jouissoit d'une grande célébrité, Herera tenta de le remonter. Il y trouva des peuples plus civilisés que ceux de l'Orénoque, mais se nourrissant de la chair de *chiens muets* [2]. Dans un combat, Herera fut

habité par les Caribes, le long du Rio Aquire (*Aquil* d'Herera). La syllabe initiale *car* indique une origine caribe, comme dans Cariaco, Carupano, Caripe, Caroni (Caruni), Carapo, etc. (*Garcia*, *del Origen de los Indios*, p. 234.) La Caribana, près du golfe de Darien, l'ancien site des Caribes, s'appeloit *Cariai*. (*Petr. Martyr*, p. 242, 255. *Churchill*, p. 608. *Gomara*, p. 35. *Lettera rarissima di Christ. Colombo*, 1810, p. 25.) De même l'ancien nom de l'île de la Guadeloupe étoit *Carucueira*; et celui de l'île de la Trinité, *Cairi*. (*Geraldini*, p. 193.) Un grand nombre de noms géographiques de ces régions sont sans doute *significatifs*, car on les retrouve plusieurs fois le long des côtes de Paria et aux îles Antilles, comme *Tacarigua*, *Cumana*, *Chuparipari*, *Arauca*, *Cariero*, et *Gauya-Guajare*.

[2] « La singla de penascos, vista por Ordaz, que travesa el rio por debaxo las aguas y que hace gran oleaje. » *Fray Pedro Simon*, p. 227. *Herera*, Dec. V, p. 116, 155, 212. *Caulin*, p. 150, 153.

[1] *Voyez* plus haut, p. 320.

tué par une flèche empoisonnée avec du suc de *Curare* (*yierva*) : il nomma, en mourant, Alvaro de Ordaz son lieutenant. Celui-ci reconduisit (1535) les débris de l'expédition à la forteresse de Paria, après avoir perdu le peu de chevaux qui avoient résisté à une campagne de 18 mois.

Des bruits confus, répandus sur la richesse des peuples qui habitent le Meta et d'autres affluens sur les revers oriental des Cordillères de la Nouvelle-Grenade, engagèrent successivement, en 1535 et 1536, Geronimo de Ortal, Nicolas Federmann et Jorge de Espira (Georg von Speier) à entreprendre des expéditions par terre vers le sud et le sud-ouest. Depuis le promontoire de Paria jusqu'au Coba de la Vela on avoit trouvé, dès les années 1498 et 1500, entre les mains des indigènes, de petites figures d'or fondu. Les marchés principaux de ces amulètes qui servoient d'ornemens aux femmes, étoient les villages de Curiana (Coro) et de Cauchieto[1] (près de Rio la Hacha). Le métal employé par les fondeurs de Cauchieto venoit d'un pays montueux plus méridional. On conçoit que les expéditions d'Ordaz et d'Herera avoient augmenté le désir de se rapprocher de

[1] *Voyez* Tom. IV, p. 270.

ces contrées aurifères. George de Speier sortit de Coro (1535), et pénétra, par les montagnes de Merida, aux rives de l'Apure et du Meta. Il passa ces deux fleuves près de leurs sources où ils n'ont encore que peu de largeur. Les Indiens lui contèrent que, plus en avant, des hommes blancs erroient dans les plaines. Speier, qui se croyoit assez près des rives de l'Amazone, ne doutoit pas que ces Espagnols errans étoient de malheureux naufragés de l'expédition d'Ordaz. Il traversa les savanes de San Juan de los Llanos qu'on disoit abondantes en or, et il fit un long séjour dans un village indien, appelé *El Pueblo de Nuestra Señora*, et plus tard la *Fragua*[1], au sud-est du Paramo de la Suma Paz. J'ai été sur le revers occidental de ce groupe de montagnes, à Fusagasuga, et j'y ai appris que les plaines qui bordent les montagnes vers l'est, jouissent encore de quelque célébrité de richesses parmi les indigènes. Dans le village populeux de la *Fragua*, Speier trouve une *Casa del sol* (temple du soleil) et un couvent de vierges semblable à ceux du Pérou et de la Nouvelle-Grenade. Seroit-ce l'effet d'une migration

---

[1] Ce village indien, dont les Espagnols changèrent de nom, n'est pas situé sur le Rio Fragua même, une des branches du Caqueta; car Speier passa le Rio Ariare après avoir séjourné dans le village de Fragua.

des cultes vers l'est, ou doit-on admettre que les plaines de San Juan en sont le premier berceau? La tradition disoit en effet que Bochica, législateur de la Nouvelle-Grenade et grand-prêtre d'Iraca, étoit monté des plaines de l'est sur le plateau de Bogota. Mais comme Bochica est à la fois fils et symbole du soleil, son histoire peut renfermer des allégories purement astrologiques [1]. En suivant sa marche vers le sud et en traversant les deux branches du Guaviare, qui sont l'Ariare et le Guayavero [2], (Guayare ou Canicamare), Speier arriva sur les rives du grand Rio Papamene [3] ou Caqueta. La résistance

---

[1] *Voyez* mes *Vues des Cordillères et Monumens améric.*, p. 260.

[2] *Voyez* mon *Atlas géogr.*, P. XXI.

[3] *Voyez* plus haut, Tom. II, p. 451. Le géographe La Cruz Olmedilla donne le nom de Papemene à la petite rivière de Timana, qui tombe dans le Rio Magdalena, au-dessus du Rio Suaza : mais Fray Pedro Simon ne laisse aucun doute sur le véritable cours du Papamene (nom qui signifie *rivière d'argent*). Il dit tout exprès (p. 332 et 666.) : «nace este gran rio a la parte del este de las Cordilleras de Timana, como las aguas del oeste caen al rio de la Magdalena.» Le provincial de la Nouvelle-Grenade, Fray Pedro Simon, a composé ses mémoires sur ceux de l'Adelantado Gonzalo Ximenez de Quesada, dont le gouvernement «tenia por terminos por la parte del este la provincia de Papamene.» Il devoit donc être bien instruit des localités. Ralegh croit, par erreur, que le Rio Papamene est le fleuve par lequel Orellana descendit à l'Amazone. Il confond le Napo avec le Caqueta (*Ralegh*, p. 13.)

qu'il trouva pendant une année entière dans la province de los Choques, mit fin (1437) à cette mémorable expédition [1]. Nicolas Federmann et Geronimo de Ortal (1536), qui étoient partis de Macarapana et de l'embouchure du Rio Neveri, suivirent (1535) les traces de Jorge de Espira. Le premier chercha de l'or dans le Rio grande de la Magdalena; le second voulut découvrir un temple du soleil (*Casa del sol*) sur les bords du Meta. Comme on ignoroit l'idiome des naturels, on crut voir partout, au pied des Cordillères, le reflet de la grandeur des temples d'Iraca (Sogamozo), où étoit alors le centre de la civilisation de Cundinamarca.

Je viens d'examiner, sous le rapport géographique, les voyages faits par l'Orénoque et dans les directions vers l'ouest et le sud au revers oriental des Andes, avant que la tradition du *Dorado* se fût répandue parmi les *Conquistadores*. Cette tradition, comme nous l'avons indiqué plus haut, eut son origine dans le royaume de Quito, où Luis Daça rencontra (1535) un Indien de la Nouvelle-Grenade, qui avoit été envoyé par son prince (sans doute le *Zippa* de Bogota ou le *Zaque* de Tunja) pour demander du secours

---

[1] *Fray Pedro Simon*, p. 171, 179, 188, 202, 278; et *Herera*, *Descr. geogr.*, p. 32.

CHAPITRE XXIV.

à Atahualpa, Inca du Pérou. Cet ambassadeur vanta, comme de coutume, les richesses de sa patrie; mais ce qui fixa surtout l'attention des Espagnols réunis avec Daça dans la ville de Tacunga (Llactaconga) fut l'histoire d'un seigneur « qui, le corps couvert de poudre d'or, entroit dans un lac situé au milieu des montagnes.[1] » Ce lac pourroit être la Laguna de Totta un peu à l'est de Sogamozo (Iraca) et Tunja (Hunca, la ville d'Huncahua), où résidoient les deux chefs ecclésiastique et séculier de l'empire de Cundinamarca ou Cundirumarca; mais, comme aucun souvenir historique n'est attaché à ce lac de montagne, je suppose plutôt que celui dans lequel on faisoit entrer le *seigneur doré* étoit le *Lac sacré de Guatavita*[2] à l'est des mines du sel gemme de Zipaquira. J'ai vu sur les bords de ce bassin les restes d'un escalier taillé dans le roc et servant à des cérémonies d'ablution. Les Indiens racontent qu'on y jetoit de l'or en poudre et de la vaisselle d'or pour sacrifier aux idoles de l'*adoratorio de Guatavita*.

---

[1] *Herera Dec.* V, p. 179 et 245. *Fray Pedro Simon*, p. 327. *Piedrahita*, p. 75. Lettera di Fernando Oviedo al Cardinale Bembo de' 20 Gennajo 1543 dans *Ramusio Coll.*, Tom. III, p. 416.

[2] *Vues des Cordillères*, Pl. LXVII. *Herera, Descr., geogr.,* p. 32.

On trouve encore les vestiges d'une brêche qui a été creusée par les Espagnols, dans le dessein de dessécher le lac. Le temple du soleil de Sogamozo étant assez rapproché des côtes septentrionales de la Terre-Ferme, les notions de *l'homme doré* furent bientôt appliqués à un grand-prêtre de la secte de Bochica ou Idacanzas, qui, pour faire le sacrifice, se faisoit aussi coller, tous les matins, de la poudre d'or sur les mains et le visage après s'être enduit d'une matière grasse. D'autres rapports, conservés dans une lettre d'Oviedo adressée au célèbre cardinal Bembo, disent que Gonçalo Pizarro, lorsqu'il découvrit la province des Cannelliers, « chercha en même temps un grand prince dont on fait beaucoup de bruit dans ces contrées, et qui va toujours couvert de poudre d'or, de sorte que du pied à la tête il ressemble *a una figura d'oro lavorata di mano d'un buonissimo orifice*. La poudre d'or est fixée sur le corps au moyen d'une résine odoriférante; mais, comme ce *genre de vêtement* le gêneroit pendant le sommeil, le prince se lave tous les soirs et se fait dorer de nouveau le matin, ce qui prouve que l'empire du *Dorado* est infiniment riche en mines. « Rien ne s'oppose à ce qu'on admette que, dans les cérémonies du culte introduit par Bochica, quelque chose ait donné lieu à une

CHAPITRE XXIV. 475

tradition si généralement répandue. Les usages les plus bizarres se sont trouvés dans le Nouveau-Monde. Au Mexique, les sacrificateurs se peignoient le corps : ils portoient même des espèces de chasubles à manches pendantes qui étoient des peaux humaines tannées. J'en ai publié des dessins faits par les anciens habitans d'Anahuac et conservés dans leurs livres rituels.

Sur les rives du Caura et dans d'autres parties sauvages de la Guyane où la *peinture* du corps supplée au *tatouage*, les indigènes s'enduisent de graisse de tortue et se collent sur la peau des paillettes de mica à éclat métallique, blanc d'argent et rouge de cuivre. En les voyant de loin, on croit qu'ils portent des habits galonnés. Le mythe de *l'homme doré* est peut-être fondé sur un usage analogue ; et, comme dans la Nouvelle-Grenade, il y avoit deux princes souverains [1], le Lama d'Iraca et le chef séculier ou Zaque de Tunja ; on ne doit pas être surpris que la même cérémonie fut attribuée tantôt au roi, tantôt au grand-prêtre. Il est plus extraordinaire que dès l'année 1535 on ait cherché le pays du *Dorado* à l'est des Andes. Robertson [2] admet dans

[1] D'après l'analogie de l'ancien gouvernement de Meroé, de celui du Thibet et des *Daïri* et *Kubo* au Japon.
[2] *Hist. of America*, Tom. II, p. 215.

son histoire du Nouveau-Continent qu'Orellana (1540) en eut les premières notions sur les rives de l'Amazone; mais l'ouvrage de Fray Pedro Simon, fondé sur les mémoires de Quesada, le conquérant de Cundirumarca, prouve directement le contraire; et, dès l'année 1536, Goncalo Diaz de Pineda chercha *l'homme doré* au-delà des plaines de la province de Quixos. L'ambassadeur de Bogota, que Daça avoit rencontré dans le royaume de Quito, avoit parlé d'un pays situé vers l'est. Etoit-ce parce que le plateau de la Nouvelle-Grenade se trouve non au nord, mais au nord-est de Quito? on pourroit dire que la tradition d'un homme nu, couvert de poudre d'or, doit appartenir originairement à une région chaude et non aux plateaux froids de Cundirumarca où j'ai vu descendre souvent le thermomètre au-dessous de 4° et 5°; cependant, à cause de la configuration extraordinaire du pays, le climat diffère aussi beaucoup à Guatavita, à Tunja, à Iraca et sur les rives du Sogamozo. Quelquefois on conserve des cérémonies religieuses qui ont pris naissance sous une autre zone, et les Muyscas, selon d'antiques traditions, faisoient arriver Bochica, leur premier législateur et le fondateur de leur culte, des plaines situées à l'est des Cordillères. Je ne déciderai pas si ces traditions exprimoient un

CHAPITRE XXIV.

fait historique, ou si, comme nous l'avons déjà fait observer dans un autre endroit, elles indiquoient seulement que le premier Lama, qui étoit fils et symbole du soleil, devoit nécessairement venir des contrées de l'Orient. Quoi qu'il en soit, il n'en est pas moins certain que la célébrité que les expéditions d'Ordaz, d'Herera et de Speier avoient déjà donnée à l'Orénoque, au Meta et à la province de Papamene, située entre les sources du Guaviare et du Caqueta, contribuèrent à fixer le *mythe du Dorado* près du revers oriental des Cordillères.

La réunion des trois corps d'armée sur le plateau de la Nouvelle-Grenade répandoit dans toute la partie de l'Amérique, occupée par les Espagnols, la nouvelle d'un pays riche et populeux qui restoit à conquérir. Sébastien de Belalcaçar marcha de Quito par Popayan (1536) à Bogota: Nicolas Federmann, venant de Venezuala, arriva du côté de l'est par les plaines du Meta. Ces deux capitaines trouvèrent déjà établi sur le plateau de Cundirumarca le fameux *Adelantado* Gonzalo Ximenez de Quesada, dont j'ai vu, près de Zipaquira, un des descendans, pieds nus et surveillant des troupeaux. La rencontre fortuite des trois *Conquistadores*, un des événemens les plus extraordinaires et les plus dramatiques de l'histoire de la Conquête, eut lieu en 1538. Belalcaçar enflamma par ses récits l'imagination de guerriers avides d'entreprises aventureuses; on rapprocha les notions communiquées à Luis Daça par l'Indien de Tacunga des idées confuses qu'Ordaz avoit recueillies dans le Meta sur les trésors d'un grand roi borgne (*Indio tuerto*) et sur un peuple vêtu auquel des *Llamas* servoient de monture. Pedro de Limpias, vieux soldat, qui avoit accompagné Federmann au plateau de Bogota, porta les premières nouvelles du *Dorado* à Coro, où le souvenir de l'expédition de Speier (1535-1537) au Rio Papamene étoit encore tout récent. C'est de cette même ville de Coro que Felipe de Huten (Urre, Utre) entreprit son fameux voyage à la province des Omaguas, tandis que Pizarro, Orellana et Hernan Perez de Quesada, frère de l'*Adelantado*, cherchèrent le pays de l'or au Rio Napo, le long du fleuve des Amazones et dans la chaîne orientale des Andes de la Nouvelle-Grenade. Les peuples, indigènes pour se défaire de leurs hôtes incommodes, dépeignoient sans cesse le *Dorado* comme facile à atteindre, et situé à une distance peu considérable. C'étoit comme un fantôme qui sembloit fuir devant les Espagnols et qui les appeloit sans cesse. Il est de la nature de l'homme errant sur la terre, de se figurer le bonheur au-delà de ce qu'il connoît. Le *Dorado* semblable à l'Atlas et aux îles Hespérides, sorti peu à peu du domaine de la géographie et entra dans celui des fictions mythologiques.

Je ne donnerai point ici la relation des nombreuses entreprises faites pour la conquête de ce pays imaginaire. On leur doit sans doute en grande partie la connoissance de l'intérieur de l'Amérique; elles ont été utiles à la géographie, comme l'erreur ou des hypothèses téméraires le sont souvent à la recherche de la vérité : mais, dans la discussion qui nous occupe, je ne dois m'arrêter qu'aux faits qui ont influé directement sur la construction des cartes anciennes et modernes. Hernan Perez de Quesada, après le départ de son frère l'*Adelantado* pour l'Europe, chercha de nouveau (1539), mais cette fois-ci dans le terrain montueux au nord-est de Bogota, le temple du soleil (*Casa del sol*), dont Geronimo de Ortal (1536) avoit entendu parler sur les rives du Meta. Le culte du soleil, introduit par Bochica, et la célébrité du sanctuaire d'Iraca ou Sogamozo donnoient lieu à ces bruits confus de temples et d'idoles en or massif; cependant, sur les montagnes comme dans les plaines, on s'en croyoit constamment éloigné, parce que la réalité ne répondoit point aux rêves chimériques de l'imagination Francisco de Orellana, après avoir cherché vainement le *Dorado* avec Pizarro dans la *Provincia de los Canelos* et sur les rives aurifères du Napo, descendit (1540) le grand fleuve des Amazones. Il y trouva, entre les bouches du Javari et du Rio de la Trinidad (Yupura?) une province riche en or, appelée Machiparo (Muchifaro), et voisine de celle des Aomaguas ou Omaguas. Ces notions contribuèrent à porter le *Dorado* vers le sud-est, car les noms *Omaguas* (Omaguas, Aguas) *Dit-aguas* et *Papamene*, désignoient un même pays, celui que Jorge de Espira avoit découvert dans son expédition au Caqueta[1]. Au milieu des plaines qui s'étendent au nord de l'Amazone vivoient les *Omaguas*, les *Manaos* ou *Manoas* et les *Guaypes*[2] (Uaupès ou Guayupes), trois nations puissantes dont la dernière s'étendant vers l'ouest, le long des rives du Guape ou Uaupè, se trouve déjà mentionnée dans les voyages de Quesada de Huten. Ces deux *Conquistadores*, également célèbres dans l'histoire de l'Amérique, parvinrent, par des chemins différens, aux Llanos de San Juan, appelés alors *Valle de Nuestra Senora*. Hernan Perez de Quesada passa (1541), les Cor-

[1] *Herera*, Dec. VI, p. 150, 195. Dec. VII, p. 239. *Laet*, p 626. *Voyez* plus haut, Tom. II, p. 621.
[2] *L. c.*, p. 462. *Herera*, Dec. VII, p. 78.

dillères de Cundirumarca, probablement entre les Paramos de Chingasa et de Suma Paz; tandis que Felipe de Huten, accompagné de Pedro de Limpias (le même qui du plateau de Bogota avoit porté à Venezuela la première nouvelle du *Dorado*), se dirigea du nord au sud par le chemin qu'avoit suivi Speier au revers oriental des montagnes. Huten quitta Coro, siége principal de *la factorerie allemande* ou Compagnie des Welser, lorsque Heinrich Remboldt en étoit le directeur. Après avoir traversé (1541) les plaines de Casanare, du Meta et du Caguan, il arriva aux rives du Haut-Guaviare, (Guayuare), fleuve que l'on a cru long-temps être l'origine de l'Orénoque, et dont j'ai vu l'embouchure en me rendant par San Fernando de Atabapo au Rio Negro. Non loin de la rive droite du Guaviare, Huten entra à Macatoa, la ville des Guaypes. Le peuple y étoit vêtu, les champs paroissoient bien cultivés; tout annonçoit une culture inconnue dans cette région chaude de l'Amérique qui s'étend à l'est des Cordillères. Il est probable que Speier, lors de son expédition au Rio Caqueta et à la province de Papamene, avoit traversé le Guaviare beaucoup au-dessus de Macatoa, avant la jonction des deux branches de ce fleuve, l'Ariari et le Guayavero. Huten apprit qu'en avançant plus au sud-est, il trouveroit le territoire de la grande nation des Omaguas, dont le prêtre-roi s'appeloit Quareca, et qui avoit de nombreux troupeaux de *Llamas*. Ces traces de culture, ces anciens rapports avec le plateau de Quito, me paroissent très-remarquables. Nous avons déjà indiqué plus haut qu'Orellana avoit vu des *Llamas* chez un chef indien sur les rives de l'Amazone, et qu'Ordaz en avoit entendu parler dans les plaines du Meta.

Je m'arrête à ce qui est du domaine de la géographie, et je ne suivrai Huten ni dans la description de cette ville d'une immense étendue qu'*il vit de loin*, ni dans la bataille des Omaguas où 39 Espagnols (le nom de 14 en est consigné dans les annales du temps) combattirent contre 15,000 Indiens. Ces rapports mensongers ont beaucoup contribué à embellir la fable du *Dorado*. Le nom de la ville des Omaguas ne se trouve pas dans le récit de Huten, mais les *Manoas*, dont le père Fritz reçut encore, au 17.ᵉ siècle, des lames d'or battu, dans sa mission de Yurim-aguas, sont voisins des Om-aguas. Plus tard le nom de *Manoa* a passé du pays des Amazones à une ville imaginaire placée dans le *Dorado de la Parime*. C'est la célébrité attachée à ces pays entre le Caqueta (Papamene) et le Guaupe (un des affluens du Rio Negro), qui

CHAPITRE XXIV. 483

engagea en (1560) Pedro de Ursua à cette funeste expédition qui finit par la révolte du tyran Aguirre[1]. En descendant le Caqueta pour entrer dans la rivière des Amazones, Ursua entendit parler de la province de *Caricuri*[2]. Cette dénomination indique clairement le *pays de l'or*, car je trouve que ce métal s'appelle *caricuri* en tamanaque, et *carucuru* en caribe. Le mot qui désigne l'*or* seroit-il chez les peuples de l'Orénoque un mot étranger, comme le sont dans nos langues européennes les mots *sucre* et *coton*? cela prouveroit que ces peuples ont appris à connoître les métaux précieux parmi les produits étrangers qui leur venoient des Cordillères[3] ou des plaines situées au revers oriental des Andes.

Nous arrivons à l'époque où le *mythe du Dorado* se fixa dans la partie orientale de la Guyane, d'abord au prétendu lac Cassipa (sur les rives du Paragua, affluent du Carony), et puis entre les sources du Rio Essequebo et du Rio Branco. C'est cette circonstance qui a le plus influé sur l'état de la géographie de ces contrées,

---

[1] *Voyez* Tom. I, p. 277, où nous avons donné la traduction de la lettre d'Aguirre au roi Philippe II.

[2] *Fray Pedro Simon*, p. 422.

[3] En péruvien ou qquichua (*Lengua del Inga*), l'or s'appelle *cori*, d'où dérivent *chichicori*, or en poudre, et *corikoya*, minérai d'or.

31*

Antonio de Berrio, gendre[1] et unique héritier du grand *Adelantado* Gonzalo Ximenez de Quesada, passa les Cordillères à l'est de Tunja[2], s'embarqua sur le Rio Casanare, et descendit par cette rivière, par le Meta et par l'Orénoque, à l'île de la Trinité. Nous ne connoissons presque ce voyage que par le récit de Ralegh : il paroît avoir précédé de peu d'années la première fondation de la *Vieja Guayana*, qui est de 1591. Quelques années plus tard (1595), Berrio fit préparer en Europe, par son *Maese de Campo*, Domingo de Vera, une expédition de 2000 hommes destinée à remonter l'Orénoque et à conquérir le *Dorado* qu'on commençoit dès-lors à appeler

---

[1] Proprement « casado con una sobrina. » (*Fray Pedro Simon*, p. 597 et 608. *Harris, Coll.*, Vol. II, p. 212. *Laet*, p. 652. *Caulin*, p. 175.) Ralegh appelle Quesada Cemenes de Casada. Il confond aussi les époques des voyages d'Ordaz (*Ordace*), d'Orellana (*Oreliano*), et d'Ursua. Voyez *Empire of Guiana*, p. 13-20.

[2] Sans doute entre les Paramos de Chita et de Zoraca, en prenant le chemin de Chire et de Pore. Berrio avoit dit à Ralegh qu'il étoit venu du Rio Casanare dans le Pato, du Pato dans le Meta, et du Meta dans le *Baraguan* (Orénoque). Il ne faut pas confondre ce Rio *Pato* (nom qui tient sans doute à celui de l'ancienne mission de *Patuto*) avec le Rio Paute. (Voyez mon *Atlas*, Pl. XIX.) Le Meta porte, sur les cartes du 17.e siècle, faussement le nom de *Baraguan* (*Churchill, Coll.*, Tom. VIII, p. 755.), de San Pedro et de Rio Barquecimito. Ce dernier est un affluent de la Portuguesa et de l'Apure.

CHAPITRE XXIV. 485

le *Pays de la Manoa*, même la *Laguna de la Gran Manoa*. De riches propriétaires vendirent leurs fermes pour prendre part à une croisade à laquelle on agrégea 12 religieux *Observantins* et 10 ecclésiastiques séculiers. Les contes faits par un certain Martinez [1] (Juan Martin de

---

[1] Je crois pouvoir établir que la fable de *Juan Martinez*, répandue par le récit de Ralegh, a été calquée sur l'histoire des aventures de *Juan Martin de Albujar*, très-connue aux historiens espagnols de la Conquête, et qui, dans l'expédition de Pedro de Silva (1570), tomba entre les mains des Caribes du Bas-Orénoque. Cet Albujar s'étoit marié à une femme indienne, et se fit sauvage lui-même, comme cela arrive quelquefois de nos jours sur les limites occidentales du Canada et des États-Unis. Après avoir voyagé long-temps avec les Caribes, le désir de rejoindre les blancs le conduisit par le Rio Essequebo à l'île de la Trinité. Il fit plusieurs excursions à Santa-Fe de Bogota, et s'établit à la fin à Carora. (*Simon*, p. 591.) J'ignore s'il est mort à Portorico, mais on ne peut révoquer en doute que c'est lui qui apprit de la bouche des marchands caribes le nom des *Manoas* (du Jurubesh). Comme il habitoit les rives du Haut-Carony, et qu'il reparut par le Rio Essequebo, il peut avoir contribué aussi à placer le lac Manoa à l'isthme du Rupunuwini. Ralegh fait « prendre terre à son *Juan Martinez* au-dessous de Morequito, village placé à l'est du confluent du Carony et de l'Orénoque. De là il le fait traîner par les Caribes de ville en ville, jusqu'à ce qu'il trouve dans celle de Manoa un parent de l'Inca Atabalipa (Atahualpa), qu'il avoit déjà connu à Caxamarca, et qui avoit fui devant les Espagnols. » Il paroît que Ralegh avoit oublié que le voyage d'Ordaz (1531) étoit de deux ans antérieur à la mort d'Atahualpa et à la destruction entière de l'empire du Pérou! Il aura con-

Albujar?), qui prétendoit avoir été abandonné dans l'expédition de Diego de Ordaz et conduit de ville en ville à la capitale du *Dorado*, avoit enflammé l'imagination de Berrio. Il est difficile de distinguer ce que ce *Conquistador* avoit observé lui-même en descendant l'Orénoque, de ce qu'il disoit avoir puisé dans un prétendu journal de Martinez, déposé à Portorico. On voit qu'à cette époque, on avoit, en général, sur le Nouveau Continent, les mêmes idées que nous avons eues long-temps sur l'Afrique. On s'imaginoit trouver plus de civilisation vers le centre que sur les côtes. Déjà Juan Gonzalez, que Diego de Ordaz (1531) avoit envoyé pour explorer les rives de l'Orénoque, annonçoit « que plus on remontoit ce fleuve et plus on voyoit augmenter la population [1]. » Berrio nomme, entre le confluent du Meta et du Cuchivero, la province souvent inondée d'Amapaja, où il

---

fondu l'expédition d'Ordaz avec celle de Silva (1570), dont étoit Juan Martin de Albujar. Ce dernier, qui faisoit ces contes à Santa-Fe, à Venezuela, et peut-être à Portorico, aura combiné ce qu'il avoit entendu des Caribes avec ce qu'il avoit appris des Espagnols sur la ville des Omaguas, vue par Huten, sur l'*homme doré* qui sacrifie dans un lac, et sur la fuite de la famille d'Atahualpa dans les forêts de Vilcabamba et la Cordillère orientale des Andes. (*Garcilasso*, Tom. II, p. 194.)

[1] «Mientras mas se subia el Rio Viapari (Orinoco), mayores se hallaban las poblaciones.» *Herera*, Dec. IV, p. 220.

trouva beaucoup de petites idoles en or fondu, semblables à celles qu'on fabriquoit à Cauchieto, à l'est de Coro. Il crut cet or un produit du sol granitique qui couvre le pays montueux entre Carichana, Uruana et le Cuchivero. En effet, récemment encore, dans la Quebrada del Tigre, près de la mission de l'Encaramada, les indigènes ont découvert une pépite d'or [1]. A l'est de la province d'Amapaja, Berrio cite le Rio Carony (Caroly), que l'on faisoit sortir d'un grand lac, parce qu'un des affluens du Carony, le Rio Paragua (Rivière de la *grande eau*), avoit été pris, par ignorance des langues indiennes, pour une *mer intérieure*. Plusieurs historiens espagnols [2] ont cru que ce lac, source du Carony, étoit le *Grand Manoa* de Berrio; mais on voit, par les notions que celui-ci a communiquées à Ralegh, qu'on supposoit la *Laguna de Manoa* (*del Dorado* ou *de Parime*) placée au sud du Rio Paragua travesti en *Laguna Cassipa*. « L'un et l'autre de ces bassins avoient des sables aurifères; mais, aux bords du Cassipa, étoit situé Macureguaira (Margureguaira), ca-

---

[1] *Voyez* plus haut, p. 312.
[2] « Le Gran Manoa es una gran laguna que da principio à un rio, *que entra por la vanda del sur en el Orinoco* cerca la Ciudad de San Thomè. » *Simon*, p. 608.

pitale du Cacique d'Aromaja [1] et première ville de l'empire imaginaire de la Guyane. »

Comme ces régions souvent inondées ont été de tout temps habitées par des peuples de race caribe qui faisoient, par l'intérieur des terres, un commerce extrêmement actif avec les régions les plus éloignées, il ne faut pas être surpris qu'on y ait trouvé entre les mains des Indiens plus d'or que partout ailleurs. Les indigènes du littoral n'employoient pas seulement ce métal sous la forme d'ornemens ou d'amulètes, ils s'en servoient aussi dans de certains cas [2] comme moyen d'échange. Il paroît donc très-naturel que l'or ait disparu sur les côtes de Paria et chez les peuples de l'Orénoque, depuis que les communications intérieures ont été entravées par les Européens. Les indigènes restés indépendans sont, de nos jours, à n'en pas douter, plus misérables, plus indolens, plus abrutis qu'ils ne l'étoient avant la *conquête*. Le roi de Morequito, le même dont Ralegh avoit conduit le fils en Angleterre, avoit visité Cumana en 1594 pour échanger une grande quantité de figures en or massif contre des outils de

---

[1] *Aru-Mayu?* Ce nom tient-il à celui du Rio *Arui*, dont les sources sont si voisines du Rio Paragua, qu'on le croyoit sorti d'un même lac avec ce fleuve?

[2] Chez les Teques. *Voyez* Tom. IV, p. 375.

fer et contre des marchandises d'Europe. Cette apparition inattendue d'un chef indien augmenta la célébrité des richesses de l'Orénoque. On supposoit que le *Dorado* devoit être voisin du pays d'où venoit le roi de Morequito; et, comme ce pays étoit souvent inondé et que les rivières y étoient appelées vaguement *de grandes mers, de grands bassins d'eau*, le *Dorado* devoit être situé aux bords d'un lac. On oublioit que l'or apporté par les Caribes et d'autres peuples marchands étoit aussi peu le produit de leur sol que les diamans du Brésil et de l'Inde ne sont le produit des régions de l'Europe où ils sont le plus accumulés. L'expédition de Berrio, devenue très-nombreuse pendant le séjour des vaisseaux à Cumana, à la Marguerite et à l'île de la Trinité, se dirigea par Morequito (près la Vieja Guyana) vers le Rio Paragua, affluent du Carony; mais les maladies, la férocité des indigènes et le manque de vivres opposèrent des obstacles invincibles à la marche des Espagnols. Tous périrent, à l'exception d'une trentaine qui retournèrent, dans un état déplorable, au poste de Santo Thomè.

Ces malheurs ne calmèrent pas l'ardeur déployée jusqu'à la première moitié du 17.e siècle dans la recherche du *Dorado*. Le gouverneur de la Trinité, Antonio de Berrio, devint le prisonnier de sir Walter Ralegh, dans la fameuse incursion que fit ce navigateur, en 1595, sur les côtes de Venezuela et aux bouches de l'Orénoque. C'est par Berrio et par d'autres prisonniers tombés entre les mains du capitaine Preston [1] lors de la prise de Caracas, que Ralegh put recueillir tous les renseignemens qu'on avoit à cette époque sur les pays situés au sud de la *Vieja Guayana*. Il ajouta foi aux fables ourdies par Juan Martin de Albujar, et ne révoqua en doute ni l'existence des deux lacs Cassipa et Ropunuwini, ni celle du grand empire de l'Inca, que des princes fugitifs devoient avoir fondé (après la mort d'Atahualpa) près des sources du Rio Essequebo. Nous ne possédons pas la carte que Ralegh avoit construite, et qu'il recommande à lord Charles Howard de tenir secrète. Le géographe Hondius a suppléé à cette lacune : il a même ajouté à sa carte un tableau de longitudes et de latitudes, parmi lesquelles figurent la *Laguna del Dorado* et la *ville impé-*

---

[1] Ces prisonniers étoient de l'expédition de Berrio et de Hernandez de Serpa. Les Anglois débarquèrent à Macuto (alors Guayca Macuto), d'où un homme blanc, Villalpando, les conduisit par un sentier de montagnes, entre la *Cumbre* et la *Silla* (peut-être en passant la crête du *Galipano*), à la ville de Caracas. (*Simon*, p. 594. *Ralegh*, p. 19.) Il faut connoître les localités pour sentir combien cette entreprise étoit difficile et audacieuse.

CHAPITRE XXIV.

riale de Manoas [1]. Tandis que Ralegh se trouvoit près de Punia del Gallo [2] (à l'île de la Trinité), il fit explorer par ses lieutenans les bouches de l'Orénoque, principalement celles

---

[1] *Jodocus Hondius, brevis et admiranda Descript. Regni Guianœ*, 1599, p. 13. *Ralegh*, p. 21, 25, 46, 52, 65, 69, 72, 98, 108.

[2] Partie septentrionale de la Punta de Icacos, qui est le cap sud-est de l'île de la Trinité. C'est là que Christophe Colomb mouilla le 3 août 1498. Il existe une grande confusion dans la dénomination des différens caps de l'île de la Trinité; et comme récemment, depuis l'expédition de Fidalgo et de Churruca, les Espagnols comptent les longitudes dans l'Amérique méridionale à l'ouest de la *Punta de la Galera* (lat. 10° 50', long. 63° 20'. Voyez mes *Observ. astr.*, Tom. I, p. 39.), il est important de fixer l'attention des géographes sur cet objet. Voici le résultat de mes recherches: Colomb appela Punta Galera le cap sud-est de l'île, à cause de la forme d'un rocher « que desde lexos parecia galera que iba a la vela. »(Histoire de l'Amiral par son fils Ferdinand Colomb, dans *Churchill, Collect.*, Tom. II, p. 587; *Herera*, Dec. I, p. 80.) On voit clairement, par le récit de Colomb, que de Punta de la Galera il a cinglé à l'*ouest* pour atterrer à un cap très-bas qu'il nomme Punta del Arenal: c'est notre Punta de Icacos. Dans ce trajet, près d'un endroit (Punta de la Playa) où il fit de l'eau (peut-être à l'embouchure du Rio Erin), *il vit au sud pour la première fois le continent de l'Amérique*, qu'il appela Isla Santa. C'est donc la côte orientale de la province de Cumana, à l'est du Cano Macareo, près de Punta Redonda, et non la côte montagneuse de Paria (Isla de Gracia de Colomb), qui fut découverte la première. Colomb raconte qu'après avoir été mouillé près de l'Islote del Gallo, appelé

de Capuri [1], Grand Amana (Manamo grande) et Macureo (Macareo). Comme ses navires tiroient beaucoup d'eau, il eut beaucoup de peine à entrer par les *bocas chicas*, et il fut forcé

aujourd'hui El Soldado, et après avoir passé la Boca de Sierpe, entre Punta del Arenal et le continent, il navigua *au nord* par le Golfo de la Balena (G. de Paria, Golfo triste, G. de las Perlas), et vit, dans cette direction, la Boca de Dragos. Sur les cartes de La Cruz (1775) et de Caulin (1778), on a continué de nommer, avec Colomb, Punta Gelera le cap sud-est (lat. 10° 9′) de la Trinité, qui est la Punta Galeota des navigateurs modernes. Mais déjà Hondius (dans les cartes de 1598), Herera (*Descripcion de las Indias*, 1615), Sanson (carte de 1669), D'Anville et tous les géographes modernes anglois et françois, à l'exception de Bonne (dans l'Atlas de Raynal), désignent sous le nom de Punta de la Galera le cap nord-est de la Trinité (lat. 10° 50′), celui que l'on croit faussement avoir été vu le premier par Colomb.

[1] *Voyez* plus haut, p. 379 et 412, où j'ai donné la topographie du delta de l'Orénoque. Capure s'appelle aujourd'hui une des *bocas chicas*, entre Pedernales et Macareo. Les géographes du 16.ᵉ siècle sont convenus de désigner par ce même nom la *Boca de Navios*. Le récit de Ralegh (p. 38-42) laisse beaucoup de doute à ce sujet. Le mot de *Capure* est-il significatif? Ralegh (p. 72) donne ce nom à une branche septentrionale du Meta, qui, pendant plus d'un demi-siècle, se trouve désignée ainsi sur toutes les cartes de Sanson et de ceux qui l'ont copié. Or, ce Rio *Capuri* qui débouche près de Cabruta n'est, selon moi, autre chose que le Rio Apure même, que les Indiens appellent *Apuri*. Un affluent du Capuri, le *Voari* de Ralegh, est probablement le Rio Guaricu ou *Varicu* des Indiens. (*Voyez* mon Atlas, Pl. XVII.)

CHAPITRE XXIV. 493

de se faire construire des embarcations plates. Il remarqua les feux des Tivitivas (Tibitibies), de la race des Indiens Guaraons, au haut des Palmiers Mauritia, dont le premier il a rapporté le fruit [1] en Europe, *fructum squamosum, similem Palmæ Pini.* Je suis surpris qu'il est à peine parlé [2] de l'établissement que Berrio avoit fait, sous le nom de Santo Thomè (la Vieja Guayana). Cet établissement datoit cependant de l'année 1591; et, quoique, selon Fray Pedro Simon, « la religion et la politique défendent toute relation mercantile entre des chrétiens (espagnols) et des hérétiques (hollandois et anglois.) », on faisoit alors, à la fin du 16.ᵉ siècle, comme de nos jours, un commerce actif de contrebande par les bouches de l'Orénoque. Ralegh dépassa le fleuve *Europa* (Guarapó) et « les plaines des *Saymas* (Chaymas [3]) qui s'étendent, en conservant un même niveau, jusqu'à Cumana et Caracas; » il s'arrêta à Morequito (peut-être un peu au nord du site de la Villa de Upata, dans les missions de Carony),

---

[1] *Voyez* plus haut, p. 177.

[2] Il dit simplement (p. 46): Those Spaniards which fled from *Triniado* and also those that remained with *Carapana* in *Emeria* (aujourd'hui les missions des Capucins de Carony), were joined *in some village* upon the Orinoco. »

[3] *Voyez* Tom. III, p. 276-346.

où un vieux Cacique lui confirma toutes les rêveries de Berrio sur l'irruption de peuples étrangers (*Orejones* et *Epuremei*) dans la Guyane. Les *Raudales* ou Cataractes du *Caroli* (Carony), fleuve qu'on regardoit à cette époque comme le chemin le plus court pour parvenir aux deux villes de Macureguarai et de Manoa, situées sur les bords du lac Cassipa et du lac Rupunuwini ou *Dorado*, mirent fin à cette expédition.

Ralegh a parcouru l'Orénoque à peine sur une distance de 60 lieues; mais il nomme, d'après les notions vagues qu'il a recueillies, les affluens supérieurs, le Cari, le Pao, l'Apure (Capuri?), le Guarico (Voari?), le Meta [1], et même, « dans

[1] Ralegh distingue le *Meta* du *Beta*, qui entre dans le Baraguan (Orénoque), conjointement avec le Daune, près d'Athule, comme il distingue aussi le Casanare, affluent du Meta, et le Casnero, qui vient du sud et qui paroît être le Rio Cuchivero. On connoissoit alors très-confusément tout ce qui est au-dessus du confluent de l'Apure, et l'on prenoit pour affluens de l'Orénoque les affluens de ses affluens. L'Apure (Capuri) et le Meta paroissoient long-temps une même rivière, à cause de leur proximité et à cause des embranchemens multipliés qui réunissent l'Arauca à l'Apure. Le nom du Rio Beta est-il lié peut-être à celui de la nation des *Betoyes* des plaines de Casanare et du Meta? Hondius et les géographes qui l'ont suivi, à l'exception de De L'Isle (1700) et de Sanson (1656), placent par erreur la province d'Amapaja à l'est de l'Orénoque. On voit clairement, par le récit de Ralegh (p. 26

la province de Baraguan, la grande cataracte d'Athule (Atures) qui empêche toute navigation ultérieure. Malgré les exagérations de Ralegh, si peu dignes d'un homme d'état, ses récits renferment des matériaux importans pour l'histoire de la géographie. L'Orénoque, au-dessus du confluent de l'Apure, n'étoit, à cette époque, pas plus connu aux Européens que l'est de nos temps le cours du Niger au-dessous de Sego. On avoit appris les noms de plusieurs affluens très-éloignés, mais on ignoroit leur position; on en multiplioit le nombre, lorsque le même nom, diversement prononcé ou mal saisi par l'oreille, offroit des sons différens. D'autres erreurs ont eu leur source peut-être dans le peu d'intérêt qu'avoit le gouverneur espagnol, Antonio de Berrio, de communiquer à Ralegh des notions vraies et précises; aussi celui-ci se plaint-il de son prisonnier « comme d'un homme sans culture et incapable de s'orienter [1]. » Quant à la croyance vraie ou simulée de Ralegh, en tout ce qu'il rapporte sur des mers intérieures, semblables à la Mer Caspienne, sur la ville im-

---

et 72), qu'Amapaja est le pays inondé entre le Meta et le Guarico. Qu'est-ce que les fleuves Dauney et Ubarro? Le Guaviare me paroît être le *Goavar* de Ralegh.

[1] « Being utterly unlearned and not knowing the east from the west. » *Ralegh*, p. 28.

périale de Manoa *imperial (and golden city)* sur des palais magnifiques, construits par l'*Empereur Inga de la Guyane*, à l'imitation de ceux de ces ancêtres du Pérou, je n'entreprendrai pas de la discuter ici. Le savant historien du Brésil, M. Southey, et le biographe de Ralegh, M. Cayley, ont jeté récemment beaucoup de lumière sur cet objet. Il me paroît difficile de douter de l'extrême crédulité du chef de l'expédition et de celle de ses lieutenans. On voit que Ralegh adaptoit tout à des hypothèses forgées d'avance. Il étoit certainement déçu lui-même ; mais quand il s'agissoit d'enflammer l'imagination de la reine Elisabeth, et d'exécuter les projets de sa politique ambitieuse, il ne négligeoit aucun des artifices de la flatterie. Il dépeignoit à la reine « les transports de ces peuples barbares à la vue de son portrait; il veut que le nom de la vierge auguste qui sait conquérir des empires parvienne jusqu'au pays des femmes belliqueuses de l'Orénoque et de l'Amazone ; il assure qu'à l'époque où les Espagnols ont renversé le trône du Cuzco, on a trouvé une ancienne prophétie, d'après laquelle la dynastie des Incas devra un jour sa restauration à la Grande-Bretagne ; il conseille de placer, sous le prétexte de défendre le territoire contre des ennemis extérieurs, des garnisons de trois à quatre mille

CHAPITRE XXIV.

Anglois dans les villes de l'Inca, en obligeant ce prince à payer annuellement à la reine Elisabeth une contribution de 300,000 livres sterling; enfin il ajoute, comme un homme qui prévoit l'avenir, que toutes ces vastes contrées de l'Amérique méridionale appartiendront un jour à la nation angloise [1]. »

Les quatre voyages de Ralegh au Bas-Orénoque se succédèrent depuis 1595 jusqu'en 1617. Après toutes ces tentatives inutiles, l'ardeur, dans la recherche du *Dorado*, a diminué peu à peu. Il n'y a plus eu d'expéditions formées par un concours nombreux de colons; mais il y a eu des entreprises isolées et souvent encouragées par les gouverneurs des provinces.

---

[1] I shewed them her Majesties picture which the *Casigui* so admid and honoured, as it had been easy to have brought them idolatrous thereof. — And I further remember that *Berreo* confessed to me and others (which I protest before the Majesty of God to be true) that there was found among prophecies in Peru (at such time as the Empire was reduced to the Spanish obedience) in thier chiefest temples, amongst divers others which foreshewed the losse of the said Empyre, that from *Inglatierra* those *Ingas* should be again in time to come restored. — The *Inga* would yield to her Majesty by composition many hundred thousand pounds yearely as to defend him against all enemies abroad and defray the expences of a garrison of 3000 or 4000 saldiers. — It seemeth to me that this Empyre of Guiana is reserved for the English nation. (*Ralegh*, p. 7, 17, 51, 100.)

Les notions que répandirent les voyages des pères Acuña (1688) et Fritz (1637) sur le terrain aurifère des Indiens Manoas du Jurubesh et sur la *Laguna de Oro* [1], ont contribué à renouveler les idées du *Dorado* dans les colonies portugaises et espagnoles au nord et au sud de l'équateur. A Cuenca, dans le royaume de Quito, j'ai rencontré des hommes que l'évêque Marfil avoit employés pour chercher, à l'est des Cordillères, dans les plaines de Macas, les ruines de la ville de Logroño que l'on croyoit située dans un pays riche en or. Par le journal de Hortsmann, que j'ai cité plusieurs fois, nous apprenons qu'en 1740 on croyoit pénétrer de la Guyane hollandoise dans le *Dorado* en remontant le Rio Essequebo. A Santo Thomè del Angostura, le gouverneur Don Manuel Centurion montra une excessive ardeur pour parvenir au lac imaginaire de Manoa. Arimuicaipi, Indien de la nation des Ipurucotos, descendit le Rio Carony, et enflamma, par des récits mensongers, l'imagination des colons espagnols. Il leur montra dans le ciel austral les

---

[1] *Voyez* Tom. VII, p. 382. J'ai trouvé, parmi les collections précieuses de D'Anville conservées dans les *Archives des affaires étrangères* à Paris (sous le n° 9545), une carte manuscrite curieuse, qui retrace le voyage du père Fritz. *Tabula geografica del Rio Maranon*, 1699.

nuées de Magellan, dont la lumière blanchâtre étoit, selon lui, le reflet des rochers argentifères situés au milieu de la Laguna Parime. C'étoit décrire d'une manière bien poétique l'éclat des schistes micacés et talqueux de son pays! Un autre chef indien, connu parmi les Caribes d'Essequebo sous le nom de *Capitaine Jurado*, essaya vainement de détromper le gouverneur Centurion. On fit des tentatives inutiles par le Caura et le Rio Paragua. Plusieurs centaines de personnes périrent misérablement dans ces folles entreprises. Cependant la géographie en a retiré quelque fruit. Nicolas Rodriguez et Antonio Santos (1775-1780) furent employés par le gouverneur espagnol. Le dernier parvint, en suivant le Carony, le Paragua, le Paraguamusi, d'Anocapra et les montagnes de Pacaraymo et Quimiropaca, à l'Uraricuera et au Rio Branco. J'ai trouvé d'excellens renseignemens dans les journaux de route de ces expéditions hasardeuses.

Les cartes marines que le voyageur florentin, Amérigo Vespucci [1], a construites dans les premières années du 16ᵉ siècle, comme *piloto mayor* de la *Casa de Contratacion* de Séville,

---

[1] Mort en 1512, comme M. Muñoz l'a prouvé par les documens des archives de Simancas (*Hist. del Nuevo Mundo*. Tom. I, p. 47.) *Tiraboschi, Storia della Litteratura*, Tom. VI, Pl. 1, p. 179, 190.

et dans lesquelles il plaça, peut-être avec ruse, le mot *Tierra de Amerigo*, ne sont point parvenues jusqu'à nous. Le plus ancien monument que nous possédions de la géographie du Nouveau-Continent[1] est la mappemonde de Jean Ruysch annexée à une édition romaine de Ptolémée de 1508. On y reconnoît le Yucatan et Honduras (la partie la plus méridionale du Mexique[2]), figurés comme une île sous le nom de *Culicar*. Il n'y a pas d'isthme de Panama, mais un passage qui permet une navigation directe d'Europe aux Indes. La grande île méridionale (l'Amérique du sud) présente le nom de *Terra de Careas*, limitée par deux rivières, le Rio Lareno et le Rio Formoso. Ces *Careas* sont, à n'en pas douter, les habitans de *Caria*, nom que Christophe Colomb avoit déjà entendu[3] en 1498, et qui, pendant long-temps, fut appliqué à une grande partie de l'Amérique.

---

[1] *Voyez* les savantes recherches de Walckenaer dans la *Bibliographie univ.*, Tom. VI, p. 209, art. *Buckinck*. Sur les cartes ajoutées au Ptolémée de 1506, on ne trouve encore aucune trace des découvertes de Colomb.

[2] Sans doute les terres entre le Yucatan, le Cap Gracias a Dios et Veragua, découvertes par Colomb (1502 et 1503), par Solis et par Pinçon (1506).

[3] « Indigenæ sine ullo metu ad nostros festinant, a quibus *Pariam* vocari terram illam collegerunt. *Petr. Mart. Ocean.*, 1533, p. 16.

CHAPITRE XXIII.

L'évêque Geraldini dit clairement dans une lettre adressée au pape Léon X, en 1516 : *Insula illa, quæ Europa et Asia est major, quam indocti Continentem Asiæ appellant, et alii Americam vel Pariam nuncupant* [1]. Je ne trouve encore, sur la mappemonde de 1508, aucune trace de l'Orénoque. Ce fleuve paroît pour la première fois, sous le nom de *Rio dulce*, sur la carte célèbre que Diego Ribero, cosmographe de l'empereur Charles V, construisit en 1529, et qui a été publiée, avec un savant commentaire de M. Sprengel, en 1795. Ni Colomb (1498), ni Alonso de Ojeda, accompagné d'Amerigo Vespucci (1499), n'avoient vu la véritable embouchure de l'Orénoque. Ils l'avoient confondue avec l'ouverture septentrionale du golfe de Paria auquel on attribuoit, par une exagération si commune aux navigateurs de ce temps, un énorme volume d'eaux douces. C'est Vicente Yañez Pinçon qui, après avoir découvert l'embouchure du Rio Maragnon [2], vit aussi le pre-

---

[1] *Alexandri Geraldini Itinerarium*, p. 250.

[2] Le nom de *Maragnon* étoit connu cinquante-neuf ans avant l'expédition de Lope de Aguirre : c'est donc par erreur que l'on attribue la dénomination du fleuve au sobriquet de *maranos* (cochons) que cet aventurier donnoit à ses compagnons en

mier (1500) celle de l'Orénoque. Il appela ce fleuve *Rio dulce*, nom qui, depuis Ribero, s'est conservé long-temps sur les cartes, et qui a été donné quelquefois par erreur au Maroni et à l'Esséquebo.

Le grand lac Parime ne paroît sur les cartes qu'après le premier voyage de Ralegh. C'est Jodocus Hondius qui, dès l'année 1599, a fixé les idées des géographes, et figuré, comme un pays entièrement connu, l'intérieur de la Guyane espagnole. L'isthme entre le Rio Branco et le Rio Rupunuwini (un des affluens de l'Esséquebo) est transformé par lui en *lac Rupuhuwini, Carime* ou *Dorado*, de 200 lieues de long et de 40 de large, et limité par les parallèles de 1° 45′ sud et de 2° nord. Cette mer intérieure, plus grande que la Caspienne, est tantôt tracée au milieu d'un pays montueux, sans communication

---

descendant la rivière des Amazones. Cette plaisanterie grossière ne faisoit-elle pas plutôt allusion au nom indien du fleuve.

Voyez plus haut, Tom. II, p. 529. L'Orénoque manque aussi sur une carte très-rare qui porte le titre de *Delineatio australis partis Americæ*, authore Arnoldo Florentio a Langern. (Collection des manuscrits de D'Anville, n° 9179.)

Je n'en trouve aucune trace sur une carte très-rare, dédiée à Rich. Hakluyt, et construite sur le méridien de Tolède. (*Novus Orbis. Paris*, 1587.) Cette carte, publiée avant le voyage de Quiros, marque un groupe d'îles (*Infortunatæ In-*

avec aucun autre fleuve [1], tantôt on en fait sortir le Rio Oyapok (Waiapago, Joapoc Viapoco) et le Rio de Cayana [2]. La première de ces rivières, confondue dans le 8.ᵉ article du traité d'Utrecht avec le Rio de Vicente Pinçon (Rio Calsoëne ou Mayacari?), a été, jusqu'au dernier congrès de Vienne, l'objet d'interminables discussions entre les diplomates françois et portugais [3]. La seconde est une prolongation imaginaire [4], soit du Tonnegrande, soit de l'Oyac (Wia?). La mer intérieure (*Laguna Parime*) fut dabord

sulœ) là où sont placées les îles de la Société. Ortelius (1570) les connoissoit déjà. Sont-ce des îles vues par Magellan?

[1] *Voyez*, par exemple, Hondius, *Nieuwe Caerte van het goudrycke landt Guiana*, 1599, et les cartes de l'Amérique de Sanson, de 1656 et 1669.

[2] *Brasilia et Caribana*, auct. Hondio et Hülsen, 1599.

[3] J'ai traité cette question dans un *Mémoire sur la fixation des limites de la Guyane françoise*, dressée d'après la demande du gouvernement portugais, pendant les négociations de Paris, en 1817. (Voyez *Schœll*, *Archives polit.* ou *Pièces inédites*, Tom. I, p. 48-58.) Ribero, dans la célèbre mappemonde de 1529, place le Rio de Vicente Pinçon au *sud* de l'Amazone, près du golfe de Maranhao. C'est l'endroit où ce navigateur débarqua après avoir été au cap Saint-Augustin, et avant d'avoir atteint l'embouchure de l'Amazone. *Herera*, Dec. I, p. 107. Le récit de *Gomara*, *Hist. nat.*, 1553, p. 48. est très-confus sous le rapport géographique.

[4] « Cujanæ flumen longe altius penetrat in Continentem. » (*Lœt*, p. 640.) En comparant les cartes de la Guyane françoise, on observe, depuis D'Anville, une grande confusion

placée de manière que son extrémité occidentale coïncidât avec le méridien du confluent de l'Apure et de l'Orénoque. Peu à peu on l'avança vers l'est [1], l'extrémité occidentale se trouvant au sud des bouches de l'Orénoque. Ce changement en produisit d'autres dans la position respective du lac Parime et du lac Cassipa, de même que dans la direction du cours de l'Orénoque. On représente ce grand fleuve, dirigé depuis son *delta* jusqu'au-delà du Meta, comme la rivière de la Madeleine, du sud au nord. Les affluens que l'on faisoit sortir du lac Cassipa, le Carony, l'Arui et le Caura prirent dès-lors la direction d'un parallèle, tandis que dans la nature ils suivent la direction d'un méridien. Outre la Parime et le Cassipa, on figuroit sur les cartes un troisième lac d'où l'on faisoit sortir l'Aprouague (Apurwaca). C'étoit alors un usage généralement répandu parmi les géographes de rattacher toutes les rivières à de grands lacs. Ortelius joignit par ce moyen le Nil au Zaire ou Rio Congo, la Vistule au Wolga et au Dnieper. Au nord du Mexique, dans les pré-

---

dans la dénomination des petites rivières entre l'Aprouague et le Maroni.

[1] Comparez les cartes de 1599 et celles de Sanson (1656) et de Blaeuw (1633).

tendus royaumes de Quivira et de Cibola, rendus célèbres par les mensonges du moine Marcos de Niza, on avoit établi une grande mer intérieure de laquelle on faisoit sortir le Rio Colorado de Californie [1]. Le Rio Magdalena donnoit un bras à la Laguna de Maracaybo; et le lac de Xarayes près de laquelle on plaçoit un *Dorado méridional* [2]. communiquoit avec l'Amazone, avec le Miari [3] (Meary) et le Rio de San Francisco.

[1] C'est le *Dorado mexicain* où, sur les côtes (de la Nouvelle-Albion?), on prétendoit avoir trouvé des vaisseaux pleins de marchandises du Catayo et de la Chine (*Gomara Hist. gen.*, p. 117), et où Fray Marcos (semblable à Huten dans le pays des Omaguas) *a vu de loin* les toits dorés d'une grande ville, une des *Siete Ciudades*. Les habitans ont de grands chiens, *en los quales quando se mudan cargan su menage.* (*Herera*, Dec. VI, p. 157, 206.) Des découvertes postérieures ne laissent cependant aucun doute qu'il y a eu dans ces contrées un centre de civilisation. (*Voyez* mon *Essai politique sur la Nouvelle-Espagne*, Tom. I, p. 298, 310. Tom. II, p. 582.)

[2] *Herera, Descripcion de las Indias*, p. 53.

[3] Comme ce fleuve débouche dans le golfe de *Maranhao* (nommé ainsi parce que des colons françois, Rifault, de Vaux et Ravardière, se croyoient vis-à-vis de l'embouchure du *Maragnon* ou Amazone), les anciennes cartes appellent le Meary *Maragnon* ou *Maranham*. (*Voyez* les cartes de Hondius et de Paulo de Forlani.) Peut-être l'idée que Pinçon, auquel on doit la découverte du véritable Maragnon, avoit pris terre dans ces parages, devenus plus tard célèbres par le naufrage d'Ayres da Cunha, a-t-elle aussi contribué à cette confusion. Le Meary me paroît identique avec le *Rio de Vicente Pinçon*

La plupart de ces rêveries hydrographiques ont disparu; mais les lacs Cassipa et Dorado se sont conservés long-temps simultanément sur nos cartes.

En suivant l'histoire de la géographie, on voit le Cassipa, figuré comme un parallélogramme rectangle, s'agrandir peu à peu aux dépens du Dorado. En supprimant quelquefois le second, on ne se hasarde pas de toucher au premier[1], qui est le Rio Paragua (affluent du Carony) agrandi par des inondations temporaires. Lorsque D'Anville apprit, par l'expédition de Solano, que l'Orénoque, loin d'avoir ses sources à l'ouest, sur le revers des Andes de Pasto, venoit de l'est, des montagnes de la Parime, il rétablit, dans la seconde édition de sa belle carte de l'Amérique (1760), *la Laguna Parime*, et la fit communiquer très-arbitrairement avec trois rivières (l'Orénoque, le Rio Branco et l'Essequebo) par le Mazuruni et le

---

de Diego Ribero qui est éloigné de plus de 140 lieues de celui des géographes modernes. (*Voyez* plus haut, p. 108.) Aujourd'hui le nom de Maragnon est resté à la fois à la Rivière des Amazones et à une province beaucoup plus orientale, dont la capitale est Maranhao ou Saint-Louis de Maragnon.

[1] *Sanson*, Cours de l'Amazone, 1680. De l'Isle, *Amérique méridionale*, 1700. D'Anville, *première édition de l'Amérique*, 1748.

Cujuni. Il lui assigna la latitude de 3° à 4° nord que jusqu'alors on avoit donnée au lac Cassipa.

Le géographe espagnol, La Cruz Olmedilla (1775), suivit l'exemple donné par D'Anville. L'ancien lac Parime, situé sous l'équateur, étoit entièrement indépendant de l'Orénoque; le nouveau qui parut à la place du Cassipa et sous la même forme d'un quadrilatère, dont les côtés les plus grands sont dirigés du sud au nord[1], offre les communications hydrauliques les plus bizarres. Chez La Cruz, l'Orénoque, sous les noms de Parime et de Puruma (Xuruma?), naît du terrain montueux, entre les sources du Ventuari et du Caura (par les 5° de latitude dans le méridien de la mission de l'Esmeralda), d'un petit lac appelé *Ipava*. Ce lac seroit placé, dans ma carte itinéraire, au nord-est des montagnes granitiques de Cunevo, position qui prouve suffisamment qu'il pourroit bien être l'origine d'un affluent du Rio Branca ou de l'Orénoque, mais non l'origine de l'Orénoque même. Ce Rio Parime ou Puruma, après un cours de 40 lieues à l'est-nord-est, et de 60 lieues au sud-est, reçoit le Rio Mahu, que nous connoissons déjà comme une des branches principales du Rio Branco; puis il entre dans le lac Parime que l'on suppose

[1] Le grand axe du vrai lac Parime étoit dirigé de l'est à l'ouest.

de 30 lieues de long et de 20 lieues de large. De ce lac sortent immédiatement trois rivières, le Rio Ucamu (Ocamo), le Rio Idapa (Siapa) et le Rio Branco. L'Orénoque ou Puruma est indiquée, comme une filtration souterraine, au revers occidental de la *Sierra Mei*, qui borde le lac ou la *Mer Blanche* à l'ouest. Cette seconde source de l'Orénoque se trouve par les 2° de latitude nord et 3° $\frac{1}{2}$ à l'est du méridien de l'Esmeralda. Le nouveau fleuve, après 50 lieues de cours, à l'ouest nord-ouest, reçoit d'abord l'Ucamu qui sort du lac Parime, puis le Rio Maquiritari (Padamo) qui naît entre le lac Ipava, et un autre lac alpin, appelé par La Cruz *Laguna Cavija*. Comme le mot *lac* est en maypure *Cavia*, la dénomination de *Laguna Cavia* signifie, comme Laguna Parime, simplement bassin d'eau, *Laguna de agua*. Cette disposition bizarre des rivières est devenue le type de presque toutes les cartes modernes de la Guyane. Un malentendu, fondé sur l'ignorance de la langue espagnole, a contribué à donner une grande autorité à la carte de La Cruz, dans laquelle des notions exactes ont été mêlées à des idées systématiques, tirées des cartes anciennes. Une ligne ponctuée entoure le pays sur lequel Solano a pu se procurer quelques renseignemens; on a pris cette ligne pour la *Route de Solano* qui, par conséquent, auroit vu l'extrémité sud-ouest de la Mer Blanche. Sur la carte de La Cruz, on lit : « Ce chemin détermine ce qui a été découvert et pacifié par le gouverneur de Caracas, Don Jose Solano. » On sait, dans les missions, que Solano n'a jamais quitté San Fernando de Atabapo, qu'il n'a pas vu l'Orénoque à l'est du confluent du Guaviari, et qu'il n'a pu avoir des renseignemens sur ces contrées que par de simples soldats qui ignoroient l'idiome des naturels. L'ouvrage du père Caulin, qui étoit l'historiographe de l'expédition, le témoignage de Don Apollinario Diez de la Fuente, et le voyage de Santos prouvent suffisamment que personne n'a jamais vu la Mer Blanche de La Cruz, qui est, comme l'indiquent les noms des affluens, un renflement imaginaire de la branche occidentale du Rio Branco, au-dessus du confluent du Tacutu et de l'Uraricuera ou Rio Parime. Mais, en admettant même des faits dont la fausseté est aujourd'hui suffisamment prouvée, on ne concevroit guère, d'après des principes d'hydrographie généralement reçus, de quel droit le lac Ipava pourroit être nommé la source de l'Orénoque. Lorsqu'une rivière se jette dans un lac, et que de ce même bassin il en sort trois autres, on ne sait à laquelle de ces rivières on donner le nom de la première. A plus forte raison aucun motif ne peut justifier le géographe qui conserve le même nom à une rivière dont la source est séparée du lac par une haute chaîne de montagnes, et que l'on suppose être l'effet d'une infiltration souterraine.

Quatre années après la grande carte de La Cruz Olmedilla, a paru l'ouvrage du père Caulin, qui avoit suivi l'expédition des limites. Ce livre a été écrit sur les bords même de l'Orénoque, en 1759; quelques notes y ont été ajoutées plus tard en Europe. L'auteur, moine de l'Observance de Saint-François, se distingue par sa candeur et par un esprit de critique supérieur à celui de tous ses prédécesseurs. Il n'a pas dépassé lui-même la Grande Cataracte d'Aturès, mais il a eu à sa disposition tout ce que Solano et Ituriaga avoient recueilli de vrai et d'incertain. Deux cartes que le père Caulin avoit tracées en 1756 furent réduites (1778) en une seule, et complétées, d'après de prétendues découvertes, par les soins de M. Surville, un des archivistes de la Secrétairerie d'Etat. J'ai déjà rappelé plus haut, en parlant de notre séjour à l'Esmeralda (point le plus rapproché des sources inconnues de l'Orénoque), combien ces changemens ont été arbitraires. Ils étoient fondés sur les rapports mensongers par lesquel son flattoit journellement la crédulité du gouverneur Centurion et de Don Apollinario Diez de la Fuente, cosmographe dépourvu d'instrumens, de connoissances et de livres.

Le journal du père Caulin est dans une contradiction perpétuelle avec la carte qui l'accompagne. L'auteur développe les circonstances qui ont donné lieu à la fable du lac Parime; mais la carte rétablit ce lac en le rejetant toutefois loin des sources de l'Orénoque, à l'est du Rio Branco. D'après le père Caulin, l'Orénoque s'appelle Rio Maraguaca dans le méridien de la montagne granitique de ce nom qui se trouve figurée sur ma carte itinéraire. « C'est plutôt un torrent qu'un fleuve; il sort conjointement avec le Rio Omaguaca et le Macoma, sous les $2° \frac{1}{2}$ de latitude du petit lac Cabiya (en cabre, Manomaname; en guaypuñabi, Caricha). » C'est ce lac que La Cruz désigne comme source du Maquiritari (Padamo), et qu'il place par les $5° \frac{1}{2}$ de latitude au nord du lac Ipava. L'existence du Rio *Macoma* de Caulin paroît se fonder sur une idée confuse du Padamo de l'*Oçamo* et du *Matacona*, qu'avant mon voyage on croyoit communiquer entre eux. Peut-être aussi le lac, duquel sort le Mavaca (un peu à l'ouest de l'Amaguaca), a-t-il donné lieu à ces erreurs sur l'origine de l'Orénoque et les sources voisines de l'Idapa [1].

Surville substitue, sous les 2° 10′ de latitude, au lac Parime de La Cruz, un autre lac sans nom, qu'il regarde comme la source de l'Ucamu (Ocamo). Près de ce lac alpin naissent *d'une même source* l'Orénoque et le Rio Idapa, affluent du Cassiquiare. Le lac Amucu, source du Mahu, est agrandi en *Mar Dorado* ou *Laguna Parime*. Le Rio Branco ne tient plus que par deux de ses affluens les plus foibles au bassin d'où sort l'Ucamu. Il résulte de cet arrangement entièrement hypothétique qu'aucun lac n'est l'origine de l'Orénoque, et que les sources de celui-ci sont entièrement indépendantes du lac Parime et du Rio Branco. Malgré la *source bifurquée*, le système hydrographique de la carte de Surville est moins absurde que celui tracé sur la carte de La Cruz. Si les géographes modernes se sont obstinés si long-temps à suivre les cartes espagnoles, sans les comparer entre elles, on doit s'étonner du moins qu'ils n'aient pas donné la préférence à la carte la moins ancienne, à celle de Surville, publiée aux frais du roi et par ordre du ministre de l'Inde, Don José de Galvez.

---

[1] *Caulin*, p. 51-81. *Voyez* plus haut, p. 5 et 199.

Je viens d'exposer, comme je l'avois annoncé plus haut, les formes variables qu'ont prises les erreurs géographiques à différentes époques. J'ai développé ce qui, dans la configuration du sol, dans le cours des rivières, dans les noms des affluens et dans la multiplicité des portages, a pu donner lieu à l'hypothèse d'une mer intérieure, dans le centre de la Guyane. Quelque arides que soient des discussions de ce genre, on ne doit point les regarder comme stériles et infructueuses. Elles montrent ce qui reste à découvrir aux voyageurs ; elles font connoître le degré de certitude que méritent des assertions long-temps répétées. Il en est des cartes comme de ces tableaux de positions astronomiques que renferment nos Éphémérides destinées à l'usage des navigateurs. Depuis un long espace de temps, les matériaux les plus hétérogènes ont été employés à leur rédaction; et, sans le secours de l'histoire de la géographie, on ne pourroit guère se flatter de découvrir un jour sur quelle autorité repose chaque donnée partielle.

Avant de reprendre le fil de ma narration, il me reste à ajouter quelques réflexions générales sur les terrains aurifères, situés entre l'Amazone et l'Orénoque. Nous venons d'établir que le *mythe du Dorado*, comme les *mythes* les plus célèbres des peuples de l'ancien monde, a été appliqué progressivement à différentes localités. Nous l'avons vu avancer du sud-ouest au nord-est, de la pente orientale des Andes vers les plaines du Rio Branco et de l'Essequebo, direction identique avec celle dans laquelle les Caribes, pendant des siècles, faisoient leurs expéditions guerrières et mercantiles. On conçoit que l'or des Cordillères pouvoit parvenir, à travers une infinité de peuplades, de main en main, jusqu'au littoral de la Guyane; car, long-temps avant que le commerce des fourrures eût attiré des vaisseaux anglois, russes et américains sur les côtes nord-ouest de l'Amérique, des outils de fer avoient été portés du Nouveau-Mexique et du Canada jusqu'au-delà des *Montagnes Rocheuses*. Par une erreur de longitude, dont on trouve les traces dans toutes les cartes du 16.ᵉ siècle, on supposoit les montagnes aurifères du Pérou et de la Nouvelle-Grenade beaucoup plus rapprochées des bouches de l'Orénoque et de l'Amazone qu'elles ne le sont effectivement. C'est l'habitude des géographes d'agrandir et d'étendre outre mesure des pays récemment découverts. Dans la carte du Pérou, publiée à Vérone par Paulo di Forlani, la ville de Quito est placée à 400 lieues de distance des côtes de la Mer du Sud, sur le méridien de Cumana; la Cordillère des Andes y remplit presque toute la surface des Guyanes espagnole, françoise et hollandoise[1]. Cette fausse opinion, sur la largeur des Andes, a contribué sans doute à donner tant d'importance aux plaines granitiques qui s'étendent à leur revers oriental. Confondant sans cesse les affluens de l'Amazone avec ceux de l'Orénoque[2], ou (comme disoient les lieutenans de Ralegh, par flatterie pour leur chef) du *Rio Raleana*, on rapporta à celui-ci toutes les traditions recueillies sur le Dorado de Quixos, sur les Omaguas et les Manaos[3]. Le

---

[1] *La Descrittione di tutto il Peru*. Dans cette carte très-rare, Cumana est situé à 50 lieues dans l'intérieur des terres; la ville de Quito par 4° de latitude sud; Pasto dans le méridien de Surinam, et le Cuzco au sud-ouest de Quito. Un petit lac alpin que j'ai vu entre Otavalo et la Villa de Ibarra est figuré là où les cartes modernes placent la *Laguna de Parime*. Lorsque les Espagnols commencèrent à pénétrer dans la Guyane; en venant de l'est, les noms des lieux voisins de la Mer du Sud furent transférés vers l'ouest. De plus Sanson (1669) appelle *Province de Paria* le pays entre le Meta et le Guaviare.

[2] On confondit l'Amazone avec l'Orénoque à la même époque où d'autres géographes distinguoient entre l'Amazone l'Orellana et le Maragnon. « Fluvius *Orenoque* Andalusiam novam a Gujana dirimens, alias ab Hispanis *Orellana* vocatus fuit. (*Blaeuw*, p. 17.

[3] Dans la carte de P. du Val d'Abbeville (n° 9561 de la collection de D'Anville conservée aux archives du Ministère des affaires étrangères) on lit, près du lac Parime: *Orejones* (nobles du Pérou) et *Établissement des Incas*. (*Voyez* aussi

géograpge Hondius supposa que les Andes de Loxa, célèbres par leurs forêts de quinquina, n'étoient qu'à 20 lieues de distance du lac Parime ou des rives du Rio Branco. C'est cette

Description générale de l'Amérique par Pierre d'Avity, seigneur de Montmartin, revue par J. B. de Rocoles, 1660, p. 136.) C'est, sans aucun doute, la fuite de Manço-Inca, frère d'Atahualpa, à l'est des Cordillères, qui a donné lieu à cette tradition d'un nouvel empire des Incas dans le Dorado. On oublia que Caxamarca et le Cuzco, deux villes où se trouvoient les princes de cette malheureuse famille, lors de leur émigration, sont situées au sud de l'Amazone par les 7° 8′ et 13° 21′ de latitude méridionale, par conséquent 400 lieues au sud-ouest de la prétendue ville de Manoa sur le lac Parime (lat. 3° ½ lat. bor.). Il est probable, d'après l'extrême difficulté de pénétrer dans les plaines à l'est des Andes, hérissées de forêts, que les princes fugitifs n'ont jamais dépassé les rives du Beni. Voilà ce que j'ai appris de certain sur cette émigration de la famille de l'Inca dont j'ai vu quelques tristes débris à mon passage par Caxamarca. *Manco-Inca*, reconnu successeur légitime d'Atahualpa, guerroya sans succès contre les Espagnols. Il se retira à la fin dans les montagnes et dans les forêts épaisses de Vilcabamba auxquelles on parvient, soit par Huamanga et Antahuaylla, soit par la vallée de Yucay, au nord du Cuzco. Des deux fils de *Manco-Inca*, l'aîné, *Sayri Tupac*, se rendit aux Espagnols, d'après l'invitation du vice-roi du Pérou, Hurtado de Mendoza. Il fut reçu avec beaucoup de magnificence à Lima, s'y fit baptiser, et mourut tranquillement dans la belle vallée de Yucay. Le fils cadet de Manco-Inca, *Tupac-Amaru*, fut enlevé par ruse dans les forêts de Vilcabamba, et décapité sous le prétexte d'une conspiration ourdie contre les usurpateurs espagnols. A la même époque, on arrêta 35 parens éloignés de l'Inca Atahualpa et les transféra à Lima pour y

proximité qui accrédita la nouvelle de la fuite de l'Inca dans les forêts de la Guyane, et de la translation des trésors du Cuzco dans les parties les plus orientales de la Guyane. Sans doute qu'en remontant vers l'est, soit par le Meta, soit par l'Amazone, on voyoit, entre le Puruz, le Jupura et l'Iquiari, augmenter la civilisation des indigènes. On y trouvoit des amulettes, de petites idoles d'or fondu, des chaises artistement sculptées; mais il y a bien loin des traces d'une culture naissante à ces villes et à ces habitations en pierre décrites par Ralegh et par ceux qui l'ont suivi. Nous avons dessiné des ruines de grands édifices, à l'est des Cordillères, en descendant de Loxa vers l'Amazone dans la province de Jaen de Bracamoros; c'est

rester sous la surveillance de l'*Audiencia*. (*Garcilasso*, Tom. II, p. 194; 480 et 501.) On se demande avec intérêt si quelques autres princes de la famille de Manco-Capac ne sont pas restés dans les forêts de Vilcabamba, et s'il existe encore des descendans des Incas du Pérou entre les rives de l'Apurimac et du Beni? Cette supposition a donné lieu, en 1741, à la fameuse rebellion des Chuncos et à celle des Amajes et Campos conduits par leur chef Juan Santos, appelé le faux Atahualpa. Les derniers événemens politiques de l'Espagne ont fait sortir de prison les restes de la famille de Jose Gabriel Condorcanqui, homme intrépide et rusé, qui, sous le nom de l'Inca *Tupac-Amaru*, tenta, en 1781, cette même restauration de la dynastie ancienne que Ralegh avoit projetée du temps de la reine Élisabeth.

jusque-là que les Incas avoient porté leurs armes, leur religion et leurs arts. Les habitans de l'Orénoque, abandonnés à eux-mêmes, étoient, avant la conquête, un peu plus civilisés que ne le sont de nos jours les hordes indépendantes. Ils avoient des villages populeux le long du fleuve, et faisoient un commerce régulier avec des nations plus méridionales : mais rien n'annonce qu'ils aient jamais construit un édifice en pierre. Nous n'en avons vu aucun vestige pendant le cours de notre navigation.

Quoique la célébrité des richesses de la Guyane espagnole soit due en grande partie à la position géographique du pays et aux erreurs des cartes anciennes, on n'est cependant pas fondé à nier l'existence de tout terrain aurifère dans cette étendue de pays de 82,000 lieues carrées qui se prolonge entre l'Orénoque et l'Amazone, à l'est des Andes de Quito et de la Nouvelle-Grenade. Ce que j'ai vu de ce pays entre les 2 et 8 degrés de latitude et les 66 et 71 degrés de longitude, est entièrement composé de granite et d'un gneis qui passe au micaschiste et au schiste talqueux. Ces roches paroissent au jour dans les hautes montagnes de la Parime, comme dans les plaines de l'Atabapo et du Cassiquiare. Le granite y domine sur les autres roches; et, quoique dans les deux continens le *granatique d'ancienne formation* soit assez généralement dépourvu de minérais d'or, on ne sauroit en conclure que celui de la Parime ne contient aucun filon, aucune couche de quarz aurifère. A l'est du Cassiquiare, vers les sources de l'Orénoque, nous avons vu augmenter le nombre de ces couches et de ces filons. Le granite de ces contrées, par sa structure, son mélange d'amphibole et d'autres caractères géologiques également importans, me paroît appartenir à une formation plus récente, peut-être postérieure au gneis et analogue aux granites stannifères, aux hyalomictes et aux pegmatites. Or, les granites moins anciens sont aussi moins dépourvus de métaux; et plusieurs fleuves et torrens aurifères dans les Andes, dans le Salzbourg, le Fichtelgebirge et le plateau des deux Castilles, font croire que ces granites renferment quelquefois de l'or natif et des parcelles de pyrites et de galène aurifères disséminés dans toute la roche, comme c'est le cas de l'étain, du fer magnétique et du fer micacé. Le groupe des montagnes de la Parime, dont plusieurs cimes atteignent 1300 toises [1] de

---

[1] Au Brésil, les plus hautes montagnes qu'on ait mesurées jusqu'ici n'ont que 900 toises; telles sont, dans la Capitania

hauteur, a été presque entièrement inconnu avant notre voyage à l'Orénoque. Il a cependant près de 100 lieues de long sur 80 de large; et, quoique, partout où nous l'avons traversé M. Bonpland et moi, sa structure nous ait semblé extrêmement uniforme, on auroit tort d'affirmer qu'au milieu de ce vaste groupe de montagnes il ne puisse y avoir des schistes micacés et des *roches de transition* très-métallifères superposées au granite.

J'ai fait remarquer plus haut que le lustre argenté et la fréquence du mica ont contribué à donner à la Guyane une grande célébrité de richesses métalliques. Le pic Calitamini, brillant tous les soirs au coucher du soleil d'un feu rougeâtre, attire encore aujourd'hui l'attention des habitans de Maypures [1]. Ce sont des îlots de micaschiste situés dans le lac Amucu qui, d'après les récits mensongers des indigènes, augmentent, par leur reflet, l'éclat des nébuleuses du ciel austral [2]. « Chaque montagne, dit Ralegh, chaque pierre dans les forêts de l'Orénoque brille comme les métaux précieux » : si ce

---

de Minas-Geraes, l'Itacolumi (près Villarica), la Serra d'Itambe, la Serra de Caras, etc. *Voyez* les excellens mémoires de M.^r d'Eschwège. (*Journ. von Brasilien*, 1818, Tom. I, p. 234.)

[1] *Voyez* Tom. VII, p. 206.
[2] *L. c.*, p. 409.

n'est de l'or, c'est la *madre del oro*. » Ce navigateur assure avoir rapporté des *gangues* de quarz blanc aurifère (*harde withe sparr*); et il cite, pour prouver la richesse de ces minérais, les essais faits par les officiers de la monnoie de Londres [1]. » Je n'ai aucune raison de croire que les chimistes de ce temps aient voulu induire en erreur la reine Élisabeth; je ne ferai point, à la mémoire de Ralegh, l'outrage de supposer, comme le firent ses contemporains [2], que les quarz aurifères qu'il avoit apportés n'avoient point été recueillis en Amérique. On ne peut juger de choses dont on est séparé par un long espace de temps. Le gneis de la *chaîne du littoral* [3] contient des traces de métaux précieux : on a trouvé quelques grains d'or dans les montagnes de la Parime, près de la mission de l'Encaramada. Comment inférer la stérilité absolue des roches primitives de la Guyane d'un témoignage purement négatif, de cette circonstance que, pendant un voyage de trois mois, nous n'ayons

---

[1] MM. Westewood, Dimocke et Bulmar.

[2] *Voyez* la défense de Ralegh dans la préface du *Discov. of Guiana*, 1596, p. 2-4.

[3] Dans le rameau méridional de cette chaîne qui passe par Yusma, Villa de Cura et Ocumare, surtout près de Buria, los Teques et los Mariches. *Voyez* plus haut, p. 507-314.

vu aucun filon qui se montrât aurifère dans son *affleurement?*

Pour réunir ici tout ce qui peut éclairer le gouvernement de ce pays, sur un objet si long-temps contesté, je me livrerai à quelques considérations géologiques plus générales. Les montagnes du Brésil, malgré les traces nombreuses de gîtes de minérais qu'elles offrent entre Saint-Paul et Villarica, ne fournissent jusqu'ici que de l'or de lavage. Des 78,000 marcs [1] de ce métal qu'au commencement du 19.ᵉ siècle, l'Amérique a versés annuellement dans le commerce de l'Europe, plus de six septièmes sont dus, non à la haute Cordillère des Andes, mais à des terrains d'alluvion, situés à l'est et à l'ouest des Cordillères. Ces terrains sont peu élevés au-dessus du niveau de la mer, comme ceux de la Sonora (au Mexique) et du Choco et de Barbacoas (dans la Nouvelle-Grenade), ou bien ils s'étendent en plateaux comme dans l'intérieur du Brésil [2]. N'est-il pas probable que quel-

---

[1] Valeur de 65,878,000 fr.
[2] La hauteur de Villarica est de 630 toises; mais le grand plateau de la Capitania de Minas Geraes n'a que 500 toises d'élévation absolue. *Voyez* le profil que M. le colonel d'Eschwege en a publié à Weimar, avec indication des roches, à l'imitation de mon profil du plateau mexicain.

ques autres dépôts d'attérissement aurifères se prolongent vers l'hémisphère boréal jusqu'aux rives du Haut-Orénoque et du Rio Negro, deux fleuves qui ne forment qu'un même bassin avec celui de l'Amazone? J'ai rappelé, en parlant du Dorado de Canelas, des Omaguas et de l'Iquiare, que presque toutes les rivières qui viennent de l'ouest charient de l'or en abondance, et qu'elles en charient très-loin des Cordillères. Depuis Loxa jusqu'à Popayan, ces Cordillères sont alternativement composées de trachytes et de roches primitives. Les plaines de Zamora, de Logroño et de Macas (Sevilla del Oro), le grand Rio Napo avec ses affluens[1] (l'Ansupi et le Coca, dans la province de Quixos), le Caqueta de Mocoa jusqu'à l'embouchure du Fragua, enfin tout le pays compris entre Jaen de Bracamoros

---

[1] Les petites rivières de Cosanga, de Quixos et de Papallacta ou Maspa, qui forment le Coca, naissent à la pente orientale du *Nevado de Antisana*. Le Rio Ansupi charie les pépites d'or les plus grosses; il débouche dans le Napo, au sud d'Archidona, au-dessus de l'embouchure du Misagualli. Entre le Misagualli et le Rio Coca, dans la province d'Avila, cinq autres affluens septentrionaux du Napo (Siguna, Munino, Suno, Guataracu et Pucuno) sont aussi connus comme singulièrement aurifères. Ces détails de localités sont tirés de plusieurs rapports manuscrits du gouverneur de Quixos, d'après lesquels j'ai tracé la carte des pays situés à l'est d'Antisana.

et le Guaviare [1], conservent leur ancien renom de richesse métallique. Plus à l'est, entre les sources du Guainia (Rio Negro), l'Uaupès, l'Iquiari et le Yurubesh, nous trouvons un autre terrain incontestablement aurifère. C'est là qu'Acuña et le père Fritz ont placé leur *Laguna del Oro*; et plusieurs renseignemens que j'ai obtenus à San Carlos, de la bouche des Portugais-Américains, expliquent parfaitement ce que La Condamine a rapporté sur les lames d'or battu trouvées entre les mains des indigènes. Si de l'Iquiari nous passons à la rive gauche du Rio Negro, nous entrons dans un pays entièrement inconnu entre le Rio Branco, les sources de l'Essequebo et les montagnes de la Guyane portugaise. Acuña parle de l'or que charient les affluens septentrionaux du Bas-Maragnon, tels que le Rio Trombetas (Oriximina), le Curupatuba et le Ginipape (Rio de Parù). Toutes ces rivières, et cette circonstance me paroît assez digne d'attention, descendent d'un même plateau, dont la pente septentrionale renferme le lac Amucu, le *Dorado* de Ralegh et des Hollandois, l'isthme entre le Rupunuri (Rupunuwini) et le Rio Mahu. Rien ne s'oppose à ad-

[1] Depuis Rio Santiago, affluent du Haut-Maragnon, jusqu'aux Llanos de Caguan et de San Juan.

mettre qu'il y ait des terrains d'attérissement aurifères loin de la Cordillère des Andes], au nord de l'Amazone, comme il y en a au sud, dans les montagnes du Brésil. Les Caribes du Carony, du Cuyuni et de l'Essequebo ont pratiqué en petit le lavage des terres d'alluvion, depuis les temps les plus anciens [1]. Lorsqu'on examine la structure des montagnes et qu'on embrasse sous un même point de vue une grande surface du globe, les distances disparoissent, et les lieux les plus éloignés se rapprochent insensiblement. Le bassin du Haut-Orénoque, du Rio Negro et de l'Amazone est limité au nord par les montagnes de la Parime, au sud par celles de Minas-Geraes et de Matogrosso. Souvent les pentes opposées d'une même vallée offrent de l'analogie dans leurs rapports géologiques.

J'ai décrit dans ce volume les vastes provinces de Venezuela et de la Guyane espagnole. En examinant leurs limites naturelles, leur climat et leurs productions, j'ai discuté l'influence qu'exerce la configuration du sol sur l'agriculture, le commerce et les progrès plus ou moins lents de la société. J'ai parcouru successivement les trois zones qui se suivent du nord au sud, depuis la Méditerranée des Antilles jusqu'aux

[1] *Voyez* la note A à la fin du huitième Livre.

forêts du Haut-Orénoque et de l'Amazone. A la bande fertile du littoral, centre de la richesse agricole, succèdent les steppes, habitées par des peuples pasteurs. Ces steppes, à leur tour, sont bordées par la région des forêts, dont les habitans jouissent, je ne dirai pas de la liberté (qui est toujours le produit de la civilisation), mais d'une sauvage indépendance. La limite des deux dernières zones est aujourd'hui le théâtre de cette guerre qui va décider de l'indépendance et de la prospérité de l'Amérique. Les changemens qui se préparent ne pourront point effacer le caractère individuel de chaque région; cependant les mœurs et l'état des habitans vont prendre une teinte plus uniforme. Cette considération ajoute peut-être à l'intérêt d'un voyage fait au commencement du 19.ᵉ siècle. On aime à voir dépeints dans un même tableau les peuples civilisés du littoral et ce foible reste des indigènes de l'Orénoque qui ne connoissent d'autre culte que celui des forces de la nature, et qui, semblables aux Germains de Tacite, *deorum nominibus appellant secretum illud, quod sola reverentia vident.*

FIN DU HUITIÈME VOLUME.

NOTES DU LIVRE VIII.

Note A.

« Au nord du confluent du Curupatuba avec l'Amazone, dit Acuña (Tom. V, p. 94), est située la montagne de Paraguaxo qui, éclairée par le soleil, brille des plus belles couleurs. Elle fait entendre de temps en temps un bruit épouvantable (*revienta con grandes estruenos*). » Y auroit-il un phénomène volcanique dans cette partie *orientale* du Nouveau-Continent, ou est-ce l'amour du merveilleux qui a fait naître la tradition des rugissemens (*bramidos*) du Paraguaxo? L'éclat que jettent les flancs de la montagne rappelle ce que nous avons rapporté plus haut des roches micacées du Calitamini et de l'île Ipomucena, située dans le prétendu *lac Dorado*. Quant aux lavages des terres aurifères, il est rapporté dans une des lettres espagnoles interceptées sur mer par le capitaine George Popham, en 1594 : « Ayant demandé aux indigènes d'où ils tiroient les paillettes et la poudre d'or que nous vîmes dans leurs cabanes, et qu'ils se collent sur la peau par le moyen de quelques substances grasses, ils nous dirent que dans une certaine plaine ils arrachoient l'herbe et recueilloient la terre dans des paniers pour la soumettre au lavage. » (*Ralegh*, p. 109.) Peut-on expliquer cette phrase, en supposant que les Indiens cherchoient laborieusement, non de l'or, mais des paillettes de mica qui servent encore aujourd'hui d'ornement aux naturels du Rio Caura, lorsqu'ils se peignent le corps ?

ERRATA.

TOME VII.

Page 424, ligne 19, au lieu de *Rœip*, lisez *Ripæ*.

TOME VIII.

Page 383, ligne 12, *au lieu* de l'ouest, *lisez* est.
Même page, ligne 19, *au lieu* de nord-est, *lisez* nord-ouest.

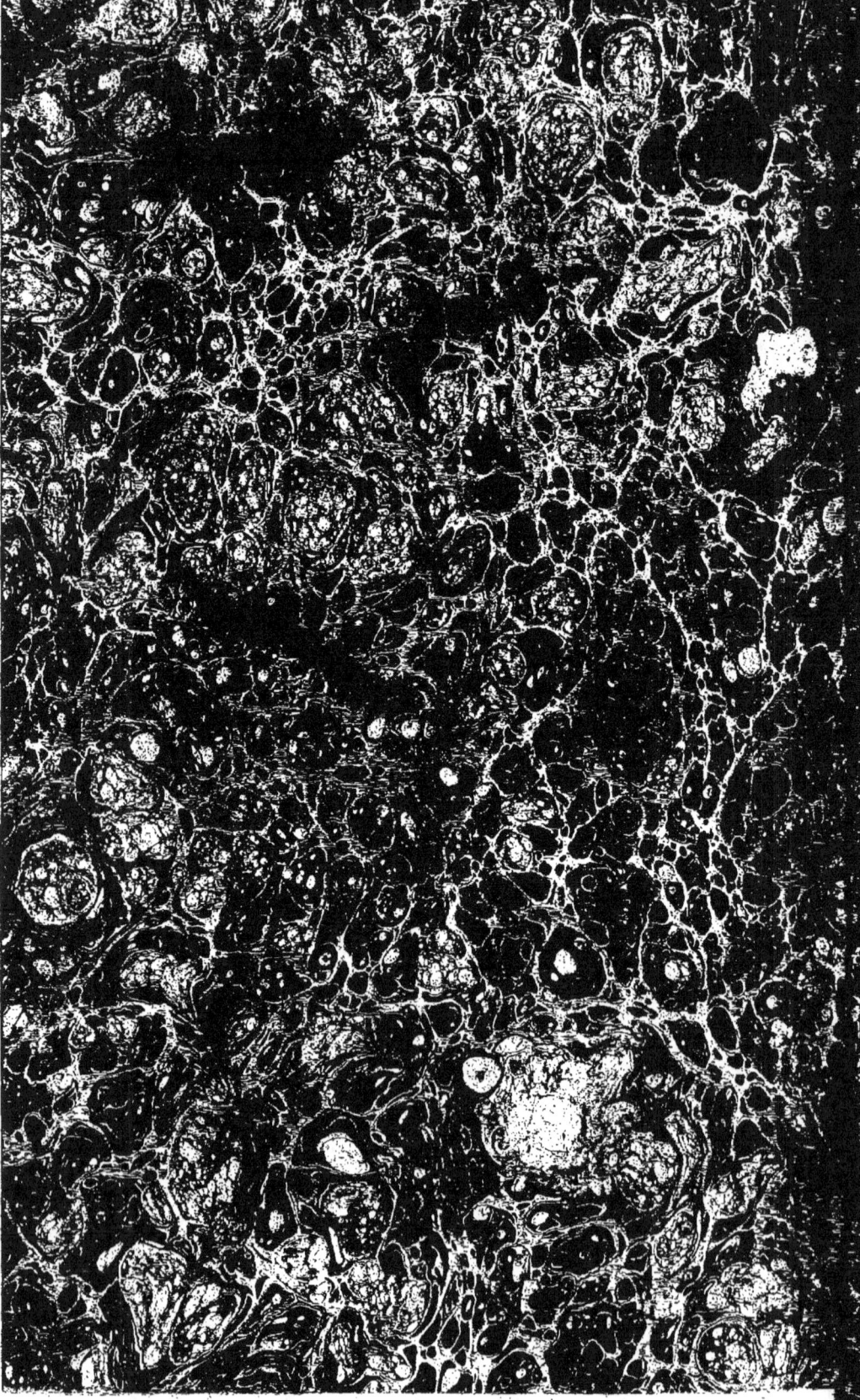

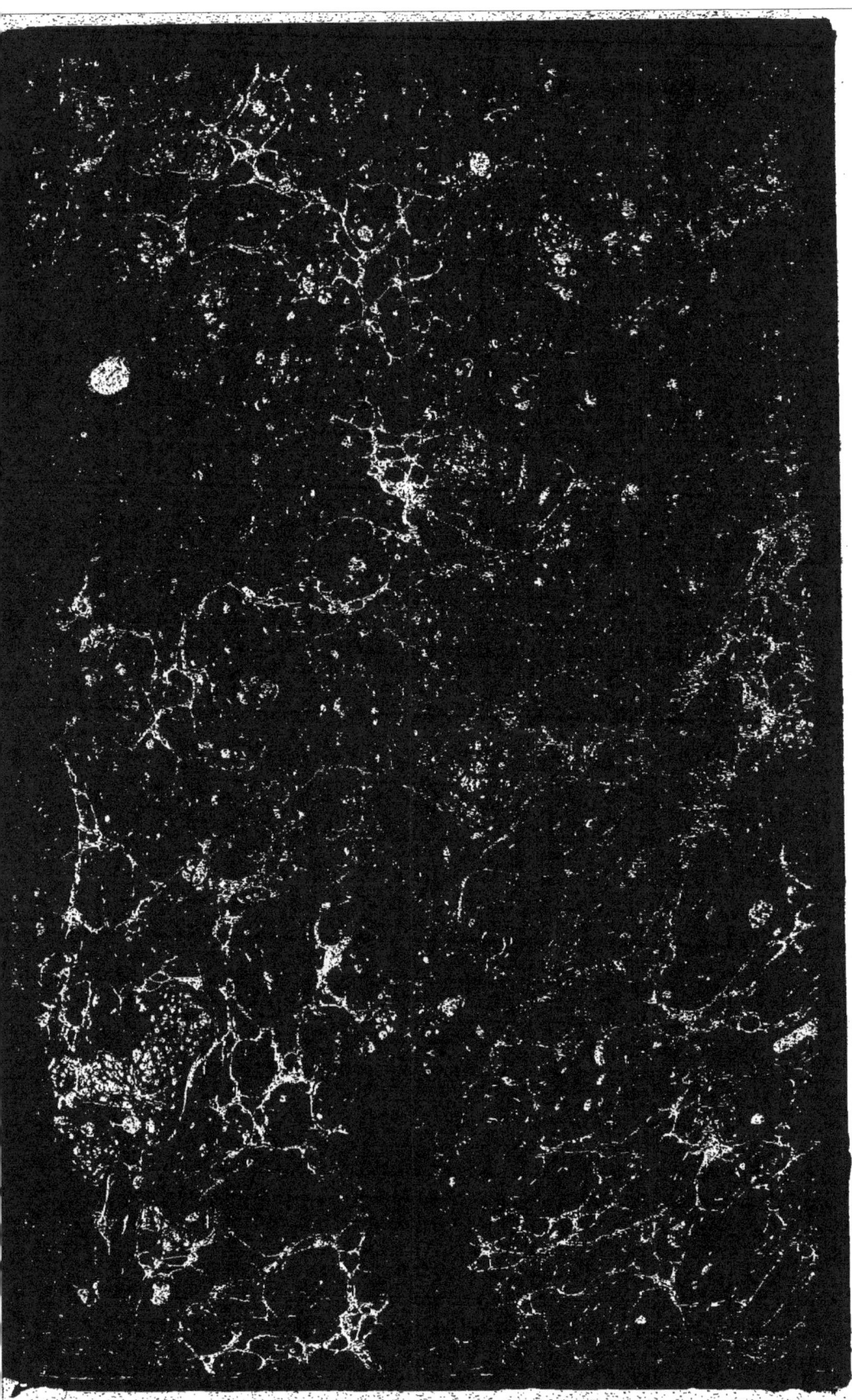

www.ingramcontent.com/pod-product-compliance
Lightning Source LLC
Chambersburg PA
CBHW071410230426
43669CB00010B/1506